Vis-à-Vis
KORSIKA

Vis-à-Vis
KORSIKA

Hauptautor: Fabrizio Ardito

DK

DORLING KINDERSLEY
LONDON • NEW YORK • MÜNCHEN
MELBOURNE • DELHI
www.dorlingkindersley.de

Ein Dorling Kindersley Buch

www.dorlingkindersley.de

Produktion
Fabio Ratti Editoria srl, Mailand, Italien

Texte Fabrizio Ardito, Cristina Gambaro, Angela Magrì

Fotografien Fabrizio Ardito, Adriano Bacchella, Cristina Gambaro, Lucio Rossi, Marco Stoppato

Illustrationen Modi Artistici, Anna Mucciarelli, Tiziano Perotto

Kartografie Grafema Cartografia srl, Novara

Redaktion und Gestaltung
Fabio Ratti Editoria, Mailand: Donatella Cariani, Oriana Bianchetti, Marina Beretta, Angela Magrì, Elisabetta Mancini
Dorling Kindersley Ltd., London: Douglas Amrine, Anna Streiffert, Marisa Renzullo, Jason Little, Casper Morris, Dave Pugh

•

© 2003, 2013 Dorling Kindersley Ltd., London
Titel der englischen Originalausgabe:
Eyewitness Travel Guide *Corsica*
Zuerst erschienen 2003 in Großbritannien
bei Dorling Kindersley Ltd.
A Penguin Company

•

Für die deutsche Ausgabe
© 2003, 2013 Dorling Kindersley Verlag GmbH, München

Aktualisierte Neuauflage 2013/2014

Alle Rechte vorbehalten, Reproduktionen, Speicherung in Datenverarbeitungsanlagen, Wiedergabe auf elektronischen, fotomechanischen oder ähnlichen Wegen, Funk und Vortrag – auch auszugsweise – nur mit schriftlicher Genehmigung des Copyright-Inhabers.

•

Programmleitung Dr. Jörg Theilacker, Dorling Kindersley Verlag
Projektleitung Stefanie Franz, Dorling Kindersley Verlag
Übersetzung Barbara Rusch, München
Redaktion Dr. Elfi Ledig, München
Schlussredaktion Philip Anton, Köln
Satz und Produktion Dorling Kindersley Verlag
Lithografie Lineatre, Mailand
Druck L. Rex Printing Co. Ltd., China

ISBN 978-3-8310-2364-6
4 5 6 7 8   15 14 13 12

Dieser Reiseführer wird regelmäßig aktualisiert. Angaben wie Telefonnummern, Öffnungszeiten, Adressen, Preise und Fahrpläne können sich jedoch ändern. Der Verlag kann für fehlerhafte oder veraltete Angaben nicht haftbar gemacht werden. Für Hinweise, Verbesserungsvorschläge und Korrekturen ist der Verlag dankbar.
Bitte richten Sie Ihr Schreiben an:

Dorling Kindersley Verlag GmbH
Redaktion Reiseführer
Arnulfstraße 124 • 80636 München
travel@dk-germany.de

◁ Die weißen Kreidefelsen Bonifacios und das berühmte »Sandkorn« Grain de Sable *(siehe S. 114f)*
◁◁ Umschlag: Îles Lavezzi vor der Südküste *(siehe S. 116f)*

Inhalt

Die romanische Kirche San Michele de Murato *(siehe S. 71)*

Benutzerhinweise 6

Korsika stellt sich vor

Korsika
entdecken **10**

Korsika
auf der Karte **12**

Ein Porträt
Korsikas **14**

Das Jahr
auf Korsika **32**

Die Geschichte
Korsikas **36**

Laricio-Kiefern in der »verzauberten« Forêt d'Aïtone *(siehe S. 103)*

Türkisfarbenes, glasklares Mittelmeer bei den Îles Lavezzi *(siehe S. 116f)*

Korsische Delikatessen: Käse und Wurst

Die Regionen Korsikas

Korsika im Überblick **52**

Bastia und Nordküste **54**

Ajaccio und Westküste **82**

Bonifacio und Südküste **106**

Corte und Bergregion **130**

Zu Gast auf Korsika

Hotels **154**

Restaurants **166**

Shopping **180**

Unterhaltung **184**

Sport und Aktivurlaub **188**

Grundinformationen

Praktische Hinweise **196**

Reiseinformationen **204**

Textregister **208**

Sprachführer **221**

Straßenkarte
Hintere Umschlaginnenseiten

Strahlend gelb blüht die Macchia-Pflanze *Euphorbia dendroides*

Schneebedeckte Gipfel im Massiv des Monte Cinto *(siehe S. 23)*

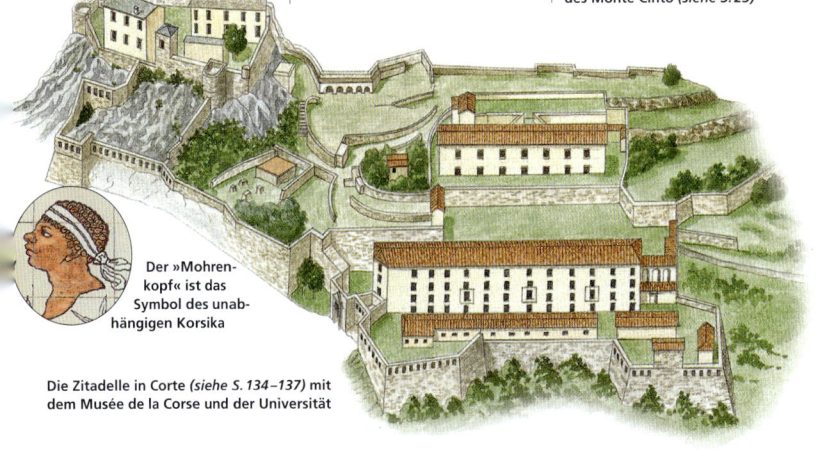

Der »Mohrenkopf« ist das Symbol des unabhängigen Korsika

Die Zitadelle in Corte *(siehe S. 134–137)* mit dem Musée de la Corse und der Universität

Benutzerhinweise

Mit diesem Reiseführer werden Sie sicher die schönsten Seiten Korsikas entdecken. Das Kapitel *Korsika stellt sich vor* befasst sich mit der Geografie, Geschichte und Kultur der Insel, im Kapitel *Die Regionen Korsikas* werden die wichtigsten Sehenswürdigkeiten mit Karten, Fotografien und Illustrationen detailliert vorgestellt. Informationen über Unterkünfte, Restaurants, Spezialitäten und Aktivitäten liefert der Abschnitt *Zu Gast auf Korsika*. Die *Grundinformationen* bieten nützliche Tipps zu Themen von A wie Anreise bis Z wie Zeitungen.

Die Regionen Korsikas

Die vier Hauptregionen sind anhand der farbigen Griffmarken leicht zu finden *(siehe vordere Umschlaginnenseiten)*. Die beschriebenen Sehenswürdigkeiten sind auf *Regionalkarten* eingetragen und nummeriert. Die Legende der Symbole und eine *Straßenkarte* finden Sie auf den hinteren Umschlaginnenseiten.

1 Korsika im Überblick
Die Karte zeigt die vier Regionen der Insel, deren Farben den Griffmarken im Buch entsprechen.

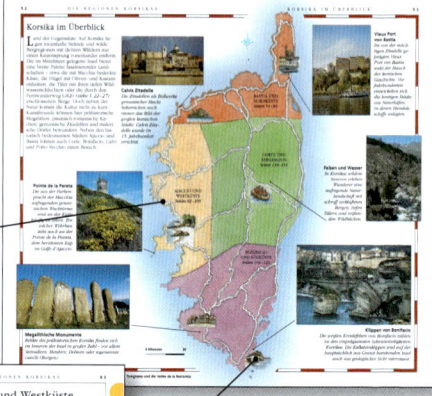

Illustrationen stellen die wichtigsten Sehenswürdigkeiten dar.

2 Einführung
Hier werden Landschaft, Kultur und Besonderheiten aller Regionen, deren geschichtliche Entwicklung sowie interessante Sehenswürdigkeiten vorgestellt.

Farbige Griffmarken kennzeichnen die Regionen.

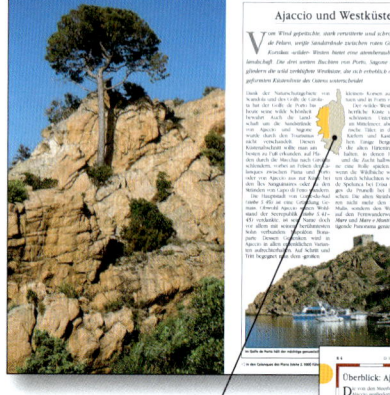

Eine Orientierungskarte zeigt anhand der farbigen Darstellung, wo die Region auf Korsika liegt.

3 Regionalkarte
Diese neue Karte zeigt die wichtigsten Sehenswürdigkeiten einer Region sowie deren Straßen- und Bahnnetz. Die Karte liefert zudem hilfreiche Tipps zur Erkundung des Gebiets mit dem Auto oder mit öffentlichen Verkehrsmitteln.

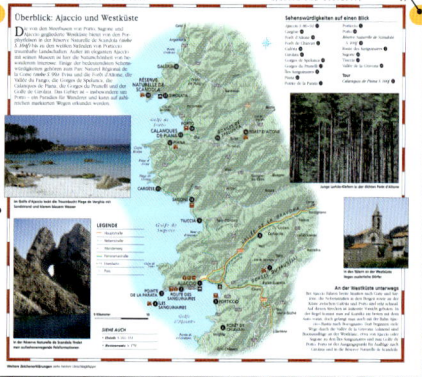

BENUTZERHINWEISE

4 Wichtige Städte
Wichtige Städte werden auf zwei oder mehr Seiten vorgestellt, die interessantesten Sehenswürdigkeiten einzeln beschrieben.

Auf den Zentrumskarten sind die Hauptstraßen, wichtigsten Sehenswürdigkeiten, Parkplätze, Kirchen und Informationszentren eingetragen.

Zu den praktischen Hinweisen gehören die Lage der Städte und Dörfer auf der *Straßenkarte*.

5 Detaillierte Informationen
Alle wichtigen Orte werden detailliert beschrieben, ergänzt durch ausführliche praktische Hinweise. Die Einträge sind entsprechend der Nummerierung auf der Regionalkarte sortiert.

Kästen heben Besonderheiten einer Sehenswürdigkeit oder eines Gebietes hervor.

6 Routenvorschläge
Hier finden Sie landschaftlich besonders interessante Strecken. Zu den durchnummerierten Etappen werden weitere praktische Informationen gegeben.

Die Infobox liefert die für Besichtigungen praktischen Einzelheiten und Hinweise.

Der Maßstab hilft, Entfernungen einzuschätzen, die Windrose zeigt nach Norden.

7 Hauptsehenswürdigkeiten
Die Highlights Korsikas werden auf zwei oder mehr Seiten illustriert. Historische Gebäude werden in Schnittzeichnungen mit den Innenräumen dargestellt. Fotografien zeigen Details.

Sterne kennzeichnen die Attraktionen, die man nicht verpassen sollte.

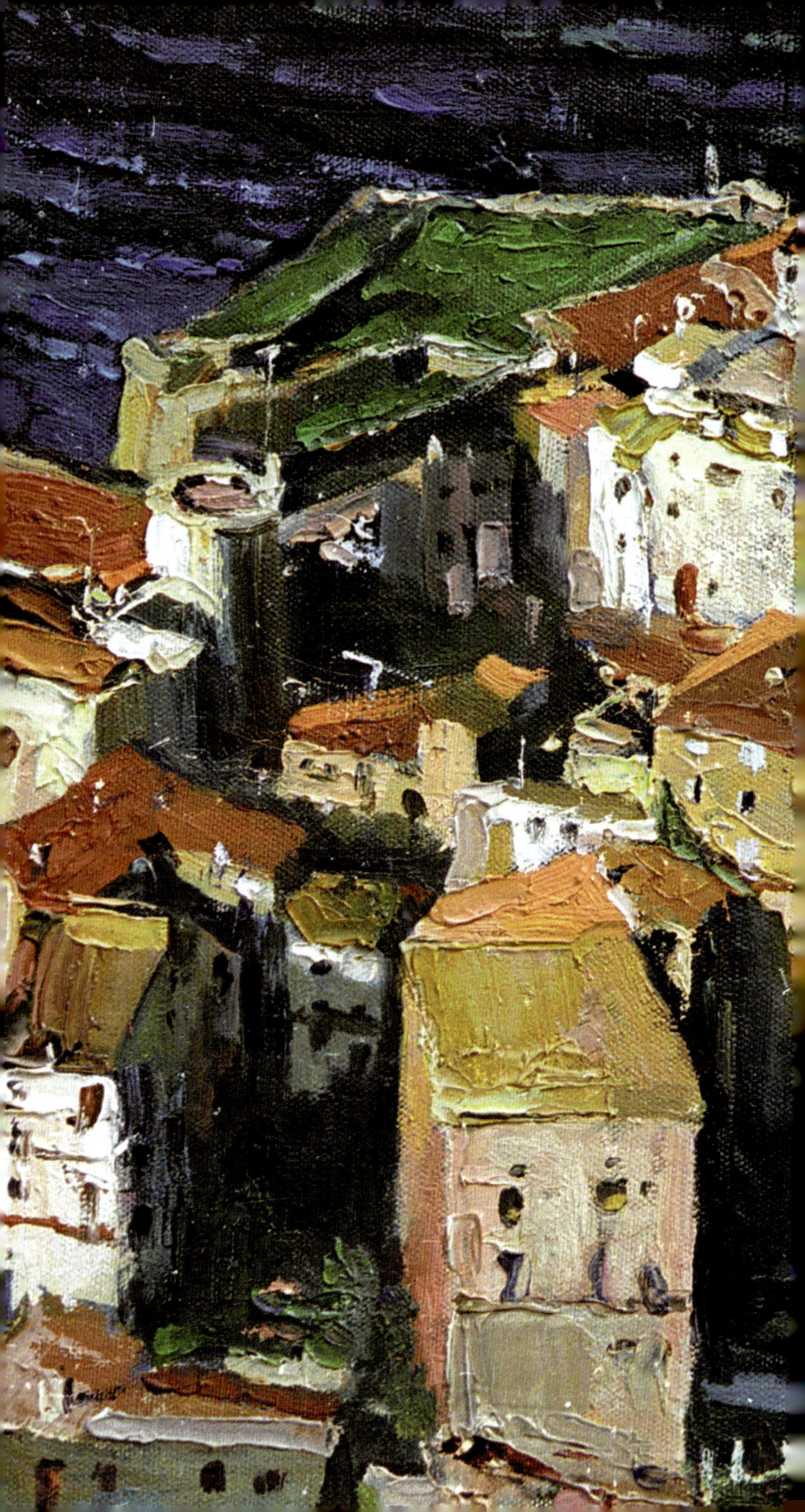

Korsika
stellt sich vor

Korsika entdecken **10–11**

Korsika auf der Karte **12–13**

Ein Porträt Korsikas **14–31**

Das Jahr auf Korsika **32–35**

Die Geschichte Korsikas **36–49**

Korsika entdecken

Die bergige, grüne Insel Korsika, die seit 1768 zu Frankreich gehört, liegt vor der Nordküste Italiens. Die viertgrößte Mittelmeerinsel mit ihren staubigen Straßen, malerischen Küstenorten, genuesischen Zitadellen und Hügeldörfern lockt zahlreiche Urlaubsgäste an. Outdoor-Enthusiasten kommen auf ihre Kosten – die Möglichkeiten reichen von Wandern, Gleitschirmfliegen und Moutainbiking über Reiten und Klettern bis zu Kanu- und Wildwasserfahrten. Es gibt rund 2000 Pflanzenarten zu bewundern. Die besten Strände mit vielen Wassersportangeboten liegen an der Westküste. Im Süden können Taucher Kalksteinhöhlen unter Wasser erkunden.

Mufflon

Bastia und Nordküste

- **Küstenwanderweg Sentier des Douaniers**
- **Charismatisches Bastia**
- **Sandstrände bei Calvi**
- **Kunsthandwerk**

Die nördlichste Halbinsel in dieser Region erstreckt sich in Richtung Genua. Von dort kamen die einstigen Herrscher, die hier Städte und Wachtürme bauten. An der Spitze der Halbinsel verläuft der **Sentier des Douaniers** *(siehe S. 68f)*, ein Küstenweg zwischen duftenden Wacholder-, Gelbwurz- und Rosmarinbüschen mit grandioser Aussicht. Im Norden Korsikas liegen Fischer- und Hafendörfer wie das überaus hübsche **St-Florent** *(siehe S. 70)*, wo die Schönen und die Reichen shoppen und abends in den Straßenbars sitzen.

An der Ostküste liegt **Bastia** *(siehe S. 58–65)*, die zweitgrößte Stadt der Insel. Die etwas heruntergekommene, kommerzielle Stadt hat durchaus Charme: pastellfarbene Straßen, ein schöner natürlicher Hafen und ein altes Viertel mit genuesischen Ruinen, vor allem die Zitadelle, lohnen die Erkundung. Besuchen Sie auch den **Étang de Biguglia** südlich der Stadt mit seinen Flamingos.

Die schönsten Strände findet man an der Nordküste, in **L'Île Rousse** *(siehe S. 74)* und **Calvi** *(siehe S. 78–81)*, einem der attraktivsten Ferienorte in diesem Gebiet mit einer weiteren genuesischen Zitadelle. Nehmen Sie bei Sonnenuntergang einen Drink am eleganten Quai Landry, während Luxusyachten vor Ihnen anlegen.

Hinter den beiden Orten verläuft die **Strada di l'Artigiani** *(siehe S. 76f)*, an der man korsische Souvenirs wie handgefertigte Töpferwaren und Musikinstrumente sowie hervorragenden Wein, Käse und Honig kaufen kann.

Einer der vielen weißen Sandstrände bei Calvi *(siehe S. 78–81)*

Ajaccio und Westküste

- **Die ursprüngliche Réserve Naturelle de Scandola**
- **Historisches Ajaccio mit Napoléons Geburtshaus**
- **Ferien pur – beliebtes Porticcio**

Der zerklüftete, abwechslungsreiche Küstenabschnitt bietet wunderbare Strände und sensationelle Wanderrouten. Zwischen Sandstränden und Buchten – die teilweise nur per Boot oder zu Fuß zu erreichen sind – erheben sich schroffe Felsen. Ein Highlight der Region ist die **Réserve Naturelle de Scandola** *(siehe S. 104f)*, eine UNESCO-Welterbestätte. Sowohl die bizarren vulkanischen Klippen als auch das tiefblaue Meer stehen unter Naturschutz, um Fischadler, Sturmtaucher und 450 Algenarten zu bewahren. Im Hin-

Blick vom Hafen auf Bastias Altstadt *(siehe S. 58–65)*

◁ Das Ölgemälde *Meer, Sonne und Dorf* von Xiaoyang Galas (*1973) zeigt eine korsische Dorfimpression

Die einstige Inselhauptstadt Corte im Landesinneren *(siehe S. 134–137)*

terland kann man auf den gut markierten Wegen der **Calanques de Piana** *(siehe S. 100f)* wandern, wo der Wind aus den farbigen Felsen eine Reihe fantastischer Figuren herausmodelliert hat.

Korsikas Hauptstadt liegt im Süden dieser Region: **Ajaccio** *(siehe S. 86–91)* ist so kompakt, dass man es leicht zu Fuß erkunden kann, ob die engen Gassen der Altstadt oder die breiten Straßen der modernen Stadt. Im Geburtshaus von Napoléon Bonaparte erfahren Sie mehr über den berühmtesten Sohn der Stadt. Besteigen Sie dann den Petit Train für eine Fahrt an der Küste entlang.

Réserve Naturelle de Scandola *(siehe S. 104f)*

Südlich von Ajaccio liegt **Porticcio** *(siehe S. 93)*, einer der beliebtesten Urlaubsorte Korsikas. An seinem langen Sandstrand gibt es zahllose Möglichkeiten für Wassersportler.

Bonifacio und Südküste

- **Parc Marin de Bonifacio – ein Paradies für Taucher**
- **Erstaunliche prähistorische Überreste**
- **Die spektakulären Aiguilles de Bavella**

Der Süden mit seinen hohen Klippen ist das Herz des alten Korsika. An der südlichen Inselspitze liegt **Bonifacio** *(siehe S. 110–117)*, eine massive alte Stadt mit einer Festung oberhalb des Hafens.

Der **Parc Marin de Bonifacio** *(siehe S. 113)* schützt das Meeresleben. Die gesamte Südküste mit felsigen Landzungen und Inselchen ist eine typische mediterrane Urlaubsregion. Es gibt hervorragende Tauchgründe und beliebte Ferienorte wie **Propriano** *(siehe S. 128)* und **Porto-Vecchio** *(siehe S. 120)*.

Im Landesinneren findet man Spuren aus prähistorischer Zeit: Menhire, Höhlen und andere jungsteinzeitliche Überreste. Diese Stätten erreicht man am besten von **Sartène** *(siehe S. 126)* aus. Auch die **Megalithen von Cauria** *(siehe S. 127)* mit ca. 500 ausgegrabenen Überresten sind einen Ausflug wert. Die berühmten anthropomorphen Menhire von **Filitosa** *(siehe S. 129)* sind ein unvergesslicher Anblick.

Zwischen den Felsnadeln der **Aiguilles de Bavella** *(siehe S. 122f)* verlaufen schöne Wanderwege. Der Pass über die Aiguilles gehört zu den schönsten der Insel. Hier sieht man zuweilen Mufflons, es duftet nach Kräutern und Blumen.

Corte und Bergregion

- **Korsikas alte Hauptstadt**
- **Großartige Wanderrouten**
- **Kapellen, griechische und römische Ruinen**

Das hoch gelegene, zerklüftete und nicht immer leicht zugängliche Hinterland ist Korsikas Seele. Inmitten der wunderbaren Landschaft und von Bergen umgeben liegt **Corte** *(siehe S. 134–137)*, Korsikas alte Hauptstadt mit prächtiger Zitadelle. Die hiesige Universität wurde von Korsikas Befreier, Pasquale Paoli, gegründet. Noch immer umweht die Stadt das Flair von Nationalstolz.

Von hier aus kann man zu Wanderungen in die Berge, Täler und Schluchten des **Parc Naturel Régional de la Corse** *(siehe S. 99)*, der fast zwei Drittel der Insel einnimmt, aufbrechen. Am schönsten ist der Park im Frühling, wenn die Macchia *(siehe S. 73)* ein rosa-gelbes Blütenmeer ist.

Von Corte aus kann man auch die hübschen Kapellen in **Bozio** *(siehe S. 138f)* und **Castagniccia** *(siehe S. 146f)* besuchen. Weiter die Küste hinunter liegen die Ruinen von **Aléria** *(siehe S. 144)*, einer einst griechischen Siedlung, von der aus die Römer die Insel eroberten.

Zackenbarsch vor der Küste bei Bonifacio *(siehe S. 110–119)*

Korsika auf der Karte

Korsika gehört politisch zu Frankreich, geografisch jedoch eher zu Italien, da es nur wenige Seemeilen von der Toskana entfernt ist. Die windgepeitschte Straße von Bonifacio trennt die etwa 8680 Quadratkilometer große Insel zwischen Ligurischem und Tyrrhenischem Meer von Sardinien. Im Sommer lassen Touristenströme die gut 300 000 Einwohner starke Bevölkerung erheblich anwachsen. Der Verwaltungssitz ist Ajaccio. Corte ist die historische Hauptstadt, Bastia das wirtschaftliche Zentrum.

KORSIKA AUF DER KARTE

Satellitenbild von Korsika

Milano (Mailand)
Lago d'Iseo
ITALIEN
Genova (Genua)
Mare Ligure (Ligurisches Meer)
Po
Arno
Firenze (Florenz)
Livorno
Piombino
Bastia
Calvi
Corte
KORSIKA
Ajaccio
Tavaro
Porto S. Stefano
Civitavecchia
Perugia
Tevere
ROMA (ROM)
Mare Tirreno (Tyrrhenisches Meer)
Bonifacio
Olbia
Cagliari
Palermo
SARDINIEN

LEGENDE

- ✈ Internationaler Flughafen
- ⚓ Fährhafen
- — Autobahn
- — Hauptstraße
- — Nebenstraße
- -- Staatsgrenze
- --- Fährroute

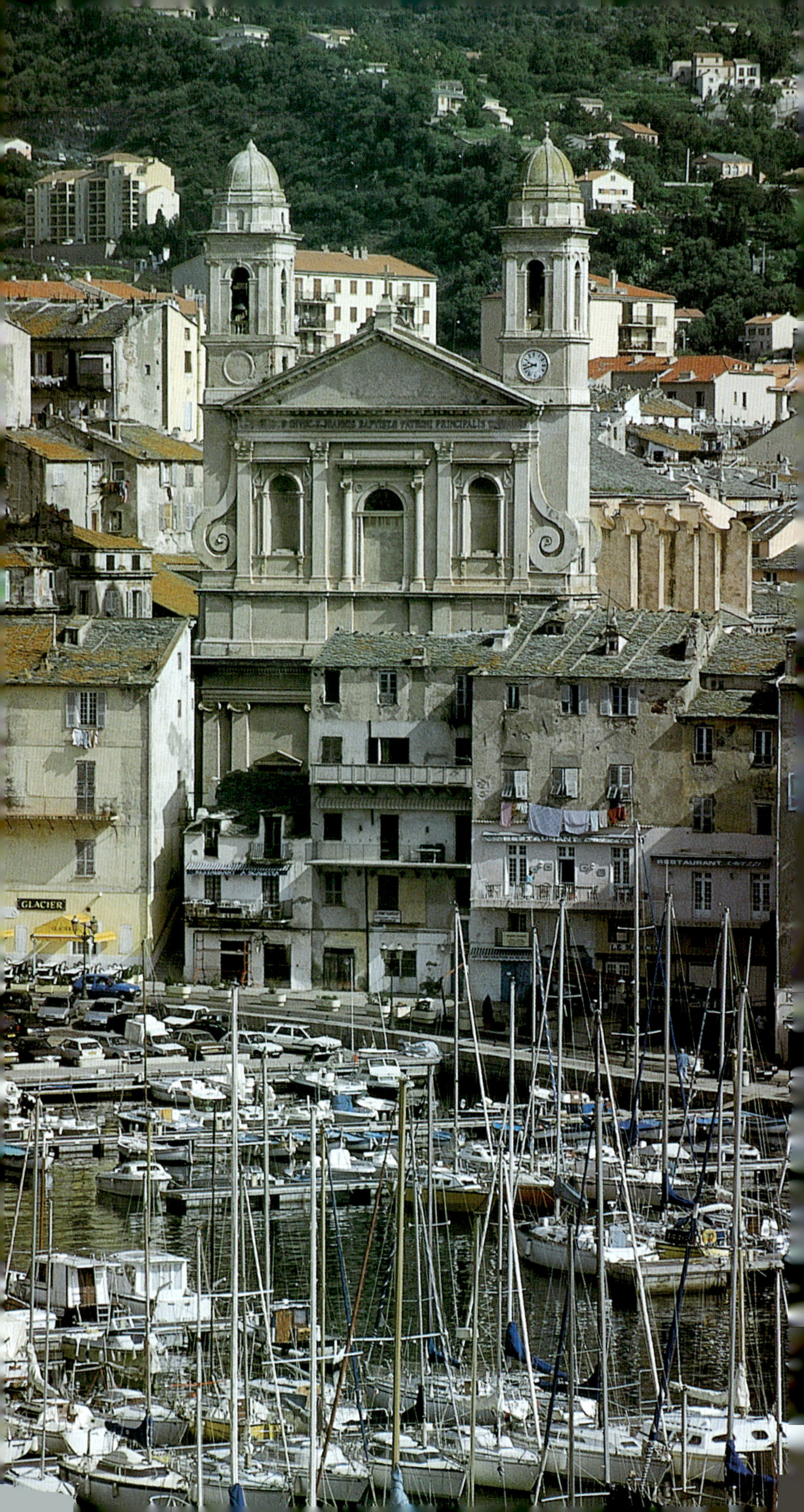
GLACIER
RESTAURANT

Ein Porträt Korsikas

Lichtüberflutete Granitfelsen, dichte, dunkle Wälder und liebliche Sandbuchten – vom breiten Cap Corse bis zum schmalen Bozio zeigt Korsika zahlreiche Facetten seiner vielen Gesichter. Trotz der Besucherströme hat sich die Insel ihren faszinierend ungezähmten Charakter bewahrt.

Durch die Kontinentalverschiebung wanderte Korsika von der Küste der Provence langsam an seine heutige Position im nördlichen Tyrrhenischen Meer – einen Katzensprung von der Côte d'Azur und der Toskana entfernt. Das Rückgrat der Insel bildet eine zentrale Bergkette, deren höchster Gipfel, der Monte Cinto, 2706 Meter erreicht. Die Kette verläuft von Calvi im Nordwesten bis Porto-Vecchio im Südosten und teilt Korsika in zwei Regionen. Die Herrscher aus Pisa und Genua nannten den nordöstlichen Teil der Insel *Deça des Monts* (»Diesseits der Berge«) und den unzugänglichen wilden Südwesten *Delà des Monts* (»Jenseits der Berge«).

Mitglied einer Bruderschaft

Geologisch gliedert sich die Insel in die Schieferregion im Osten und die Granitregion im Westen. Hinzu kommen vereinzelte vulkanische Landstriche an der Küste der Réserve Naturelle de Scandola und die hellen Kreideklippen an der Südküste Korsikas bei Bonifacio. Sie sind ein Paradies für Fossiliensammler. Wanderer zieht es hingegen eher in die Berge, Schluchten und Wildbäche des teilweise schwer zugänglichen Hinterlands von Korsika. Für den französischen Schriftsteller Guy de Maupassant war die Insel mit ihren wilden Bergen, engen Schluchten und reißenden Wassern eine Welt »... inmitten des Chaos«.

Eine Fischhändlerin bietet in der Marina von Ajaccio fangfrischen Fisch zum Verkauf

◁ Dicht gedrängt liegen Yachten im Vieux Port von Bastia *(siehe S. 59)*, überragt von der Kirche St-Jean-Baptiste

Traditionelle korsische Spezialitäten

Korsikas Faszination basiert nicht zuletzt auf seiner üppigen Vegetation in dem von reißenden Wildbächen durchschnittenen Landesinneren. Die Bäche zeugen davon, dass hier heftigere Regenfälle niedergehen als auf anderen Mittelmeerinseln. Nicht minder attraktiv ist das großartige Meer rund um die Insel, das Reisende aus der ganzen Welt anlockt. Doch selbst in der Hochsaison finden sich an der stark frequentierten Küste einsame Buchten, die nur per Boot oder auf Schusters Rappen zu erreichen sind.

Handgefertigte Marionette

Uralte Kultur

Archäologen zufolge erreichten erste Siedler vor rund 9000 Jahren nach kurzen, aber sehr gefährlichen Überfahrten von der toskanischen Küste aus die Insel. Die ersten Korsen waren Hirten und Jäger und entwickelten eine von dieser Wirtschaftsform geprägte einzigartige megalithische Kultur. Deren beeindruckendsten Relikte befinden sich im Südwesten der Insel: die Menhire von Filitosa, die Dolmen bei Sartène und die *castelli* bei Cucuruzzu und Capula. Griechische Kolonisten führten Feldfrüchte ein, die die römischen Eroberer weiter verbreiteten. Aléria war die Hauptstadt der römisch besetzten Insel, die später in der chaotischen Zeit des Mittelalters Invasoren, Piraten, Priester und insbesondere Kaufleute anzog. Korsika geriet zum Zankapfel zwischen Pisa und Genua. Die Insel fiel im 13. Jahrhundert als Kolonie Genua zu und unterstand trotz wiederholter Aufstände bis zum 18. Jahrhundert der Herrschaft der ligurischen Seemacht.

»Korsische Nation«

Bereits Rom hatte mit dem erbitterten Widerstand der Korsen zu kämpfen, die sich von jeher als eigenes Volk mit eigener Sprache (noch heute ein Zeichen der »Korsischen Nation«) und ureigener Kultur sahen. Durch den Zusammenbruch der genuesischen Macht konnte Korsika eine kurze Periode der Unabhängigkeit genießen. Protagonist dieser Ära war Pasquale Paoli, der »Vater der Nation« *(siehe S. 46f)*. Genuas Schwäche ermöglichte aber auch den Zugriff Frankreichs auf die Insel, auf der am 15. August 1769 Napoléon Bonaparte in Ajaccio das Licht der Welt erblickte. Bereits seit über 200 Jahren gehört sie nun zur Grande Nation.

Der nach wie vor gehegte Wunsch nach Unabhängigkeit von Frankreich zeugt vom historisch gewachsenen Nationalstolz der Korsen. Doch den Traum von der »Korsischen Nation« möchten sich die wenigsten

Eine Szene wie vor Jahrtausenden: Schafe auf dem Weg zur Weide

Segeln ist ein weitverbreiteter Sport auf Korsika

mit Gewalt erfüllen – im Gegensatz zu den 1970er Jahren finden heute paramilitärische Gruppen nur geringe Unterstützung in der Bevölkerung. Seit dem 2001 unterzeichneten Abkommen von Matignon investiert Frankreich große Summen in Wirtschaft und Infrastruktur der Insel. Eine vollkommene Autonomie ist deshalb weniger interessant geworden. Von der tiefen Sehnsucht nach kultureller Eigenständigkeit zeugen dagegen die Universität von Corte und unzählige Internet-Seiten über Sprache, Kultur und Geschichte der Insel *(siehe S. 30f)*.

Land und Leute

Auf der Insel leben etwa 300 000 Korsen, rund dreimal so viele arbeiten auf dem französischen Festland. Wenn im Winter der Tourismus wenig Arbeit bietet, übernehmen viele Korsen befristete Jobs auf dem Kontinent. Der Großteil der Bevölkerung lebt an den Küsten, vor allem in der Nähe der großen Städte wie Ajaccio und Bastia. Abgesehen von Corte ist das Landesinnere dünn besiedelt, zieht aber viele Urlauber an, die die unberührte Natur und Ruhe genießen möchten. Dieser Individualtourismus kann die durch mangelnde Arbeitsplätze verursachte Landflucht etwas lindern.

Obwohl der Fremdenverkehr eine Haupteinkommensquelle ist, hat er die Insel nicht einmal an den Küsten gänzlich erobert. Bislang konnten Natur und Kultur bewahrt werden – u.a. durch Projekte wie den Parc Naturel Régional de la Corse *(siehe S. 99)*. Auch gibt es auf Korsika keine unschönen Hochhaus-Ferienanlagen.

In der Regel sind die Korsen den Traditionen verpflichtet, und wie in alter Zeit steht – im Einklang mit den alten Clanwerten – die Familie an erster Stelle *(siehe S. 31)*. Auch wenn heute niemand wegen einer Frau eine Vendetta beginnt, so dominiert doch ein sehr konservatives Frauenbild. Die Gleichberechtigung scheint in weiter Ferne zu liegen. Andererseits genießt wohl niemand mehr Respekt als eine korsische Mutter.

Gegenüber Fremden verhalten sich die Insulaner in der Regel eher reserviert. Doch wer ihrer schönen Heimat Respekt und Bewunderung entgegenbringt, wird von ihnen mit mediterraner Herzlichkeit willkommen geheißen.

Korsikas Strände sind ein Paradies für Wasserratten

Landschaft, Flora und Fauna

Genau genommen bilden Korsika die aus dem Meer ragenden Gipfel eines mächtigen, überfluteten Gebirges, in dessen Tälern Wildbäche rauschen und an dessen Flussmündungen sich kleine Ebenen erstrecken. Sowohl die Küste als auch die Berge sind von schönen Naturlandschaften geprägt. Die Insel wartet mit über 2500 Meter hohen Gipfeln und im Inneren mit dichten Kiefernwäldern auf. Vor allem an der Ostküste speisen die Flüsse *étangs* genannte Seen. Die Pflanzenwelt ist mit nahezu 3000 Arten – davon 80 endemisch – äußerst vielfältig. Vielerorts bildet die mediterrane Macchia einen betörend duftenden Teppich.

Ein Fluss begleitet den Weg zum Col de Bavella

Küste
Von der Küste bis zu den ersten Hügelketten dominiert die Macchia. In der östlichen Ebene um Porto-Vecchio und auf der Halbinsel Cap Corse wachsen Kork- und Steineichen. Für exotisch-tropisches Flair sorgen dagegen in den bewohnten Küstengebieten Agaven, Palmen, Feigenkakteen und Aloen. Die großen Schwarzkiefernwälder sind um Porto-Vecchio und Calvi besonders dicht.

Hügel
Macchia wächst auf den Hügelketten bis auf 1000 Meter Höhe. Olivenbäume kommen bis etwa 600 Höhenmeter vor. Weiter unten bedecken Weingärten die meerwärts gerichteten Hänge auf Cap Corse, im Nebbio sowie in den östlichen und südlichen Küstenebenen. In Plantagen gedeihen Orangen, Zitronen, Mandarinen, Limonen und Clementinen. Die weitverbreiteten Eukalyptusbäume wurden 1868 zur Bekämpfung der Malaria eingeführt. Sie trockneten die Feuchtgebiete aus.

Aloen *sind Sukkulenten mit stachligen Blättern. Von Januar bis April zieren sie dicke Büschel hübscher roter oder gelber Röhrenblüten.*

Spechte *erfüllen mit ihrem Klopfen die Wälder. Zwischen Kiefern und Korkeichen erhascht man bisweilen einen Blick auf die lebhaften Vögel.*

Myrte, *ein duftender, immergrüner Strauch, gedeiht in sonnigen Lagen. Den schönen weißen Blüten im Frühjahr folgen Beeren im Herbst.*

Olivenbäume *werden uralt – und dabei auch immer knorriger. Bei der Olivenernte bringt man Netze unter den Baumkronen an.*

Wildtiere

Zur heimischen Tierwelt zählen Wildschweine und das Symboltier Korsikas, der Mufflon. Ein Wiederansiedlungsprojekt brachte den Korsischen Hirsch auf die Insel zurück. An den Felsküsten leben Möwen, Fischadler und Kormorane. Die Macchia bietet der auf dem europäischen Festland nur noch selten anzutreffenden griechischen Landschildkröte Schutz. Auf Korsika gibt es keine Giftschlangen. Endemisch sind die Tyrrhenische Mauereidechse und die Tyrrhenische Gebirgseidechse. Ganz und gar harmlos ist die Äskulapnatter. Zu den Bewohnern der fischreichen Gewässer zählen Barsche, Brassen, schmackhafte Muscheln und diverse Krustentiere.

Tyrrhenische Mauereidechse

Wildschweine sind auf Korsika häufig anzutreffen

Wälder

Außer in den Talböden und von Bränden zerstörten Gebieten bedeckt ein einziger riesiger Wald die Zentralregion. Hier gedeihen auf 500 bis 800 Meter von den Genuesern eingeführte Edelkastanien, deren Früchte früher ein Hauptnahrungsmittel für die Bergbevölkerung waren. Nadelwälder wachsen zwischen 700 und 1500 Metern Höhe. Riesige Schwarzkiefern prägen die herrlichen Wälder von Valdu-Niellu, Aïtone und Vizzavona.

Berge

Die hohen, vom Herbst bis in das späte Frühjahr schneebedeckten Berge Korsikas sind eine einsame Region – nur ein paar Schäfer leben hier. Etwa in 1500 Meter Höhe lösen Erlen, Wacholder und Berberitzen die Wälder ab, unterhalb der Felsengipfel erstrecken sich Almwiesen. Die höchsten Gipfel sind Monte Cinto (2706 m), Monte Rotondo (2625 m), Monte Padro (2622 m) und Monte d'Oro (2389 m).

Pilze *wachsen im feuchten Unterholz unter Nadelbäumen und Buchen. Sie werden ab dem Spätsommer gesammelt.*

Der Steinadler *lebt im Hochgebirge. Der beeindruckende Raubvogel kann mit seinen mächtigen Fängen sogar Lämmer schlagen.*

Maronen *reifen im Frühherbst. Dann fallen die stachligen Früchte, die die schmackhaften Kastanien bergen, zu Boden. In den Wäldern ist die beste Wanderzeit im Herbst.*

Wacholder *ist eine typische, stark duftende Pflanze der Hochgebirgszone. Man erkennt ihn an den silbergrünen Nadeln und den fast schwarzen Beeren.*

Die korsische Küste

Strandkiefernzapfen

Egal, was man bevorzugt – seien es kleine abgeschiedene Buchten zwischen Granitfelsen (an der Westküste) oder lange, familienfreundliche Sandstrände (zwischen Bastia und Bonifacio) –, Korsika ist ein Paradies für Wasserratten und Sonnenhungrige. An der insgesamt 1000 Kilometer langen Küste kann man von Mai bis Oktober die Sonne anbeten und sogar im Juli und August ein ruhiges Plätzchen finden. Bewacht sind nur die großen Strände bei Zentren wie Calvi, Porto-Vecchio und Ajaccio. Deshalb ist vor allem bei starkem Wind und rauer See stets Vorsicht im und am Wasser geboten.

Zwischen St-Florent und L'Île Rousse *wechseln sich Buchten mit feinem Sandstrand und Klippen im »Macchia-Mantel« ab.*

Zwischen Calvi und Ajaccio *säumen steile Klippen die Küste. Viele Buchten sind nur vom Meer aus zu erreichen. Vor den roten Felsen der Réserve Naturelle de Scandola ist Ankern verboten.*

0 Kilometer 25

Im Golfe d'Ajaccio *finden sich viele Strände und Felsgebiete. Die Halbinsel Pointe de la Parata erstreckt sich in Richtung der von kristallklarem Wasser umgebenen Îles Sanguinaires.*

Die weißen Felsen *an der Südküste bei Bonifacio zählen zu den berühmtesten Klippen Korsikas. Einige der großen Felsen tragen sogar Namen – etwa der berühmte Grain de Sable («Sandkorn»), der hier im Hintergrund aus dem Meer aufragt.*

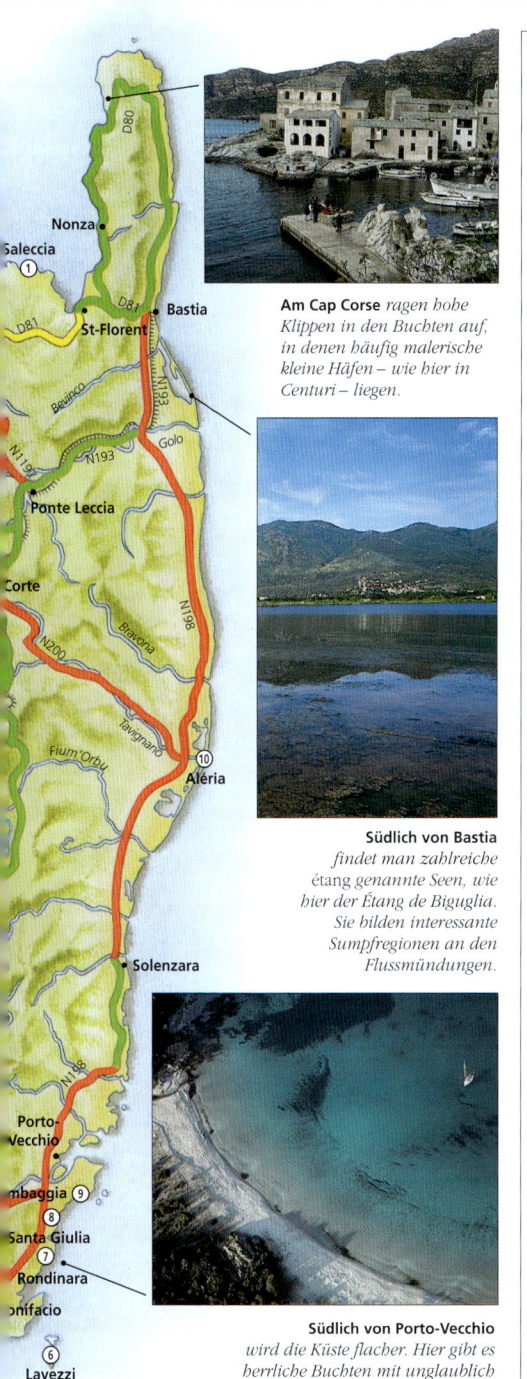

DIE KORSISCHE KÜSTE

Am Cap Corse *ragen hohe Klippen in den Buchten auf, in denen häufig malerische kleine Häfen – wie hier in Centuri – liegen.*

Südlich von Bastia *findet man zahlreiche* étang *genannte Seen, wie hier der Étang de Biguglia. Sie bilden interessante Sumpfregionen an den Flussmündungen.*

Südlich von Porto-Vecchio *wird die Küste flacher. Hier gibt es herrliche Buchten mit unglaublich klarem Wasser und feinsten Sandstränden. Zu den schönsten zählt die abgebildete Rondinara-Bucht.*

Korsikas zehn beste Strände

Der Unzugänglichste ①
Zum weißen Sandstrand von Saleccia *(siehe S. 72)* gelangt man nur per Boot oder über einen elf Kilometer langen, holprigen Feldweg.

Groß in Mode ②
Kristallklares Wasser und ein bezaubernder Hafen: Der turbulente Strand von Calvi ist »angesagt« und exzellent ausgestattet.

Nr. 1 für Taucher ③
Der von Eukalyptusbäumen gesäumte Strand von Porto ist der ideale Ausgangspunkt, um die Tauchgründe der Westküste zu erkunden.

Der Urbanste ④
Die Strände von Porticcio gegenüber von Ajaccio locken nicht nur die Einheimischen mit weißem Sand und guter Ausstattung. Am bekanntesten ist La Viva.

Nr. 1 für Wind- und Kitesurfer ⑤
Immer eine steife Brise: Der Strand von Tonnara am tiefen Golfe de Figari rangiert bei Wind- und Kitesurfern an erster Stelle.

Der Geschützteste ⑥
Felsen schützen die kleinen Buchten der Îles Lavezzi. Sie sind mit dem Boot von Bonifacio aus zu erreichen.

Der Tropischste ⑦
Eine muschelförmige Bucht, herrlich türkisfarbenes Wasser, weißer Sand: Am Strand von Rondinara gibt es darüber hinaus noch einen Campingplatz und ein Restaurant.

Nr. 1 für Wassersportler ⑧
Windsurfen, Segeln, Paddeln: Der ruhige, von Dünen und Kiefern begrenzte Sandstrand von Santa Giulia bietet alles, was das Herz des Wassersportlers begehrt.

Der Fotogenste ⑨
Weißer Sand, rosa Klippen, Dünen, Kiefern, blaue See. Der Strand von Palombaggia ist schlicht spektakulär.

Der Familienfreundlichste ⑩
Unter den langen familienaffinen Sandstränden rangiert der von Aléria vorn.

GR20: Etappen 1 – 5

Der 200 Kilometer lange GR20 (Sentier de Grande Randonnée 20) durchquert Korsika von Nordwest nach Südost und führt auf 1000 bis 2000 Metern Höhe von Calenzana in der Balagne nach Conca bei Porto-Vecchio. Jedes Jahr stellen sich Tausende Wanderer der Herausforderung, ihn zu bezwingen. Der GR20 ist in 15 Etappen unterteilt. Auf den meist siebenstündigen Tagestouren werden bis zu 800 Höhenmeter überwunden. In den Etappen 1 bis 5 gilt es bisweilen spektakuläre, aber schwierige Strecken zu bewältigen. Berühmt-berüchtigt ist der mit Leitern, Ketten und Kabeln versehene Klettersteig Cirque de la Solitude. Achtung: Übernachtungen muss man vorab buchen.

In Calenzana, einem kleiner Dorf in der Balagne beginnt der GR20. Die erste Etappe ist mit ihrem steiler Anstieg ziemlich anstrengend

Etappe 1
Start: *Calenzana (275 m)*
Ziel: *Ortu-di-u-Piobbu-Hütte (1570 m)*
Länge: *10 km*
Schwierigkeitsgrad: *schwierig*
Durchschnittliche Dauer: *7 Stunden*
Maximale Höhe: *1570 m*
Übernachtung: *Ortu-di-u-Piobbu-Hütte (30 Schlafplätze)*

Der Sentier de Spasimata *führt über die Hänge des Cirque de Bonifatu. Berühmt ist die restaurierte Hängebrücke über einen reißenden Wildbach.*

Etappe 2
Start: *Ortu-di-u-Piobbu-Hütte (1570 m)*
Ziel: *Carozzu-Hütte (1270 m)*
Länge: *8 km*
Schwierigkeitsgrad: *schwierig*
Durchschnittliche Dauer: *6:30 Stunden*
Maximale Höhe: *1950 m*
Übernachtung: *Carozzu-Hütte (24 Schlafplätze)*

Die Hütten *am Weg sind kleine, im Stil der einheimischen Bergarchitektur gebaute Steinhäuser. Sie fügen sich gut in die Landschaft ein. Die Carozzu-Hütte verschwindet fast zwischen den Bäumen, andere Hütten stehen offen auf weiten Wiesen.*

Der Affodill *blüht von Ende Mai bis Juni strahlend weiß.*

Etappe 5
Start: *Bergeries de Ballone (1440 m)*
Ziel: *Castel de Verghio (1404 m)*
Länge: *13 km*
Schwierigkeitsgrad: *durchschnittlich*
Durchschnittliche Dauer: *7 Stunden*
Maximale Höhe: *2000 m*
Übernachtung: *Castel-de-Verghio-Hotel (29 Zimmer und Restaurant)*

Warnhinweis

Für den GR20 braucht man 14 Tage, wenn man sieben Stunden täglich wandert. Er ist nur für geübte Bergwanderer in guter körperlicher Verfassung zu empfehlen. Unbedingt erforderlich sind gute Bergschuhe, wetterfeste Kleidung, Sonnenschutz (Hut!) und Erste-Hilfe-Ausstattung. Im Sommer ist in einigen Hütten Essen erhältlich, man sollte sich jedoch mit eigenem Proviant absichern. Man kann seine Vorräte an Orten, wo der Weg zur Straße hinabführt, wieder auffüllen.

SENTIER DE GRANDE RANDONNÉE 20 (1–5)

Der Capo Stranciacone überragt das Tal, das nach Asco hinunterführt. Man sieht die mächtige Felswand vom GR20 aus bei Haut-Asco in der Nähe der dritten Etappe.

Große Herden von Bergziegen, die die Höhen bevölkern, können vom Weg aus gesichtet werden.

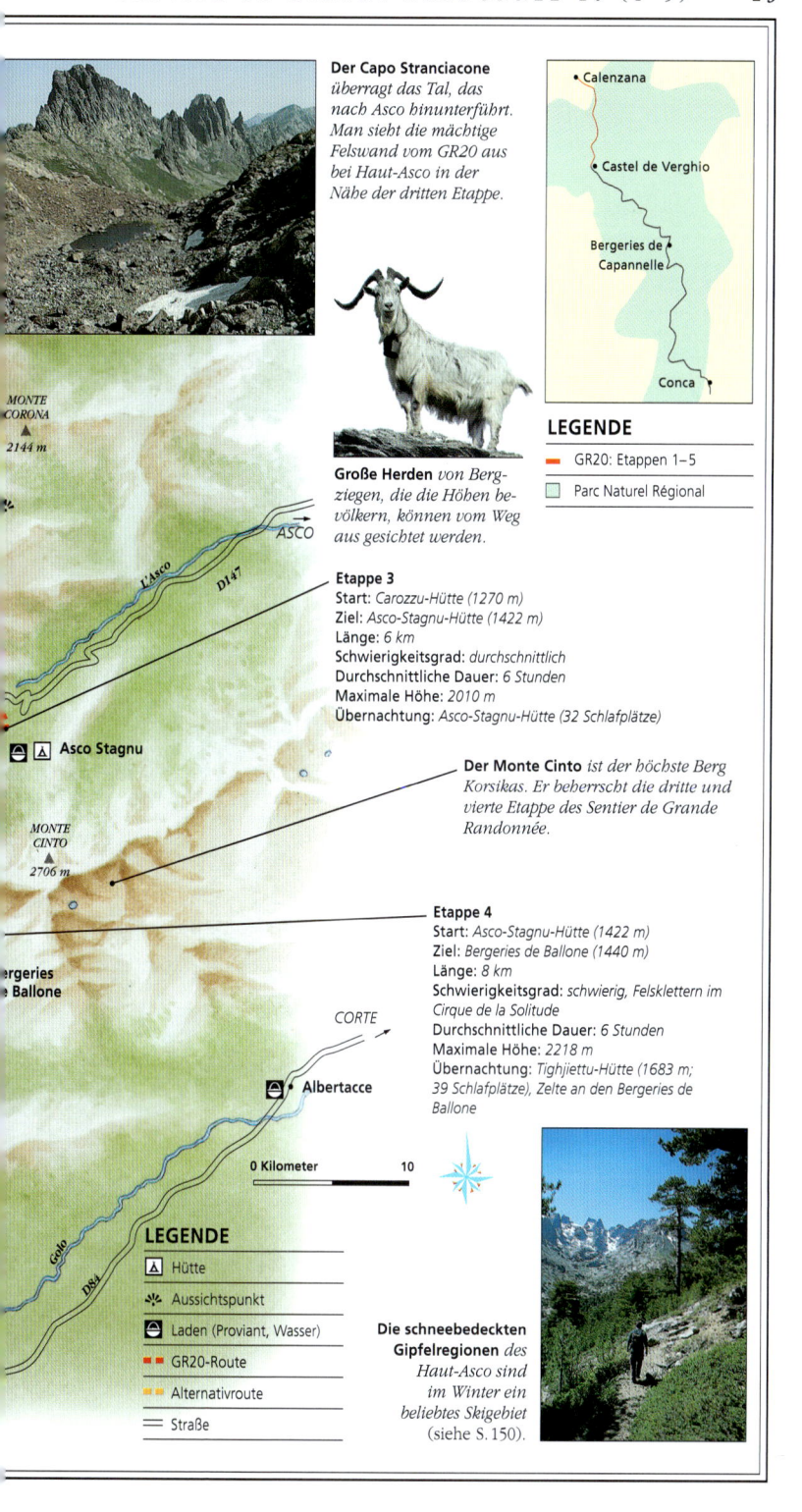

LEGENDE

- GR20: Etappen 1–5
- Parc Naturel Régional

Etappe 3
Start: *Carozzu-Hütte (1270 m)*
Ziel: *Asco-Stagnu-Hütte (1422 m)*
Länge: *6 km*
Schwierigkeitsgrad: *durchschnittlich*
Durchschnittliche Dauer: *6 Stunden*
Maximale Höhe: *2010 m*
Übernachtung: *Asco-Stagnu-Hütte (32 Schlafplätze)*

Der Monte Cinto ist der höchste Berg Korsikas. Er beherrscht die dritte und vierte Etappe des Sentier de Grande Randonnée.

Etappe 4
Start: *Asco-Stagnu-Hütte (1422 m)*
Ziel: *Bergeries de Ballone (1440 m)*
Länge: *8 km*
Schwierigkeitsgrad: *schwierig, Felsklettern im Cirque de la Solitude*
Durchschnittliche Dauer: *6 Stunden*
Maximale Höhe: *2218 m*
Übernachtung: *Tighjiettu-Hütte (1683 m; 39 Schlafplätze), Zelte an den Bergeries de Ballone*

LEGENDE

- Hütte
- Aussichtspunkt
- Laden (Proviant, Wasser)
- GR20-Route
- Alternativroute
- Straße

Die schneebedeckten Gipfelregionen des Haut-Asco sind im Winter ein beliebtes Skigebiet (siehe S. 150).

GR20: Etappen 6-10

Die siebte Etappe des GR20 ist ein anstrengender Abschnitt, der mit wunderbarer Aussicht belohnt wird. Auf dieser Etappe erklimmt man keine Gipfel, sondern bezwingt den höchsten Pass des GR20: 2225 Meter ist der Brêche de Castillo hoch. Am leichtesten ist die sanft ansteigende, schattige achte Etappe.

Am Col de Verghio *fällt der Blick auf einen Pass, über den eine Straße führt. Hier verläuft die Grenze der Forêt de Valdu-Niellu. Etwas oberhalb ragen Felsgipfel über den Bergwiesen auf.*

Im Lac de Nino *entspringt der Fluss Tavignano. Die kleinen Seen im Sumpfgebiet des Gletschersees heißen Pozzine («Die Brunnen») und erinnern an Spitzentücher.*

Etappe 6
Start: *Castel de Verghio (1404 m)*
Ziel: *Manganu-Hütte (1601 m)*
Länge: *14 km*
Schwierigkeitsgrad: *durchschnittlich*
Durchschnittliche Dauer: *5:30 Stunden*
Maximale Höhe: *1760 m*
Übernachtung: *Manganu-Hütte (20 Schlafplätze)*

LEGENDE

⛺	Hütte
✱	Aussichtspunkt
⌂	Laden (Proviant, Wasser)
▬▬	GR20-Route
▬▬	Alternativroute
═══	Straße
▬▬	Anderer Weg

Den Lac de Capitello *umgeben mächtige Felswände. Von der Punta dei Sette Laghi («Sieben-Seen-Spitze») hat man eine fantastische Aussicht auf mehrere Gletscherseen.*

SENTIER DE GRANDE RANDONNÉE 20 (6–10)

Etappe 7
Start: *Manganu-Hütte (1601 m)*
Ziel: *Pietra-Piana-Hütte (1842 m)*
Länge: *10 km*
Schwierigkeitsgrad: *schwierig*
Durchschnittliche Dauer: *6 Stunden*
Maximale Höhe: *2225 m*
Übernachtung: *Pietra-Piana-Hütte (28 Schlafplätze)*

Bartgeier *geben mit mächtigen Schwingen auf Beutejagd. Sie sind hier oft zu beobachten.*

Etappe 8
Start: *Pietra-Piana-Hütte (1842 m)*
Ziel: *L'Onda-Hütte (1430 m)*
Länge: *10 km*
Schwierigkeitsgrad: *einfach*
Durchschnittliche Dauer: *5 Stunden*
Maximale Höhe: *1842 m*
Übernachtung: *L'Onda-Hütte (12 Schlafplätze; hier gibt es kein warmes Wasser)*

Das Korsische Fettkraut *zählt zu den endemischen Pflanzen Korsikas. Es wächst in Hochwäldern und an Wiesenrändern.*

LEGENDE
- GR20: Etappen 6–10
- Parc Naturel Régional

Etappe 9
Start: *L'Onda-Hütte (1430 m)*
Ziel: *Vizzavona (920 m)*
Länge: *10 km*
Schwierigkeitsgrad: *durchschnittlich*
Durchschnittliche Dauer: *6 Stunden*
Maximale Höhe: *2159 m*
Übernachtung: *Hôtel Monte d'Oro (siehe S. 165); drei Hütten (92 Schlafplätze)*

Etappe 10
Start: *Vizzavona (920 m)*
Ziel: *Bergeries de Capannelle (1586 m)*
Länge: *13,5 km*
Schwierigkeitsgrad: *durchschnittlich*
Durchschnittliche Dauer: *5:30 Stunden*
Maximale Höhe: *1647 m*
Übernachtung: *PNRC-Hütte (15 Schlafplätze)*

GR20: Etappen 11–15

Wer die letzten Etappen des GR20 bewältigt, kann sich danach im Tal ausruhen. Fast alle Etappen bilden abschnittsweise eine Herausforderung, belohnen aber mit grandioser Aussicht, vor allem im Gebiet der Aiguilles de Bavella. Der in Conca endende GR20 ist in der Regel in zwei Wochen zu meistern.

Etappe 11
Start: *Bergeries de Capannelle (1586 m)*
Ziel: *Prati (1820 m)*
Länge: *16,5 km*
Schwierigkeitsgrad: *durchschnittlich*
Durchschnittliche Dauer: *6:30 Stunden*
Maximale Höhe: *1840 m*
Übernachtung: *San-Pedru-di-Verde-Hütte (26 Schlafplätze)*

Der Mufflon *(auf Korsisch muvra) war vom Aussterben bedroht und wird seit 1956 geschützt. Heute leben rund 600 Mufflons auf der Insel.*

Etappe 12
Start: *Prati (1820 m)*
Ziel: *Usciolu-Hütte (1750 m)*
Länge: *9 km*
Schwierigkeitsgrad: *schwierig*
Durchschnittliche Dauer: *5:30 Stunden*
Maximale Höhe: *2041 m*
Übernachtung: *Usciolu-Hütte (32 Schlafplätze)*

Das Plateau du Coscione *liegt westlich des Monte Incudine. Dort kann man vom GR20 aus einen überwältigenden Panoramablick auf den Golfe d'Ajaccio genießen.*

LEGENDE

- ⌂ Hütte
- ✷ Aussichtspunkt
- Laden (Proviant, Wasser)
- ■ ■ GR20-Route
- ■ ■ Alternativroute
- ═ Straße
- ■ ■ Anderer Weg

Etappe 13
Start: *Usciolu-Hütte (1750 m)*
Ziel: *Asinao-Hütte (1530 m)*
Länge: *14,5 km*
Schwierigkeitsgrad: *durchschnittlich*
Durchschnittliche Dauer: *8 Stunden*
Maximale Höhe: *2134 m*
Übernachtung: *Asinao-Hütte (29 Schlafplätze)*

0 Kilometer   10

Der gefährdete Rotmilan *ist im Parc Naturel Régional kein seltener Anblick. Man erkennt ihn an seinem charakteristisch gegabelten Schwanz.*

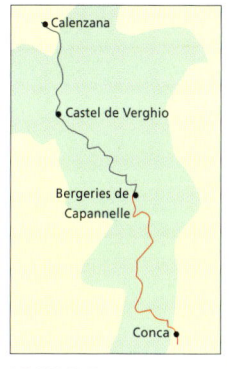

LEGENDE

- GR20: Etappe 11–15
- Parc Naturel Régional

Die Türkenbund-Lilie *gehört zu den schönsten Bergblumen. Sie wird bis zu anderthalb Meter hoch. Die turbanförmigen Blüten leuchten rosa bis braunrot.*

Etappe 14
Start: *Asinao-Hütte (1530 m)*
Ziel: *Paliri-Hütte (1040 m)*
Länge: *13 km*
Schwierigkeitsgrad: *schwierig*
Durchschnittliche Dauer: *7 Stunden*
Maximale Höhe: *1530 m*
Übernachtung: *Paliri-Hütte (20 Schlafplätze)*

Die Punta Paliri *überragt die Forêt de Bavella. Sie türmt sich hinter der Bavella-Hütte auf, der letzten hochalpinen Station des GR20 vor seinem Abstieg in die »Zivilisation«.*

Wandern: Mare e Monti und Mare a Mare

Der GR20 ist nicht der einzige Fernwanderweg Korsikas. Zwei Routen *(Mare e Monti)* verlaufen »zwischen« Meer und Bergen: Eine verbindet in zehn Etappen Calenzana mit Cargèse, die andere führt oberhalb der Küste in fünf Etappen von Porticcio nach Propriano. Drei *Mare-a-Mare*-Wege verbinden die Küsten: Auf dem nördlichen gelangt man in zwölf Etappen von Moriani nach Cargèse, auf dem mittleren in sieben von Ghisonaccia nach Porticcio und auf dem südlichen in fünf von Porto-Vecchio nach Propriano. Die einfachen Wanderwege treffen in der Zentralregion auf den GR20. Wanderhütten *(Gîtes d'étape)* bieten Verpflegung und Schlafplätze *(siehe auch S. 188)*.

Ein Wanderer zwischen Mare e Monti (Meer und Bergen)

Etappe 15
Start: *Paliri-Hütte (1040 m)*
Ziel: *Conca (252 m)*
Länge: *12 km*
Schwierigkeitsgrad: *durchschnittlich*
Durchschnittliche Dauer: *5 Stunden*
Maximale Höhe: *1055 m*
Übernachtung: *Gîte La Tonnelle (30 Schlafplätze)*

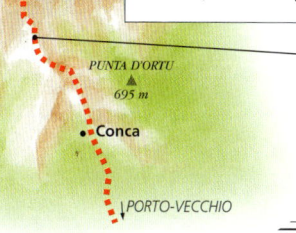

Architektur

Korsikas unterschiedliche Herrscher haben auf der ganzen Insel nicht nur in den Städten ihre architektonischen Spuren hinterlassen. Die Pisaner errichteten romanische Gotteshäuser, die Genuesen zeichnen hingegen für fast alle prächtigen Barockkirchen und die für eine Insel unverzichtbaren Wehrbauten – Wachtürme an der Küste und Zitadellen – verantwortlich. Interessante Privatbauten sind vor allem die häufig an Straßen errichteten Mausoleen. Sie dienten als Statussymbol für reiche Familien, vor allem wenn diese ihr Vermögen in der Fremde verdient hatten.

Polychromer Marmor an der Fassade einer romanischen Kirche

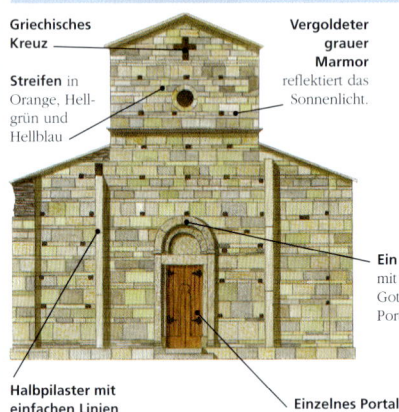

Romanik

Die meisten der wunderbaren romanischen Sakralbauten auf Korsika entstanden ab dem 11. Jahrhundert unter pisanischer Herrschaft. Die häufig einschiffigen Bauten haben meist eine halbrunde Apsis und sind an der Fassade mit Blendbogen sowie an der Seite weitergeführten Feldern verziert. Typisch ist auch der mehrfarbige Marmor.

- **Griechisches Kreuz**
- **Streifen** in Orange, Hellgrün und Hellblau
- **Vergoldeter grauer Marmor** reflektiert das Sonnenlicht.
- **Ein Flachrelief** mit dem Lamm Gottes über dem Portal.
- **Halbpilaster mit einfachen Linien**
- **Einzelnes Portal**

Die Kirche La Canonica (siehe S. 148) *weist eine sehr einfache Linienführung auf. Außer ihr hat nur die Kirche Santa Maria Assunta in St-Florent (siehe S. 70) zwei Seitenschiffe.*

Barock

Im 17. und 18. Jahrhundert importierten die Genuesen den norditalienischen Barock nach Korsika. In reichen Gegenden wie der Castagniccia, Balagne und in Bastia entstanden große Kirchen, deren Fassaden mit Gesimsen, Pilastern, Verdachungen und Voluten gestaltet wurden. Die Innenräume zieren oft wunderbare Stuckarbeiten, farbiger Marmor und Trompe-l'Œil.

- **Schmiedeeisernes Gitter**
- **Oberlicht**
- **Glockenstuhl**, in der Regel mit vier Glocken
- **Basis**
- **Halbkreisbogen-Verdachung**
- **Fries**
- **Überhängende Gesimse** mit Fries und Sims
- **Volute**
- **Kartusche**
- **Pilaster**

Der Glockenturm *von Barockkirchen – wie etwa St-Jean-Baptiste in La Porta – steht neben der Kirche, ist mit dem Hauptbau aber nicht verbunden.*

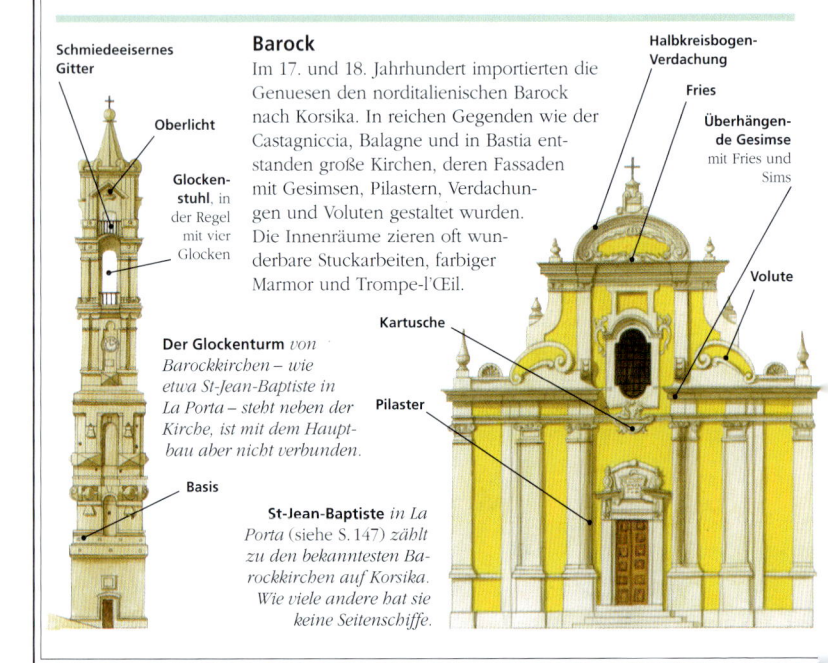

St-Jean-Baptiste *in La Porta (siehe S. 147) zählt zu den bekanntesten Barockkirchen auf Korsika. Wie viele andere hat sie keine Seitenschiffe.*

Militärarchitektur

Die Genuesen errichteten zahllose Wachtürme an der Küste Korsikas und schützten die Städte mit uneinnehmbaren Festungswällen und -mauern. Die zumeist runden Küstentürme stehen vor allem auf Cap Corse und an der Westküste. Die Zeit überdauert haben die Zitadellen in Bonifacio, Bastia, Calvi, Algajola, St-Florent, Ajaccio, Corte und Porto-Vecchio.

Flachdach

Zinnen eigneten sich zum Ausschauhalten und zur Verteidigung.

Küstentürme (siehe S. 93) *wurden ab 1530 errichtet. Die dort postierten Wachen entzündeten auf den Flachdächern Feuer, wenn sie Piraten sichteten. Noch heute stehen 67 dieser Türme.*

Vorsprünge markierten den oberen Abschluss der Zisterne.

Diese Tür war über eine Leiter erreichbar.

Schräge Mauern verleihen Stabilität.

Bastionsturm

Gouverneurspalast

Halbrunder Wallgang für Kanonen

Auch die meisten Zitadellen *sind genuesische Bauwerke. Alle großen Küstenstädte entwickelten sich rund um diese trutzigen Wehrbauten, in denen sich Verwaltungsgebäude und Kirchen befanden. Die einzige korsische Zitadelle der Insel (und die einzige im Inselinneren) steht in Corte.*

Bastion, der vorspringende Abschnitt der Verteidigungsmauer

Zwischenmauer zwischen zwei Bastionen

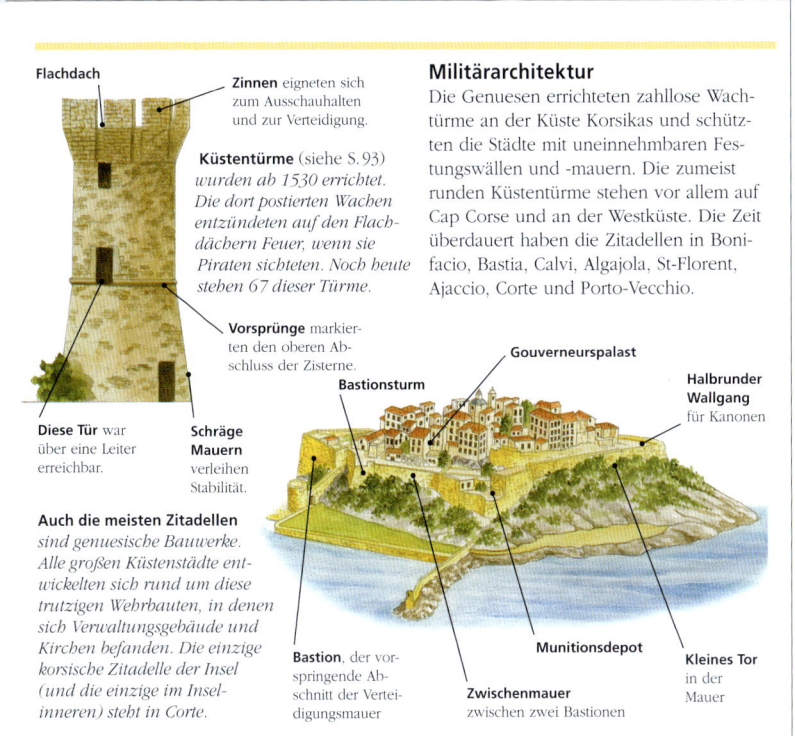

Munitionsdepot

Kleines Tor in der Mauer

Friedhofsarchitektur

Die Totenkapellen im Norden der Insel sind Statussymbole der reichen Familien. Diese Mausoleen wurden auf Privatbesitz, häufig an Nebenstraßen, errichtet. Ihre unterschiedlichen Baustile zitieren klassische römische Tempelarchitektur, Barock, Klassizismus und byzantinische Baukunst.

Der neoklassizistische Katafalk *zeigt die einfache Linienführung des 18. Jahrhunderts. Pilaster und Giebelfeld erinnern an antike Tempel, der christlichen Tradition entspricht die häufig von einer Heiligen- oder Marienstatue bekrönte Kuppel.*

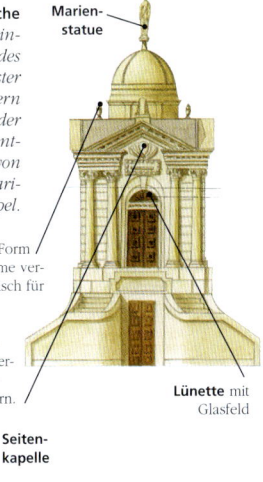

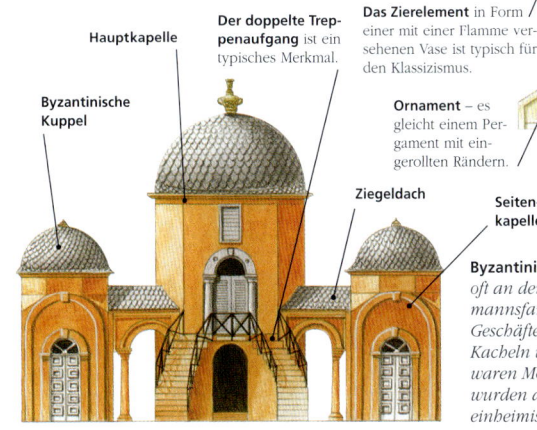

Marienstatue

Hauptkapelle

Der doppelte Treppenaufgang ist ein typisches Merkmal.

Das Zierelement in Form einer mit einer Flamme versehenen Vase ist typisch für den Klassizismus.

Byzantinische Kuppel

Ornament – es gleicht einem Pergament mit eingerollten Rändern.

Ziegeldach

Seitenkapelle

Lünette mit Glasfeld

Byzantinische Baukunst *zeigt sich oft an den Mausoleen reicher Kaufmannsfamilien, die aufgrund ihrer Geschäfte weit gereist waren. Die mit Kacheln versehenen Kuppeldächer waren Moscheen nachempfunden, wurden aber mit weniger wertvollem, einheimischem Schiefer gedeckt.*

Sprache, Literatur und Musik

Korsika ist zweisprachig: Alle Straßenschilder sind französisch und korsisch beschriftet. Das Korsische ähnelt dem Italienischen und wird – wenn auch weniger von jungen Leuten – auf der ganzen Insel gesprochen und geschrieben. Die Literatur basiert auf mündlichen Überlieferungen, auf Legenden und Sagen, die im Winter am Feuer weitergetragen wurden, oder Liedern, die wichtige Ereignisse behandelten. Die alten Melodien werden heute von auch über Korsika hinaus bekannten Musikgruppen auf Korsisch vorgetragen.

Lokale Tracht

Allegorie von Korsika aus einem Druck aus dem 18. Jahrhundert

Seite aus einer alten Enzyklopädie mit dem Eintrag »Korsika«

Sprache

Im Nordosten wird Korsisch weich und singend gesprochen. Viele Wörter erinnern an die toskanischen Dialekte. Beeinflusst vom benachbarten Sardinien tönt es im Südwesten rauer und akzentuierter. Hier verwendet man häufig das »Doppel-D«. Was etwa in Bastia *bellu* (schön) genannt wird, heißt in Ajaccio *beddu*.

Die korsische Sprache entwickelte sich aus dem Lateinischen und ist über die Jahrhunderte von den Mundarten der verschiedenen Herrscher geprägt worden. An erster Stelle stand das Italienisch der Toskana, das nicht nur durch Pisa auf die Insel gelangte. Tatsächlich diente auch in Genua, das 500 Jahre lang Korsika regierte, das Toskanische als Amts- und Schriftsprache. Nur ein paar maritime und technische genuesische Termini sind verblieben. Weiteren Einfluss übten süditalienische Dialekte aus, vor allem das Kalabrische und Sardische. Typische Wortbildungen verdankt das Korsische der französischen Sprache: So wurde etwa aus dem *chemin de fer* (Eisenbahn) auf Korsisch *cammi di ferru*.

Französisch kam auf Korsika 1769 durch den Anschluss an Frankreich in Gebrauch und breitete sich im späten 19. Jahrhundert durch die Schulpflicht aus.

Zwei alte »ausländische« Dialekte sind aufgrund der französischen Übermacht im Verschwinden begriffen. In Bonifacio hört man bisweilen noch das Ligurisch der genuesischen Kolonisten des 13. Jahrhunderts. In Cargèse ist dagegen das von Flüchtlingen vom Peloponnes im 17. und 18. Jahrhundert importierte Griechisch praktisch ausgestorben. Bücher und Texte wurden vor dem 18. Jahrhundert auf Italienisch veröffentlicht. Selbst als sich das Französische weiter verbreitete, wurde auch Italienisch weiterhin verwendet.

Das 1974 als Regionalsprache anerkannte Korsisch erlebt heute eine Renaissance dank der Kurse an der Universität von Korsika, die eine riesige Datenbank über diese Sprache zusammengestellt hat. Die meisten Kinder lernen Korsisch zu Hause, die Sprache wird aber auch an den Schulen gelehrt, die zudem oft eine zweisprachige Ausbildung anbieten.

Pflege erfährt das Korsische zudem durch Vereine, Zeitschriften und eine Reihe korsischsprachiger Radiosender. 1896 erschien die erste korsische Zeitung *A Tramuntana*, weitere folgten insbesondere in der Zwischenkriegszeit.

Einen kleinen Sprachführer mit korsischen Ausdrücken finden Sie auf *S. 221*.

Literatur

Korsisch war immer eine gesprochene Sprache, die Literatur mit ihren Geschichten *(stabatoghji)* und Sagen *(fole)* wurde mündlich von Generation zu Generation weitergegeben. Gedichte und Lieder erzählten von Lebenserfahrungen: Die *lamentu* begleiteten Tod und Abschied, mit den *voceri* schrien schwarz gekleidete

Honoré de Balzac (1799–1850)

Klageweiber den Schmerz über einen gewaltsamen Tod in die Welt.

Erste Druckwerke erschien im 17. Jahrhundert, als die ersten literarischen Zirkel gegründet wurden. Diese standen meist in Verbindung mit Freiheitsbewegungen. Die Literatur jener Zeit behandelte meist Geschichte und Politik. Doch erst Ende des 19. Jahrhunderts wurden die ersten Kurzgeschichten und Romane auf Korsisch veröffentlicht.

Zwischen den Weltkriegen erschien *A Muvra*, das Mitteilungsblatt der Partitu Corsu d'Azione (Korsische Aktionspartei), der wichtigsten Separatistenpartei.

Im 19. Jahrhundert inspirierte die Insel viele französische Schriftsteller: Honoré de Balzac schrieb *La Vendetta*, Guy de Maupassant *Ein korsischer Bandit* und Prosper Mérimée die Novelle *Colomba*. Unter den zeitgenössischen Autoren zeichnet Angelo Rinaldi in den Romanen *La Dernière Fête de l'Empire* und *Les Roses de Pline* ein kritisches Bild seiner Heimatstadt Bastia. Marie Susini behandelte in ihren Werken die korsische Familie. Hélène und Jeanne Bresciani verfassten zusammen den preisgekrönten poetischen Roman *2, rue de la Marine*. Als humorvoller Einstieg in Korsikas Kultur eignet sich aber auch hervorragend *Asterix auf Korsika*. Mit spitzer Feder karikierten Uderzo und Goscinny hier fast schmerzhaft treffend das Inselleben.

Die 16-saitige Laute cetera

Musik

Die korsische Musikalität drückt sich zweifellos am besten in den Liedern aus, z. B. in den *paghjella* genannten dreistimmigen Männergesängen, die möglicherweise von den Balearen eingeführt wurden. Sie werden noch heute zur Messe und zu anderen religiösen Feiern in einigen Städten und Dörfern gesungen. Jede Stimme hat eine bestimmte Aufgabe: Die erste Stimme – Tenor – gibt Melodie und Tonart vor, den Hintergrund erfüllt die tiefere zweite Stimme. Die dritte, höchste Stimme trägt improvisierte Verzierungen bei. Der Tradition entsprechend müssen alle Sänger schwarz gekleidet sein. Korsische Gesänge drücken ein Gefühl, einen Geisteszustand aus oder erzählen von einem freudigen oder schmerzhaften Ereignis. Früher dienten sie zur mündlichen Weitergabe von Traditionen.

Einen besonders traurigen Gesang, den *voceru*, stimmen die Frauen während einer Totenwache an: Weinend und singend drücken sie mit schaukelndem Oberkörper ihre Klage über den Tod des Verschiedenen aus. Spielerischer ist dagegen ein *chjama è rispondi* genannter wechselnder Chorgesang, bei dem sich zwei Parteien gegenseitig improvisierte Spottverse entgegensingen.

Traditionelle korsische Instrumente sind für eine Hirtenkultur typische Blasinstrumente wie Flöten und Querpfeifen aus Holz oder Tierhörnern, aber auch Maultrommeln (*gbjerbula*) und Kastagnetten (*chjoche*) sowie Geigen und Gitarren. Einige Instrumente wurden wiederentdeckt – etwa die 16-saitige *cetera*, eine Laute, das früher von den Schäfern benutzte, aus einem Ziegenhorn gefertigte *pifane* und die *pirula*, ein Blasinstrument aus Schilfrohr.

Gruppen wie I Muvrini, A Filetta, Canta U Populu Corsu und Donnisula haben sich auf die mehrstimmige Musik spezialisiert und auch außerhalb von Korsika Bekanntheit erlangt.

Einheimische Traditionen

Fast alle Korsen sind Katholiken, die bis heute erhaltenen Traditionen und Bräuche haben meist mit Religion zu tun. Faszinierend sind die Osterprozessionen in Bonifacio, Calvi, Sartène und Erbalunga. Die Feste der Schutzheiligen werden genauso gewissenhaft gefeiert wie die Begräbnisse, zu denen feierliche Prozessionen zum Friedhof oder zu den Mausoleen an den Straßen von Cap Corse und der Westküste *(siehe S. 29)* gehören. Der bekannteste korsische »Brauch« ist jedoch die bis Mitte des 19. Jahrhunderts ausgeübte Vendetta. Da die genuesische Justiz weit entfernt war, nahmen die korsischen Familien das Gesetz selbst in die Hand. Dieses basierte auf dem Prinzip der Rache, sodass sich aus der Rivalität um eine Angebetete, aus einem Streit um die Aufteilung eines Stückes Land oder noch viel nichtigeren Anlässen ganze Mordserien oder gar regelrechte Kriege entwickelten, die bisweilen über Generationen ausgetragen wurden. Die Fehde endete erst, wenn der Gemeindepfarrer ein Abkommen zwischen beiden Parteien erreichen konnte. Die Kombattanten versteckten sich in der Macchia und hießen zur Unterscheidung von gewöhnlichen Strauchdieben *bandits d'honneurs*, »Banditen der Ehre«.

Vendetta zwischen korsischen Clans, zeitgenössischer Druck

Das Jahr auf Korsika

Die beste Reisezeit für Korsika sind die Monate Mai, Juni und September. Dann lockt das milde Klima der Insel, die Preise sind niedriger, vor allem die Strände sind nicht überfüllt. Zudem besteht eine geringere Feuergefahr als im Hochsommer, wenn oft Busch- und Waldbrände ausbrechen. In der Hochsaison sind geeignete Unterkünfte schwerer zu finden, vor allem Wanderer und Radfahrer sollten wegen der Hitze den Juli und August meiden. Von November bis April herrscht auf Korsika Ruhe: Dann haben nur relativ wenige Hotels in den Städten und in den Hauptferienorten geöffnet. In diesen kälteren Monaten sind die Verbindungen zwischen Festland und Insel auf ein Minimum reduziert, die Fähren müssen sich bisweilen durch starken Seegang kämpfen.

Wandbild in Solenzara

Zistrosen und Lavendel blühen im Frühjahr

Frühling

Die blühende Macchia erfüllt die Luft mit süßem Duft. Den Anfang machen im März Rosmarin und Lavendel, im April folgen die rosa und weißen Zistrosen. Mitte Mai beginnt die Myrtenblüte. Die Luft ist warm, das Klima mild – erste Badefreuden locken. In den Höhenlagen kann dagegen der Schnee bis Juni liegen bleiben, einige Straßen und Wege sind noch geschlossen.

März

Fête de Notre-Dame-de-la-Miséricorde *(18. März)*, Fest der Schutzpatronin Ajaccios mit Prozession.
Festa di l'Oliu novu *(Mitte März)*, Ste-Lucie de Tallano.
Griechisch-orthodoxe Prozession *(Ostermontag)*, Cargèse. Traditionelle Zeremonien und Gesänge der griechischen Gemeinde auf der Insel.
Procession de la Cerca *(Gründonnerstag, Karfreitag)*, Erbalunga. Die 21 Kilometer lange Prozession beginnt um 7 Uhr und führt durch alle Orte der Region Brando. Bei der *Granitula*-Prozession ab 8 Uhr nehmen verhüllte Büßer teil.
Karfreitagsprozession, Bonifacio. Die fünf Bruderschaften der Stadt tragen Holzskulpturen zur Kirche Ste-Marie-Majeure, wo sie die Reliquien des Kreuzes Christi anbeten.
Karfreitagsprozession, Sartène. Um 21.30 Uhr beginnt in der nur von Kerzen erhellten City die Büßerprozession *Catenacciu* – sie besteht seit dem Mittelalter.

April

Salon de la Bande Dessinée *(Anfang Apr)*, Bastia. Comic-Bücher und -Filme.
Journée du Brocciu *(Datum hängt von der Käseproduktion ab)*, Piana. Ein Fest rund um den *brocciu*.

Mai

1.-Mai-Messe, Ucciani. Verkaufsmesse für korsisches (Kunst-)Handwerk.
Festimare *(Anfang Mai)*, L'Île Rousse. Ein Fest insbesondere für Kinder.
Fête de Ste-Restitude *(Ende Mai)*, Calenzana. Wallfahrt und Prozession.
Île Danse *(Ende Mai)*, Ajaccio. Tanzfestival mit führenden europäischen Gruppen.
Régates Impériales *(Ende Mai)*, Ajaccio. Regatta alter Segelboote im Golf von Ajaccio.

Griechisch-orthodoxe Osterprozession in Cargèse

DAS JAHR AUF KORSIKA: FRÜHLING UND SOMMER

Durchschnittliche tägliche Sonnenstunden

Sonnenschein
Korsika ist völlig zu Recht als Sonneninsel bekannt – selbst in den milden Frühjahrs- und Herbstmonaten scheint die Sonne viele Stunden am Tag. An der Küste kann man deshalb sogar noch im Frühherbst im Meer baden.

Sommer

Die Zahl der Feriengäste verdreifacht sich im Sommer. Hotels, Unterkünfte und Campingplätze sind ausgebucht und verlangen Hochsaisonpreise. An den Stränden vergnügen sich Sonnenanbeter und Wasserratten, in den Häfen drängeln sich Yachten und Motorboote. Auf der ganzen Insel werden Feste gefeiert.

Juni

Fête de St-Erasme (2. Juni), Ajaccio, Bastia, Calvi. Zum Festtag des Schutzheiligen der Seeleute und Fischer gehört auch eine Bootsprozession auf dem Meer.
Cavall'in Festa (Anfang Juni), Corte. Pferdefest mit Trachtenumzug, Wettbewerben und Ausstellungen.
Rencontre d'Art Contemporain (Juni–Sep), Calvi. Ausstellung zeitgenössischer Kunst in der Zitadelle.
La Nuit du Conte (Juni), Vero. Feierlichkeiten zum Sommeranfang.
Fête de St-Jean (24. Juni), Bastia. Traditionelle Feierlichkeiten zu Ehren des heiligen Johannes.
Festival de Jazz (letzte Woche im Juni), Calvi. Konzerte und Jamsessions am Kai.
Nautival (Ende Juni), Macinaggio. Fest mit Buden, Aufführungen, Fischessen und einer Prozession.

Juli

La Relève de la Garde (Do im Juli), Ajaccio. Wachwechsel in traditionellen Kostümen.
Fiera di u Vinu (1. Wochenende im Juli), Weinmesse in Luri.
La Relève des Gouverneurs (2. Sa im Juli), Bastia. Erinnerung an ein historisches Ereignis, Prozession in der Zitadelle.
Fête du Livre Corse (Juli), L'Île Rousse. Korsische Bücher und Autoren.
Paese in Musica (Juli), Corbara. Konzerte und weitere Aufführungen.
Calvi on the Rocks (Juli), Calvi. Rock- und Tanzmusik.
Estivoce (Anfang Juli), Pigna. Korsische mehrstimmige Gesänge, Volksmusik, sakrale Gesänge, Theater.
»Nuits du Blues« (erste 2 Wochen im Juli), Ajaccio. Nationale und internationale Musiker, Ausstellungen, Filme.
Foire de l'Olivier (1. Wochenende nach dem 14. Juli), Montegrosso. Messe für Olivenöl aus der Balagne.
Festival Jacques Luciani (Mitte Juli), Corte. Volkstanzfestival.
Nuits de la Guitare (3. Woche im Juli), Patrimonio. Festival der Gitarrenmusik.
Mediterranean Trophy (letzte 10 Tage im Juli). Regatta von Bastia nach Ajaccio, Maddalena und Elba.
Les Estivales (Juli–Sep), Ajaccio. Festival der traditionellen Musik mit Tänzen.

Nuits de la Guitare (Juli)

Weiß-blauer Seglertraum: Regatta Mediterranean Trophy (Juli)

August

Festival du Film (Ende Juli–Anfang Aug), Lama. Vorführung europäischer Filme, Treffen mit Regisseuren.
Ballu in Corti (Aug), Corte. Traditionelle Tänze.
Festival de Musique (1. Woche im Aug), Erbalunga. Open-Air-Konzerte.
Notre Dame des Neiges (8. Aug), Bavella. Religiöse Prozession.
Fêtes napoléoniennes (Mitte Aug), Ajaccio. Feierlichkeiten zum Geburtstag von Napoléon Bonaparte. Ausstellungen und Paraden in zeitgenössischen Kostümen.
Calvi Allegria (Mitte Aug), Calvi. Eine spektakuläre Licht-Ton-Show erzählt die Geschichte von Calvis Zitadelle.
Porto Latino (Mitte Aug), St-Florent. Festival der lateinamerikanischen Musik.
Fête de St-Bartholomé (24. Aug), Bartholomäusprozession in Bonifacio.

Durchschnittliche monatliche Niederschläge

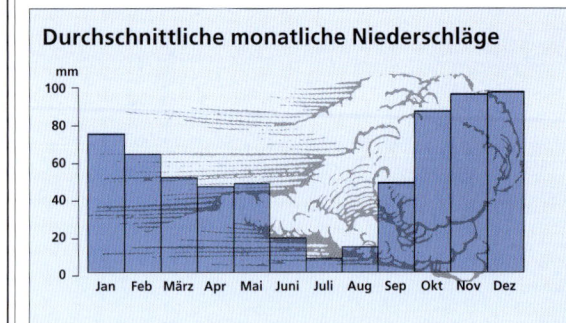

Niederschläge

Im Herbst und Winter sind die meisten Niederschläge zu verzeichnen, die heftigen Regenfälle können mehrere Tage dauern. Die trockenste Jahreszeit ist der Sommer, obwohl gegen Ende der heißen Jahreszeit häufig schwere Gewitter auftreten.

Herbst

Die Luft ist klar, die Temperaturen sind mild, und bis Oktober lädt das Meer zum Baden ein. An der Küste streift sich die Macchia nach der trockenen Sommerhitze noch einmal ein Blütenkleid über, die Beeren beginnen zu reifen. In den Tälern und auf den Bergen leuchten die Bäume in den Herbstfarben. In den Kastanienregionen Castagniccia und Evisa ist der Boden mit stacheligen Kastanien bedeckt. Mit dem ersten Regen schießen auch die Pilze aus dem Boden.

September

Settembrinu di Tavagna *(Ende Aug–Anfang Sep)*, Tavagna. Internationales Musikfestival mit kubanischer, korsischer, afrikanischer und Roma-Musik.

Fête de la Santa *(7.–10. Sep)*, Casamaccioli. Volksfest zum Festtag von Korsikas Schutzheiliger Maria mit der ältesten Wallfahrt der Insel.

Prozession zum 8. September, Lavasina. Mit Fackeln und Mitternachtsmesse.

Fête de Notre Dame *(8. Sep)*, Bonifacio. Für das Marienfest wird ein spezielles Gericht aus gefüllten Auberginen zubereitet.

Rencontres Européennes de Plongée sous-marines *(Anfang Sep)*, Veranstaltungsort wechselt jährlich. Bei diesem Festival des Tauchfilms werden Arbeiten führender Regisseure des Unterwasser-Genres gezeigt.

Foire de Porto-Vecchio *(2. Woche im Sep)*, Porto-Vecchio. Die jährliche Messe zeigt die Bandbreite korsischen (Kunst-)Handwerks.

Korsische Marienverehrung: Prozession in Casamaccioli *(Sep)*

Rencontres des Chants polyphoniques *(3. Woche im Sep)*, Calvi. Traditionelle korsische Musik.

Corsica Classic *(Ende Aug–Anfang Sep)*. Regatta mit traditionellen Yachten, die in Bastia endet.

Mele in Festa *(Sep)*, Murzo. Das traditionelle Fest huldigt dem korsischen Honig.

Inbrünstig feiert Ajaccio jedes Jahr *(Aug)* seinen berühmten Sohn Napoléon Bonaparte *(siehe S. 33)*

Durchschnittliche monatliche Temperaturen

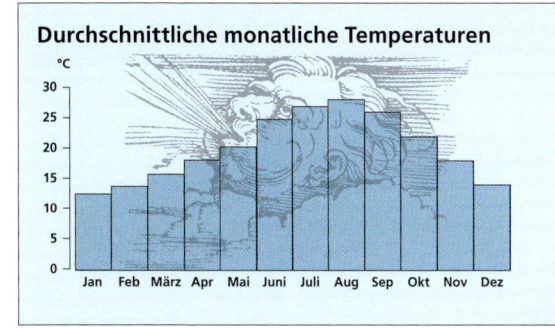

Temperaturen

An der Küste sind die Temperaturen selbst im Winter angenehm mild: Der Jahresmittelwert beträgt 15 °C. Im Landesinneren sind die Winter härter, mit starkem Schneefall und häufigem Frost. Dort sind trotz der heißen Sonne die Sommer relativ kühl.

Oktober

Rally de France *(Ende Sep–Anfang Okt)*. Die Rallye-Champions treten auf kurvigen Straßen gegeneinander an – eine der interessantesten Rennetappen.
Les Musicales de Bastia *(Okt)*, Bastia. Jazz, Tanz, Theater und Musik.
Le Tour de Corse à la Voile *(Ende Okt)*. Start und Ziel der Regatta ist Bonifacio.
Festiventu *(letzte Woche im Okt)*, Calvi. Festival mit Modellflugzeug-Wettbewerben und Ballonfahrten.

November

Journée du Marron *(Nov)*, Evisa. Kastanienerntefest.
Festival du Film des Cultures méditerranéennes »Arte Mare« *(Nov)*, Bastia. Filme, Kunst und Literatur aus Mittelmeerländern.
Journées de la Pomme *(1. Wochenende im Nov)*, Bastelica. Auf dem Apfelfest werden Gelees, Säfte und Trockenfrüchte sowie Wurstwaren und handwerkliche Erzeugnisse angeboten.

Winter

Es wird kälter, der ungemütliche Mistral pfeift einem um die Ohren. Die Berggipfel sind weiß gezuckert, die Skilifte beginnen hier und da den Betrieb. In der Weihnachtszeit erstrahlen Korsikas Städte im festlichen Lichterglanz. Ajaccio feiert mit Spielen und einem Markt. In dieser Jahreszeit sind viele Hotels und Restaurants geschlossen – außerhalb der Städte und großen Ferienorte findet man nur schwer eine Unterkunft.

Doch auch jetzt ist ein Inselurlaub lohnend: Die Küsten sind nicht sonnenverbrannt, die Straßen säumen Blumen, die Macchia strahlt im Grün ihrer Blätter, an sonnigen Tagen vergisst man schon einmal, dass eigentlich Winter ist. Im Dezember werden die Oliven geerntet und zu den Mühlen gebracht. Wenn im Februar die Mandelblüte beginnt, ist der Frühling nicht mehr fern.

Dezember

Fiera di a Castagna *(Anfang Dez)*, Bocognano. Ein beliebtes Volksfest mit Gerichten und Süßspeisen aus Kastanienmehl.
Animation de Noël *(Dez)*, Ajaccio. Weihnachtsunterhaltung in den Straßen der Hauptstadt: Bingo, Spiele und Kutschfahrten.

Januar

Rencontres du Cinéma Italien *(Ende Jan–Anfang Feb)*, Bastia. Italienische Filmfestspiele. Reihen über einzelne Regisseure oder Schauspieler, Ausstellungen, Konferenzen, italienische Küche.

Kastanien werden im Spätherbst geerntet

Korsische Vielstimmigkeit in Perfektion: die Gruppe A Filetta

Fête du St-Antoine *(1. So nach dem 17. Jan)*, Corbara und Aregno. Prozession zu Ehren des heiligen Antonius.

Februar

A Tumbera *(2. Woche im Feb)*, Renno. Hier feiert man das korsische Schwein mit Wettbewerben und selbstverständlich auch mit leckeren Spezialitäten.

Feiertage

Jour de l'an Neujahr *(1. Jan)*
Pâques Ostern *(März/Apr)*
Ascension Christi Himmelfahrt *(6. Do nach Ostern)*
Pentecôte Pfingsten *(2. So nach Himmelfahrt)*
Fête du Travail Tag der Arbeit *(1. Mai)*
Fête de la Victoire Siegestag *(8. Mai)*
14. Juillet Nationalfeiertag *(14. Juli)*
Assomption Mariä Himmelfahrt *(15. Aug)*
Toussaint Allerheiligen *(1. Nov)*
Armistice Waffenstillstand von 1918 *(11. Nov)*
Noël Weihnachten *(25. Dez)*

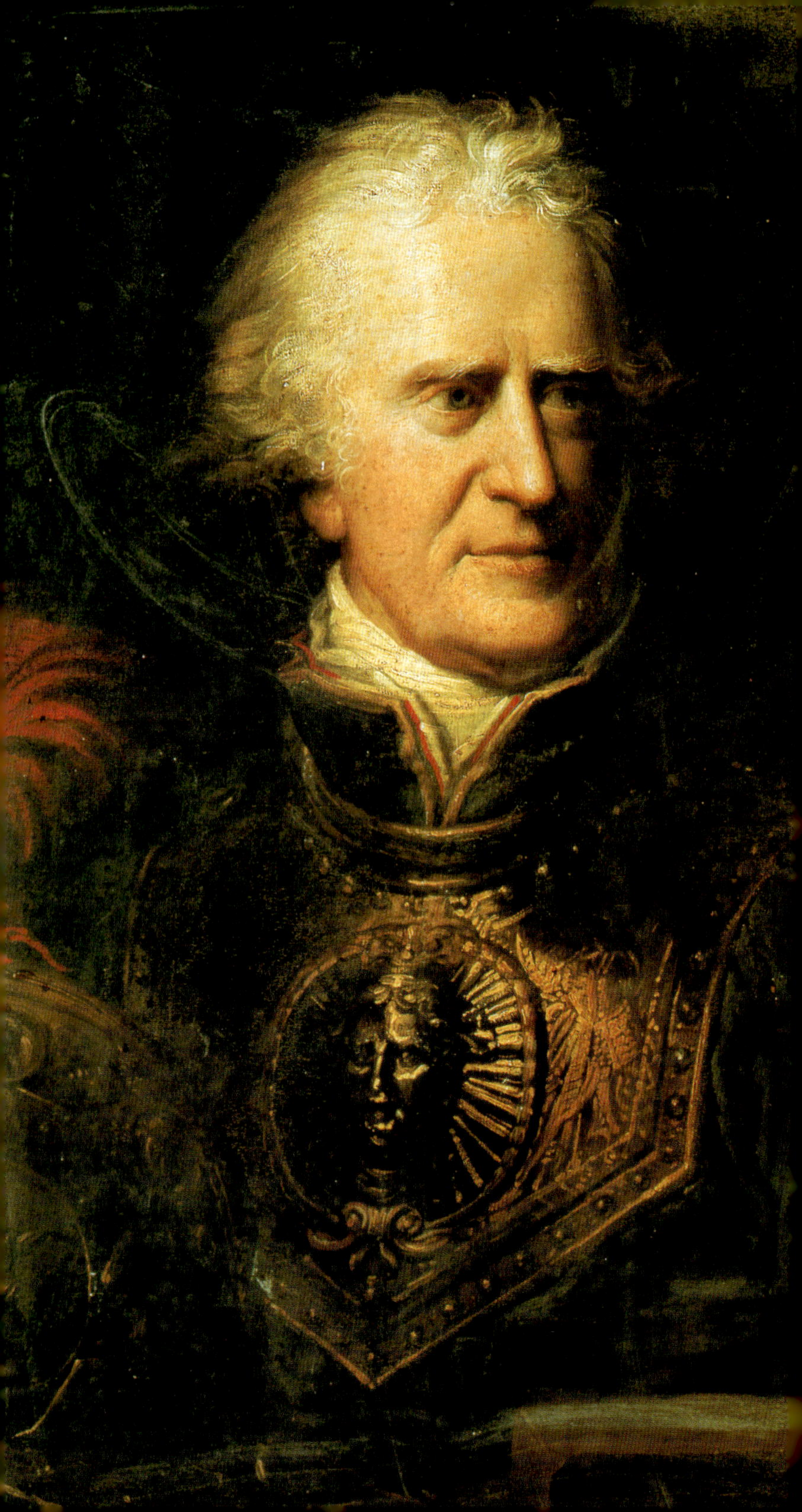

Die Geschichte Korsikas

Korsika war jahrtausendelang Ziel von Eroberern und Kolonisatoren. Geschichte und Kultur der Insel wurden von verschiedenen Zivilisationen geprägt. Karthago und Rom, Pisa, Genua und Frankreich – das Zusammenspiel dieser vielfältigen kulturellen Einflüsse führte zur Ausbildung einer typisch korsischen Identität, auf der sich die Idee der korsischen Nation gründet.

Das Bergmassiv, dessen Gipfel als Korsika und Sardinien aus dem Tyrrhenischen Meer ragen, ist schwer zugänglich und wurde später als die Küstenregionen besiedelt. Doch niemand weiß, wann der erste Mensch die Insel betrat. Sicher ist jedoch, dass Korsika seit rund 9000 bis 10 000 Jahren besiedelt ist. Die ältesten archäologischen Stätten liegen bei Macinaggio, auf Cap Corse und in Araguina unweit von Bonifacio. Dort fanden Archäologen das Skelett der *Dame von Bonifacio*, einer 35- bis 40-jährigen Frau, die um 6570 v. Chr. begraben worden war. Ihre sterblichen Überreste werden heute im Museum von Levie aufbewahrt.

Im 6. Jahrtausend v. Chr. nahm auf Korsika die Bevölkerung zu. Diese jungsteinzeitlichen nomadisierenden Gruppen züchteten Vieh, produzierten Webarbeiten und widmeten sich zunehmend dem Handel. Mitte des 4. Jahrtausends v. Chr. entwickelte sich eine Kultur, deren megalithische Monumente *(siehe S. 129)* zu den beeindruckendsten Relikten des alten Korsika zählen *(siehe S. 38f)*. In dieser Epoche handelten die Korsen vor allem mit der Küstenbevölkerung Italiens. Ausgrabungen haben vielfältige etruskische Vasen und andere Objekte aus Magna Graecia zutage gebracht.

Trinkgefäß in Form eines Pferdekopfes (480 v. Chr.)

Um 1500 v. Chr., zu Beginn der Bronzezeit, drangen im Süden Korsikas die Torreaner ein. Ihr Name leitet sich von den turmartigen Bauten *(torri)* ab, die sie in mehreren Gebieten im Süden der Insel errichteten. Die Torreaner herrschten im Süden bis etwa 600 v. Chr., als Stammeskämpfe eine Wanderbewegung nach Sardinien auslösten.

Im Jahr 565 v. Chr. gründeten phokäische Kolonisten Alalia. Dort herrschten später Etrusker, Karthager und nach der Landung von Scipios Truppen 259 v. Chr. Römer, die die Stadt in Aleria umbenannten. Unter der Pax Romana wurde sie von Caesar und den Kaisern Hadrian, Caracalla und Diokletian ausgebaut. Bis zur Invasion der Vandalen im Jahr 455 n. Chr. war Aleria die Hauptstadt der Provinz Corsica. 100 v. Chr. gründete der römische General und Konsul Marius die Kolonie Mariana südlich des heutigen Bastia.

ZEITSKALA

10 000 v. Chr.	5000 v. Chr.	1000 v. Chr.	500 v. Chr.	300 v. Chr.	100 v. Ch
	8000 v. Chr. Menschen siedeln auf Korsika	**1500 v. Chr.** Torreaner aus Kleinasien in den südöstlichen Ebenen	**565 v. Chr.** Gründung von Alalia (später Aleria) von Kolonisten aus Phokäa	**280 v. Chr.** Karthagische Eroberung	**100 v. Chr.** Marius gründet Mariana
	6570 v. Chr. Bestattung der Dame von Bonifacio	*Prähistorischer Axtkopf, zu sehen im Museum in Levie*		**259 v. Chr.** Beginn der römischen Eroberung	
	3500–1000 v. Chr. Ära der korsischen megalithischen Monumente		**4.–3. Jh. v. Chr.** Etrusker und Syrakuser auf Korsika		

◁ **Der »Vater der Nation« Pasquale Paoli** *(siehe S. 46f)*, Porträt von Richard Cosway (1742–1821)

Von Megalithen und Römern

Attisches Gefäß, 5. Jh. v. Chr.

Die prähistorischen Völker Korsikas waren äußerst dynamisch. Die aktivste Epoche dieser alten Kulturen begann in der Jungsteinzeit etwa um 6000 v. Chr. In jener Zeit produzierten die Menschen Cardium-Keramiken und wurden sesshafter. Sie lebten von der Viehzucht und bauten, häufig auch befestigte, Behausungen aus Trockenmauern. Gegen Ende dieser Epoche entstanden die ersten megalithischen Monumente *(siehe S. 129)*. Bald darauf erschütterten Invasionen die Insel – erst kamen die Torreaner, später die Phokäer und Etrusker. Dann eroberten die Römer das von den Phokäern gegründete Alalia und nannten es in Aleria um. Ihre Vorherrschaft erstreckte sich fast über die gesamte Insel und dauerte bis zur Invasion der Vandalen.

Anthropomorphe Menhire *mit Gesichtern und bisweilen Waffen sind ein einzigartiges Element der korsischen Kultur.*

Die Menhir-Alleen *sind ein typisches Kennzeichen der jungsteinzeitlichen Kultur Korsikas. Viele dieser Alignements standen wahrscheinlich im Zusammenhang mit religiösen Zeremonien.*

In Filitosa findet sich eines der bedeutendsten Alignements anthropomorpher Menhire auf der Insel *(siehe S. 129)*.

• Filitosa

Zeugen der Vergangenheit

Die meisten Menhir-Alignements und noch heute stehenden Dolmen stammen aus dem 2. bis 1. Jahrtausend v. Chr. Sie finden sich vor allem im Südwesten Korsikas. Befestigte Burgen ragen hingegen auf den Hügeln des östlichen Inselteils auf. Die bedeutsamsten römischen Ruinen befinden sich in Aléria. Dort ist die ursprüngliche Anlage der antiken Stadt noch heute sichtbar.

• Cauria

Cardium-Keramik *stammt aus dem 5. oder 6. Jahrtausend v. Chr. Die Bezeichnung leitet sich vom lateinischen Namen der Herzmuschel, Cardium, ab, mit deren zackigen Rändern die typischen Muster in die Keramiken eingeritzt wurden.*

Auf dem Plateau von Cauria stehen viele der am besten erhaltenen Menhire und Dolmen. Sie sind auf wunderbare Weise der Zerstörung durch Christen entgangen. Stantari, Palaggiu, Renaghiu und Fontanaccia sind zu besichtigen *(siehe S. 127)*.

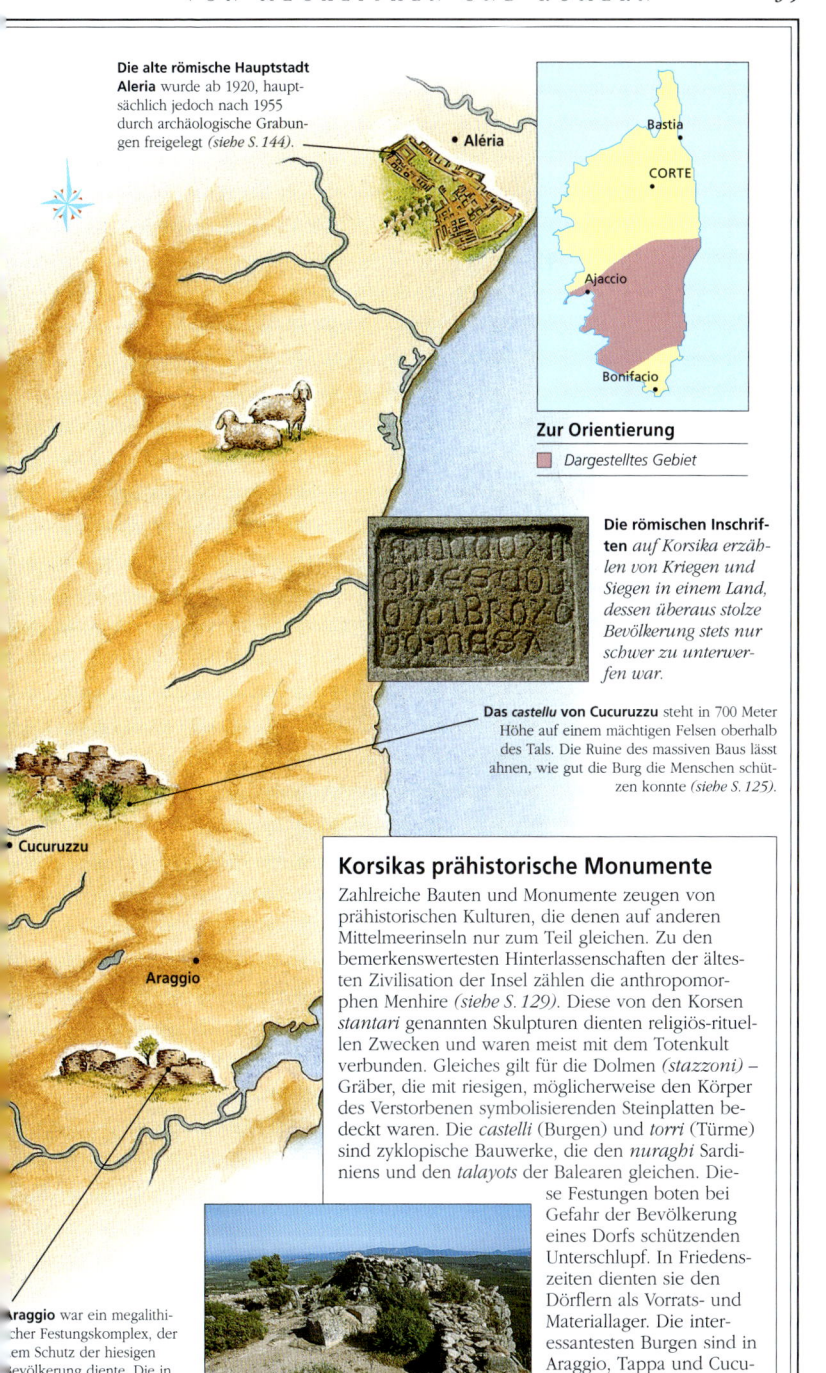

VON MEGALITHEN UND RÖMERN 39

Die alte römische Hauptstadt Aleria wurde ab 1920, hauptsächlich jedoch nach 1955 durch archäologische Grabungen freigelegt *(siehe S. 144)*.

Zur Orientierung

Dargestelltes Gebiet

Die römischen Inschriften *auf Korsika erzählen von Kriegen und Siegen in einem Land, dessen überaus stolze Bevölkerung stets nur schwer zu unterwerfen war.*

Das *castellu* von Cucuruzzu steht in 700 Meter Höhe auf einem mächtigen Felsen oberhalb des Tals. Die Ruine des massiven Baus lässt ahnen, wie gut die Burg die Menschen schützen konnte *(siehe S. 125)*.

Korsikas prähistorische Monumente

Zahlreiche Bauten und Monumente zeugen von prähistorischen Kulturen, die denen auf anderen Mittelmeerinseln nur zum Teil gleichen. Zu den bemerkenswertesten Hinterlassenschaften der ältesten Zivilisation der Insel zählen die anthropomorphen Menhire *(siehe S. 129)*. Diese von den Korsen *stantari* genannten Skulpturen dienten religiös-rituellen Zwecken und waren meist mit dem Totenkult verbunden. Gleiches gilt für die Dolmen *(stazzoni)* – Gräber, die mit riesigen, möglicherweise den Körper des Verstorbenen symbolisierenden Steinplatten bedeckt waren. Die *castelli* (Burgen) und *torri* (Türme) sind zyklopische Bauwerke, die den *nuraghi* Sardiniens und den *talayots* der Balearen gleichen. Diese Festungen boten bei Gefahr der Bevölkerung eines Dorfs schützenden Unterschlupf. In Friedenszeiten dienten sie den Dörflern als Vorrats- und Materiallager. Die interessantesten Burgen sind in Araggio, Tappa und Cucuruzzu zu sehen.

Araggio war ein megalithischer Festungskomplex, der dem Schutz der hiesigen Bevölkerung diente. Die in ihrer Zeit wohl uneinnehmbare Burg aus dem 16. bis 12. Jahrhundert v. Chr. kann noch heute bestaunt werden *(siehe S. 121)*.

Die Ruinen des *castellu* von Araggio

Jahrhunderte der Invasionen

Schon bald nach dem Fall des Römischen Reichs landeten die germanischen Vandalen 455 n. Chr. auf Korsika. Vermutlich wegen dieser neuen Eroberung wurde Aleria aufgegeben. Nachdem die Vandalen weite Gebiete an der nordafrikanischen Küste eingenommen hatten, schickten sie die Bischöfe der unterworfenen Städte ins Exil nach Korsika – dies war der bedeutendste Impuls für die Christianisierung der Insel, die bereits ein Jahrhundert zuvor begonnen hatte.

Vandalischer Krieger, Schildverzierung

Im Jahr 534 übernahm das von Kaiser Justinian regierte Byzantinische Reich das Zepter auf Korsika, doch die Insel blieb weiterhin ein Ziel von Invasionen, etwa der Lombarden und der Sarazenen. Die Lombarden herrschten bis 774. Dann wurden sie von den Franken, die eigentlich den Papst in Rom gegen die langobardische Bedrohung schützen sollten, vertrieben. Frankenkönig Pippin der Jüngere übergab Korsika im Rahmen der Pippinschen Schenkung an den Heiligen Stuhl, sein Sohn Karl der Große bestätigte die Schenkung 20 Jahre später.

Eine weitere Bedrohung war die arabische Expansion im Mittelmeerraum. Immer wieder wurde auch Korsika zum Angriffsziel der Sarazenen, die wiederholt entlang der ganzen Küste Korsikas landeten. Vor allem die fruchtbare Balagne war Ziel massiver Attacken, die dem Chronisten Giovanni della Grossa (15. Jh.) zufolge eine Massenkonvertierung zum Islam nach sich zogen.

Die karolingischen Angriffe auf die Sarazenen richteten nur wenig aus, viele Korsen flohen deshalb an die nahe italienische Küste. Historiker berichten von einer blühenden korsischen Gemeinde im römischen Hafen Ostia. Von dort stammte auch der in der korsischen Stadt Porto geborene Papst Formosus (891–96).

Mittelalterlicher Feudalismus

Nach dem Jahr 1000 verstärkte sich der Einfluss des Festlands auf Korsika, wo sich wie auf dem europäischen Kontinent feudale Strukturen entwickelten. Diese wurden jedoch erheblich von der Macht der sich gegenseitig bekämpfenden Clans beeinflusst. Die Fehden führten zur Teilung der Insel in zwei geografisch voneinander getrennte Gebiete: »diesseits der Berge« und »jenseits der Berge« – die wirtschaftlich wesentlich besser entwickelte nordöstliche Hälfte *(Deçà des Monts)* und den »rückständigen« Südwesten der Hirten *(Delà des Monts)*.

Die internen Kämpfe schwächten Korsika militärisch, sodass der Heilige Stuhl die Republiken Pisa und Genua bat, gegen die Araber anzutreten und die Insel zu befrieden.

Darstellung der arabischen Invasion im 16. Jahrhundert

ZEITSKALA

200 n. Chr.	400	600	800
3.–5. Jh. Christianisierung Korsikas	**5. und 6. Jh.** Invasionen der Vandalen und Ostgoten		*Karolingische Münze*
Benediktinermönche	**420** Aleria fällt an die Vandalen	**755** Korsika ist wahrscheinlich Teil der Pippinschen Schenkung an den Papst	

VON DEN VANDALEN BIS ZU DEN GENUESEN 41

Pisanisch-romanisches Relief, San Quilico *(siehe S. 146)*

Pisanische Periode

1077, als der Papst die Insel an Bischof Landolfo von Pisa als Lehen übergab, begann Pisas Herrschaft auf Korsika. Es folgte eine Ära kultureller Blüte wie politischer Erschütterungen. Dank der Diplomatie des Heiligen Stuhls konnte die Rivalität zwischen Pisa und Genua anfangs noch kontrolliert werden, doch 1133 musste Papst Innozenz II. die sechs Bistümer der Insel zwischen Pisa und Genua aufteilen.

Schließlich eroberte das erstarkte Genua 1187 den Hafen von Bonifacio und 1268 Calvi. 1284 übernahm Genua die Herrschaft über die Insel, nachdem es aus der Schlacht von Meloria *(siehe S. 42f)* als Sieger hervorgegangen war. Die Spuren der pisanischen Herrschaft sind noch heute sichtbar. So entstanden unter der Ägide der toskanischen Seemacht viele romanische Bauten wie die Kirchen La Canonica und San Michele de Murato. Zudem florierten Weinbau (auf Cap Corse), Häfen und Handel.

Genuas Herrschaft

Nach dem Sieg über seinen Rivalen Pisa versuchte Genua, die Herrschaft über die Insel zu festigen. Die ligurische Republik errichtete an den Küsten mächtige Verteidigungsanlagen und versuchte unter großen Schwierigkeiten, ein Regierungssystem einzuführen. Vor allem in der Cinarca widersetzten sich lokale Feudalherren, die noch immer Pisa unterstützten, vehement den genuesischen Ansprüchen. Durch Volksaufstände wollten sie die Einführung einer korsischen Regierung erreichen, die – möglicherweise in Anlehnung an die erstarkende Macht italienischer Stadtrepubliken – von den Städten der Insel gestellt werden sollte.

Korsika blieb stets im Visier anderer europäischer Mächte, deren Übergriffe immer wieder von der Kirche unterstützt wurden. 1297 etwa belehnte Papst Bonifatius VIII. den König von Aragonien mit Korsika und Sardinien, um die Ansprüche des Heiligen Stuhls im Mittelmeerraum zu behaupten. Aragonien blieb als Unterstützer der Cinarca-Feudalherren ein stetiger Störfaktor der Herrschaft Genuas, bis Mitte des 18. Jahrhunderts Frankreich die Macht auf der Insel erlangte und die Geschicke Korsikas bestimmte.

Bonifatius VIII. (1294–1303)

Relief an der romanischen Kirche La Canonica

Zitadelle in Bonifacio

891–896 Der in Porto geborene Formosus wird Papst

1000

1077 Papst Gregor VII. übergibt Korsika an Pisa

1100

1133 Papst Innozenz II. teilt Bistümer zwischen Pisa und Genua auf

1195 Genuesische Kolonie in Bonifacio

1200

1268 Genuesen in Calvi

6. August 1284 Schlacht von Meloria

1297 Bonifatius VIII. belehnt den König von Aragonien mit Korsika

Die Schlacht von Meloria 1284

Das Wappen von Pisa

Korsika unterstand im Lauf der Geschichte zwei italienischen Republiken: Pisa und Genua. Diese Seemächte bekämpften gemeinsam Sarazenen und Piraten, die im Mittelmeer eine stete Gefahr darstellten. Danach trachteten beide Städte nach der Macht auf Korsika. 1077 belehnte Papst Gregor VII. Pisas Bischof Landolfo mit Korsika – Pisas Herrschaft begann. In der Folge waren Streitigkeiten an der Tagesordnung, die schließlich in der Schlacht von Meloria 1284 eskalierten, aus der Genua als Sieger und neue Macht auf Korsika hervorging. In den ersten 200 Jahren der genuesischen Herrschaft litt die Insel unter Kriegen, Piratenangriffen und Vendetten. Erst im späten 16. Jahrhundert konnte Genua eine gewisse politische Ordnung einführen.

Das Wappen *der Republik Pisa zeigt ein Schiff, das auch am Schiefen Turm am Campo dei Miracoli in Pisa zu finden ist. Es ist eines der vielen Symbole, die die maritime Übermacht der Stadt darstellten.*

Oberto Doria

Der Kommandeur Albertino Morosini führte zusammen mit Ugolino della Gherardesca und Andreotto Saraceno die pisanische Flotte an, die sich gegen die beiden genuesischen Flotten als hilflos erwies.

Die Sarazenen *legten Feuer in den Städten und töteten oder versklavten die Bewohner. Insbesondere Pisa setzte sich für die Befreiung der Insel von dieser Bedrohung ein.*

Die pisanische Flotte umfasste 72 Galeeren. Ihre Niederlage war katastrophal: 5000 Pisaner starben, 11 000 wurden in Ketten nach Genua verschleppt.

Schicksal des Conte Ugolino

Nach der Niederlage von Meloria übergab Ugolino della Gherardesca seine Burgen und sein Land an den Feind, um so eine Besetzung durch die genuesischen Verbündeten Florenz und Lucca zu vermeiden. Der des Verrats angeklagte Conte wurde zusammen mit seinen Söhnen und Enkelsöhnen in einen Turm eingekerkert, wo er verstarb. Für den italienischen Dichterfürsten Dante Alighieri war Ugolino ein Landesverräter, weshalb er ihn in den Versen seiner *Göttlichen Komödie* mit einem Fluch in die Hölle verdammte, der den Conte über die Jahrhunderte begleiten sollte.

Illustration aus der *Göttlichen Komödie*

DIE SCHLACHT VON MELORIA 1284

Benedetto Zaccaria *führte eine zweite Gruppe genuesischer Schiffe an. Diese griff überraschend ins Kampfgeschehen bei Meloria ein, als sich die Pisaner schon fast außer Gefahr wähnten. Diese Intervention war entscheidend für den Sieg Genuas.*

Die Ankerketten *der pisanischen Schiffe wurden am Ende der Schlacht von den Genuesen beschlagnahmt und als Trophäe in Genua zum Zeichen der Vorherrschaft der Stadtrepublik ausgestellt. Sie wurden erst im 19. Jahrhundert an Pisa zurückgegeben, wo sie heute unter der Loggia des Camposanto hängen.*

Die Klippen von Meloria ragen etwa sieben Kilometer vor Livorno in Richtung Korsika aus dem Meer.

In Meloria fand bereits 1241 eine Schlacht statt, in der die Pisaner mithilfe von Kaiser Friedrich II. Genua besiegten.

Genuas Reichtum *stammte aus dem Handel. Er führte die Seerepublik für Jahrhunderte an die Spitze der politischen Macht im Mittelmeerraum.*

Verlauf der Schlacht

Im August 1284 segelte eine genuesische Flotte unter dem Befehl Oberto Dorias in die Gewässer vor Porto Pisano. Die Pisaner griffen von den Klippen von Meloria an. Der Ausgang der Schlacht war offen, bis weitere genuesische Schiffe hinzustießen. Durch ihr überraschendes Eingreifen konnten sie die Schlacht für Genua entscheiden. Giovanni Davids *Schlacht von Meloria* (links) hängt im Palazzo Ducale in Genua.

Die genuesische Flotte bestand aus 93 Galeeren.

Die genuesischen Schiffe *waren schnell und konnten sowohl als Fracht- als auch als Kampfschiffe eingesetzt werden. Durch diese Flotte und ihre Kapitäne wurde Genua reich und besaß die Macht, Feinde und Konkurrenten zu bekämpfen.*

Die genuesische Flotte vor der Küste Korsikas, Druck aus dem Musée de la Corse

Ende des Mittelalters

Das 14. Jahrhundert brachte für Korsika schwere Zeiten. 1348 dezimierte eine Pestepidemie die Bevölkerung, in zahlreichen Revolten lehnten sich die Insulaner gegen die katastrophalen Lebensbedingungen auf. Angriffsziel des Volksprotestes, der den Adel zu vertreiben suchte, waren die Landherren, die das Feudalsystem beibehalten wollten.

Zu den Unterstützern des Feudalismus gehörte auch Arrigo della Rocca, der 1376 Aragonien um Hilfe bat. Einer der legendären Volkshelden dieser Jahre war der Bauer Sambucuccio d'Alando vom Norden der Insel. Seine Taten erschütterten die Grundfesten des Feudalismus. In Teilen Korsikas etablierte sich im Gegensatz zum Feudalsystem in der *Terra di Comuni* ein Verbund von Dörfern, der ein System kommunaler Selbstverwaltung mit Gemeindeeigentum an Grund und Boden entwickelte.

Sambucuccio d'Alando

Genuas Politik

Genua übertrug die Kontrolle über die Insel auch privaten Organisationen, die die Regierungsgewalt der Republik übernahmen und deren Interessen durchsetzten. Maona, das erste dieser Privatunternehmen (1378), ging jedoch bald bankrott. Deshalb baten einige Adelige den Thron von Aragonien um Hilfe – darunter auch der adelige Soldat, Feudalherr und Pirat Vincentello d'Istria.

1420 führte er eine spanische Flotte mit 400 Schiffen nach Korsika, das fast ganz in die Hände Vincentellos fiel. Nur Bonifacio konnte erfolgreich Widerstand leisten. Wenige Jahre später verpasste Genua die günstige Gelegenheit, die Feudalherren zu unterwerfen. Die Seemacht ignorierte die Aufforderung der *Terra di Comuni*, die Interessen ihrer Bewohner zu schützen. Genuas Weigerung vertiefte die Kluft zwischen den Bewohnern der Küstenstädte und denen des Inselinneren. Diese Differenz sollte sich später zu einem der größten Probleme entwickeln.

Bank des heiligen Georg

1453 trat Genua die Herrschaft über Korsika an die Bank des heiligen Georg ab, deren Macht das *Capitula Corsorum* genannte Gesetz über die

ZEITSKALA

1348 Die Pest wütet auf Korsika

1376 Arrigo della Rocca bittet die Aragonesen um Unterstützung in der Revolte

1453 *Capitula Corsorum*: Korsika wird von der Bank des heiligen Georg regiert

1300 — 1350 — 1400 — 1450 — 1500

Pestopfer

1378 Korsika wird von der Maona regiert

1420 Aufstand des Vincentello d'Istria, der Corte gründet

1498 Sampiero Corso wird in Bastelica geboren

1358 Aufstand des Sambucuccio d'Alando

genuesische Regierung der Insel sanktionierte. Die Bank des heiligen Georg agierte auf Korsika mit besonderen Befugnissen: Sie durfte Steuern eintreiben, Münzen prägen, Recht sprechen und besaß eine eigene Armee. Ihre verschiedenen Aktivitäten orientierten sich an einigen wenigen Leitlinien. Als eines der Hauptziele galt es, die Macht der Feudalherren einzugrenzen und so die politische Kontrolle über das Land zu sichern. Zudem versprachen die Genuesen, die Küstenebenen urbar zu machen und so die Malaria zu besiegen.

Königliche Korsische Artillerie (1740)

dem er einige Monate zuvor auf Korsika gelandet war – mit dem Ziel, einen Volksaufstand zu entfachen. Die genuesische Herrschaft wurde 1569 neu installiert. In den folgenden 200 Jahren wechselten sich auf der Insel Aufstände und reguläre Kolonialregierungen ab. Genuas Macht nahm ab, zudem grassierte unter den Korsen bittere Unzufriedenheit. Im frühen 18. Jahrhundert erzwangen Revolten die erste Unabhängigkeit der Insel, in der Folge wurde sie von Frankreich annektiert. Die einzige Hinterlassenschaft der langen genuesischen Herrschaft sind die Küstentürme und einige Städte mit massiven Zitadellen.

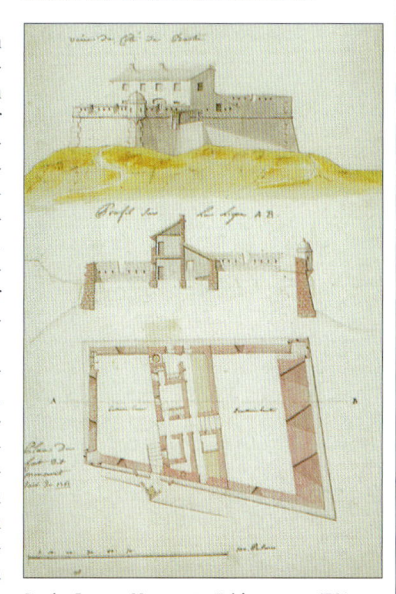

Sampiero und das Ende Genuas

Sampiero Corso wurde 1498 in einem Weiler bei Bastelica geboren. Wie viele seiner Landsleute zwangen ihn Armut und Tradition, sich als Söldner in der französischen Armee zu verdingen. Frankreich, der große Gegenspieler Spaniens als führende Hegemonialmacht in Europa, wählte Korsika als Stützpunkt im Mittelmeer aus. Sampiero Corso nahm an dem französischen Angriff auf die Insel teil, der von den Schiffen des bekannten Piraten Dragut Rais gesichert wurde.

Die genuesischen Festungen fielen eine nach der anderen – Bastia, St-Florent, Corte und sogar das uneinnehmbare Bonifacio –, bis ein Friedensvertrag die Franzosen zum Rückzug zwang. Sampiero widersetzte sich diesem jedoch, kämpfte weiter gegen die Genuesen und bat sogar verschiedene europäische Regierungen um Hilfe. 1563 wurde er ermordet, nach-

Bastias Festung Monserrato, Zeichnung von 1761

Sampiero Corso

1553 Sampiero Corso landet mit französischen Truppen

1569 Genua erobert Korsika zurück

1640–70 Religiöse Bewegungen

1676 Gründung einer griechischen Kolonie in Sagone

Zitadelle von Corte

1729 Revolte von Corte und Bauernaufstände

1755–69 Regierungszeit von Pasquale Paoli

1550 — 1600 — 1650 — 1700 — 1750

Aufstand und Unabhängigkeit

Neue Steuern brachten das Fass zum Überlaufen: Viele Korsen weigerten sich, die von den Genuesen auferlegten Abgaben zu zahlen. 1735 verabschiedeten die aufständischen Insulaner in Corte eine erste Verfassung für einen unabhängigen korsischen Staat. Im folgenden Jahr wählte Korsika Baron Theodor von Neuhoff zum König Theodor I., der seinen Thron jedoch bereits acht Monate später wieder aufgab. 1745 führte Jean-Pierre Gaffori einen großen Aufstand an, 1755 der 30-jährige Pasquale Paoli. Diesem gelang es, einen Staat zu konstituieren, zudem gründete er die Universität von Corte und stellte eine Armee auf. Doch nach 14 Jahren Freiheit verlor Korsika unter Paoli am 8. Mai 1769 die Schlacht von Ponte-Novo. Dies war der Beginn der französischen Herrschaft.

Theodor von Neuhoff, deutscher Baron und der korsischen Sache verbunden, wurde 1736 von den Korsen zum König gewählt. Wenige Monate später musste er fliehen.

Die Hügel der Castagniccia

Französische Armee

Jean-Pierre Gaffori zählte zu den Anführern der Aufstände von 1745–55 und war Mitglied des damaligen Triumvirats. 1753 wurde er in Corte auf offener Straße ermordet.

Gafforis Frau Faustina nahm auch an den Kämpfen teil. Sie ist in dem Flachrelief am Sockel des Denkmals ihres Gatten in Corte abgebildet (siehe S. 134).

Ein korsischer Freiheitskämpfer schrieb in einem Brief: »General, ich vertraue meinen alten Vater Ihrer Obhut an, denn bereits in zwei Stunden werde ich für mein Land gefallen sein.«

Ende eines Traums

Am 8. Mai 1769 erlitten die von Pasquale Paoli angeführten korsischen Truppen an der Brücke von Ponte-Novo eine entscheidende Niederlage gegen die französische Armee. Dies war das Ende der 14-jährigen korsischen Unabhängigkeit – bis heute der einzige Zeitraum, in dem die Insel vollständige Souveränität genoss.

AUFSTAND UND UNABHÄNGIGKEIT

Der Mohrenkopf *ist seit drei Jahrhunderten das Symbol eines unabhängigen Korsika. Das Siegeszeichen der Könige Aragoniens über die Mauren im 13. Jahrhundert war von lokalen Clanführern übernommen worden und wurde von Baron Neuhoff und Pasquale Paoli aufgegriffen.*

James Boswell und Korsika

Der britische Schriftsteller James Boswell besuchte 1765 Korsika, drei Jahre später machte er durch die Veröffentlichung seines Reisejournals *Corsica* in England Paolis demokratische Regierung in Europa bekannt. Während der Französischen Revolution bewog die noch frische Erinnerung an die französische Annexion Korsikas den revolutionären Politiker Comte de Mirabeau, »Bedauern und Trauer« über seine Beihilfe an der Unterdrückung der Freiheit eines solch stolzen Volkes zu bekunden.

2000 korsische Patrioten nahmen unter der Führung Paolis an der Schlacht teil.

Ponte-Novo hieß nach der neu erbauten Genueser Steinbrücke über den Golo.

Die französische Armee kesselte die Korsen auf der Brücke ein

Pasquale Paoli *war nicht nur ein exzellenter Militärstratege, sondern auch ein gebildeter, aufgeklärter und kultivierter Politiker. Er entwarf die einzige Verfassung, die Korsika jemals besaß, und gründete die 1981 wiedereröffnete Universität von Corte.*

Die Brücke war im typisch genuesischen Stil erbaut. Viele ähnliche Bauwerke sind noch heute auf der Insel zu finden.

Fluss Golo

ZEITSKALA

1720	1730	1740	1750	1760
1729 Erste Revolte gegen Genua; Beginn des Unabhängigkeitskriegs	**1735** Unabhängigkeitserklärung	**1755** Wahl Pasquale Paolis zum General der Nation	**8. Mai 1769** Korsische Niederlage bei Ponte-Novo	
		1748 Zweite französische Intervention		**1765** Universität von Corte eröffnet
	1733 Zweite Revolte unter Führung von Pasquale Paolis Vater Hyacinthe	**1745** Dritte Revolte unter Jean-Pierre Gaffori	**1753** Französische Truppen verlassen die Insel	**1762** Der Mohrenkopf wird zum nationalen Symbol
		1738 Frankreich interveniert auf Wunsch Genuas		

Frankreichs Herrschaft

Frankreich stand gegen die Korsen auf Seiten Genuas. 1768 übernahm es Korsika von der geschwächten Seemacht und machte es nach der Schlacht von Ponte-Novo 1769 *(siehe S. 46f)* zu französischem Staatsgebiet. Auf Korsika regierten nun ein Provinzregent und ein Militärgouverneur.

Korsika wurde in Provinzen mit eigener Gerichtsbarkeit aufgeteilt. Die Städte verloren nach und nach die von den Genuesen verliehenen Privilegien, zudem wurden klare Grenzen zwischen Privat- und Gemeineigentum gezogen. Dabei genossen die Anhänger der französischen Regierung eine Reihe von Vorteilen. Beispielsweise erhielten sie Land, was wiederum die Unzufriedenheit im Volk schürte.

Der noch immer schwelende korsische Nationalismus brach 1774 in einem Aufstand im Niolo aus und zeigte sich in der andauernden Unterstützung General Paolis während seines Exils in Frankreich. Bei den ersten revolutionären Anzeichen in Frankreich äußerten die Korsen deutlich, dass sie keinesfalls nur Zuschauer bleiben würden. Doch zwischen den französischen und den korsischen Forderungen gab es erhebliche Unterschiede. So waren die Korsen nicht am Kampf gegen den Adel interessiert, sondern an der Gleichberechtigung der Korsen und Franzosen. 1790 entwaffnete das Volk die Garnison in Bastia, Exilpolitiker wie Pasquale Paoli kehrten auf die Insel zurück.

Der von den Jakobinern zum Tod verurteilte Paoli bat England um Hilfe. Die folgende Intervention führte zum Englisch-Korsischen Königreich (1794–96) mit Sir George Elliott als Vizekönig. Paoli siedelte entmachtet nach London über, wo er 1807 verstarb. 1796 sandte Frankreich Truppen aus, die die Insel zurückerobern sollten. Sie wurden von einem jungen, auf Korsika geborenen Offizier geführt, der sein Leben lang eine enge Bindung zu seiner Heimatinsel und insbesondere seiner Geburtsstadt Ajaccio *(siehe S. 87)* unterhalten würde: Napoléon Bonaparte.

Napoléon überquert den St.-Bernhard-Pass, Jacques-Louis David, 1800

19. und 20. Jahrhundert

Nach Napoléons Entmachtung 1815 erlebte Korsika eine relativ ruhige Phase, in der die Anwesenheit der Franzosen immer mehr an Bedeutung gewann. Kriminalität und Vendetten nahmen ab, Wirtschaft und Politik erwiesen sich als relativ stabil, die französische Oberhoheit errang eine gewisse Glaubwürdigkeit.

Politisch versuchte man eine Mittelklasse zu etablieren, die das Wachstum der Insel unterstützen und fördern sollte. Zu den erfolgreichsten Initiativen zählte der Ausbau der Infrastruktur. 1827 wurde die Straße von Ajaccio nach Bastia gebaut, 1894 folgte die Eisenbahn. Seit 1830 be-

ZEITSKALA

Napoleonisches Wappen

1769 Geburt Napoléon Bonapartes in Ajaccio

1790 Paoli kehrt aus dem Exil zurück

1794–96 Englisch-Korsisches Königreich

1827 Eröffnung der Straße Ajaccio–Bastia

1830 Erste regelmäßige Fährverbindung nach Korsika

1855–70 Erfolgreicher Kampf der Obrigkeit gegen Banditen und Blutfehden

1894 Einweihun[g] Bahnlinie Ajaccio–B[astia]

| 1775 | 1800 | 1825 | 1850 | 1875 |

Korsische Emigranten warten auf die Einschiffung

stand bereits eine regelmäßige Fährverbindung. Dies führte zu einer Bevölkerungsexplosion, die Einwohnerzahl stieg von rund 150 000 (1790) auf etwa 300 000 (1890). Parallel dazu entwickelte sich die Landwirtschaft selbst in den bergigen Regionen des Inselinneren weiter. Die Zentralregierung versuchte, die Bewegungsfreiheit der Hirten einzudämmen. Mitte des 19. Jahrhunderts entstand in den Städten eine liberale korsische Mittelschicht.

Doch nur wenig später untergrub die Industrielle Revolution die positive Entwicklung. Das vorwiegend bäuerliche und vergleichsweise wenig modernisierte Korsika konnte nicht mit der Agrarproduktion auf dem Festland und in den Kolonien konkurrieren. Trotz der Verbesserungen beim Lebensstandard traf die Insel erneut bittere Armut, die Tausende zur Emigration zwang. Korsika verzeichnete zudem etwa 20 000 Tote im Ersten Weltkrieg, zudem wanderten jährlich rund 6000 Menschen aus. 1942 besetzten italienische Truppen die Insel, die jedoch schon bald von der starken Widerstandsbewegung *Maquis* (Macchia) bekämpft wurden. 1943 war Korsika das erste befreite Département Frankreichs, nach dem Zweiten Weltkrieg kehrten viele emigrierte Korsen in ihre Heimat zurück.

Unabhängigkeitsbewegung

In den 1960er Jahren stellte sich mit dem Front Régionaliste Corse (FRC) eine neue Partei zur Wahl. 1973 forderte sie zusammen mit der Action Régionaliste Corse (ARC) die Autonomie Korsikas, eine dezentrale Regierung und eine Eindämmung des Tourismus. Die Parteien erhielten breite Unterstützung. 1975 endeten Demonstrationen mit dem Tod zweier Polizisten. Der danach im Untergrund gegründete Front de Libération Nationale de la Corse (FLNC) verübte in den folgenden Jahren zahlreiche terroristische Anschläge.

Während die Separatisten an Popularität gewannen, wurde die Insel wieder in zwei Départements geteilt: Haute-Corse und Corse-du-Sud. 1981 wurde die Universität in Corte wiedereröffnet, 1991 erlangte Korsika autonomen Status. In den 1990er Jahren boomte der Tourismus, dessen Umweltbelastung sich jedoch dank des Respekts der Korsen vor dem eigenen Land in Grenzen hält. 2003 flammte die Unabhängigkeitsbewegung wieder auf, nachdem ein Referendum für mehr Autonomie gescheitert war. Mittlerweile arbeiten Festlands- und Provinzregierung für eine friedliche Zukunft zusammen.

Anhänger der nationalistischen Partei

- **1910–20** Große Emigrationswelle
- **1942** Italienische Besetzung
- **1943** Befreiung Korsikas
- **1966** Gründung des FRC
- **1976** Gründung des FNLC
- *Logo der Universität*
- **1981** Wiedereröffnung der Universität von Corte
- **1991** Verabschiedung des regionalen Autonomiegesetzes
- **2003** Ein Referendum für mehr Unabhängigkeit scheitert knapp
- **2009** Der Ausbau von Straßen und der zunehmende Service von Billig-Airlines verbessern die Erreichbarkeit der Insel

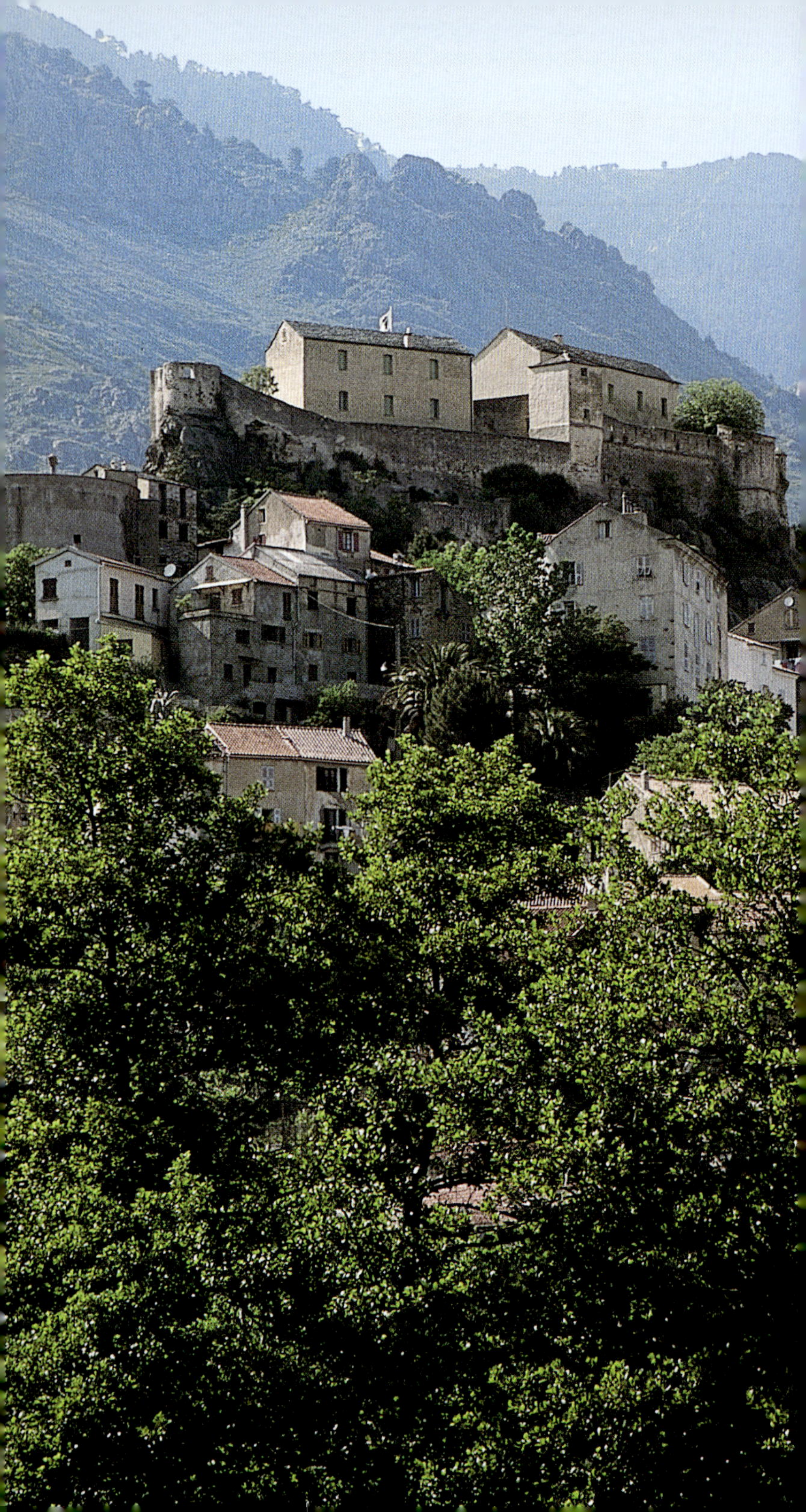

Die Regionen Korsikas

Korsika im Überblick **52–53**

Bastia und Nordküste **54–81**

Ajaccio und Westküste **82–105**

Bonifacio und Südküste **106–129**

Corte und Bergregion **130–151**

Korsika im Überblick

Land der Gegensätze: Auf Korsika liegen traumhafte Strände und wilde Bergregionen mit dichten Wäldern nur einen Katzensprung voneinander entfernt. Die im Mittelmeer gelegene Insel bietet eine breite Palette faszinierender Landschaften – etwa die mit Macchia bedeckte Küste, die Hügel mit Oliven- und Kastanienhainen, die Täler mit ihren tiefen Wildwasserschluchten oder die durch den Fernwanderweg GR20 *(siehe S. 22–27)* erschlossenen Berge. Doch neben der Natur kommt die Kultur nicht zu kurz: Kunstfreunde können hier prähistorische Megalithen, pisanisch-romanische Kirchen, genuesische Zitadellen und malerische Dörfer bewundern. Neben den historisch bedeutsamen Städten Ajaccio und Bastia lohnen auch Corte, Bonifacio, Calvi und Porto-Vecchio einen Besuch.

Calvis Zitadelle
Die Zitadellen als Bollwerke genuesischer Macht beherrschen noch immer das Bild der großen korsischen Städte. Calvis Zitadelle wurde im 15. Jahrhundert errichtet.

Pointe de la Parata
Die aus der Farbenpracht der Macchia aufragenden genuesischen Wachtürme sind an der Küste häufig zu sehen. Ein solcher Wehrbau steht auch an der Pointe de la Parata, dem berühmten Kap im Golfe d'Ajaccio.

AJACCIO UND WESTKÜSTE
Seiten 82-105

Megalithische Monumente
Relikte des prähistorischen Korsika finden sich im Inneren der Insel in großer Zahl – vor allem Steinalleen, Menhire, Dolmen oder sogenannte castelli *(Burgen).*

0 Kilometer 20

◁ **Die Zitadelle von Corte** *(siehe S. 136f)* **wacht über die Gorges du Tavignano und die Vallée de la Restonica**

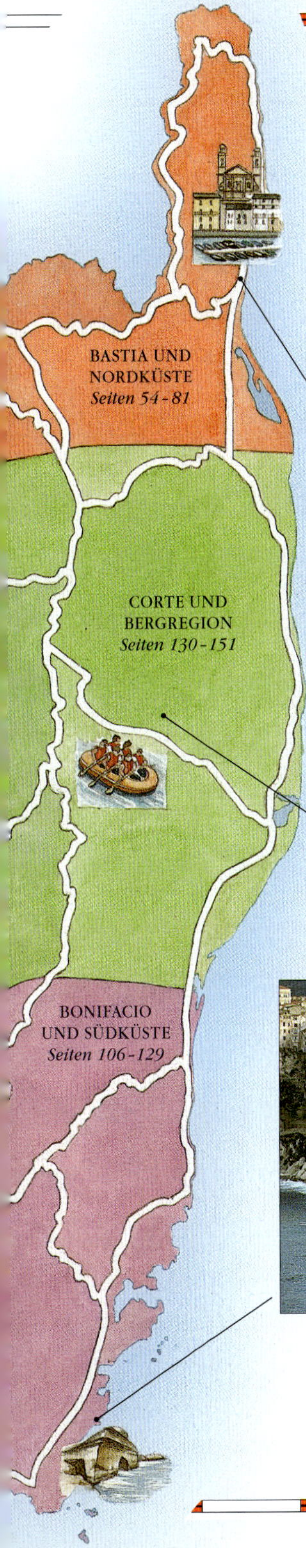

KORSIKA IM ÜBERBLICK

BASTIA UND NORDKÜSTE
Seiten 54–81

CORTE UND BERGREGION
Seiten 130–151

BONIFACIO UND SÜDKÜSTE
Seiten 106–129

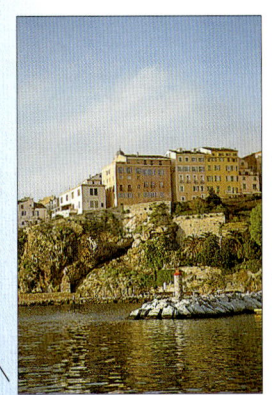

Vieux Port von Bastia
Im von der mächtigen Zitadelle geprägten Vieux Port von Bastia weht der Hauch der korsischen Geschichte. Vor Jahrhunderten entwickelten sich die heutigen Städte um Naturhäfen, in denen Handelsschiffe anlegten.

Felsen und Wasser
In Korsikas wildem Inneren erleben Wanderer eine aufregende Naturlandschaft mit schroff zerklüfteten Bergen, tiefen Tälern und reißenden Wildbächen.

Klippen von Bonifacio
Die weißen Kreidefelsen von Bonifacio zählen zu den einprägsamsten Sehenswürdigkeiten Korsikas. Die Kalksteinklippen sind auf der hauptsächlich aus Granit bestehenden Insel auch aus geologischer Sicht interessant.

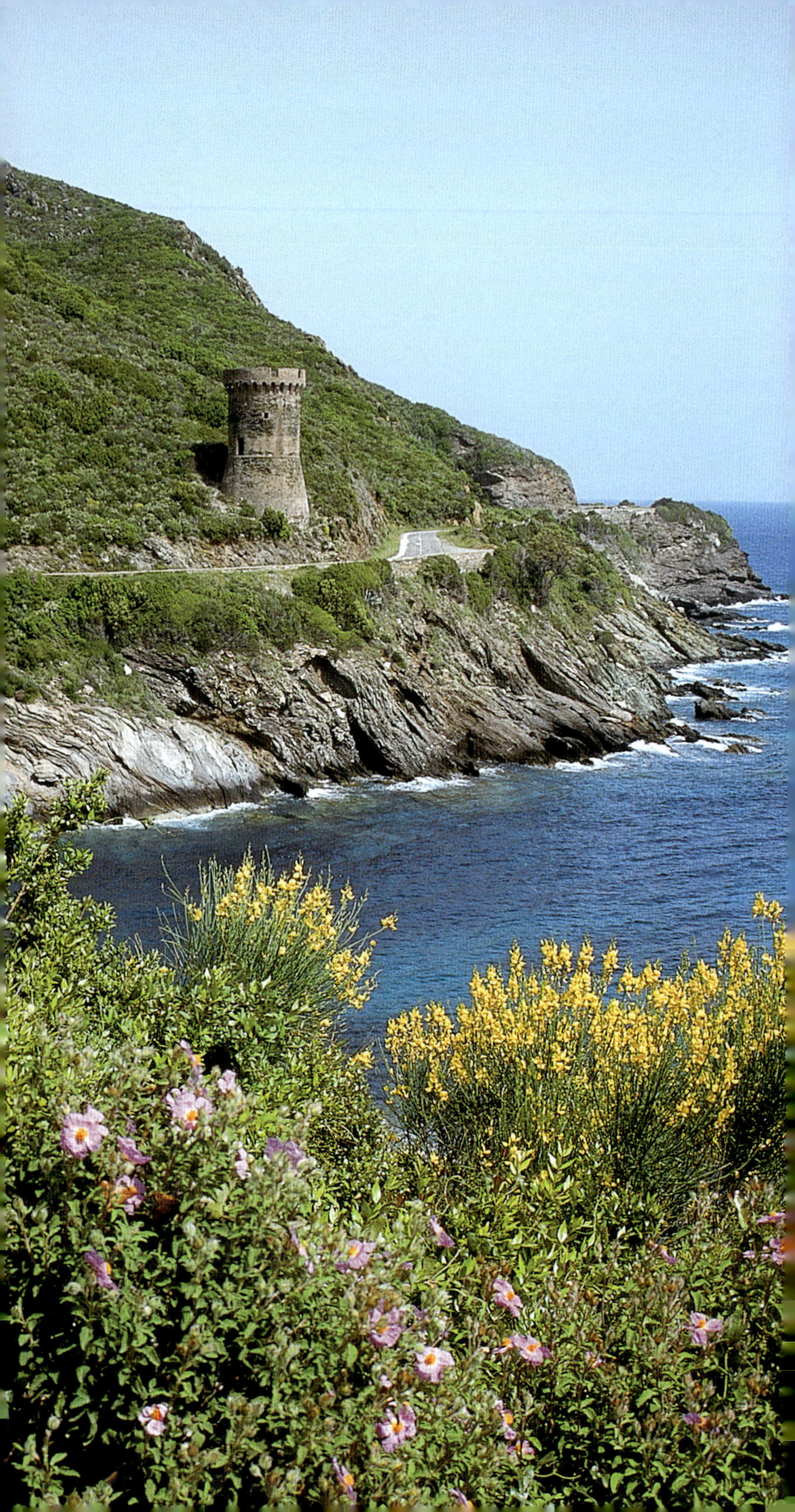

Bastia und Nordküste

Zitadelle, historisches Zentrum und die an ligurische Dörfer erinnernden Gassen verleihen Bastia einen eigenen Charme. Am besten entdeckt man die Stadt, die ihren Aufstieg Genua zu verdanken hat, indem man es den Einheimischen gleichtut: Genießen Sie einen Kaffee an der Place St-Nicolas, einen Pastis am Vieux Port und einen Einkaufsbummel auf dem Sonntagsmarkt.

Nur zwei Fährstunden von Livorno entfernt und in nächster Nähe zu Korsikas Bergwelt birgt Bastia das Potenzial, zum Hafen für Mittelmeerkreuzfahrten und zum Zentrum für naturnahen Tourismus aufzusteigen. Besonders malerisch ist das Cap Corse mit den zwischen Meer und Gebirge hingeduckten Dörfern und kleinen, von alten Wachtürmen geschützten Häfen. Die Region, von deren Ostküste die toskanischen Inseln in Sichtweite liegen, ist eine kleine Welt für sich. Sie war seit je mehr mit Pisa, Marseille, Genua und Livorno verbunden als mit dem Rest der Insel.

Als tüchtige Seeleute bauten ihre Bewohner die Halbinsel zu einem Hafen aus, in dem Wein, Feuerholz, Öl, Kork und andere lokale Produkte verschifft wurden. Als geschickte Bauern wandelten sie die steilen Berghänge in harter Arbeit zu kultivierbaren Terrassen um – auch in den Weingärten von Rogliano und Patrimonio, wo sehr gute Trauben wachsen. Die Nähe zu und die enge Verbundenheit mit Italien haben Spuren hinterlassen – etwa in der toskanisch geprägten Sprache und in der Architektur, die der an der ligurischen Küste gleicht.

Die andere »Mikroregion« des Nordens ist die sonnenverwöhnte Balagne mit ihren schönen Stränden, Weilern und Olivenhainen. Historisch ist sie eng mit Pisa verbunden: Die toskanische Seemacht führte hier die Landwirtschaft ein. Wunderbare pisanische Kirchen stehen in Aregno, Lumio und Calenzana, von den Genuesen stammen die Zitadellen in Calvi und Algajola. Die Ligurer rodeten nicht nur die Korkeichenwälder, sondern pflanzten auch die ersten Olivenbäume, die seitdem rund um die Dörfer wachsen.

Der winzige Hafen von Meria bei Macinaggio liegt an der Ostküste von Cap Corse

◁ Macchia auf den Klippen von Cap Corse *(siehe S. 67)*, im Hintergrund die Tour de l'Osse

Überblick: Bastia und Nordküste

Der Norden umfasst die für den Fremdenverkehr wichtigsten Orte jenseits des Col de Teghime an der Westküste. Von St-Florent mit seinem schönen Yachthafen aus fahren Boote zu den wildromantischen Stränden des Désert des Agriates. Calvi hat einen weißen Traumstrand, an dem man sich im Schatten der Pinien vom aufregenden Nachtleben ausruhen kann. Die nicht weit voneinander entfernt liegenden Sehenswürdigkeiten können gut im Rahmen von Tagesausflügen in die Balagne oder ins Nebbio besichtigt werden. Dort bezaubern die Dörfer mit jahrhundertealten Bauten und beeindruckenden romanischen Kirchen. Steile Klippen und kleine Kiesstrände bietet das Cap Corse. Äußerst reizvoll sind Wanderungen an der Küste oder durch die Macchia zu den Dörfern, in denen die Zeit scheinbar stehen geblieben ist.

Macchia im gelben Ginsterblütenkleid im Désert des Agriates

LEGENDE
- Hauptstraße
- Nebenstraße
- Wanderweg
- Panoramastraße
- Eisenbahn
- △ Gipfel
- ⋉ Pass

In den Dörfern nimmt das Leben einen äußerst geruhsamen Lauf

Sehenswürdigkeiten auf einen Blick

Algajola ⓘ⑱
Aregno ⑳
Barcaggio und Cap Corse ❺
Bastia S. 58–65 ❶
Calenzana ㉓
Calvi S. 78–81 ㉕
Canari ❾
Centuri ❻
Désert des Agriates ⑯

Erbalunga ❷
L'Île Rousse ⑰
Macinaggio ❹
Nebbio ⑭
Nonza ❿
Oletta ⑮
Patrimonio ⓫
Pietracorbara ❸
Pigna ⑲

Pino ❽
St-Florent ⑫
San Michele de Murato ⓭
Sant'Antonino ㉑
Speloncato ㉒

Touren
Sentier des Douaniers ❼
Strada di l'Artigiani S. 76f ㉔

Weitere Zeichenerklärungen *siehe hintere Umschlagklappe*

An der Nordküste unterwegs

Am bequemsten erkundet man den Norden im Auto, so gelangt man auch zu abgelegenen Dörfern. Die breiten Hauptstraßen von Bastia nach Bonifacio, Calvi und Corte sind gut in Schuss. Dies gilt jedoch nicht für die Nebenstraßen, etwa in der Balagne oder auf Cap Corse, an der Westküste scheinen die Kurven nie zu enden. Hier ist die Asphaltdecke nicht immer in gutem Zustand, weshalb man oft besser mit dem Motorrad vorankommt. Achten Sie immer auf Ihre Benzinvorräte, Tankstellen sind dünn gesät. Eine beliebte Alternative sind Fahrräder (auch im Verleih erhältlich), man sollte jedoch etwas Erfahrung und Kondition mitbringen. Im Sommer empfehlen sich Zweiradtouren nicht. Das gut ausgebaute Hauptstraßennetz führt von Bastia nach Aléria, Porto-Vecchio, Bonifacio, Corte und Ajaccio. Die CFC-Züge verbinden Bastia, Calvi und Ajaccio via Ponte Leccia, auch Busse fahren die großen Ortschaften an.

SIEHE AUCH

- *Hotels* S.158–160
- *Restaurants* S.172–175

Bunte Boote und Netze im malerischen Hafen von Macinaggio

Bastia

Bastia ist die zweitgrößte Stadt Korsikas und dank des Hafens und des Industrieviertels südlich der Altstadt die Wirtschaftsmetropole der Insel. Auf den Hügeln gründeten bereits Römer die von dem griechischen Geografen Ptolemäus erwähnte Stadt Mantinon. Doch Bastia blieb jahrhundertelang nur ein kleiner Hafen für das im Hinterland gelegene Dorf Cardo, von dem aus im Mittelalter Wein nach Pisa verschifft wurde. Im 15. Jahrhundert errichteten die Genuesen einen Turm und die *bastiglia* (Festung), die der Stadt ihren Namen gab. Seinen Wohlstand verdankt Bastia letztlich der italienischen Seemacht, deren prägender Einfluss sich auch an den bunten Häusern zeigt, die jenen an der ligurischen Küste ähneln. Wer der sprichwörtlichen Zurückhaltung der Einwohner gegenüber Fremden mit etwas Zeit und Interesse begegnet, wird in Bastia viele schöne Entdeckungen machen.

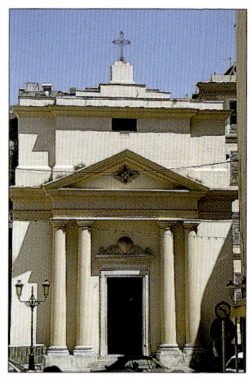

Die schlichte, elegante Fassade der Chapelle St-Roch

Place du Marché
Der vom alten Rathaus *(mairie)* dominierte Platz mit dem hübschen, von Platanen beschatteten Brunnen ist das Herzstück der Terra Vecchia. Die Gassen dieses alten Hafenviertels schlängeln sich um den Vieux Port, den alten Hafen. Am hiesigen Markt (daher der Name) spielen sich vor allem am Sonntagvormittag farbenfrohe und laute Szenen ab. Hier kann man Obst und Gemüse, Käse und Wurst, Austern und Miesmuscheln kaufen sowie eine Spezialität aus einer Art Pfannkuchen mit einheimischem Schafkäse kosten.

Detail des Brunnens an der Place du Marché

St-Jean-Baptiste
Place de l'Hôtel-de-Ville. 04 95 55 24 60. Mo–Sa, So vormittags.
Korsikas größte Kirche flankieren zwei Glockentürme. Majestätisch ragt ihre strenge Fassade über die Dächer der Terra Vecchia. Der Mitte des 17. Jahrhunderts errichtete Bau wurde im 18. Jahrhundert barockisiert. Die einer engen Gasse zugewandte Vorderfront zählt zu den charakteristischen Wahrzeichen der Insel. Das zweiflügelige Schiff zieren Marmordekorationen, vergoldete Stuckarbeiten und Trompe-l'Œil-Malereien. Hochaltar, Kanzel und Taufbecken sind aus mehrfarbigem Marmor gearbeitet.

Oratoire de l'Immaculée Conception
Rue Napoléon. tägl.
Die 1611 erbaute Kapelle schmückt ein reiches Barockinterieur mit Holzpaneelen und mit rotem Samt bespannten Wänden. Das Zentralgewölbe ziert ein Fresko der namengebenden Unbefleckten Empfängnis. Der kleine Kirchplatz ist in der Form einer Sonne gepflastert.

Chapelle St-Roch
Rue Napoléon. 04 95 32 91 66. Mo–Sa, So vormittags.
Die Kapelle ist dem heiligen Rochus geweiht, dem Beschützer vor der Pest. Sie wurde 1604 für die 1588 gegründete Rochusbruderschaft *(siehe S. 61)* erbaut. Die von ligurischen Architekten und Künstlern gestaltete Kapelle zieren genuesische Holztäfelungen aus dem 18. Jahrhundert. Die Rochus-Statue wird bei Prozessionen mitgeführt. Auf einer Empore aus vergoldetem, geschnitztem Holz steht die Orgel von 1750.

St-Charles
Rue du Général Carbuccia.
für die Öffentlichkeit.
Eine Treppe führt zu dieser 1635 für das Jesuitenkolleg gebauten Kirche mit der beeindruckenden Fassade. Sie war Ignatius von Loyola, dem Gründer des Jesuitenordens, geweiht. Nach der Vertreibung der Jesuiten von Korsika 1769 wurde die Kirche Sitz der Bruderschaft des heiligen Karl *(siehe S. 61)*.
Im Inneren finden sich restaurierte Gemälde, ein Altarbild der wundertätigen Jungfrau von Lavasina und eine Statue der Jungfrau Maria mit Kind, die bei Prozessionen zum Einsatz kommt.

Blick über die Dächer des Altstadtviertels Terra Vecchia

Hotels und Restaurants in Bastia und an der Nordküste *siehe Seiten 158–160 und 172–175*

Die Außenmole Môle Génois verläuft im Norden des Vieux Port

INFOBOX

Straßenkarte D2. 44 000.
✈ Poretta, 25 km (04 95 54 54 54). 🚍 🚉 Place Maréchal Leclerc, 04 95 32 80 61.
⛴ von Genua, Savona, Livorno, La Spezia, Nizza, Marseille, Toulon.
ℹ Place St-Nicolas, 04 95 54 20 40.
🎭 Rencontres du Cinéma Italien (Jan, Feb), Christ Noir (3. Mai), Fête de St-Jean (24. Juni), Relève des Gouverneurs (Mitte Juli).
www.bastia-tourisme.com

Vieux Port

Der von den altehrwürdigen Bauten der Terra Nova, Terra Vecchia und der Zitadelle eingerahmte mittelalterliche Hafen verströmt auch heute den Charme eines malerischen Fischerdorfs. In der einstigen Marina von Cardo liegen Luxusyachten und bunte Holzboote, in denen Fischer ungerührt ihre Netze flicken, Seite an Seite. Die Kais säumen Cafés und Restaurants, in denen die Einheimischen ihre Abende verbringen. Im Sommer ist die Straße für den Verkehr gesperrt, und der alte Hafen verwandelt sich in eine große, turbulente Fußgängerzone, die sich hervorragend zum Sehen und Gesehenwerden eignet.

In die hohen Fassaden am Hafen haben der Wind und die salzige Luft Wunden geschlagen. Spektakulär sind Spaziergänge an den Außenmolen, der Môle Génois im Norden und der südlichen Jetée du Dragon, die am 1861 erbauten Leuchtturm endet.

Jardin Romieu

🕐 tägl. bis 18 Uhr.
An der rechten Mole des Vieux Port führen Stufen in einem kurvigen, nicht steilen Weg hinauf zur Zitadelle. Dieser kreuzt den Jardin Romieu, eine Oase der Ruhe inmitten von Bastia. Zwischen Palmen, Pinien, Lorbeer und Sukkulenten bietet sich hier ein herrlicher Blick auf die Stadt.

Zentrum von Bastia

Chapelle St-Roch ④
Jardin Romieu ⑦
Oratoire de l'Immaculée Conception ③
Place du Marché ①
Place St-Nicolas ⑨
Quai des Martyrs de la Libération ⑧
St-Charles ⑤
St-Jean-Baptiste ②
Vieux Port ⑥
Zitadelle S. 60f ⑩

Zeichenerklärung siehe hintere Umschlagklappe

Bastia: Zitadelle

Die Citadelle, das imposante genuesische Bauwerk aus dem 15. und 16. Jahrhundert ist noch heute von den Originalmauern des Festungswalls umgeben. Die Zitadelle ist Teil der Terra Nova, die sich erheblich von der Terra Vecchia unterscheidet. Während das alte Hafenviertel fast unkontrolliert wuchs, ging der Bau der Zitadelle mit einer strengen Stadtplanung einher, die gleich hohe Häuser und breite Plätze vorsah. Nach jahrzehntelanger Vernachlässigung startete man in den 1980er Jahren eine Renovierungskampagne. Als Erste erhielten die Häuser in der Rue St-Michel ihre ursprünglichen, eigentlich typisch ligurischen hellen Pastellfarben zurück.

Cherub im Oratoire Ste-Croix

Zitadelle mit der Jetée du Dragon im Vordergrund

★ Ste-Marie
Die majestätische gelbe Fassade der Kathedrale von Bastia entstand 1604–19, der Glockenturm ist 71 Meter hoch. Ste-Marie wurde 1570 geweiht, als Bastia zum Bischofssitz aufstieg.

Die Festungswälle wurden zwischen 1480 und 1521 von dem genuesischen Gouverneur Tomasino da Campofregoso in Auftrag gegeben. Dieser Mauerabschnitt ist besonders exponiert.

★ Oratoire Ste-Croix
Das Juwel der Rokoko-Architektur beherbergt den Christ des Miracles. *Das Kruzifix wird alle drei Jahre in der ihm gewidmeten Prozession am 3. Mai getragen. Zum Figurenschmuck gehört auch dieser Engel.*

NICHT VERSÄUMEN

- ★ Oratoire Ste-Croix
- ★ Ste-Marie

BASTIA: ZITADELLE

Porte Louis XVI
Das monumentale Tor zur Zitadelle verbindet die Rue du Colle und die Place du Donjon. Es wurde Ende des 18. Jahrhunderts errichtet.

Vom Glacis der Zitadelle hat man den besten Blick auf die Terra Vecchia und den alten Hafen.

INFOBOX

Palais des Gouverneurs/ Musée de Bastia Place du Donjon. 04 95 31 09 12. Di–So 10–18 Uhr (im Sommer länger).
www.musee-bastia.com
Ste-Marie Rue Notre-Dame-de-la-Citadelle. tägl.

Pavillon des Nobles Douze

Palais des Gouverneurs
Vom 15. bis 18. Jahrhundert residierten in dem Palais die genuesischen Gouverneure. Heute ist hier ein historisches Museum über Bastias Geschichte und Kunst untergebracht.

An der Place Guasco werfen Bäume zwischen alten Häusern kühle Schatten.

Religiöse Bruderschaften

Religiöse Bruderschaften verrichten wohltätige Arbeit und organisieren religiöse Feiern wie etwa Prozessionen an christlichen Feiertagen. Von den im 17. Jahrhundert entstandenen Bruderschaften sind auf der ganzen Insel noch viele sehr aktiv. In Bastia gibt es auch berufsbezogene Bruderschaften, etwa für Künstler und Fischer. Sie treffen sich in Kapellen, die mit Stuck, Skulpturen, Textilien und künstlerisch hochwertigen Malereien geschmückt sind. Die Kapellen der lokalen Bruderschaften befinden sich in den Seitenflügeln der Kathedrale St-Marie.

Konzentriertes Singen bei einer Prozession

Lautenbauer
In seiner Werkstatt an der Place Guasco baut Christian Magdeleine seine mit Intarsien verzierten Saiteninstrumente.

Überblick: Bastia

Bastias Zentrum beim Handelshafen kann man leicht zu Fuß erkunden – das Auto parkt man am besten in der Garage unter der Place St-Nicolas. Hier, im Herzen der Stadt, treffen die Terra Vecchia und die neueren Viertel zusammen. Bastia ist zwar relativ klein, kann jedoch mit einer Elektrotram aufwarten, die unweit der Touristeninformation an der Place St-Nicolas zu ihrer Tour startet. Diese führt über den Quai des Martyrs und durch den Tunnel unter dem Vieux Port zur Zitadelle. Man kann Führungen durch die Altstadt und zu Dörfern außerhalb Bastias buchen.

Napoléon als Römer

Der Quai des Martyrs de la Libération

Der Flohmarkt findet sonntags auf der Place St-Nicolas statt

Quai des Martyrs de la Libération

Auf dem von Cafés und Restaurants gesäumten Kai kann man am Meer entlangspazieren – von der Place St-Nicolas zum Vieux Port. An dieser Straße tobt während der Saison das Nachtleben. Das Palais Monti Rossi an der Promenade ist Sitz einer alteingesessenen korsischen Familie und eines der schönsten Bauwerke der Stadt aus dem 19. Jahrhundert. Auf wunderbare Weise überstand es im Spätsommer 1943 die US-amerikanischen Bombardements, die 90 Prozent der Terra Vecchia zerstörten. Seine Fassade zieren Giebel, Bogen und Pilaster.

Place St-Nicolas Maison Mattei

04 95 32 44 38 für Proben.
Im Schatten alter Palmen und Platanen erstreckt sich am neuen Hafen dieser 300 Meter lange Platz an der Stelle eines im frühen 19. Jahrhundert zerstörten Armenhauses. In dem Pavillon in der Mitte des Platzes werden an Sommerabenden Konzerte aufgeführt. An seiner Südseite thront in weißem Marmor Napoléon – mit großer künstlerischer Freiheit als römischer Imperator gestaltet. Auf der anderen Seite ist eine Bronzefigur den korsischen Gefallenen aller Kriege sowie der Witwe Renno gewidmet. Die korsische Volksheldin verlor ihre Söhne in den Unabhängigkeitskriegen.

In den Bars und Cafés an der Westseite des Platzes, wo Einheimische und Urlauber gleichermaßen die Tische im Freien bevölkern, sollte man stilvoll ein Gläschen Cap Corse probieren. Dieser Aperitif wird in der historischen Maison Mattei am Platz produziert *(siehe S. 63)*.

Jeden Sonntagmorgen bevölkern Dutzende von Verkaufsständen den Platz, an denen alle nur erdenklichen Waren – darunter sogar interessante Antiquitäten – angeboten werden. Hinter den charmanten Cafés können einige elegante Häuser aus dem 19. Jahrhundert bewundert werden.

Cyrnarom

9, avenue Monseigneur Rigo.
04 95 31 70 60. tägl. (Nov, Jan–März: nur nachmittags).
Alte Parfümflaschen, Destillierkolben und -apparate, Phiolen und Schilder füllen die Regale des Apothekers und Chemikers Guy Cecchini. Myrte und Kiefer, Zistrose, Lavendel, Rosmarin und Ginster – das Labor und Museum ist auf korsische Düfte spezialisiert. Die Knospen, Blüten oder Blätter werden zu ätherischen Ölen destilliert, mit denen man Krankheiten behandelt oder vorbeugt. Der Duft der Essenzen reicht von Meereswind bis zum intensiven, öligen Aroma der Macchia.

Port de Toga

Der lange Kai des Port de Toga zwischen Bastia und Pietranera wurde gebaut, als der Vieux Port die zahllosen

Der Port de Toga, auch Port de Plaisance genannt

Hotels und Restaurants in Bastia und an der Nordküste *siehe Seiten 158–160 und 172–175*

Maison Mattei in Bastia

Die Firma produziert Tabak- und Korkwaren und vor allem aus Muscattrauben destillierte, mit Macchia-Kräutern aromatisierte Liköre – darunter auch den berühmten Cap Corse *(siehe S. 170 und 181)*. Die 1872 von Louis-Napoléon Mattei in Bastia gegründete Maison war von Anfang an ein erfolgreiches Unternehmen. Ihre Nostalgieprodukte wurden in die ganze Welt und vor allem in Regionen exportiert, wo viele ausgewanderte Korsen lebten. Die Zigarettenfabrik in Toga wurde 1977 geschlossen, als eine Unternehmensgruppe die Firma kaufte, doch der Laden befindet sich immer noch an der Place St-Nicolas.

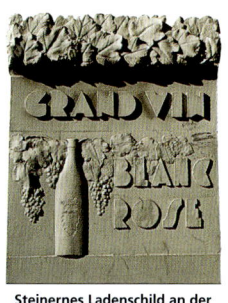

Steinernes Ladenschild an der Fassade der Maison Mattei

Freizeitboote nicht mehr aufnehmen konnte, die den Hafen in der Hochsaison ansteuern.

An der besonders von jungen Leute bevorzugten Promenade ist an den Sommerabenden allerhand geboten. Die Tische der Bars und Discos drängen sich fast bis ans Wasser, in dem sich die bunten Lichter spiegeln. Zu den besten, bis spät in die Nacht geöffneten Treffs zählen Le Bounty, Le Café Cézanne und Le Maracana.

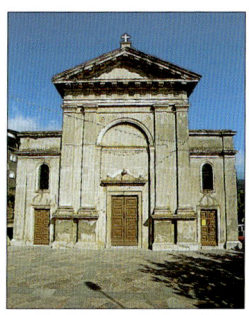

Fassade der klassizistischen Kirche St-Étienne in Cardo

Cardo

Das ehemalige Fischerdorf in den Hügeln oberhalb von Bastia ist heute ein schicker Vorort. Sein mittelalterlicher Hafen Porto Cardo bildete den Kern der sich später entwickelnden Stadt Bastia. Im Jahr 1844 erhielt der Ort auf Befehl von Louis Philippe eine eigene Stadtverwaltung. In Cardo bietet sich eine wirklich sensationelle Aussicht auf die Küste, mit seinen vielen Wegen steht es bei Wanderern und Radfahrern hoch im Kurs.

Das bedeutsamste Monument ist die klassizistische Kirche **St-Étienne**, die mit bemalten Holzstatuen aus dem 17. Jahrhundert und einer neugotischen Orgelempore aufwartet.

Von Cardo aus verläuft die Panoramastraße **Route de la Corniche Supérieure** (D231 und D31) etwa 300 Meter oberhalb des Meers. Sie führt nach Pietrabugno und weiter über San Martino di Lota nach Miomo. An klaren Tagen kann man am Horizont die toskanischen Inseln sehen.

Étang de Biguglia

Lido de la Marana.
04 95 33 55 73.

Das größte Feuchtgebiet Korsikas im Süden Bastias zwischen Flughafen, Industriegebiet und Marana-Küste steht unter Naturschutz. Die 18 Quadratkilometer große Lagune besteht aus Seen und Flüssen, die zum Delta des Golo gehören und im nördlichen Teil mit dem Meer verbunden sind.

Erst nach dem Zweiten Weltkrieg konnte die Malaria, die jahrhundertelang Leben und Gesundheit der Anwohner bedroht hatte, ausgerottet werden. Das Land wurde neu verteilt und teilweise landwirtschaftlich genutzt. Nun bieten Schilf und Wiesen ein ideales Habitat für 100 Vogelarten, etwa Kormorane, Reiher und Flamingos, aber auch Schildkröten. Im Schutzgebiet rasten zudem etwa 60 Vogelarten auf ihren Zügen zwischen Europa und Afrika. Sie können am besten im Frühjahr und Herbst beobachtet werden.

Flamingo auf Futtersuche im Étang de Biguglia

Das noch bis vor wenigen Jahren schwer verschmutzte Wasser wurde gereinigt, heute schwimmen hier wieder Meeräschen und Aale. Die Fische werden mit traditionellen Methoden von den Mitgliedern einer lokalen Fischerkooperative gefangen.

Seit 1994 ist der Étang ein regionales Schutzgebiet und kann auf Pfaden, einem Radweg und im Rahmen von Führungen erkundet werden. Die Stadt Biguglia oberhalb der Lagune war unter pisanischer Herrschaft die Hauptstadt der Insel und bis 1372 die Residenzstadt der genuesischen Gouverneure. Zwischen Meer und Lagune erstreckt sich ein traumhafter Sandstrand.

Der Étang de Biguglia, Refugium vieler Tiere

Eine Segelschule im Vieux Port *(siehe S. 59)* von Bastia, im Hintergrund die Kirche St-Jean-Baptiste ▷

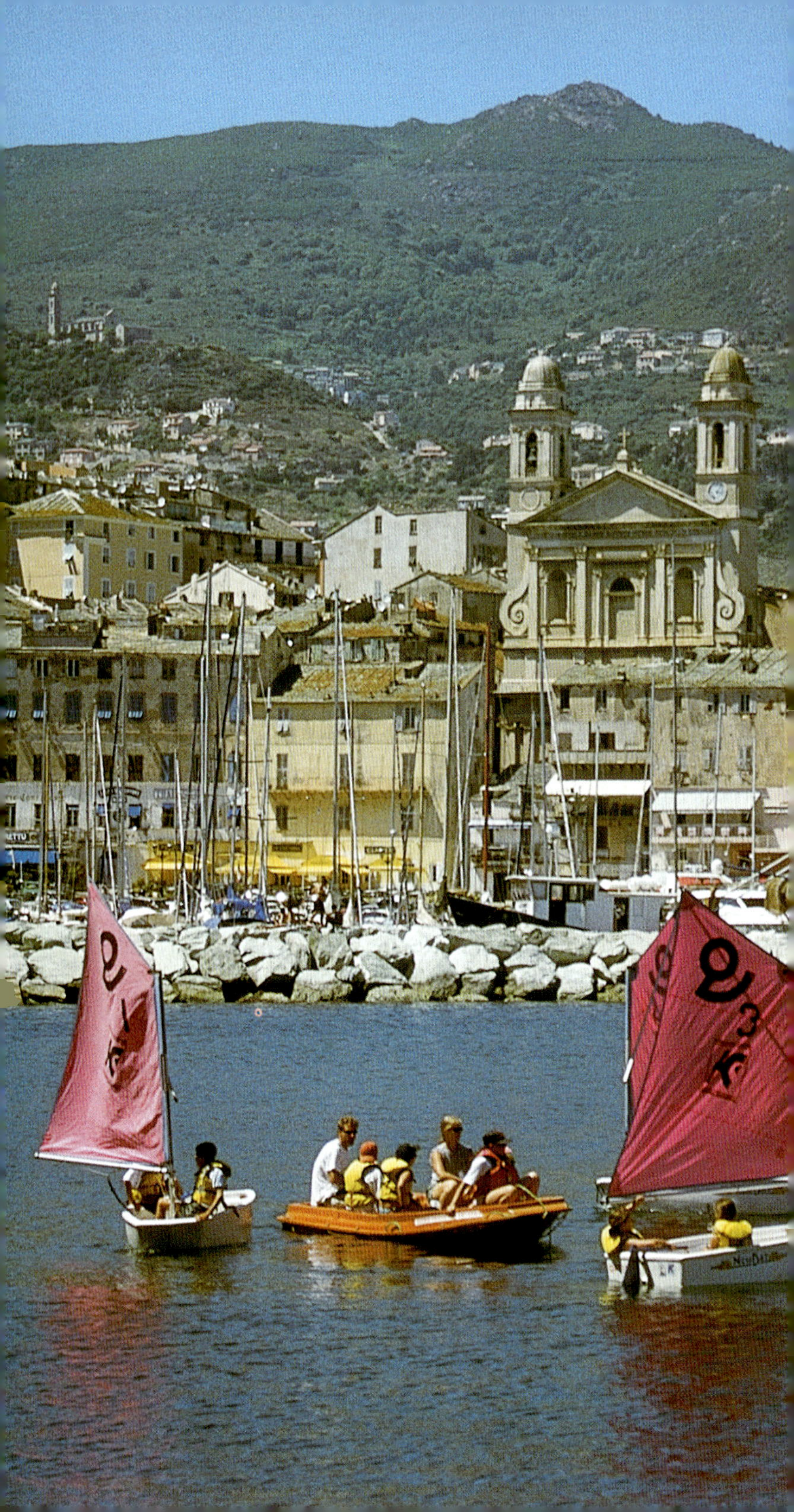

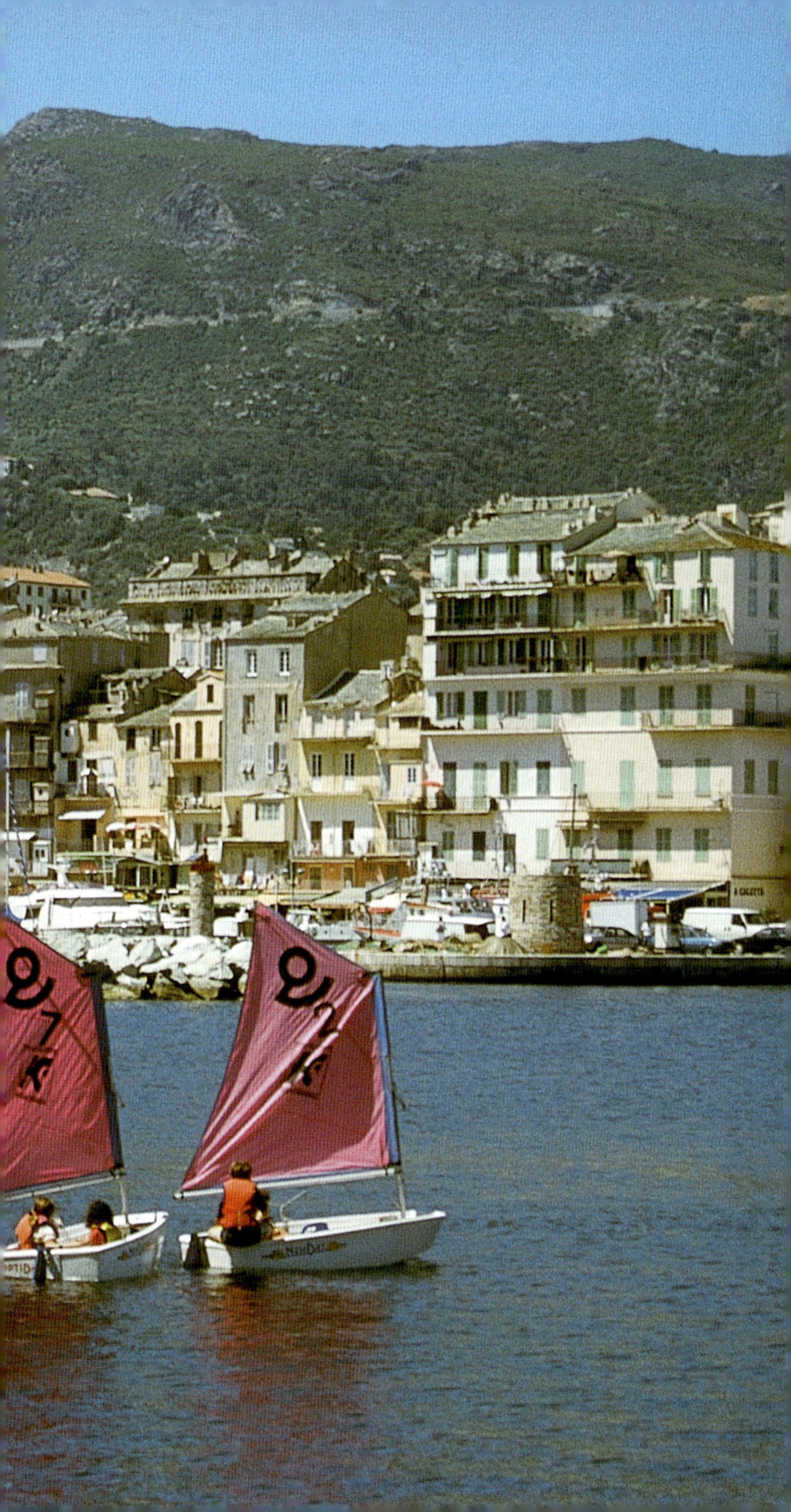

Malerische weiße Häuser im kleinen Hafen von Erbalunga

Erbalunga ❷

Straßenkarte D1. 400.
Port de Plaisance, Macinaggio, 04 95 35 40 34. Procession de la Cerca (Gründonnerstag, Karfreitag), Festival de Musique (Anfang Aug.).

Ein genuesischer Turm bewacht den kleinen, von alten Steinhäusern und Fischlokalen gesäumten Hafen des Bezirks Brando. Hier landeten jahrhundertelang pisanische Schiffe, um korsischen Wein zu laden.

Die Kirche **St-Erasme** am Dorfrand birgt die Kreuze der Cerca-Prozession. 60 Kilogramm wiegt das Kreuz der Männer, das der Frauen immerhin 30 Kilo. Am Abend des Gründonnerstags zieht die Prozession durch die Straßen vom Kloster der Benediktinerinnen. Am Karfreitag führt sie schon am frühen Morgen auf einem sieben Kilometer langen Weg weiter in die Weiler Pozzo, Poretto und Silgaggia.

Wie überall auf Cap Corse stehen auch in Erbalunga viele *Maisons d'Américains* genannte Villen. Sie wurden von nach Lateinamerika emigrierten Korsen gebaut, die zu Wohlstand gekommen wieder in ihre Heimat zurückgekehrt waren. Reiche Familien errichteten zudem Mausoleen, die von der D32 aus zu sehen sind *(siehe S. 29)*.

Umgebung: Im drei Kilometer entfernten **Castello** soll in der Burg (13. Jh.) die von ihrem Ehemann ermordete Burgfrau spuken. Einen kurzen Spaziergang südwärts in Richtung Silgaggia befinden sich in der Kapelle **Santa Maria di e Nevi** die ältesten Fresken Korsikas aus dem Jahr 1386. In **Pozzo** beginnt der sechsstündige Weg zum **Monte Stello** (1307 m).

Nördlich von Erbalunga liegt das Tal von **Sisco** an der D80. Sehenswert sind in der Chapelle de St-Martin die wertvolle Silbermaske des heiligen Johannes Chrysostomus und weitere sakrale Objekte. Von der Hauptstraße führt ein Weg zur pisanisch-romanischen Chapelle de San Michele. Näher an der Küste steht das ehemalige Kloster Santa Catalina. Es beherbergte früher fantastische Reliquien wie etwa den Lehmklumpen, aus dem Adam geschaffen wurde, oder Mandeln aus dem Garten Eden.

Santa Maria di e Nevi
Castello. 04 95 33 20 84. nur Führungen, am Vortag buchen (06 86 78 02 38).

Pietracorbara ❸

Straßenkarte D1. 350.
Port de Plaisance, Macinaggio, 04 95 35 40 34.

Hinter einem langen, von Röhricht begrenzten Sandstrand schützt ein kultiviertes Tal das Dörfchen Pietracorbara. 1990 fand man hier ein rund 8000 Jahre altes Skelett. Es beweist, dass der Ort bereits vor den griechischen und römischen Siedlern der Antike bewohnt war.

Umgebung: An der Küste stößt man Richtung Norden auf den exzellent erhaltenen »Knochenturm« **Tour de l'Osse** und auf den kleinen Hafen **Porticciolo**, um dessen Pier sich ein paar wenige Häuser scharen.

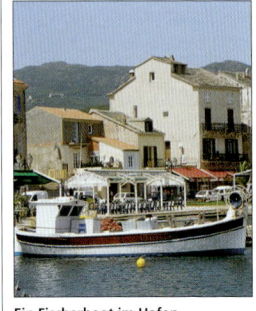

Ein Fischerboot im Hafen von Macinaggio

Macinaggio ❹

Straßenkarte D1. 480.
Port de Plaisance, 04 95 35 40 34. Nautival (Ende Mai).

Fischerboote und Yachten ankern nach ihrer Überfahrt von Italien im beliebtesten Sporthafen von Cap Corse, der stets auch für das Militär und den Handel von Bedeutung war. Lange Zeit unterstand der Hafen Genua, bis er 1761 von Pasquale Paoli nach jahrelangen Kämpfen befreit werden konnte *(siehe S. 46f)*. Schilder am Kai erinnern daran, dass hier einst Napoléon an Land ging, aber auch Kaiserin Eugénie 1869 auf ihrer Rückfahrt von den Einweihungsfeiern des Suez-Kanals sowie selbstverständlich Paoli. In den drei von Besuchereinrichtungen umgebenen Hafenbecken befinden sich Anlegeplätze für über 500 Boote.

Die genuesische Tour de l'Osse bei Pietracorbara

Umgebung: Rund um das Dorf Macinaggio erstrecken sich die Weingärten bis nach **Rogliano**. Diesen bereits zur Zeit der Römer besiedelten Ort regierte vom 12. bis zum 16. Jahrhundert die Familie Mare, die mit Genua Handel trieb.

In **Bettolacce** zeugt noch ein Rundturm von dem früheren Glanz des Hauptorts dieses Gebiets. Sehenswert ist der schöne Altar aus Carrara-Marmor in der Kirche Sant'Agnellu.

Die Île de la Giraglia an der Spitze von Cap Corse

Barcaggio und Cap Corse ❺

Straßenkarte D1. 🚶 480.
ℹ️ *Port de Plaisance, Macinaggio, 04 95 35 40 34.*

Auf der nördlichen Spitze der Halbinsel haben sich einige Dörfer ihr altes Flair erhalten. So auch Barcaggio, an dessen Strand Kühe grasen. In dem kleinen Hafen scheint die Zeit stehen geblieben zu sein.

Die Strecke nach Barcaggio über die D80 und D253 ist sehr schön. Sie führt durch Macchia, Eichenwälder und vorbei an mit weißen Affodillblüten bedeckten Wiesen. Großartig ist auch der Blick auf die **Île de la Giraglia**. Die kleine Insel aus grünem Serpentinit ist der nördlichste Punkt Korsikas und von dessen Küste durch zwei Kilometer tückisches Gewässer mit sehr schnellen Strömungen getrennt. Auf der Insel stehen ein genuesischer Turm aus dem 16. Jahrhundert und ein um 1940 erbauter Leuchtturm, der bis 1994 von einem Wärter bewohnt wurde und heute vollautomatisch arbeitet. An Giraglia führt die berühmte Segelregatta vom ligurischen Sanremo nach Lavandou in der Provence vorbei.

Zwei Kilometer westlich von Barcaggio liegt der kleine (Thunfisch-)Fischereihafen **Tollare**. Von dort führt die Straße zurück zur D80 und nach **Ersa**, wo in der Kirche **Ste-Marie** ein hölzernes Tabernakel zu bewundern ist. Weiter westlich bietet sich auf dem Col de Serra an der alten Mühle **Moulin Mattei** ein fantastischer Blick. Die Mühle wurde von der Likörbrennerei Mattei renoviert *(siehe S. 63)*.

Centuri ❻

Straßenkarte D1. 🚶 200.
ℹ️ *Port de Plaisance, Macinaggio, 04 95 35 40 34.*

Ockerfarbene, weiße und graue Häuser mit grünen Serpentindächern säumen den schmalen Hafen von Centuri, in dem jahrhundertelang Wein, Holz, Öl und Zitrusobst nach Italien und Frankreich verschifft wurden. Die einstige bereits von Ptolemäus erwähnte römische Siedlung Centurium ist heute das führende Zentrum der Fischindustrie auf Cap Corse. Die Hafendocks sind von Netzen und auch heute noch von Hand gefertigten Hummerkörben bedeckt. Im Hafen ankern dicht gedrängt die typischen Fischerboote. Jährlich versorgen sie Korsika mit rund 3000 Kilogramm Hummer, die mit Genuss in den Restaurants verzehrt werden.

Fischer aus Centuri mit Hummerkorb

Die hiesigen Gewässer sind ein Dorado für Taucher, vor allem die Gründe rund um das im 13. Jahrhundert befestigte Inselchen in der Flussmündung.

Vom Hafen aus führt ein Fußweg durch dichte Vegetation in das etwa eine Stunde entfernte **Cannelle** (mit dem Auto über die D80 zu erreichen). An den dortigen einfachen Dorfhäusern ranken üppige Bougainvilleen, in den schmalen Gassen und Passagen bieten sich immer wieder neue Blicke aufs Meer. Nur zwei Kilometer von Centuri entfernt liegt der **Couvent de l'Annonciation** aus dem 16. Jahrhundert an der D80. Er ist der schmerzensreichen Gottesmutter gewidmet. Die Kirche des für die Öffentlichkeit nicht zugänglichen Klosters gilt als die größte auf Cap Corse.

Fischerboote im Hafen von Centuri

Tour: Sentier des Douaniers ❼

Auf dem »Weg der Zöllner« patrouillierten früher die Zollbeamten auf der Suche nach Schmugglern. Der Küstenweg an der Spitze von Cap Corse bietet immer wieder neue überwältigende Ausblicke, führt durch Affodill, Wacholder- und Mastixsträucher, über Strände und schroffe Klippen. Auch wenn es auf Korsika viele solcher Wege gibt – die Tour von Macinaggio nach Centuri ist schlicht atemberaubend. Die Wanderung besteht aus drei Etappen: Macinaggio–Barcaggio, Barcaggio–Tollare und Tollare–Centuri. Auf dem relativ einfachen Weg sollte man vor allem im Sommer stets auf Brandgefahren achten. Mit dem Auto sind einzelne Sehenswürdigkeiten über Teerstraßen vom Inland aus erreichbar.

Barcaggio ③
Barcaggio *(siehe S. 67)* liegt hinter dem Turm und der Felsspitze Punta d'Agnellu, in einer der malerischsten Ecken Korsikas. Dies ist der erste Tourabschnitt, der von der D253 aus direkt mit dem Auto erreichbar ist. Das saubere Wasser in der Bucht ist glasklar.

Tollare ④
Auch der kleine Hafen Tollare mit dem genuesischen Turm ist mit dem Auto direkt von der D153 aus zu erreichen.

Capo Grosso ⑤
Von diesem großartigen Aussichtspunkt führt eine Straße zur Mühle Moulin Mattei *(siehe S. 67)*.

Centuri ⑥
Wer so weit wandert, wird sicher einen interessanten Tag verbringen, für dessen Anstrengungen man sich in Centuri *(siehe S. 67)* mit köstlichem Fisch und Meeresfrüchten belohnen kann.

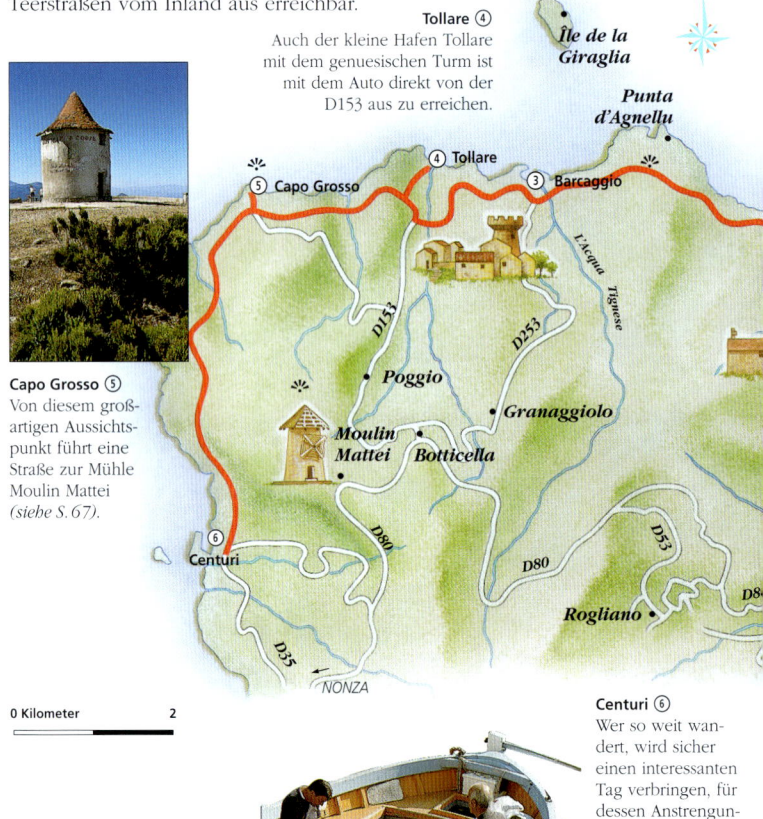

0 Kilometer 2

LEGENDE
- Routenempfehlung
- Andere Straße
- ☼ Aussichtspunkt

ROUTENINFOS

Port de Plaisance, Macinaggio, 04 95 35 40 34.
Länge: 20 km.
Dauer: Macinaggio–Barcaggio 3 Stunden;
Barcaggio–Tollare 45 Minuten;
Tollare–Centuri 4 Stunden.
Fußweg: Durchschnittlicher Schwierigkeitsgrad; ganzjährig.
Übernachten: Macinaggio, Barcaggio, Tollare und Centuri.

Chapelle de Santa Maria ②

Der Weg führt weiter zu der im 12. Jahrhundert über einer frühchristlichen Kirche erbauten Marienkapelle. An der Küste der Bucht von Santa Maria steht die Ruine eines genuesischen Turms.

Macinaggio ①

Die Wanderung beginnt in Macinaggio (siehe S. 66) und führt zum schönen Strand von Tamarone, wo bei den Îles Finocchiarola ein Naturschutzgebiet beginnt. Auf den von einem Leuchtturm bekrönten, geschützten, schroffen Felsen lebt eine Seevogelkolonie. Der Weg folgt weiter der Küste und bietet eine fantastische Aussicht auf das Meer und die Buchten, die zum Schwimmen einladen.

Wein vom Cap Corse und aus Patrimonio

Die seit Jahrhunderten beliebten Weißweine des Cap Corse gedeihen auf Bergterrassen. Weine der höchsten französischen Qualitätsstufe AOC *(Appellation d'Origine Controlée)* sind hier Coteaux du Cap Corse und Muscat du Cap Corse *(siehe S. 171)* aus Malvasia-, Muscat- oder Sciaccarellu-Reben. Süßer weißer Rappu-Wein kann nur bei den Erzeugern gekauft werden. Zu den berühmtesten Weinkellereien zählt Clos Nicrosi. Hier entsteht einer der besten korsischen Weißweine. Ebenfalls ein AOC-Gebiet ist das Patrimonio *(siehe S. 70)*. Die dortige Domaine de Pietri in Morsiglia besteht seit 1786. Bekannt ist auch die Domaine Gentile in St-Florent. Beide Kellereien keltern Rot- und Weißweine.

Ein Weinetikett aus der AOC-Region Patrimonio

Pino ❽

Straßenkarte D1. 145.
Port de Plaisance, Macinaggio, 04 95 35 40 34.

Das Dorf am Fuß des Col de Ste-Lucie ist von üppigem Grün umgeben. Schirmpinien strecken ihre Äste schützend über die Maisons d'Américains *(siehe S. 66)* wie etwa die Maison Savelli mit ihrem Familienmausoleum. Weitere Monumentalgräber stehen zwischen Zypressen an der Kreuzung von D80 und D180. Die zwei Taufbecken der barocken Kirche **Ste-Marie** zieren Tierfiguren. Den 1486 in Marina di Scalu erbauten **Couvent St-François** flankiert ein genuesischer Turm.

Umgebung: Fünf Kilometer von Pino beginnt an der zum Col de Ste-Lucie ansteigenden D180 der Weg zur **Tour de Sénèque** auf dem **Monte Ventiggiola** (546 m). Die über einstündige Wanderung durch Macchia lohnt sich wegen der Aussicht am Gipfel. Hier soll der römische Philosoph und Dichter Seneca während seiner Verbannung gelebt haben – der Turm wurde erst im Mittelalter gebaut.

Ste-Marie
04 95 35 12 32. wg. Renovierung.

Couvent St-François
04 95 35 12 70.
für die Öffentlichkeit.

Canari ❾

Straßenkarte D1. 290. **Port de Plaisance**, Macinaggio, 04 95 35 40 34. Fête de St-Thomas und Fête de St-Erasme (Juli).

Zwei interessante Kirchen stehen in dem abseits der D80 gelegenen, in mehrere Weiler aufgeteilten mittelalterlichen Lehensgebiet Canari. Tierköpfe und menschliche Figuren prangen am Gesims der pisanisch-romanischen Kirche **Santa Maria Assunta** aus dem 12. Jahrhundert. Sie ist nur am 15. August öffentlich zugänglich. Die 1506 erbaute Kirche **St-François** wurde später barockisiert.

1932–66 wuchs Canari dank einer Asbestmine an. Der Abbau des giftigen Rohstoffs hinterließ eine hässliche Narbe in der Landschaft. An der von einem Turm bewachten **Marine d'Albo** landete 1588 die Flotte des Hassan Pascha, dessen Truppen das Gebiet plünderten.

St-François
04 95 37 80 17.
Schlüssel im Rathaus.

Der alte Wachturm an der Marine d'Albo

Nonza liegt auf mächtigen Klippen

Nonza ❿

Straßenkarte D1. 🏠 85.
ℹ️ *Port de Plaisance, Macinaggio, 04 95 35 40 34.* 🎭 *Rencontres de Culture (2. Woche im Aug).*

Die von einem Wehrturm bewachte, faszinierende Ortschaft liegt auf einer steil ins Meer abfallenden felsigen Anhöhe. Die pastellfarbenen Steinhäuser mit ihren Terrassen und kleinen Gärten sind oft nur über Treppen zu erreichen.

Stufen führen auch zur im 16. Jahrhundert erbauten, im 19. Jahrhundert vergrößerten Kirche **Ste-Julie**. Sehenswert sind der barocke Holzaltar, die den Schutzheiligen der Seefahrer gewidmete Erasmus-Kapelle und eine Darstellung der heiligen Julia. Der Legende zufolge erlebte die Patronin Korsikas hier im 6. Jahrhundert ihr Martyrium, weil sie ihrem christlichen Glauben nicht abschwören wollte. Dort, wo angeblich die Brüste der Gekreuzigten hingeworfen wurden, sprudelt seitdem die **Fontaine de Ste-Julie** mit – selbstverständlich – wundertätigem Wasser.

Am 160 Meter unterhalb Nonzas gelegenen Strand bietet sich ein atemberaubender Blick hinauf zum Dorf. Hier legten bis ins frühe 19. Jahrhundert die Dorfbewohner mit ihren Booten ab, um in die damals noch landwirtschaftlich genutzten Agriaten zu gelangen (siehe S. 72). Die dunkle Farbe des Sandes ist dem Abraum der 1966 geschlossenen Asbestmine zu verdanken. Man kann hier sicher spazieren, aber nicht baden. Richtung Albo säumen zahlreiche Mausoleen (siehe S. 29) die D80. Sie wurden von im Ausland reich gewordenen Familien als Prestigeobjekte errichtet.

Patrimonio ⓫

Straßenkarte D2. 🏠 750. 🚌
ℹ️ *Route du Cap Corse, St-Florent, 04 95 37 06 04.* 🎭 *Nuits de la Guitare (3. Woche im Juli).*

Der Ort am Fuß des Col de Teghime und der Serra di Pigno im Herzen des Nebbio zählt zu den wichtigsten Weinbauzentren der Insel (siehe S. 69). In der gleichnamigen Region sind die Kalkhügel mit Weingärten überzogen, die zu kleinen, im Familienbetrieb geführten Kellereien gehören.

Angesichts der hohen Qualität der angebauten Rebensäfte sollte man bei dem einen oder anderen Winzer weißen Vermentino oder aus Niellucciu-Trauben gekelterten Rotwein verkosten. Der kräftige Rote ist idealer Begleiter zu Wurst und Wild.

Eine Treppe führt zur 1570 erbauten Kirche **St-Martin**, deren Fassade bei Sonnenuntergang golden schimmert. In derselben Gasse steht ein Menhir mit gemeißeltem Gesicht.

🔒 **St-Martin**
📞 *04 95 37 08 49.*
🕐 *tägl., Anmeldung im Rathaus (mairie).*

St-Florent ⓬

Straßenkarte D2. 🏠 1650.
🚌 ℹ️ *Route du Cap Corse, 04 95 37 06 04.* 🎭 *Porto Latino: lateinamerikanische Musik (Mitte Aug).*

Am Ende einer langen Bucht scharen sich die hellen Häuser St-Florents um den Hafen und eine von Boutiquen, Cafés und Restaurants gesäumten Promenade. Im Sommer herrscht hier bis spät in die Nacht Trubel.

Obwohl hier schon in der Jungsteinzeit Menschen siedelten und in der Antike eine römische Basis bestand, entwickelte sich das Dorf erst im 15. Jahrhundert unter dem Schutz einer genuesischen Festung. Vom 17. bis 19. Jahrhundert vertrieb die Malaria die Menschen wieder aus dem sumpfigen Gebiet.

Die Häuser der Altstadt gruppieren sich um eine Pfarrkirche mit einer Statue des heiligen Florus. Am Ortsrand steht die alte Kathedrale des Nebbio, **Santa Maria Assunta**, ein romanischer Bau von 1140. Die helle Kalksteinfassade zieren zwei Reihen mit Blendarkaden und eine Nische mit einer Madonna. Die Kapitele der Pilaster und Säulen im gleich einer Basilika gestalteten Inneren sind mit Muscheln und Tierfiguren geschmückt. In einem Glaskasten ruhen die mumifizierten Reliquien des heiligen Florus (3. Jh.).

🔒 **Santa Maria Assunta**
🕐 *Juli–Nov: Mo–Fr, Sa vormittags; Dez–Juni: Öffnungszeiten im Tourismusbüro (04 95 37 06 04) erfragen.*

Der Hafenkai von St-Florent

Hotels und Restaurants in Bastia und an der Nordküste *siehe Seiten 158–160 und 172–175*

San Michele de Murato ⓭

INFOBOX

Straßenkarte D2.
04 95 37 60 10.
Schlüssel im Rathaus (mairie) in Murato.

Die Kirche aus dem 13. Jahrhundert zählt zu Korsikas schönsten pisanisch-romanischen Bauten. Nördlich von Murato thront sie 475 Meter über dem Tal des Bevincu und dem Nebbio. Der aus hellem Kalk und grünem Serpentin gestaltete Bau hat einen einfachen Grundriss. Das rechteckige Schiff endet in einer halbrunden Apsis, der mit der Fassade verbundene Glockenturm ruht auf kräftigen Säulen. Um die Kirche herum verläuft ein Band aus Blendbogen. Die Kragsteine und Umrahmungen der Fenster zieren Flachreliefs mit Tier- und Pflanzenmotiven sowie allegorische Szenen, z. B. Eva mit dem verbotenen Apfel und das Lamm Gottes, das von anderen Tieren angegriffen wird.

Der rechteckige Glockenturm in der Mitte der Vorderfront wurde im 19. Jahrhundert neu errichtet und vergrößert, ist aber ein originäres Element des Bauwerks. Er bildet vor dem Eingang eine kleine Säulenhalle.

Das zentrale Fenster der Apsis ist mit grünem Serpentin gestaltet

Kragsteine
Die Blendbogen ruhen auf mit verschiedenen Naturmotiven verzierten Kragsteinen.

Fassade
An der vom Glockenturm dominierten Fassade befindet sich das Portal. Drei Blendarkaden erheben sich auf Kragsteinen mit als Basreliefen gearbeiteten Tierfiguren.

Zum Skulpturenschmuck zählen geometrische Muster und Szenen mit Vögeln und menschlichen Figuren.

Typisch für die pisanische Romanik sind die in unregelmäßigem Schachbrettmuster angeordneten verschiedenfarbigen Steinblöcke.

Die beiden Säulen vor dem Portal bestehen aus Kalk- und Serpentinitschichten.

Kapitelle
An der Basis der in Form zweier einfacher Voluten gestalteten Kapitelle verläuft um die Säulen eine Girlande.

Symbole
Die zwei Figuren, die die Blendarkaden flankieren, könnten die zur Bauzeit herrschenden politischen und religiösen Mächte verkörpern.

Olettas Dorfhäuser schmiegen sich an die Berghänge des Nebbio

Nebbio

Straßenkarte D2. *Rte du Cap Corse, St-Florent, 04 95 37 06 04.*

Das sehr fruchtbare Alisu-Becken mit Weingärten, Olivenhainen und Obstgärten wird auch als »Goldmuschel« bezeichnet. Von St-Florent aus führt eine Rundfahrt über die D38, D82 und D62 zu den wichtigsten Orten des Nebbio von Oletta bis Rapale. Am Pass des Col di Teghime verläuft eine kleine Straße zur Serra di Pigno mit fantastischer Aussicht. Am Col de San Stefano windet sich die steile, Défilé de Lancone genannte D62 in schwindelerregenden Serpentinen zur Küste hinab. Von Rapale aus gelangt man in einem halbstündigen Fußmarsch zur im 13. Jahrhundert errichteten **Chapelle de San Cesario** mit der charakteristischen grün-weißen Schiefer-Kalk-Fassade. **Murato** schließlich wartet mit einem Tizian zugeschriebenen Gemälde in der Pfarrkirche sowie der berühmten romanischen Kirche San Michele auf *(siehe S. 71).*

Detail eines Mausoleums im Nebbio

Grün der Hügel des Nebbio. Von hier aus hat man eine geradezu sensationelle Aussicht auf den Golfe de St-Florent und den Nebbio sowie auf einen Glockenturm, das einzig verbliebene Bauwerk des alten Klosters **Couvent St-François**. In Blickrichtung der Hügelkuppe ist das – für die Region nicht ungewöhnliche – monumentale **Mausoleum des Comte Rivarola**, des ehemaligen Gouverneurs von Malta, nicht zu übersehen. Die Pfarrkirche **St-André** aus dem 18. Jahrhundert präsentiert stolz ein die Schöpfung darstellendes Flachrelief an der Fassade und ein hölzernes Triptychon aus dem Jahr 1534.

Die Gegend um Oletta ist für ihren Schafkäse, aus dem früher Roquefort produziert wurde, berühmt.

Oletta

Straßenkarte D2. 880. *Route du Cap Corse, St-Florent, 04 95 37 06 04.*

Weiß, ocker und rosa getüncht präsentieren sich die Steinhäuser des Dörfchens Oletta mitten im üppigen

Désert des Agriates

Straßenkarte C–D2. *Route du Cap Corse, St-Florent, 04 95 37 06 04.*

Die 160 Quadratkilometer große grüne »Wüste« zwischen St-Florent und der Ostriconi-Mündung ist praktisch unbewohnt. Nur ein paar Schäfer und die wenigen Einwohner des Weilers Casta leben hier. Bis Mitte des 19. Jahrhunderts war dies die Kornkammer von Bastia und Cap Corse, mit Weizen, Oliven, Weintrauben und Obst. Die Bauern kamen mit dem Boot von Nonza, Canari und St-Florent, um das Land zu bestellen. Heute zeugen nur noch Scheunen und steinerne Getreidespeicher von der agrarischen Vergangenheit des Gebiets, in dem die Macchia die Oberhand über die aufgegebenen Felder erlangt hat.

Die Panoramastraße D81 durchquert die süß duftende, vor allem im Frühjahr fantastische Einöde. Zwei – nur mit Allradantrieb zu bewältigende – Abstecher führen zu den Stränden von **Saleccia** *(siehe S. 21)* und **Guignu**. Der 35 Kilometer lange Küstenweg ist auf jeden Fall einen Tripp wert – Unterkünfte bieten renovierte Scheunen. Von St-Florent aus kann man zu dem von Saleccia zu Fuß 30 Minuten entfernten Strand von **Loto** segeln. Bequemer erreicht man den Sandstrand von **Ostriconi**, der mit Dünen und Gumpen lockt.

Frühlingsblüten an den Hängen des Désert des Agriates

Hotels und Restaurants in Bastia und an der Nordküste *siehe Seiten 158–160 und 172–175*

Der Duft der Macchia

Die Macchia zählt zu den üppigsten Vegetationsformen im südlichen Europa. Dichtes Unterholz und Strauchwerk bedecken riesige Gebiete an der Küste und im Landesinneren: insgesamt ungefähr 2000 Quadratkilometer. Den vollen Zauber entfaltet die Macchia im Frühjahr, wenn Zistrosen und Ginster einen leuchtenden Teppich aus weißen, rosa und gelben Blüten weben. Aus ihnen werden Essenzen und verschiedene Honigarten gewonnen. Im Vergleich zu Bäumen und hohen Sträuchern kann die Macchia auch bei häufigen Bränden relativ schnell wieder nachwachsen. Typische Macchia-Kräuter sind etwa Zistrose, Affodill, Alpenveilchen, Lavendel, Heidekraut und Sarsaparilla, zu den charakteristischen Sträuchern zählen Rosmarin, Wacholder, Myrte, Mastixstrauch, Erdbeerbaum und Steinlinde. Als Baumarten gedeihen in der Macchia zwei Eichenarten: die Korkeiche und die immergrüne Steineiche.

Weiße Blüten der Zistrose

Am Wilden Fenchel *bilden die schirmförmigen Blüten kleine weiße oder gelbliche »Wolken«. Sein starker Duft ist ein typischer Begleiter der Macchia. Getrocknet wird er gern für Duftkissen verwendet.*

Die Zistrose *ist eine typische Macchia-Pflanze, die man auf bis zu 1200 Metern Höhe antrifft. An dem langsam wachsenden Strauch mit den leicht fleischigen Blättern wachsen fünfblättrige Blüten. Die Staubgefäße leuchten goldgelb.*

Wilder Rosmarin *erfüllt die Luft mit seinem intensiven Duft. Die aromatischen Blätter dienen als Gewürz, Arznei und für Parfüms.*

Die Myrte, *ein Fruchtbarkeitssymbol, gilt als heilig. Zwischen den duftenden Blättern leuchten weiße Blüten. Aus den dunklen Beeren wird Likör destilliert.*

Ginster *überzieht von April bis Spätsommer Hügel und Berge mit einem leuchtend gelben Blütenkleid, das seine grünen, gebogenen, stacheligen Zweige bedeckt.*

Rote Granitfelsen in der Bucht von L'Île Rousse

L'Île Rousse ⓱

Straßenkarte C2. 🚶 3000. 🚆 Route du Port. ⛴ von Genua, Savona, Marseille, Nizza, Toulon. ℹ Avenue Calizi, 04 95 60 04 35. 🎭 Festimare (Anfang Mai).

Betriebsames Strandleben, eine schöne Promenade (wie an der Riviera), Läden und ein lebhafter Hafen – das bietet L'Île Rousse. Der Ort wurde 1758 von Pasquale Paoli als Konkurrenz zu den genuesischen Häfen Calvi und Algajola gegründet. An der zentralen Place Paoli kann man einkaufen oder in einem Café den Pétanque-Spielern im Schatten der Palmen und Platanen zuschauen. In der Mitte des Platzes thront Paoli als Brunnenfigur.

Der Platz ist auch Endstation für die Bahn, die die Bucht entlang bis zur Isola di La Pietra fährt. Auf dem mit dem Festland durch eine Mole verbundenen Inselchen stehen ein Turm sowie ein Leuchtturm, dessen Leuchtfeuer 1857 entzündet wurde.

In der im 19. Jahrhundert im Stil eines griechischen Tempels erbauten Markthalle an der Place Paoli werden Wurst, Gemüse, Käse, Macchiablüten-Honig, Fisch und Bauernbrot angeboten. Empfehlenswerte Läden und Restaurants scharen sich in der gut erhaltenen Altstadt nördlich des Platzes, deren Gassen zum Meer führen.

Außerhalb des Orts ist der beliebte, weniger urbane Strand von Rindara über einen Feldweg zu erreichen.

L'Île Rousse ist zudem der Ausgangsort für Ausflüge in die Balagne *(siehe S. 76f)*, wo sich Korsikas beste Kunsthandwerker niedergelassen haben. Ihre Produkte werden in die ganze Welt exportiert.

Ein typisches Dorf der Region ist das von Olivenhainen umgebene **Monticello** mit dem Castel d'Ortica aus dem 13. Jahrhundert. Lohnend wegen der Aussicht an der Kirche aus dem 11. Jahrhundert ist auch die Fahrt nach **Santa Reparata di Balagna**.

Algajola ⓲

Straßenkarte C2. 🚶 200. 🚆 ℹ Place Gare, 04 95 62 78 32.

Das von einem zwei Kilometer langen Sandstrand gesäumte Algajola bietet hervorragende Wassersportmöglichkeiten. Die phönizische Siedlung diente den Römern als Legionsstützpunkt und war für die Genuesen wegen ihrer zentralen Lage wichtig. Die Glanzzeit des wiederholt von Sarazenen geplünderten Orts war im 17. Jahrhundert, als die Bastionen erbaut wurden.

Auch die Kirche **St-Georges** wurde befestigt, nachdem Piraten den Ort angegriffen hatten. Die Darstellung der Kreuzabnahme aus dem 17. Jahrhundert wird dem italienischen Künstler Guercino zugeschrieben.

🏛 **St-Georges**
📞 04 95 62 78 32. ⭕ nur zu Gottesdiensten.

Pigna ⓳

Straßenkarte C2. 🚶 90. ℹ Avenue Calizi, L'Île Rousse, 04 95 60 04 35. 🎭 Estivoce (Juli).

Das Dörfchen thront inmitten von Olivenhainen an einem Berg der Balagne und verströmt mit Treppen, Gässchen und Passagen mittelalterliches Flair. Die Kirche am baumgesäumten Hauptplatz hat zwei Glockentürme.

Pigna ist ein Zentrum korsischer Volksmusik und traditionellen Kunsthandwerks. Die **Casa Musicale**, nebenbei Hotel *(siehe S. 160)* und Restaurant, agiert als Traditionswächterin korsischer Musik und Kultur. In den Werkstätten der Einrichtung werden traditionelle Musikinstrumente, darunter verschiedene Arten von Lauten, gefertigt. Das Atelier **Scat'a Musica** verkauft Spieluhren, sehenswert ist auch die Auswahl des auf korsische Produkte spezialisierten Ladens A Merendella. Traditionellen Gesängen kann man beim sommerlichen Estivoce-Festival lauschen.

Spieluhr von Scat'a Musica in Pigna

🏛 **Casa Musicale**
📞 04 95 61 78 13.
www.casa-musicale.org

Umgebung: Zwei Kilometer von Pigna wurde das von Franziskanern gegründete Kloster **Couvent de Corbara** (1456) in der Französischen Revolution zerstört. Die Dominikaner bauten es im 19. Jahrhundert neu auf. Paoli war hier einst zu Gast (Führungen: 04 95 60 06 73).

Zu Füßen der Zitadelle schützt eine Mole den Hafen von Algajola

Hotels und Restaurants in Bastia und an der Nordküste *siehe Seiten 158–160 und 172–175*

Aregno [20]

Straßenkarte C2. 600. *Avenue Calizi, L'Île Rousse, 04 95 60 04 35.* Mandelfest (Anfang Aug).

Aregno, von Oliven- und Zitrusgärten umgeben, hat eine barocke Pfarrkirche, **St-Antoine**, und eine pisanisch-romanische Kirche, **Trinité et San Giovanni**. Die Fassade des 1177 aus grünem, weißem und rosa Granit errichteten romanischen Bauwerks zieren vier Blendarkaden über dem Portal, den Giebel kleine Blendbogen und die geheimnisvolle Figur eines Mannes, möglicherweise die frühe Darstellung eines »Dornausziehers«. In der Kirche zeigen die beiden Fresken aus dem 15. Jahrhundert den heiligen Michael sowie die vier Kirchenväter.

> **Trinité et San Giovanni**
> 04 95 61 70 34. Juli, Aug; in den anderen Monaten liegt der Schlüssel im Rathaus (mairie).

Sant'Antonino [21]

Straßenkarte C2. 60. *Avenue Calizi, L'Île Rousse, 04 95 60 04 35.*

Hoch über den Tälern der Flüsse Regino und Tighiella stößt man auf diesen Ort. Hier, in luftigen 447 Metern Höhe, bietet sich ein herrlicher Ausblick von den schneebedeckten Bergen bis zum Meer. Das kreisförmig angelegte Dorf zählte zum Lehensbesitz der Familie Savelli und schützte als schier uneinnehmbare Festung die Bevölkerung des gesamten Tales gegen die Angriffe seeräuberischer Sarazenen. Die schmalen Gässchen des Dorfs sind mit ihren Treppen und Passagen nur für Fußgänger geeignet. In den renovierten Häusern aus dunklem Granit bieten Läden einheimisches Kunsthandwerk an.

Umgebung: Ungefähr zehn Kilometer von Sant'Antonino entfernt liegt an der D663 **Feliceto** mit einer sehenswerten Barockkirche und einer Olivenölfabrik.

In der anderen Richtung breitet sich die Region Giussani aus. Dort verbinden Wanderwege die Dörfer **Pioggiola** und das für sein Olivenöl berühmte **Olmi-Cappella**.

Nach Sant'Antonino führt eine lange Treppe hinauf

Glockenturm und Barockkirche von Feliceto bei Sant'Antonino

Speloncato [22]

Straßenkarte C2. 200. *Avenue Calizi, L'Île Rousse, 04 95 60 04 35.*

Das Dorf am Monte Tolo bietet eine schöne Aussicht auf die umliegende Balagne. Der Name des Orts leitet sich von den *spelunche* ab, den Höhlen in der Umgebung, zu denen u. a. die acht Meter lange **Pietra Tafonata** gehört. Zweimal jährlich, am 8. April und am 8. September, fällt das Licht der untergehenden Sonne angeblich genau durch diesen Tunnel und erhellt kurz den Dorfplatz mit der Barockkirche **San Michele**.

Calenzana [23]

Straßenkarte C2. 1950. *Avenue Calizi, L'Île Rousse, 04 95 60 04 35.* Fête de Ste-Restitude (Ende Mai).

Heute wie früher bilden Olivenöl, Wein und Honig die wirtschaftlichen Säulen des Balagne-Städtchens, in dem der Fernwanderweg GR20 beginnt *(siehe S. 22)*.

Die von dem Mailänder Baumeister Domenico Baina entworfene Barockkirche **St-Blaise** stammt aus dem späten 17. Jahrhundert. Das Deckenfresko des Kirchenschiffs zeigt den heiligen Blasius, der ein Kind rettet. Am Fuß des Glockenturms erinnert eine Gedenktafel an die Schlacht von Calenzana zwischen korsischen Nationalisten und Genuesen am 14. Januar 1732. Dabei starben 700 deutsche Söldner.

Einen Kilometer entfernt ist die im 12. Jahrhundert über einer römischen Nekropole erbaute Kirche **Ste-Restitude** einen Besuch wert. Sie ist der in der gesamten Region verehrten korsischen Märtyrerin Restitude geweiht, deren Marmorsarkophag in der Krypta aufgestellt ist. Ihr Martyrium stellen zwei Fresken aus dem 14. Jahrhundert dar.

Umgebung: Ein kurzer Abstecher nach **Montemaggiore** an der D151 lohnt wegen der schönen Barockkirche und des fantastischen Blicks auf den Golf von Calvi.

Tour: Strada di l'Artigiani ㉔

Auf der »Straße der Künstler« lernt man die typischen Kunsthandwerksarten der Balagne kennen. In den hoch gelegenen Dörfern dieser fruchtbaren Region im Hinterland von Calvi und L'Île Rousse sind die Werkstätten beliebte Touristenattraktionen. Künstlerischer Hauptort ist Pigna *(siehe S. 74)*, wo sich die Casa Musicale dem Erhalt und der Pflege des reichen Kulturerbes Korsikas verschrieben hat. An der Strecke zeigen Wegweiser die einzelnen Routen zu Dörfern wie Calenzana, Corbara, Santa Reparata, Feliceto, Pigna, Lumio, Monticello, Occiglini, Lozari, Palasca, Olmi-Cappella, Cateri und Occhiatana, in denen Architektur und atemberaubende Aussicht die Besucher gleichermaßen faszinieren.

Typisches Spielzeug aus Pigna

Pigna ④
Im regionalen Zentrum des Kunsthandwerks werden Musikinstrumente, Spieluhren, Töpferwaren und Naturprodukte wie Wein, Honig, Olivenöl und Käse angeboten. In Pigna finden sich alle Arten von Werkstätten und einige der besten Künstler Korsikas.

Corbara ③
Corbara ist ein »Muss« für Liebhaber von künstlerischen Keramik-, Geschirr- und Töpferwaren. Hier arbeitet man hauptsächlich mit vielseitig verwendbarem, robustem Steingut.

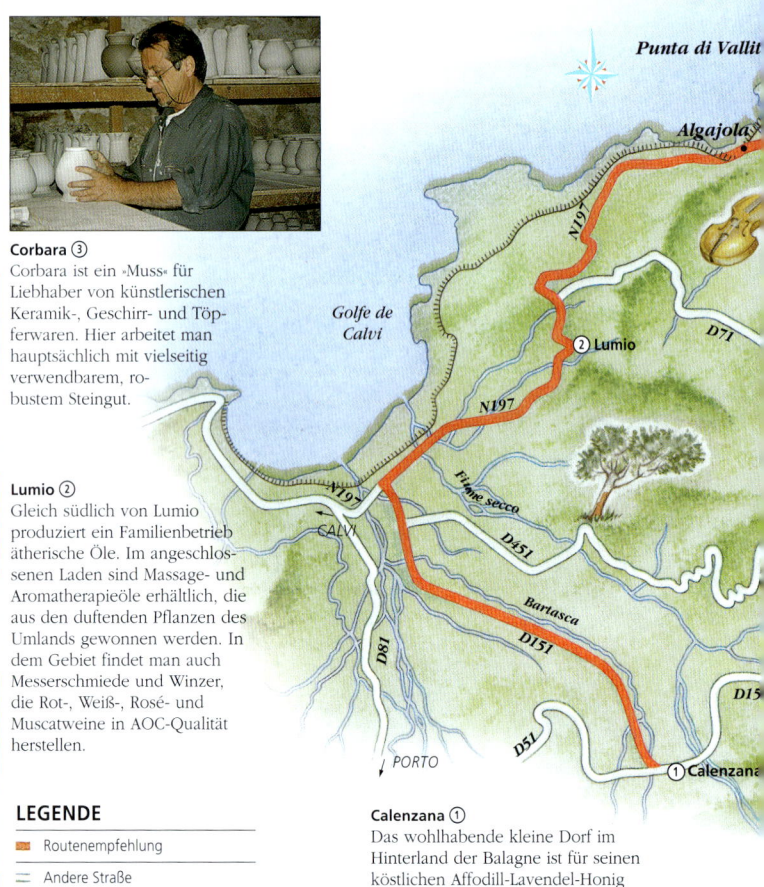

Lumio ②
Gleich südlich von Lumio produziert ein Familienbetrieb ätherische Öle. Im angeschlossenen Laden sind Massage- und Aromatherapieöle erhältlich, die aus den duftenden Pflanzen des Umlands gewonnen werden. In dem Gebiet findet man auch Messerschmiede und Winzer, die Rot-, Weiß-, Rosé- und Muscatweine in AOC-Qualität herstellen.

LEGENDE
- Routenempfehlung
- Andere Straße
- Eisenbahn

Calenzana ①
Das wohlhabende kleine Dorf im Hinterland der Balagne ist für seinen köstlichen Affodill-Lavendel-Honig sowie für Korbwaren und die *raku* genannten Steingutartikel bekannt.

Hotels und Restaurants in Bastia und an der Nordküste *siehe Seiten 158–160 und 172–175*

Olivenöl aus der Balagne

Unter den Spezialitäten der Balagne nimmt das kalt gepresste Olivenöl eine besondere Stellung ein. Oliven, Olivenbäume und -öl haben auf Korsika immer eine große Rolle gespielt. Wie Myrte und Laricio-Kiefer ist auch der Ölbaum eine hier endemische Pflanze – manche Bäume sind über 500 Jahre alt. Bei der Ernte schüttelt man die Oliven von den Ästen und fängt sie in ausgelegten Netzen auf. Die Früchte werden in hydraulischen Pressen gepresst. Olivenöl besitzt als hundertprozentiger »Fruchtsaft« einen hohen Nährwert.

Olivenernte

ROUTENINFOS

Broschüren sind in der Information in Calvi, 97, Port de Plaisance (04 95 65 16 67), oder in jeder anderen Touristeninformation in der Balagne erhältlich.
Länge: *50 km.*
Dauer: *Für die vorgeschlagene Route braucht man einen Tag. Abstecher in andere Dörfer oder kulinarische Ausflüge dauern entsprechend länger.*
Rasten: *Es bestehen zahlreiche Möglichkeiten in allen Ortschaften.*

Feliceto ⑤
Das Dorf lockt vor allem Liebhaber mundgeblasener Glasobjekte an, die von zwei ansässigen Glasbläsern gefertigt werden. In den beiden Weinkellereien am Ortsrand sowie im Zentrum werden Weinproben veranstaltet.

Occhiatana ⑥
Wie in Corbara wird hier Steingutware in allen Variationen angeboten – Vasen, Lampen, Kerzenhalter und eine Vielzahl weiterer Objekte, die als typisch korsische Souvenirs zahlreiche Liebhaber finden.

Calvi ㉕

Tafel über dem Eingang der Zitadelle
CIVITAS · CALVI · SEMPER · FIDELIS ·

Die auf einer felsigen Landzunge errichtete genuesische Zitadelle aus dem 15. Jahrhundert bildet eine Oase der Ruhe im Trubel der Stadt. Drei der vier mächtigen Wälle der Festung über dem Yachthafen und der Promenade von Calvi sind zum Meer ausgerichtet. 1794 konnten sie erst nach 30 000 Kanonenschüssen der britischen Flotte überwunden werden. Gassen führen zum ehemaligen Gouverneurspalais und zur Kathedrale St-Jean-Baptiste. Die Kirche wurde 1567 fast zerstört, als ein Pulverarsenal explodierte. Bei einem Spaziergang auf den Festungsmauern, zur Tour de St-Antoine und den Bastionen Teghiale und Malfetano genießt man ständig neue Ausblicke.

Entlang den Festungswällen führt ein von den Wachen genutzter Weg

Eingang zur Zitadelle
Am Eingang der Zitadelle grüßt ein Glasschild mit den Symbolen der Seerepublik Genua die Besucher.

Palais des Gouverneurs Génois
In diesem Bauwerk von 1492 residierten von 1545 bis 1547 und erneut ab 1652 die genuesischen Gouverneure. Heute dient es als Kaserne für eine Division der Fremdenlegion.

Oratoire St-Antoine
In dem Bau von 1510 versammelten sich zwei Bruderschaften (siehe S. 61). Zur Innenausstattung zählen Fresken aus dem 15. und 16. Jahrhundert sowie eine dem italienischen Künstler Sansovino zugeschriebene Christusfigur aus Elfenbein.

NICHT VERSÄUMEN

★ St-Jean-Baptiste

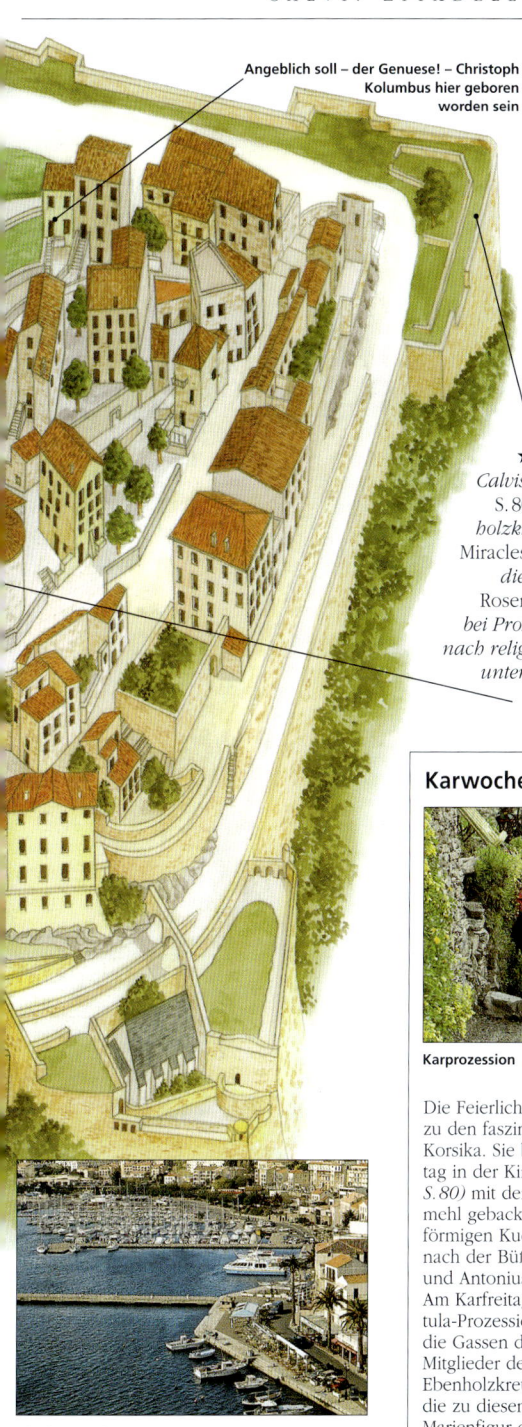

Angeblich soll – der Genuese! – Christoph Kolumbus hier geboren worden sein

INFOBOX

Straßenkarte B2. 5300.
Ste-Catherine, 4 km (04 95 65 88 88). Avenue de la République, 04 95 65 00 61.
von Marseille, Nizza, Toulon und Savona. 97, Port de Plaisance, 04 95 65 16 67. La Granitula (Karwoche), Festival de Jazz (Ende Juni), Chants polyphoniques (Mitte Sep), Festiventu (Mitte–Ende Okt).
www.balagne-corsica.com

Teghiale-Bastion

★ **St-Jean-Baptiste**
Calvi Kathedrale (siehe S. 80) hütet das Ebenholzkruzifix Christ des Miracles (15. Jh.) sowie die Jungfrau vom Rosenkranz. Sie ist bei Prozessionen, je nach religiösem Fest, unterschiedlich gekleidet.

Karwoche (Semaine Sainte)

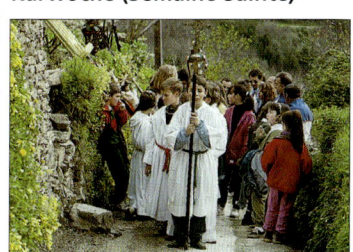

Karprozession

Die Feierlichkeiten der Karwoche gehören zu den faszinierendsten und schönsten auf Korsika. Sie beginnen am Gründonnerstag in der Kirche Ste-Marie-Majeure *(siehe S. 80)* mit der Segnung der aus Kastanienmehl gebackenen *canistrelli*. Diese kreuzförmigen Kuchen werden noch einmal nach der Büßerprozession der Erasmus- und Antoniusbruderschaften gesegnet.
Am Karfreitagabend windet sich die Granitula-Prozession von St-Jean-Baptiste durch die Gassen der Unterstadt zur Zitadelle. Mitglieder der Bruderschaften tragen das Ebenholzkreuz des *Christ des Miracles* und die zu diesem Anlass schwarz gekleidete Marienfigur der *Jungfrau vom Rosenkranz*. Einige Teilnehmer der Prozession sind barfuß und tragen weiße Büßerkutten und Holzkreuze.

Blick von den Bastionen
Schützend erheben sich die massiven Festungsmauern und die Tour de St-Antoine über Yachthafen und Unterstadt.

Überblick: Calvi

Fries, Notre-Dame-de-la-Serra

Die Hauptstadt der Balagne sollte man nicht nur wegen ihres langen Strands keinesfalls verpassen. Der angeblich »wahre« Geburtsort von Christoph Kolumbus wurde schon im 1. Jahrhundert n. Chr. von Römern gegründet. Ab 1278 war Calvi der wichtigste Stützpunkt der Genuesen und die wohlhabende Hauptstadt der von der Seerepublik regierten Insel. Die Zitadelle mit den jahrhundertealten genuesischen Festungswällen bildet die Oberstadt, die über die in fröhliche Ferienatmosphäre getauchte, lebhafte Unterstadt am Hafen wacht.

🛡 St-Jean-Baptiste

Den Mittelpunkt von Calvis Zitadelle bildet die Kathedrale St-Jean-Baptiste, deren Fundamente aus der Mitte des 13. Jahrhunderts stammen. Das Bauwerk hat eine bewegte Geschichte: Die Originalkirche brannte 1481 nieder, der Nachfolgebau wurde bei einem Angriff der Türken im Jahr 1553 stark beschädigt und 14 Jahre später völlig zerstört, als in der Nähe ein Schießpulverlager explodierte. 1576 wurde die Kathedrale in ihrer heutigen Form eines griechischen Kreuzes neu aufgebaut.

Im Innenraum der Kathedrale ist das Ebenholzkruzifix *Christ des Miracles* neben dem Marmoraltar von besonderer Bedeutung. Während der türkischen Belagerung von 1553 trugen Stadtbewohner das Kruzifix durch die Straßen. Die Christusfigur veranlasste angeblich die Türken, die Stadt schnellstens zu verlassen.

Das Kriegerdenkmal in Calvi

hinunter zur Fußgängerzone Rue Clemenceau. Hier dienen Restaurants dem leiblichen Wohl, die Läden bieten alles Mögliche für das Strandleben an.

🛡 Ste-Marie-Majeure

Rue Clemenceau. ⊙ tägl.

Die roséfarbene Kirche steht nahe der Rue Clemenceau an einem kleinen Platz im Zentrum. Den ab 1765 errichteten Barockbau mit der sanft gerundeten Kuppel ergänzt seit 1838 ein Glockenturm. Zum Skulpturenschmuck der Kirche zählen eine Figur des heiligen Erasmus, des Schutzheiligen der Fischer, und eine Mariendarstellung, die bei einer Prozession durch die Stadt getragen wird. Die Kapelle im Chor ziert ein auf Leder gemaltes Ölgemälde aus Córdoba.

🚢 Marina

In Calvis prächtiger Marina ankern im bunten Miteinander Luxusyachten neben

Sonnenbadende am weißen Traumstrand von Calvi

einfachen Fischerbooten und kleinen Seglern. Hier starten die eintägigen Bootstouren, die an der Westküste entlang bis zur Réserve Naturelle de Scandola *(siehe S. 104f)* zwischen Galéria und Porto oder gar bis nach Ajaccio führen. Weite Abschnitte dieser Küste mit ihren faszinierenden roten Granitformationen kann man nur von der Meerseite her aus der Nähe betrachten. Im Hafen liegen aber auch die Boote der Tauchschulen. Sie bringen Sportler zu den besten Tauchgründen, etwa bei der Pointe Revellata *(siehe S. 191)*, wo auch kurze Einführungskurse für Anfänger angeboten werden.

🚢 Quai Landry

Hotels, Restaurants und Cafés säumen die von Leben erfüllte Promenade. Hier kann man sich stundenlang bei einem erfrischenden Getränk im Schatten von Palmen und bunten Markisen entspannen, den Manövern der ein-

🚢 Place Christophe Colomb

Der Platz unterhalb der Zitadelle verbindet Alt- und Neustadt und ist (auch wegen des großen Parkplatzes) ein idealer Ausgangspunkt für eine Erkundung zu Fuß. In der Mitte des Platzes erinnert ein Bronzedenkmal an die Gefallenen des Ersten Weltkriegs, ein Gedenkstein an das erste Bataillon der französischen Armee, die Korsika 1943 befreite. Eine Treppe führt

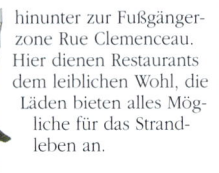

Feriensstimmung am Quai Landry, im Hintergrund Ste-Marie-Majeure

Hotels und Restaurants in Bastia und an der Nordküste *siehe Seiten 158–160 und 172–175*

CALVI

und ausfahrenden Boote zusehen oder die Passanten am Kai beobachten.

Der mittelalterliche Wachturm Tour du Sel unterhalb der Zitadelle am Ende des Kais wurde früher als Salzlager genutzt. Den weiter entfernten Hafeneingang dominiert ein Leuchtturm.

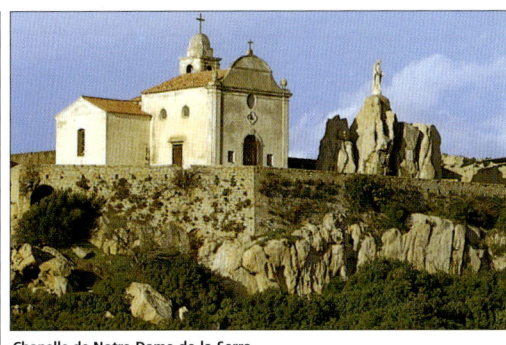

🏖 Strand

Calvis viereinhalb Kilometer langer Strand erstreckt sich von der Marina bis zur Mündung der Figarella. Der angrenzende Pinienwald wurde im 19. Jahrhundert angelegt, als das Marschland landwirtschaftlich nutzbar gemacht wurde. Den feinen weißen Sand und die Dünen des Strands schützt ein Zaun.

Zwischen den Pinien kann man zelten oder sich z. B. Liegestühle ausleihen.

Chapelle de Notre-Dame-de-la-Serra

Die Pointe Revellata ist ein beliebter Platz zum Tauchen

Umgebung: Vier Kilometer südlich von Calvi führt eine steile Straße links hoch in die zwischen erodierte Felsen wuchernde Macchia. Von hier fällt der Blick auf die Landzunge **La Revellata**, ein Dorado für Taucher. Die Straße endet an der Kapelle **Notre-Dame-de-la-Serra**. Sie entstand im 19. Jahrhundert über den Ruinen eines Gebäudes aus dem 15. Jahrhundert. Der alte Bau war 1794 während der britisch-korsischen Kämpfe um Calvi zerstört worden. Von der Terrasse mit der Statue hat man einen fantastischen Blick auf die Bucht und die Stadt. Dies ist ein beliebter Picknickplatz.

Zentrum von Calvi

Marina ⑤
Place Christophe Colomb ③
Quai Landry ⑥
St-Jean-Baptiste ②
Ste-Marie-Majeure ④
Strand ⑦
Zitadelle (siehe S. 78f) ①

Zeichenerklärung
siehe hintere Umschlagklappe

0 Meter 200

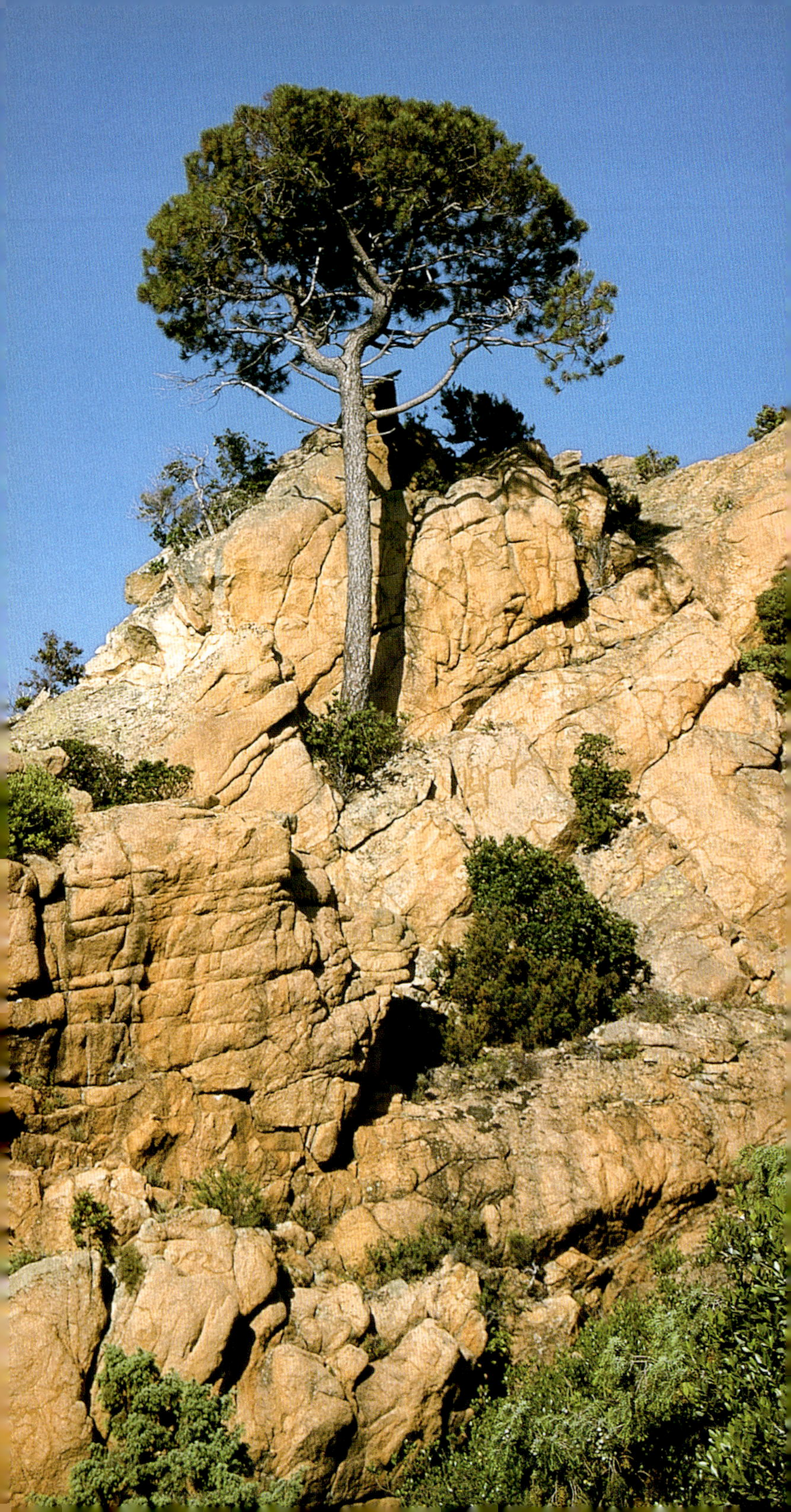

Ajaccio und Westküste

Vom Wind gepeitschte, stark verwitterte und schroff aufragende Felsen, weiße Sandstrände zwischen roten Granitklippen: Korsikas »wilder« Westen bietet eine atemberaubende Naturlandschaft. Die drei weiten Buchten von Porto, Sagone und Ajaccio gliedern die wild zerklüftete Westküste, die sich erheblich von der sanft geformten Küstenlinie des Ostens unterscheidet.

Dank der Naturschutzgebiete von Scandola und des Golfe de Girolata hat der Golfe de Porto bis heute seine wilde Schönheit bewahrt. Auch die Landschaft um die Sandstrände von Ajaccio und Sagone wurde durch den Tourismus nicht verschandelt. Diesen Küstenabschnitt sollte man am besten zu Fuß erkunden, auf Pfaden durch die Macchia nach Girolata schlendern, vorbei an Felsen der Calanques zwischen Piana und Porto oder von Ajaccio aus zur Küste bei den Îles Sanguinaires oder zu den Stränden von Capo di Feno wandern.

Die Hauptstadt von Corse-du-Sud *(siehe S. 49)* ist eine Gründung Genuas. Obwohl Ajaccio seinen Wohlstand der Seerepublik *(siehe S. 41–45)* verdankte, ist sein Name doch vor allem mit seinem berühmtesten Sohn verbunden: Napoléon Bonaparte. Dessen Gedenken wird in Ajaccio in allen erdenklichen Varianten aufrechterhalten. Auf Schritt und Tritt begegnet man dem »großen kleinen« Korsen auf Tafeln, Statuen und in Form von Souvenirs.

Der »wilde« Westen bietet eine herrliche Küste und eine der schönsten Unterwasserwelten im Mittelmeer, aber auch malerische Täler, in denen Oliven, Kiefern und Kastanien gedeihen. Einige Bergdörfer haben die alten Hirtentraditionen behalten, in denen Forstwirtschaft und die Zucht halbwilder Schweine eine Rolle spielen. Doch auch wenn die Wildbäche wie seit Urzeiten durch Schluchten wie die Gorges de Spelunca bei Evisa und die Gorges du Prunelli bei Bastelica rauschen: Die alten Steinbrücken gehören nicht mehr den Schafen und Mulis, sondern den Wanderern, die auf den Fernwanderwegen *Mare a Mare* und *Mare e Monti* das überwältigende Panorama genießen.

Im Golfe de Porto hält der mächtige genuesische Wehrturm noch immer Wache

◁ **In den Calanques des Piana** *(siehe S. 100f)* **führt der Sentier de Château Fort an grandiosen Formationen vorbei**

Überblick: Ajaccio und Westküste

Die von den Meerbusen von Porto, Sagone und Ajaccio gegliederte Westküste bietet von den Porphyrfelsen in der Réserve Naturelle de Scandola *(siehe S. 104f)* bis zu den weißen Stränden von Porticcio traumhafte Landschaften. Außer im eleganten Ajaccio mit seinen Museen ist hier die Naturschönheit von besonderem Interesse. Einige der bedeutendsten Sehenswürdigkeiten gehören zum Parc Naturel Régional de la Corse *(siehe S. 99)*: Evisa und die Forêt d'Aïtone, die Vallée du Fango, die Gorges de Spelunca, die Calanques de Piana, die Gorges du Prunelli und der Golfe de Girolata. Das Gebiet ist – insbesondere um Porto – ein Paradies für Wanderer und kann auf zahlreichen markierten Wegen erkundet werden.

Im Golfe d'Ajaccio lockt die Traumbucht Plage de Verghia mit Sandstrand und klarem blauem Wasser

LEGENDE

- — Hauptstraße
- ═ Nebenstraße
- -- Wanderweg
- — Panoramastraße
- ▬ Eisenbahn
- × Pass

In der Réserve Naturelle de Scandola findet man aufsehenerregende Felsformationen

SIEHE AUCH

- *Hotels* S. 161–163
- *Restaurants* S. 175f

Weitere Zeichenerklärungen *siehe hintere Umschlagklappe*

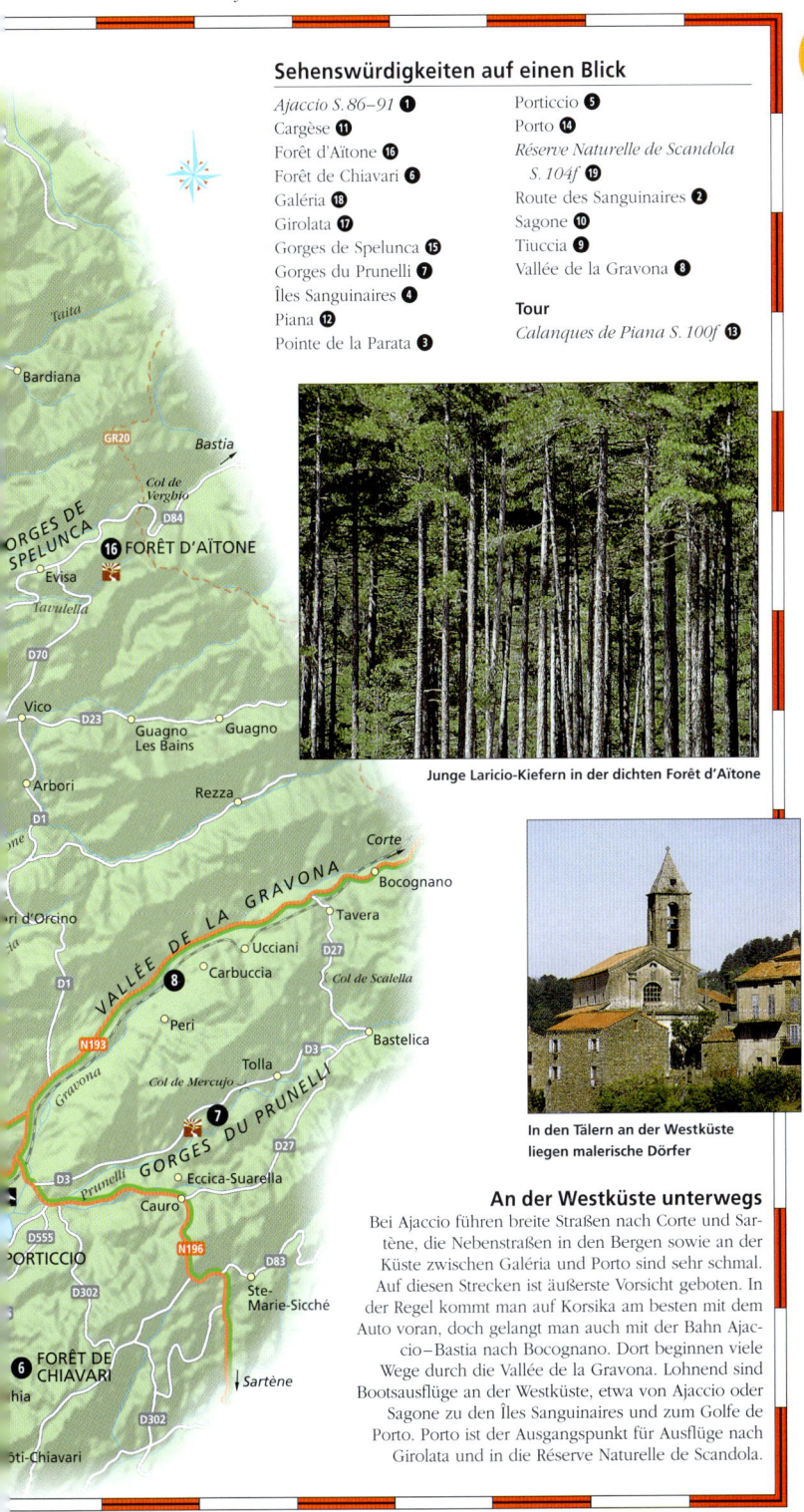

AJACCIO UND WESTKÜSTE

Sehenswürdigkeiten auf einen Blick

Ajaccio S. 86–91 ①
Cargèse ⑪
Forêt d'Aïtone ⑯
Forêt de Chiavari ⑥
Galéria ⑱
Girolata ⑰
Gorges de Spelunca ⑮
Gorges du Prunelli ⑦
Îles Sanguinaires ④
Piana ⑫
Pointe de la Parata ③

Porticcio ⑤
Porto ⑭
Réserve Naturelle de Scandola
S. 104f ⑲
Route des Sanguinaires ②
Sagone ⑩
Tiuccia ⑨
Vallée de la Gravona ⑧

Tour
Calanques de Piana S. 100f ⑬

Junge Laricio-Kiefern in der dichten Forêt d'Aïtone

In den Tälern an der Westküste liegen malerische Dörfer

An der Westküste unterwegs

Bei Ajaccio führen breite Straßen nach Corte und Sartène, die Nebenstraßen in den Bergen sowie an der Küste zwischen Galéria und Porto sind sehr schmal. Auf diesen Strecken ist äußerste Vorsicht geboten. In der Regel kommt man auf Korsika am besten mit dem Auto voran, doch gelangt man auch mit der Bahn Ajaccio–Bastia nach Bocognano. Dort beginnen viele Wege durch die Vallée de la Gravona. Lohnend sind Bootsausflüge an der Westküste, etwa von Ajaccio oder Sagone zu den Îles Sanguinaires und zum Golfe de Porto. Porto ist der Ausgangspunkt für Ausflüge nach Girolata und in die Réserve Naturelle de Scandola.

Ajaccio ❶

Relief an Ajaccios Kathedrale

Die größte Stadt und das politische Zentrum Korsikas verströmt typisch mediterranes Flair. Ajaccio besteht aus der genuesischen Altstadt, in der pastellfarbene Häuser die engen Straßen säumen, der modernen City mit Alleen und Straßencafés sowie den sich bis hinauf in die Berge ziehenden Vororten. Von dort hat man eine herrliche Aussicht über den Golf und auf die Zitadelle. Der schon in der römischen Kaiserzeit von Römern besiedelte Ort entwickelte sich ab 1492 unter den Genuesen. 1553 wurde die Stadt von Sampiere Corso *(siehe S. 45)* für Frankreich erobert, 1559 im Rahmen des Friedensvertrags von Cateau-Cambrésis jedoch an Genua zurückgegeben. Zwar blühte Ajaccio unter der Herrschaft Genuas durch den Handel, die Landwirtschaft und die Korallenfischerei auf, doch Einheimische bekamen erst ab 1592 das Recht zugesprochen, in Ajaccio zu leben. 1723 wurde Ajaccio die Hauptstadt von Westkorsika. Berühmtester Sohn der Stadt ist ohne Zweifel Napoléon Bonaparte.

Der nach Tino Rossi benannte Hafen und die Jetée de la Citadelle

🏛 Zitadelle
🚫 *für die Öffentlichkeit.*
Die Erbauung der Zitadelle begann 1554 auf Befehl des französischen Marschalls de Thermes. Sie wurde 1559 von den Genuesen vollendet. Der Bau im inneren Bogen des Golfs überragt die Jetée de la Citadelle, eine Mole am nach dem Schlagersänger Tino Rossi benannten Hafenteil. Die Festung wacht mit Wachgängen, Wällen und Mauern über die genuesische Altstadt.

Da hier noch heute Militär stationiert ist, kann sie nur von außen, also vom Strand, von den Wellenbrechern oder vom Boulevard Danielle Casanova bewundert werden. Danielle Casanova war eine in Ajaccio geborene französische Widerstandskämpferin, die 1943 in Auschwitz ermordet wurde.

⛪ Kathedrale
Rue Forcioli-Conti. 📞 04 95 21 07 67. 🕐 Mo–Sa 8–11.30, 14.30–17.45 Uhr.
Die Kathedrale von Ajaccio wurde 1582–93 von Giacomo della Porta im Stil der venezianischen Renaissance erbaut, hat aber auch barocke Elemente. Die Fassade ist schlicht, das Innere hingegen üppig mit Marmor und Gold verziert. Hier wurde im Juli 1771 Napoléon Bonaparte getauft.

Die erste Kapelle auf der linken Seite ziert Eugène Delacroix' Gemälde *Jungfrau vom heiligen Herzen*. Der Barmherzigen Mutter, Ajaccios Schutzheiliger (derer am 18. März mit einer Prozession gedacht wird, *siehe S. 32*), ist die nächste Kapelle mit der imposanten Marienstatue geweiht. Den marmornen Hochaltar mit den spiralig gedrehten schwarzen Säulen stiftete 1811 Elisa Bacciochi. Die Schwester Napoléons trug den Titel einer Fürstin von Lucca und Piombino.

⛪ St-Erasme
Rue Forcioli-Conti.
Die 1617 als Kapelle des Jesuitenkollegs gegründete spätere Kirche des Königlichen Kollegs war während der Französischen Revolution für die Öffentlichkeit geschlossen und wurde für die Verwaltung genutzt. 1815 wurde sie neu geweiht und nach dem heiligen Erasmus benannt. An den Schutzpatron der Seefahrer erinnern Schiffsmodelle, drei Prozessionskreuze und eine Statue des Heiligen mit Engeln. Die Statue wird alljährlich am 2. Juni in einer Prozession zum Meer getragen.

🏛 Rue Bonaparte
In der alten genuesischen *carrugio dritto* (»Gerade Gasse«) lebten Kaufleute und hochrangige Bürger. Während der Herrschaft Genuas teilte die Rue Bonaparte die Stadt in zwei Bereiche: Im Norden der Straße erstreckte sich das Armenviertel Macello, südlich davon lebte die Mittelklasse. Heute befinden sich in der

Die schlichte Fassade der Kathedrale von Ajaccio

Hotels und Restaurants in Ajaccio und an der Westküste *siehe Seiten 161–163 und 175f*

Das Arbeitszimmer von Napoléons Vater ist wie ein Schlafzimmer (spätes 18. Jh.) gestaltet

hübschen, lebhaften Straße Antiquitätenläden und Boutiquen aller Stilrichtungen.

🏛 Maison Bonaparte

Rue St-Charles. **(** 04 95 21 43 89. ⚪ Di–So. 🖼 🅿 🛒
www.musee-maisonbonaparte.fr
Das nach umfangreichen Renovierungsarbeiten nun wiedereröffnete Geburtshaus Napoléons war ab 1682 im Besitz der Bonapartes. Seine strenge Fassade überragt die baumbestandene Place Letizia. Die dortige Büste zeigt den Sohn des Kaisers. 1793 mussten Napoléon und seine Familie durch eine Falltür vor Anhängern Pasquale Paolis (*siehe S. 46f*) aus dem Haus fliehen. Diese dürsteten nach Rache, weil Napoléon, damals Offizier der französischen Armee, seinen Truppen befohlen hatte, auf die Teilnehmer einer Kundgebung zu feuern. Das Haus wurde später von den Briten beschlagnahmt (1794–96) und teilweise als Arsenal genutzt.

1797 kehrte Napoléons Mutter Letizia Bonaparte nach Ajaccio zurück und renovierte das Haus. Seit 1923 ist die Maison Bonaparte ein Museum, das auf drei Etagen mithilfe auch kurioser Exponate die Geschichte der Bonapartes zeigt.

INFOBOX

Straßenkarte B4. 🚶 64 000. ✈ *Campo dell'Oro, 7 km östlich* (04 95 23 56 56). 🚌 🚆 *Place de la Gare, 04 95 23 11 03.* ⛴ *von Porto Torres, Marseille, Nizza, Toulon (04 95 51 21 80).* ℹ *3, boulevard du Roi Jérôme, 04 95 51 53 03.* 🎉 *Fête de Notre-Dame-de-la-Miséricorde (18. März), Nuits du Blues (Juli), Fêtes napoléoniennes (Mitte Aug).*
www.ajaccio-tourisme.com

🏛 Place Foch

Den Platz im Herzen von Ajaccio säumen von Palmen und Platanen beschattete Straßencafés. Früher hieß er Piazza Porta und war der einzige Zugang zur Zitadelle. Der Platz wird von einer Marmorstatue Jérôme Magliolis dominiert. Sie zeigt Napoléon als Ersten Konsul, der von vier Löwen flankiert wird. In einer Nische steht auch eine Statue der Barmherzigen Maria.

Napoléon in Marmor

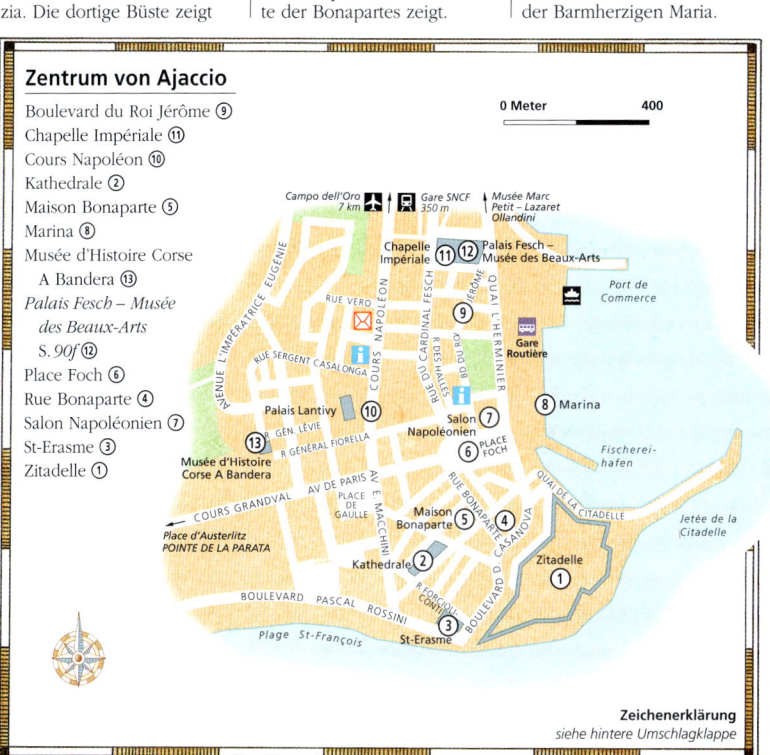

Zentrum von Ajaccio

Boulevard du Roi Jérôme ⑨
Chapelle Impériale ⑪
Cours Napoléon ⑩
Kathedrale ②
Maison Bonaparte ⑤
Marina ⑧
Musée d'Histoire Corse A Bandera ⑬
Palais Fesch – Musée des Beaux-Arts S. 90f ⑫
Place Foch ⑥
Rue Bonaparte ④
Salon Napoléonien ⑦
St-Erasme ③
Zitadelle ①

Zeichenerklärung
siehe hintere Umschlagklappe

Überblick: Ajaccio

Logo des *Petit Train*

Ajaccio ist relativ klein und leicht zu Fuß zu erkunden. In der zur Fußgängerzone umgestalteten Hauptstraße Rue Cardinal Fesch locken Kunsthandwerk und Boutiquen, am Cours Napoléon und an den Uferstraßen Quai Napoléon und Quai l'Herminier zahlreiche Cafés. Ganz bequem lässt sich Ajaccio mit dem *Petit Train (siehe S. 184)* entdecken. Von der Place Foch aus lädt der kleine Zug zu einer 45-minütigen Stadtrundfahrt oder einer 90-minütigen Tour zur Pointe de la Parata.

Der *Petit Train* bricht an der Place Foch zur Stadtrundfahrt auf

🏛 Salon Napoléonien
Avenue Antoine Serafini.
☎ 04 95 51 52 62. 🕐 Mo–Fr.
⬤ Feiertage.

Im Hôtel de Ville (Rathaus) führt eine große Treppe hinauf in das Napoléon und seiner Familie gewidmete Museum im ersten Stockwerk. Zu den Exponaten gehören Dokumente und Gemälde. Im Grand Salon blitzt ein zum 200. Geburtstag Napoléons gestifteter Kronleuchter aus böhmischem Kristall. Hier hängen auch große Porträts der Familie. Unter den Büsten befindet sich eine von Napoléons Mutter, Letizia. Den Ruhm des Kaisers feiert ein Gemälde von Domenico Frassati (1840). Zu den interessantesten ausgestellten Devotionalien zählen sicherlich Napoléons Taufschein und eine Kopie seiner bronzenen Totenmaske. In einem weiteren Raum ist eine schöne Sammlung mit Münzen und Medaillen zu bestaunen.

Der Erste Konsul Bonaparte

⚓ Marina
Am Fuß der Zitadelle schützt ein langer Wellenbrecher den Hafen vor dem Westwind. Neben dem Passagierterminal der Fähren liegen der Yacht- und der Fischereihafen, in dem viele mit Netzen beladene Fischerboote ankern. Auf dem offenen Platz vor der Place Foch findet täglich ab 7 Uhr morgens ein turbulenter Fischmarkt statt. Von diesem Kai legen auch die Ausflugsboote zu den Îles Sanguinaires, dem Golfe de Porto und nach Porticcio ab.

🚏 Boulevard du Roi Jérôme
Am von Hotels und Restaurants gesäumten Boulevard treffen sich vorzugsweise Einheimische zu einem Gläschen Pastis oder einem Pétanque-Spiel. Jeden Morgen schlägt auf der Fläche hinter dem Rathaus ein farbenfroher Markt seine Stände auf. Hier werden typisch korsische Produkte angeboten: *brocciu*, *lonzu* genannter Lachsschinken, *coppa* (Rollschinken), *prizuttu* (geräucherter Schinken), Pâtés, Honig, Feigenmarmelade und Myrtenlikör. Der Duft und die Farben von Gemüse und Obst tragen zum malerischen Ambiente bei.

Fröhlich-turbulent ist auch die Stimmung in den nahen Straßen und in der Fußgängerzone Rue Cardinal Foch. Sie war früher die Hauptstraße des Genueser Viertels, das ab dem 16. Jahrhundert vor den Stadtmauern entstand. Auf halber Länge residiert in dem von Napoléons Onkel, Kardinal Fesch, 1827–37 erbauten Palais Fesch ein Teil seiner umfangreichen Kunstsammlung *(siehe S. 90f)*.

🚏 Cours Napoléon
Ajaccios Hauptverkehrsader durchschneidet die City von Nordosten nach Südwesten. Von ihr führen zahlreiche Seitenstraßen hinunter zum Meer oder hinauf in die Berge. Den Cours Napoléon säumen Kinos, Läden, Banken und Cafés. Am berühmtesten ist das im Jahr 1821 von dem Architekten Carrayol erbaute Café Napoléon.

In der Nähe des Bahnhofs weitet sich die Straße zur Place Abbatucci, die einst die Grenze zwischen der Stadt Ajaccio und dem Umland bildete.

Köstliche korsische Spezialitäten am Boulevard du Roi Jérôme

Hotels und Restaurants in Ajaccio und an der Westküste *siehe Seiten 161–163 und 175f*

AJACCIO

Römische Variante: Napoléon als reitender Imperator

Etwa auf halber Länge steht die Chapelle de St-Roch aus dem späten 19. Jahrhundert, am Südende beherbergt der **Palasi Lantivy** die Präfektur und die Département-Verwaltung. Die Straße endet schließlich an der Place de Gaulle. Auf dem großen Platz stellt ein Reiterstandbild den von seinen vier Brüdern umringten Napoléon Bonaparte als römischen Imperator dar.

Chapelle Impériale
50, rue du Cardinal Fesch. 04 95 21 48 17. wg. Renovierung.

Als die Architekten Corona, Casanova und Paccard im Jahr 1857 Kardinal Feschs Palais für Napoléon III. renovierten, befahl der Kaiser, dass der rechte Gebäudeflügel zur Kapelle umgebaut werden und die sterblichen Überreste von neun Mitgliedern der Familie Bonaparte aufnehmen sollte. In der Krypta der Kirche fanden u. a. die Eltern des im Pariser Invalidendom bestatteten Napoléon I., Carlo Bonaparte und Letizia Ramolino, sowie Kardinal Fesch selbst die letzte Ruhe.

Die Kuppel des aus hellem Kalkstein aus St-Florent errichteten Neorenaissance-Bauwerks zieren Trompe-l'Œil-Malereien des in Ajaccio gebürtigen Architekten Jérôme Maglioli. Dort wie auch an den Bleiglasfenstern finden sich die Insignien des Kardinals.

Das Goldkreuz auf dem Hochaltar überreichte Napoléon seiner Mutter nach dem Ägyptenfeldzug.

Palais Fesch – Musée des Beaux-Arts
Siehe S. 90f.

Musée d'Histoire Corse A Bandera
1, rue du Général Lévie. 04 95 51 07 34. tägl. Winter: So. www.musee-abandera.fr

Gleich hinter der Präfektur ist die Fassade eines charmanten Gebäudes mit den Porträts bedeutender Personen der korsischen Geschichte geschmückt. Es beherbergt ein Museum, das sich der politischen und militärischen Geschichte der Insel von der Prähistorie bis hin zum Zweiten Weltkrieg widmet. In fünf Sälen wird hier eine Sammlung aus Dokumenten, Objekten, Fotografien und großen Landkarten präsentiert.

Das Museum bietet einen hervorragenden Einstieg in die korsische Geschichte. Besonders interessant sind die Landkarten, auf denen die Standorte der Megalithen auf der Insel eingezeichnet sind, die Modelle der genuesischen Schiffe, die Gemälde der Unabhängigkeitsschlachten und die Exponate zum Widerstand gegen die italienische und deutsche Besatzung sowie zur Befreiung Korsikas im September 1943.

Wandbild im Musée A Bandera

Place d'Austerlitz
An der Westseite der Place Foch beginnt der parallel zum Meer in Richtung Pointe de la Parata (siehe S. 92) verlaufende Cours Grandval. Er führt zur Place d'Austerlitz, die vom imposanten Napoléon-Denkmal »U Casone« dominiert wird. Vor dem Monument wachen zwei Adler, ein Stein gedenkt der Siege und Heldentaten des Kaisers. Er ist mit dem typischen Zweispitz, ernst auf seine Geburtsstadt Ajaccio blickend, dargestellt.

In der Höhle links von »U Casone« soll Napoléon der Überlieferung zufolge als Kind »Kaiser« gespielt haben. Jedes Jahr gedenkt Ajaccio bei den rührigen *Journées Napoléoniennes* rund um den 15. August, den Geburtstag Napoléons, mit beeindruckenden Paraden in zeitgenössischen Kostümen der Kaiserzeit.

Musée Marc Petit – Lazaret Ollandini
Route d'Aspretto. 04 95 10 85 15. Mo–Do. http://le-lazaret-ollandini.com

Das Lazarett wurde Mitte des 19. Jahrhunderts als Quarantänestation des Hafens von Ajaccio errichtet. Seit 1977 steht das Ensemble unter Denkmalschutz. 2008 wurde es als Museum öffentlich zugänglich. Das Museum beherbergt 32 große Skulpturen von Marc Petit, hinzu kommen weitere Zeichnungen und Skulpturen. In dem Komplex finden auch verschiedene kulturelle Veranstaltungen statt.

Napoléon-Denkmal an der Place d'Austerlitz

Palais Fesch – Musée des Beaux-Arts

Kardinal Joseph Feschs Insignien

Die in Kardinal Feschs Palais (1827) untergebrachte Kunstsammlung wurde nach dem Tod von Napoléons Onkel der Stadt gestiftet. Das Hauptgebäude besitzt die wichtigste Sammlung italienischer Malerei in Frankreich nach dem Louvre. Gezeigt werden zudem Werke spanischer, flämischer und holländischer Künstler. Zu den italienischen Arbeiten aus dem 13. bis 17. Jahrhundert zählen zahlreiche Madonnendarstellungen. Die Werke im zweiten Stock stammen aus dem 17. und 18. Jahrhundert und umfassen schöne Stillleben. Zu sehen sind auch moderne korsische Gemälde. Das Untergeschoss steht ganz im Zeichen Napoléons. Hier findet man den Kaiser in Statuen, auf Gemälden und durch Devotionalien verewigt. Im linken Flügel ist die von Napoléons Bruder Lucien Bonaparte gegründete Stadtbibliothek untergebracht, die Bücher und Kataloge zur Kunstgeschichte enthält.

Jesus und die Samariterin
Das Gemälde (hier ein Detail) von Étienne Parrocel, einem korsischen Künstler, stammt aus dem 18. Jahrhundert.

Heilige Familie
Das abgebildete Detail zeigt die minuziöse Genauigkeit des italienischen Meisters Benedetto Gennari (17. Jh.).

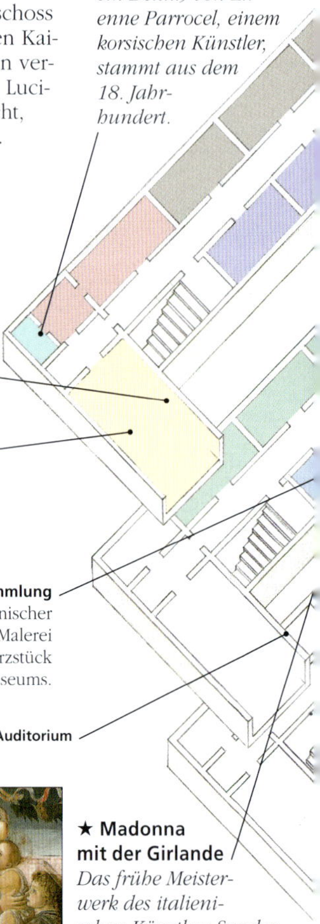

In der Grande Galerie hängen großformatige italienische Gemälde.

Die Sammlung früher italienischer Renaissance-Malerei ist das Herzstück des Museums.

Auditorium

Kardinal Fesch

Kardinal Fesch

Joseph Fesch (1763–1839) war zwar Napoléons Onkel, allerdings nur sechs Jahre älter als der Kaiser. Der Erzdiakon von Ajaccio und Erzbischof von Lyon wurde 1803 Kardinal und zog nach Rom. Dort sammelte er rund 16 000 Kunstwerke, die heute zum Teil im Museum ausgestellt sind. Die meisten anderen wurden den zahlreichen korsischen Kirchen gestiftet. Dank Feschs diplomatischem Einsatz salbte Papst Pius VII. Napoléon in Paris bei dessen Krönung zum Kaiser. Fesch fiel in Ungnade, weil er im Konflikt zwischen Papst und Napoléon auf der Seite der Kirche stand.

★ Madonna mit der Girlande
Das frühe Meisterwerk des italienischen Künstlers Sandro Botticelli (1445–1510) zählt zu den schönsten Arbeiten im Museum. Das Gemälde war zu seiner Zeit sehr innovativ, weil es Maria stehend und offen ihre Liebe zeigend darstellt.

AJACCIO: PALAIS FESCH – MUSÉE DES BEAUX-ARTS

Landschaft
Der flämische Meister Paul Brill (spätes 16. Jh.) verwendete auf sehr eigene Weise kalte Farben und leuchtende Ockerschattierungen. Brill war ein wichtiger Erneuerer der Landschaftsmalerei.

INFOBOX
50–52, rue du Cardinal Fesch.
04 95 26 26 26.
Mai–Sep: Mo, Mi, Sa 10.30–18, Do, Fr, So 12–18 Uhr; Okt–Apr: Mo, Mi, Sa 10–17, Do, Fr, So 12–17 Uhr. 1. Jan, 18. März, Ostersonntag, 1. Mai, 11. Nov, Weihnachten.
www.musee-fesch.com

★ Mann mit Handschuhen
Das Gemälde von Tizian (1485–1576) mit dem unbekannten venezianischen Aristokraten ist das Gegenstück zu einem Werk im Pariser Louvre.

Zweiter Stock

Erster Stock

Die Chapelle Impériale *(siehe S. 89)* ist im rechten Flügel des Palais untergebracht.

LEGENDE
- 15. Jh. Italien
- 16. Jh. Italien
- 17. Jh. Italien
- 17. Jh. Rom
- 17./18. Jh. Neapel
- 16./17. Jh. Flandern
- 18. Jh. Italien/Frankreich
- 18./19. Jh. Korsika
- Grande Galerie
- Wechselausstellungen

Besuchereingang

Eingang zur Chapelle Impériale

Die Statue von Kardinal Fesch im Hof des Museums stammt von Vital-Dubray.

Eingang von der Rue Fesch

Die Bibliothek befindet sich im Erdgeschoss und ersten Stock.

Eingang zur Bibliothek

NICHT VERSÄUMEN
★ Madonna mit der Girlande

★ Mann mit Handschuhen

An der Route des Sanguinaires reihen sich die schönen Strände

Route des Sanguinaires ❷

Straßenkarte B4. *3, boulevard du Roi Jérôme, Ajaccio, 04 95 51 53 03.*

Die Panoramastraße D11 verläuft am Nordufer des Golfe d'Ajaccio und führt zu den bei den Einheimischen beliebten Sandstränden. Von den Terrassen der zahlreichen Cafés und Restaurants kann man Kormorane im Flug oder mit etwas Glück sogar spielende Delfine beobachten.

Die hiesige Küste ist mit dem Auto oder dem Fahrrad, mit dem Bus oder dem von Ajaccios Place Foch abfahrenden *Petit Train (siehe S. 184)* zu erkunden.

Die Küstenroute beginnt am Boulevard Lantivy und führt entlang der Plage St-François, dem am Fuß der Zitadelle gelegenen, zentralen Strand Ajaccios. Sie verläuft weiter am Boulevard Pascal Rossini, wo vor dem Lycée Fesch jeden Sonntag ab 8 Uhr morgens auf einem farbenfrohen Flohmarkt Trödel verhökert wird.

Die Straße führt weiter durch Wohngebiete, mit schönem Blick auf den Golf und üppige mediterrane Gärten.

Am Stadtrand steht an der Place Emmanuel Arène die **Chapelle des Grecs**. Die 1632 erbaute kleine griechisch-orthodoxe Kapelle wurde von der griechischen Gemeinde genutzt, deren Mitglieder sich auf Korsika als politische Flüchtlinge vom Peloponnes angesiedelt hatten. Nahe der Hauptstraße liegt der Friedhof mit barocken und klassizistischen Kapellen.

Fünf Kilometer außerhalb des Stadtzentrums trifft die Straße auf den Badestrand von Scudo (mit Restaurants), die schöne Bucht von Marinella und den Strand von Vignola. Dort endet auch der einfache markierte Wanderweg **Chemin des Crêtes**, der herrliche Blicke auf den Golf bietet. Die rund dreistündige Wanderung beginnt im Zentrum von Ajaccio am Bois des Anglais hinter der Place d'Austerlitz *(siehe S. 89)*. Mit der Buslinie 5 gelangt man in die Stadt zurück.

Pointe de la Parata ❸

Straßenkarte B4. *ab Place de Gaulle, Ajaccio. 3, boulevard du Roi Jérôme, Ajaccio (04 95 51 53 03).*

Die Landzunge aus schwarzem Granit ist der markante Endpunkt des D111. Auf dem Kap errichteten 1608 die Genuesen die **Tour de la Parata** als Wachturm gegen Piratenangriffe. Auf einem Pfad kann man die Kapspitze zu Fuß in etwa 15 Minuten erreichen. Dort bietet sich ein vor allem bei Sonnenuntergang grandioser Blick auf die Îles Sanguinaires. Ein längerer Weg beginnt etwa 500 Meter vor dem Restaurant auf der Pointe de la Parata. Auf der anderen Seite des Kaps windet sich ein Weg durch die Macchia zu einem 90 Minuten entfernten Strand bei Anse de Minaccia, der von Ajaccio aus auf der D111-B mit dem Auto zu erreichen ist. Von hier aus kann man in rund einer Stunde weiter zum windigen, von einem genuesischen Wachturm überragten Capo di Feno wandern.

Îles Sanguinaires ❹

Straßenkarte B4. *von Ajaccio. 3, boulevard du Roi Jérôme, Ajaccio, 04 95 51 53 03.*

Vielleicht waren die rötlichen Felsen namengebend für die »blutigen« Inseln, von dichter Macchia bedeckte Klippen, die nahe der Pointe de la Parata aus dem Meer ragen. Da die Inseln den südlichsten Punkt des Golfe de Sagone darstellen, könnte sich ihr Name auch von lateinisch *Sagonares Insulae*, »Inseln des Golfs von Sagone«, ableiten.

Auf der größten Insel, der Grande Sanguinaire, auch Mezzumare genannt, stehen ein 1840 erbauter Leuchtturm und die Ruinen eines genuesischen Turms sowie einer Leprastation. Im Frühjahr ist die Insel mit weißen Zistrosenblüten bedeckt. Auf den Felsen leben Kormorane, Möwen und andere Vögel.

1863 wohnte im Leuchtturm der französische Schriftsteller Alphonse Daudet. Er beschrieb die Sanguinaires als ungezähmte Inseln.

Die anderen drei Inseln sind sehr klein, nur etwas größer als aus dem Meer aufragende Klippen.

Die Îles Sanguinaires mit ihren charakteristischen Felsen und Wachtürmen

Hotels und Restaurants in Ajaccio und an der Westküste *siehe Seiten 161–163 und 175f*

Bei Porticcio erstreckt sich der feine Sandstrand scheinbar endlos

Porticcio ❺

Straßenkarte B4. 🚶 320. 🚌 *von Ajaccio*. 🚉 ❓ *Porticcio, 04 95 25 10 09.* www.porticcio-corsica.com

Porticcio liegt an der Südküste des Golfs gegenüber Ajaccio. Das Seebad hat sich stark entwickelt und bietet heute Hotels, Wohngebäude, schöne, feine Sandstrände und Wassersportmöglichkeiten von segeln bis tauchen.

Der am besten ausgestattete Strand ist **La Viva**, am eindrucksvollsten sind **Agosta** und **Ruppione**. Sie trennt die Halbinsel Isolella, in deren Buchten türkisfarbenes Wasser schimmert.

Auf der Landspitze steht die genuesische Tour de l'Isolella. Weiter südlich ragt im militärischen Sperrgebiet die Tour de Castagna von 1584 über die Punta di a Castagna. Zum Kap führt die D55 hinter dem Port de Chiavari und der kleinen Bucht Portigliolo. Von hier hat man einen schönen Blick auf den Golfe d'Ajaccio und auf die von Macchia bedeckte Île Piana.

Forêt de Chiavari ❻

Straßenkarte B5. ❓ *Parc Naturel Régional de la Corse, 2, rue Major Lambroschini, Ajaccio, 04 95 51 79 10.*

Die große Forêt de Chiavari erstreckt sich über 18 Quadratkilometer von der Küste bis zu den 600 Meter hohen Gipfeln der Hügel, die den Golfe d'Ajaccio und den Golfe de Valinco trennen.

Der Wald besteht vor allem aus Steineichen, Kiefern und Sträuchern wie Erdbeerbaum, Mastixstrauch oder Thymian sowie Eukalypten. Diese wurden im 19. Jahrhundert aus Australien eingeführt, um das Sumpfland zu entwässern und auf diese Weise auch die Erreger der Malaria zu bekämpfen. Das Gebiet durchziehen Fußwege und Mountainbike-Strecken unterschiedlicher Schwierigkeitsgrade. Zu den schönsten Wegen zählt der Sentier de Myrte (»Myrtenpfad«), der an der Plage de Verghia beginnt. An diesem Strand liegt auch ein Café.

In 485 Meter Höhe befindet sich am Waldrand der Weiler **Côti-Chiavari**. Von der baumbestandenen Terrasse blickt man auf das fantastische Panorama des Golfs. Das von Piraten im 16. Jahrhundert zerstörte Dörfchen wurde 1713 von der genuesischen Regierung mit Bewohnern der im ligurischen Golfo del Tigullio gelegenen Ortschaft Chiavari neu besiedelt – daher der Name.

Nicht weit von Côti-Chiavari findet man interessante Aussichtspunkte mit Blick auf den Golfe d'Ajaccio und den Golfe de Valinco.

An der schmalen D55, die von Verghia nach Côti-Chiavari führt, liegt eine alte, im Jahr 1855 errichtete landwirtschaftliche Strafkolonie. Die Sterberate der hier einsitzenden Gefangenen, die das Land bearbeiten mussten, war aufgrund der Malaria und des ungesunden Klimas sehr hoch. Das Gefängnis wurde deshalb 1906 aufgelöst, die Insassen wurden nach Cayenne verlegt.

Ein Dorf am Rand der Forêt de Chiavari

67 Küstentürme

Neben den Festungen, die die Häfen bewachten, hinterließen die genuesischen Herrscher auf Korsika noch weitere Symbole: 67 Küstentürme, die im frühen 16. Jahrhundert auf der ganzen Insel errichtet wurden. Diese viereckigen oder runden, unterschiedlich großen Türme dienten in der Zeit der Piratenangriffe als Ausguck, boten bisweilen aber auch eine Zufluchtsstätte für die Einwohner der kleinen Küstendörfer. Einige, etwa die Türme von Girolata *(siehe S. 103)* oder Campomoro *(siehe S. 128)*, bildeten das Zentrum richtiger Festungen, andere waren dagegen reine Vorposten, die von den Dörfern oder benachbarten Türmen leicht zu sehen waren. In der Regel enthielten die Türme Lager und eine Zisterne, in der Regenwasser gesammelt wurde, da Trinkwasser in der Nähe der Küste eher rar ist.

Runder Wachturm

Ein Wahrzeichen der Westküste: zerklüftete Granitfelsen und genuesischer Wachturm bei Porto *(siehe S. 102)* ▷

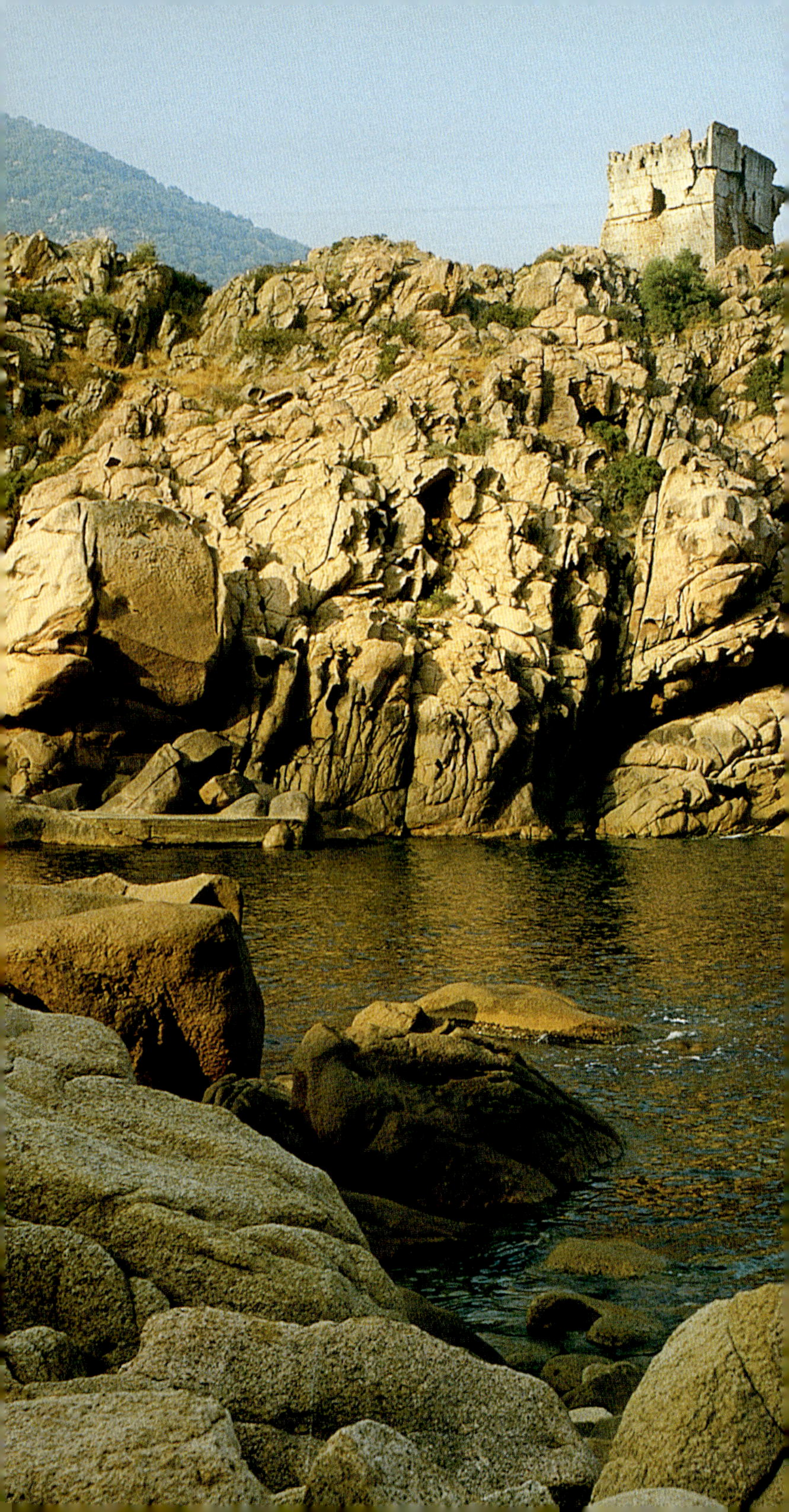

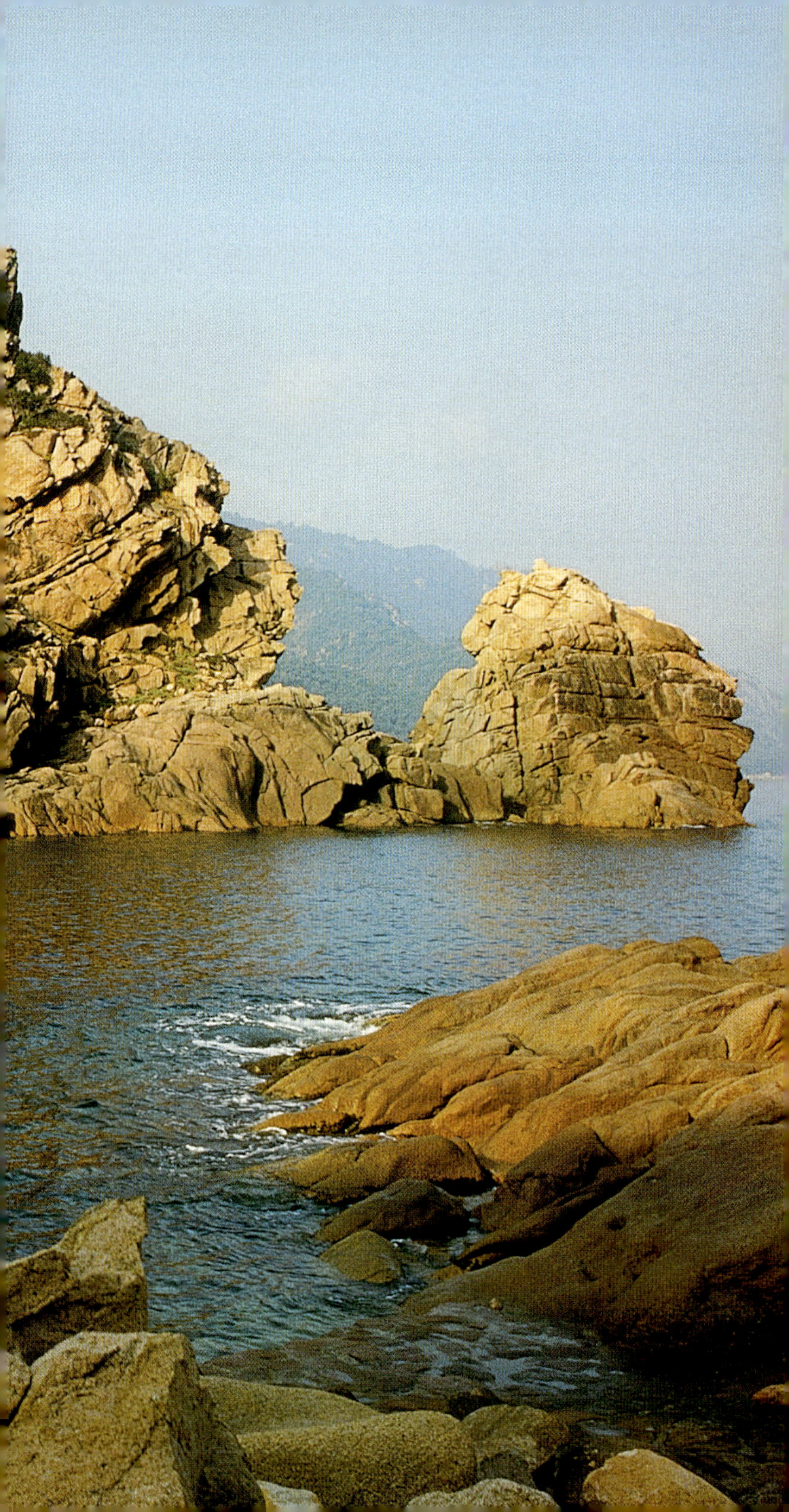

Gorges du Prunelli ❼

Straßenkarte C4. ℹ *Parc Naturel Régional de la Corse, 2, rue Major Lambroschini, Ajaccio, 04 95 51 79 10.* **www.parc-corse.org**

Die wilden Wasser des Prunelli stürzen vom 2352 Meter hohen Monte Renoso in den Golfe d'Ajaccio. Der Wildbach hat eine tiefe Schlucht *(gorge)* gegraben, in die auch das Wasser aus einem Stausee fließt.

Von Ajaccio windet sich die D3 am Nordufer des Flusses entlang. In der Ortschaft **Eccica-Suarella** steht ein Gedenkstein an der Stelle, an der Genua-Gegenspieler Sampiero Corso im 16. Jahrhundert ermordet wurde *(siehe S. 45)*.

Die D3 führt weiter zum 716 Meter hohen Pass des **Col de Mercujo**. Von dort zieht sich ein Weg zu einem Aussichtspunkt mit schönem Blick auf die umliegenden Gebiete.

Oberhalb des Sees liegt das von Gärten umgebene kleine Dorf **Tolla**. Hier trifft die Straße auf die nach **Bastelica** führende D27. Das Dorf am Monte Renoso ist nicht nur für seine exzellenten Wurstspezialitäten berühmt, sondern auch als Geburtsort von Sampiero Corso. Das Geburtshaus des Nationalhelden, an den eine Bronzestatue vor der Pfarrkirche erinnert, steht im nahen Weiler Dominacci.

Auf dem Rückweg Richtung Ajaccio kann man auf der D27 an der Südseite der Schlucht fahren. Zwischen Col de Crecheto und Col de Marcuggio erstreckt sich die **Forêt de Pineta**, wo Kiefern, Buchen und Kastanienbäume wachsen. Ein Weg führt von der Straße hinunter zum Wildbach Èse und zur genuesischen Brücke von Zipitoli.

Ackerwindenbeeren

Umgebung: Von Bastelica führt die D27 Richtung Norden vom Col de Scalella hinauf, dann wieder hinunter ins Dorf Tavera in der Vallée de la Gravona. Eine weitere Panoramastraße, die D27-A, führt südöstlich in das auf 1700 Meter Höhe gelegene Skigebiet Val d'Èse.

Vallée de la Gravona ❽

Straßenkarte C4. ℹ *Parc Naturel Régional de la Corse, 2, rue Major Lambroschini, Ajaccio, 04 95 51 79 10.* **www.parc-corse.org**

Das breite Tal wird von der N193 durchschnitten. Sie führt nach Bastia und Corte. Parallel zur N193 verlaufen auf der Höhe kurvige Panoramastraßen von **Peri**, **Carbuccia**, **Ucciani** und **Tavera** an der Südseite der Vallée de la Gravona.

In Carbuccia bietet **A Cupulatta** Schutz für 166 Schildkrötenarten, darunter die größte in ganz Europa (Schildkröte heißt auf Korsisch *cupulatta*). Am Fuß des Monte d'Oro liegt **Bocognano**, der von Kastanienbäumen umgebene Hauptort des Tals. Dort beginnen zahlreiche Wanderwege, darunter auch der beliebte, vier Kilometer südwestlich des Dorfs an der D27 beginnende Weg zum imposanten Cascade du Voile de la Mariée (»Brautschleier-Wasserfall«).

Buchten und Strände entlang der Straße nach Tiuccia

Tiuccia ❾

Straßenkarte B4. 🚶 150. 🚌 ℹ *Sagone, 04 95 28 05 36.*

Tiuccia liegt zwischen den genuesischen Türmen von Ancone und Capigliolo am Golfe de Liscia. Es wird von den Ruinen der Burg Capraja, die einst den Grafen von Cinarca gehörte, beherrscht. Vom 13. bis 16. Jahrhundert widersetzte sich diese Familie den Genuesen und etablierte eine Feudalherrschaft über den Süden der Insel.

An den Mündungen der Flüsse Liscia und – weiter nördlich – Liamone erstrecken sich lange Sandstrände, die mit Macchia bedeckte Hügel umgeben. Die abgeschiedenen Strände und Buchten sind zu Fuß über den Ancone-Küstenweg erreichbar.

In Tiuccia legen auch die Ausflugsboote nach Girolata *(siehe S. 103)*, zu den Calanques de Piana *(siehe S. 100f)* und zum Capo Rosso ab.

Umgebung: Im fruchtbaren Gartenland **La Cinarca** im Liscia-Tal gibt es Wälder, Olivenhaine, Weintrauben und Orangen. Haupterwerbszweig ist die Viehzucht. Von den 400 bis 600 Meter hoch gelegenen Dörfern, etwa von Sari d'Orcino und Calcatoggio, hat man einen herrlichen Blick auf die Küste.

In dem Gebiet trieben früher berüchtigte Banditen, u. a. als »Tiger von Cinarca« bekannte Spada, ihr Unwesen.

Der Damm an den Gorges du Prunelli

Hotels und Restaurants in Ajaccio und an der Westküste *siehe Seiten 161–163 und 175f*

Korsische Delikatessen

Zu den typisch korsischen Kulinaria gehören *prisuttu* (geräucherter Schinken), *lonzu* (geräucherter Lachsschinken), *coppa* (Rollschinken) und *figatellu* (geräucherte Leberwurst). Diese Delikatessen werden von Hand zubereitet und auf dem *fucone* geräuchert, einer offenen Feuerstelle, die mit Kastanienholz und Weinstöcken befeuert wird. Das würzige Fleisch liefern frei laufende Schweine. Andere korsische Spezialitäten sind die nach Herkunftsgebieten – etwa Niolo, Balaninu, Orezzincu, Bastelicaccia und Venaco – benannten Ziegen- und Schafskäse. Niolo ist berühmt für intensiv schmeckenden, gereiften Käse. In der Regel verzehrt man Käse mit Feigenmarmelade und Nüssen *(siehe auch S. 168f)*.

Zum Käse isst man Nüsse

Schafe grasen überall, *vor allem in höheren Regionen. Aus Schafsmilch werden verschiedene Käsesorten zubereitet, auch* brocciu *und* toma. *Ziegen werden hauptsächlich in der Balagne und der Castagniccia gehalten.*

Rund 45 000 verwilderte Schweine *ernähren sich in den Wäldern an den Straßen von Kastanien, Eicheln und Kräutern. Dieses Naturfutter verleiht dem Schweinefleisch einen ganz besonderen Geschmack.*

Salsiccia · Mittelalter Käse · Ziegenkäse · Lonzu · Käse mit Kräutern · Frische Kräuter

Lonzu *ist rohes Schweinefilet, das gesalzen und gepfeffert, zu dicken Würsten gerollt und geräuchert wird.*

Spezialitäten

In den Ferienorten bieten Lebensmittelläden mit verführerischen korsischen Delikatessen gefüllte Geschenkkörbe an. Man kann sich aber auch direkt beim Bauern eindecken.

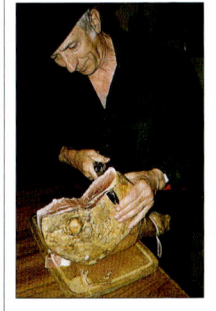

Prisuttu *heißt der äußerst würzige Schinken, der am besten in dicke Scheiben geschnitten schmeckt.*

Brocciu *ist ein dem Ricotta ähnlicher Schafs- oder Ziegenkäse aus Molke und erhitzter Milch. Er ist frisch oder (länger haltbar) gesalzen erhältlich. Seit 1983 ist er ein eingetragenes Warenzeichen.*

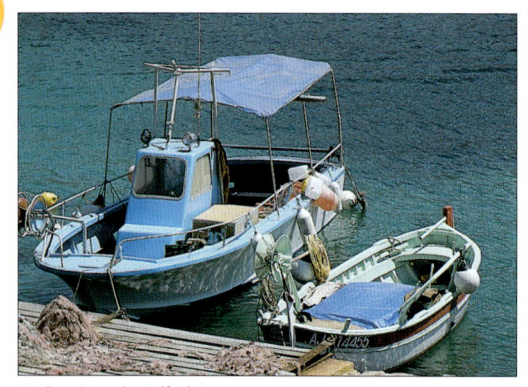

Vertäute Boote im Golfe de Sagone

Sagone ❿

Straßenkarte B4. 250.
Residence Sagone Plage, 04 95 28 03 46.

Am Golfe de Sagone erstrecken sich von Punta di Cargèse im Norden bis Capo di Feno im Süden Sandstrände, die von den Flüssen Liamone, Sagone und Liscia angeschwemmt wurden.

Sagone war eine wichtige römische Stadt, deren Wohlstand auf dem Holz aus der Forêt d'Aïtone gründete. Im 6. Jahrhundert wurde sie Bistum und erhielt im 11. Jahrhundert die am Hafen gelegene Kathedrale **Sant'Appiano**, deren Ruinen noch zu sehen sind. Im Mittelalter dezimierte die aufgrund der stehenden Gewässer grassierende Malaria die Bevölkerung.

Heute sind die Sümpfe trocken, Sagone hat sich zu einem hübschen Ferienort entwickelt. Hier kann man segeln, tauchen oder mit dem Boot Ausflüge nach Scandola und Girolata unternehmen.

Umgebung: Eine schöne Straße im Liamone-Tal führt 15 Kilometer lang nach **Vico**. In dem großen Bergdorf scharen sich schmale Häuser um zwei Plätze. Noch im 18. Jahrhundert residierten in Vico die Bischöfe von Sagone.

In der Kirche des Couvent St-François ist das hölzerne Kruzifix sehenswert. Die Schnitzerei aus dem 15. Jahrhundert gilt als eine der ältesten ihrer Art auf Korsika.

Die Straße führt durch üppiges Grün weiter nach **Guagno Les Bains**, wo zwei Thermalquellen sprudeln. Während die 37 °C warme Quelle Occhiu gegen Augen- und Halsleiden hilft, wird das 52 °C heiße Wasser der Venturini-Quelle bei Ischias, Rheuma und Fettleibigkeit bevorzugt. In den Heilquellen suchten schon Pasquale Paoli und Napoléons Mutter Letizia Linderung. In dem Dörfchen Soccia beginnt der Weg (hin und zurück zwei Stunden) zum von Laricio-Kiefern umgebenen idyllischen Bergsee **Lac de Creno**.

Schild in Guagno Les Bains

Cargèse ⓫

Straßenkarte B3. 1000.
Rue Dr Dragacci (04 95 26 41 31).
Griechisch-orthodoxe Prozession (Ostermontag).

Mitte des 17. Jahrhunderts baten einige griechische Familien, die vor der türkischen Invasion vom Peloponnes geflohen waren, die Genuesen um Asyl. Sie siedelten sich zuerst in Paomia an, später in Cargèse. Dort konnten sie unbehelligt ihre Traditionen und Religion beibehalten. Heute steht in dem 100 Meter hoch gelegenen Dorf eine griechisch-orthodoxe Kirche, die wie ihr klassizistisches katholisches Gegenüber aus dem 19. Jahrhundert stammt. Sehenswert sind die Ikonen im byzantinischen Stil sowie das zweiseitige Gemälde der Kreuzabnahme Christi. Von beiden Kirchen aus hat man einen herrlichen Blick auf den Golfe de Sagone.

Piana ⓬

Straßenkarte B3. 500.
Place de la Mairie, 04 95 27 84 42. www.otpiana.com

Das mit seinen weißen Häusern, der Barockkirche und den Granitfelsen der Calanques im Hintergrund äußerst malerische Dorf liegt hoch über dem Golfe von Porto. Piana ist der ideale Ausgangsort für Ausflüge an die mit ihren vielen Stränden attraktive Küste.

Der Strand **Anse de Ficajola** zwischen roten Felsen liegt am Ende der sich zum Meer hinabwindenden Straße. Er lohnt einen Besuch. Gleiches gilt für die schöne, unerschlossene und von Macchia umgebene **Plage d'Arone**, zu der die Panoramastraße D824 führt.

Eine schwierige, insgesamt vier Stunden lange Wanderung führt von der zwei Kilometer oberhalb des Strands gelegenen Straße zum **Capo Rosso** sowie zur Tour de Turghiu. Hier, in 300 Metern Höhe, bietet sich ein wunderbarer Rundblick.

Panoramablick auf Piana und den Wald

Hotels und Restaurants in Ajaccio und an der Westküste *siehe Seiten 161–163 und 175f*

Parc Naturel Régional de la Corse

Der gut 3300 Quadratkilometer große Naturschutzpark umfasst 143 Ortschaften und bedeckt fast zwei Drittel der Insel, von den Gipfeln des Monte Cinto, Rotondo, d'Oro, Renoso und Incudine bis zu den Aiguilles de Bavella und dem Massif de l'Ospédale. Der 1972 gegründete Park soll die Bergwirtschaft unterstützen und die Naturschönheiten schützen: dichte Wälder (Aïtone, Valdu-Niellu, Vizzavona, Bavella, Ospédale), verwegene Schluchten (l'Asco, Spelunca, Restonica), die herben Calanques sowie idyllische Seen wie den Creno- und den Nino-See. Den Park durchziehen viele Wanderwege, auch der GR20 *(siehe S. 22–27)*.

Logo des Parks

Korkeichen *zählen auf Korsika zu den am weitesten verbreiteten Baumarten. Im Park stehen sie unter Naturschutz.*

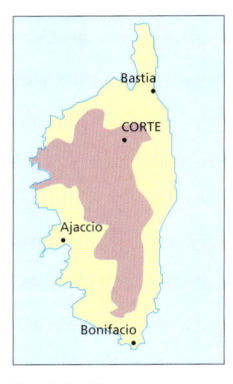

Ältere Frauen auf Korsika wie diese Spinnerin tragen häufig schwarze Kleidung.

Spinnrad zum Verspinnen loser Fasern

Das Rad ist am Stuhl befestigt

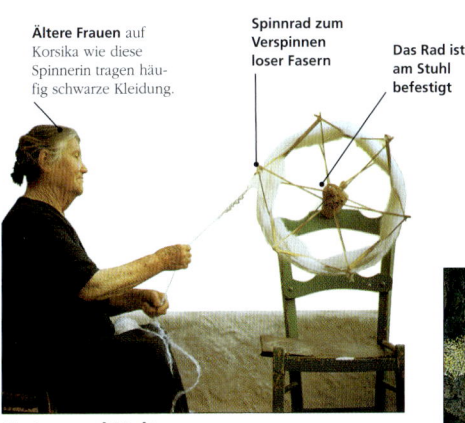

Zur Orientierung

■ Parkgebiet

Natur und Kultur

Der Parc Naturel Régional soll nicht nur die korsische Flora und Fauna schützen, sondern auch zum Erhalt der einheimischen Kultur der Bergregionen beitragen. Die meisten Bewohner des Parks stammen aus hier seit Jahrhunderten ansässigen Familien, die die Geschichte und Kultur der Region prägten.

Die Gorges de l'Asco *gehören zu den schönsten Schluchten, die die vom Landesinneren zum Meer strömenden Wildbäche in Korsikas Landschaft gegraben haben.*

Die Bergerie *in Cagna ist ein klassisches Beispiel der Bergarchitektur. In den bergeries leben im Sommer die saisonalen Wanderhirten, deren hartes Leben Pater Doazan in den Jahren zwischen 1973 und 1978 in etwa 20 Tagebüchern beschrieb.*

Esel *gehören zu den bisweilen nur teilweise domestizierten Haustierarten, die in der Bergwirtschaft eine wichtige Rolle spielen.*

Tour: Calanques de Piana ⓭

Die Palette der sensationellen Farbspiele in den Granitformationen der Calanques de Piana reicht – abhängig von der Tageszeit – von Gold über Rosa bis Hellrot. Wind und Wasser haben durch ständiges Nagen aus den harten Granitfelsen faszinierende Formationen und bizarre, *tafoni* genannte Aushöhlungen geformt. Obwohl man die Wanderung in einem, ohne Mittagspause sogar in einem halben Tag schafft, sollte man – vor allem in der heißen Jahreszeit – die Calanques besser in zwei Tagen erkunden. Der hier beschriebene Abschnitt der D81 ist am schönsten – und bei Sonnenuntergang überwältigend.

Typische Felsen der Calanques

Tête du Chien ①
Der von Wasser und Wind geformte »Hundekopf« kann nahe einem Parkplatz an der D81 bewundert werden. An der auffälligen Formation beginnen zahlreiche Wanderungen.

Château Fort ②
Der festungsgleiche, massive Granitblock ist eine natürliche Plattform oberhalb der Golfregion von Porto, Girolata und Capo Rosso. Vom Tête du Chien ist er in einem halbstündigen Fußmarsch durch ein Labyrinth aus bizarren Felsen, Höhlen und Steinspitzen zu erreichen, das im Frühjahr blühende Sträucher bedecken.

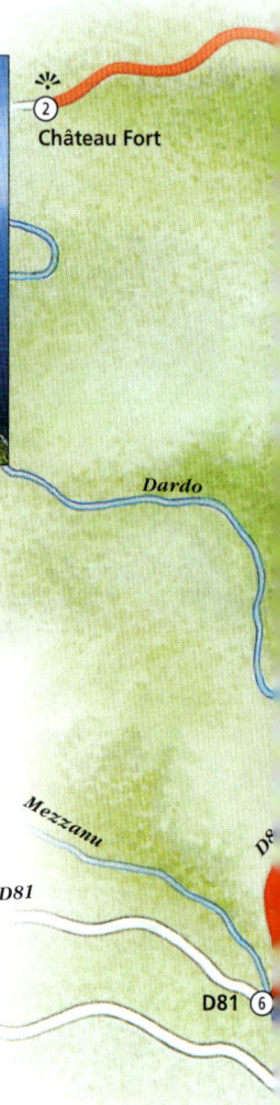

Café les Roches Bleues ④
Zu den spektakulärsten Attraktionen an der D81 zählt das Café les Roches Bleues. Hier kann man es sich bei einem Getränk auf der Terrasse gemütlich machen und die fantastischen Felsformationen bewundern: etwa die Tortue (»Schildkröte«, *links*) oder den Aigle (»Adler«).

D81 ⑥
Zurück an der D81 spazieren Sie etwa 500 Meter in Richtung Piana. Dieser Abschnitt bietet den besten Blick auf die Calanques, deren bizarre Schönheit hier in vollen Zügen bewundert werden kann.

LEGENDE
- Routenempfehlung
- Andere Straße
- Aussichtspunkt
- P Parken

Hotels und Restaurants in Ajaccio und an der Westküste *siehe Seiten 161–163 und 175f*

Tafoni

Das korsische Wort *tafone* bedeutet »Loch« und bezeichnet natürliche Höhlen und Löcher in Felsen. Sie entstehen in steilen Gebieten mit langen Trockenzeiten. Sobald nur ein einziges Granitkristall durch die Feuchtigkeit und die für solche Regionen typischen Temperaturunterschiede verwittert, setzt ein Erosionsprozess ein, an dessen Ende faszinierende Felsformationen stehen. In prähistorischen Zeiten wurden die *tafoni* als Felsengräber oder auch als Unterkünfte genutzt.

Eine *Tafone*-Formation in den Calanques de Piana

ROUTENINFOS

Place de la Mairie, Piana, 04 95 27 84 42.
Länge: 3 km.
Dauer: Etwa vier Stunden ohne Rast für die Wege, plus 45 bis 60 Minuten für den Rückweg zum Parkplatz.
Schwierigkeitsgrad: Durchschnittlich. Bequeme Schuhe, Hut und Sonnenbrille, ausreichend Wasser und eine genaue Karte des Gebiets sind erforderlich (kostenlos in den Informationsbüros).
Rasten: Café les Roches Bleues.
www.otpiana.com

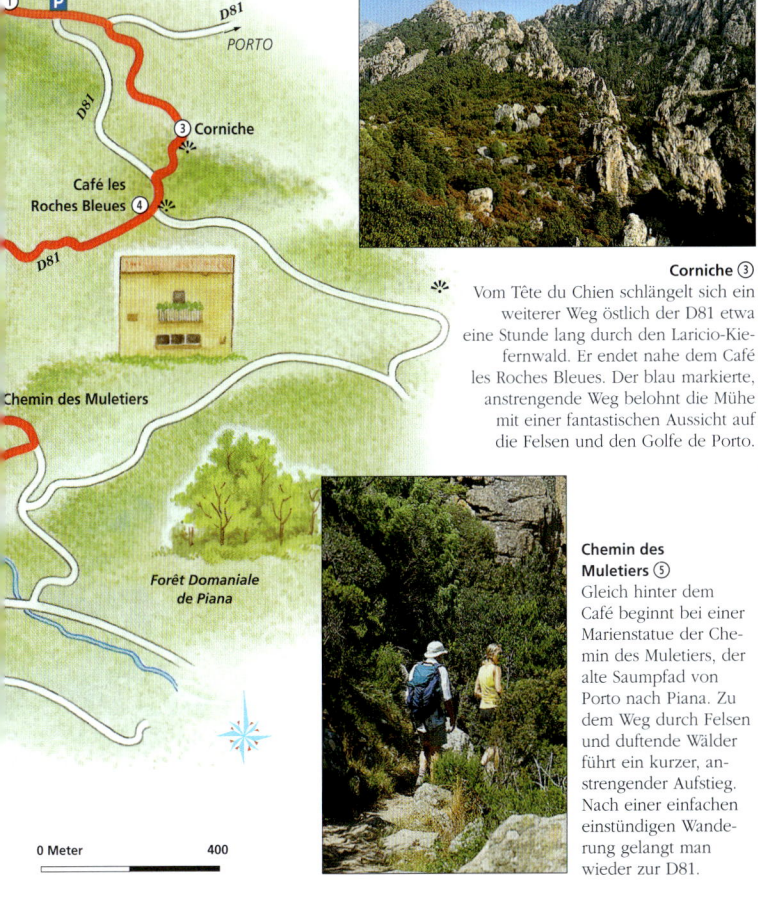

Corniche ③

Vom Tête du Chien schlängelt sich ein weiterer Weg östlich der D81 etwa eine Stunde lang durch den Laricio-Kiefernwald. Er endet nahe dem Café les Roches Bleues. Der blau markierte, anstrengende Weg belohnt die Mühe mit einer fantastischen Aussicht auf die Felsen und den Golfe de Porto.

Chemin des Muletiers ⑤

Gleich hinter dem Café beginnt bei einer Marienstatue der Chemin des Muletiers, der alte Saumpfad von Porto nach Piana. Zu dem Weg durch Felsen und duftende Wälder führt ein kurzer, anstrengender Aufstieg. Nach einer einfachen einstündigen Wanderung gelangt man wieder zur D81.

Der genuesische Küstenturm bei Porto

Porto [14]

Straßenkarte B3. 460.
La Marine, 04 95 26 10 55.
www.porto-tourisme.com

Porto ist nicht nur ein exzellent ausgestattetes modernes Seebad, sondern auch idealer Ausgangspunkt für Ausflüge ins Hinterland. Von seiner hervorragenden Lage profitierte Porto schon zu genuesischen Zeiten als einziger Hafen in der Agrarregion Ota.

Zu beiden Seiten des Orts erstrecken sich bildschöne, von hohen Klippen geschützte Strände. Der imposante genuesische Turm wurde 1549 zur Verteidigung des Hafens, des Flusses und des Tals errichtet. An dem rechteckigen Bauwerk auf den roten Granitklippen eröffnet sich ein weiter Blick auf den Golf, wo das Rot der Felsen im reizvollen Kontrast zum tiefen Blau des Meers steht.

Die **Marina** des mit Hotels, Cafés und Läden hervorragend ausgestatteten Orts bietet einen breiten, grauen Kiesstrand, den ein Wald aus uralten Eukalyptusbäumen begrenzt. Sie ist über eine hübsche Holzbrücke zu erreichen, die die Mündung des kleinen Flusses überspannt, in dem Fischerboote und Yachten ankern. Von dem kleinen Hafen legen die Boote zu den Ausflugszielen an der Küste ab. Die überwältigende Schönheit des zum Parc Naturel Régional *(siehe S. 99)* gehörenden Golfe de Porto genießt man am besten vom Meer aus. Die Ausflugsboote fahren bis zur Réserve Naturelle de Scandola *(siehe S. 104f)* und zu den Calanques de Piana *(siehe S. 100f)*.

Umgebung: Südlich von Porto erstrecken sich die Calanques, die am Capo d'Orto bis zu 1294 Meter hoch werden. Nördlich gibt es zwischen Granitklippen schöne Strände, die man mit dem Auto über von der D81 abzweigende Stichstraßen oder per Boot erreicht. Malerisch sind die Kiesstrände von **Bussaglia** und **Gradelle** (an der Route nach Osani) und der Strand von **Caspio** mit dunklen Felsen. Zu ihm gelangt man über die Abzweigung nach dem Örtchen Partinello.

Der nach Galéria führende Abschnitt der D81 ist die schwierigste, allerdings grandioseste Route auf Korsika. Die schwindelerregend hohe, schmale, kurvenreiche Straße belohnt mit einem Panoramablick auf den Golfe de Porto und die Küste, den man von Parkbuchten aus genießen kann. Vom Aussichtspunkt **Col de la Croix** führt ein Weg zu den Stränden von Tuara (hin und zurück 75 Minuten) und Girolata (hin und zurück drei Stunden; auch per Boot zu erreichen).

Ein mit Früchten beladener Erdbeerbaum

Gorges de Spelunca [15]

Straßenkarte B3. La Marine, Porto, 04 95 26 10 55.

Die von den Wassern der Flüsse Aïtone und Tavulella gegrabene Schlucht ist im reizenden Tal hinter Porto zu bewundern. Einen schönen Blick auf die Gorges de Spelunca hat man auch an der D84, die im Süden des Tals nach Evisa führt.

An der Nordseite befindet sich auf 310 Meter Höhe **Ota**. Dieser Ort war früher für seine Zitronen berühmt, die nach Europa exportiert wurden. Heute sind die Gärten teilweise von Strauchwerk überwuchert. Ota ist ein Etappenziel des Fernwanderwegs *Mare e Monti (siehe S. 27)* im Parc Naturel Régional *(siehe S. 99)*.

Sehenswert sind die genuesischen Brücken, etwa zwei Kilometer entfernt an der Straße nach Evisa. Der Übergang bei **Pianella** formt einen perfekten Bogen, die nahe Brücke von **Ota** führt über den Zusammenfluss der Wildbäche Aïtone und Tavulella. Hier verläuft auch der Saumpfad, der früher Ota und Evisa verband. Er führt durch die sehenswerten Schluchten und über die Brücken bei **Vecchju** und **Zaglia** (hin und zurück 90 Minuten). Die 1745 erbaute Brücke ist ein Juwel genuesischer Baukunst.

In der den amerikanischen Canyons ähnlichen Landschaft führt ein aus dem Fels geschlagener malerischer Weg durch eine Klamm.

Die genuesische Brücke von Ota mit charakteristischem Bogen

Hotels und Restaurants in Ajaccio und an der Westküste *siehe Seiten 161–163 und 175f*

AJACCIO UND WESTKÜSTE

Laricio-Kiefern in der Forêt d'Aïtone

Forêt d'Aïtone ⓰

Straßenkarte C3. Juni–Sep: *Paesolu d'Aïtone, 04 95 26 23 62. Okt–Mai: Parc Naturel Régional de la Corse, Ajaccio, 04 95 51 79 10.* www.parc-corse.org

Die einem Märchenwald gleiche Forêt d'Aïtone kann auf schönen, einfachen und gut markierten Wanderwegen erkundet werden.

Der Name des alten Waldbestands leitet sich wohl von dem lateinischen Wort für Baum ab: *abies*. Er erstreckt sich über 24 Quadratkilometer in 800 bis 2000 Metern Höhe. Die Genuesen, die das Holz für den Schiffsbau benötigten, bauten im 16. Jahrhundert eine Transportstraße nach Sagone *(siehe S. 98)*. Der Wald besteht vornehmlich aus Laricio-Kiefern, einer süß duftenden Varietät der Schwarzkiefer *Pinus nigra*, die über 45 Meter hoch und mehr als 200 Jahre alt werden kann. Des Weiteren überragen hier See-Kiefern, Tannen, Buchen und Lärchen das dichte Unterholz, in dem Wildfrüchte und Pilze gedeihen. Den Wald bewohnen Füchse, Wildschweine und Mufflons.

Westlich liegt auf 830 Metern Höhe das von ertragreichen Kastanienhainen umgebene **Evisa**, in dem alljährlich im November ein beliebtes Kastanienfest stattfindet. Durch seine Lage am Schnittpunkt der Fernwanderwege *Mare a Mare* und *Mare e Monti (siehe S. 27)* ist es ein idealer Startpunkt für Ausflüge.

Vier Kilometer hinter Evisa beginnt an der Straße zum Col de Verghio *(siehe S. 151)* der Wanderweg zu den **Cascades d'Aïtone** (hin und zurück ungefähr 30 Minuten). Am Fuß dieser vom Wildwasser des Aïtone gebildeten Wasserfälle laden mehrere Gumpen zum Schwimmen ein.

Der **Sentier de la Sittelle**, der »Kleiberweg«, führt vom Informationszentrum des Parks von **Paesolu d'Aïtone** durch den Wald zum **Sentier des Condamnés** (zweieinhalb Stunden). Der Rundweg wurde nach den Sträflingen benannt, die im 19. Jahrhundert hier das Brennholz fällen mussten.

Wälle und Turm der genuesischen Festung von Girolata

Girolata ⓱

Straßenkarte B3. 100. *La Marine, Porto, 04 95 26 10 55.*

Das an einer bezaubernden Bucht windgeschützt gelegene Fischerdorf kann nur zu Fuß (90 Minuten vom Col de la Croix, *siehe S. 102*) oder mit einem der Ausflugsboote erreicht werden, die im Sommer im Hafen von Porto ablegen. Auf der Landzunge thront majestätisch eine durch Verteidigungswälle geschützte genuesische Festung. In den Gewässern vor Girolata ergriffen die von Andrea Doria angeführten Genuesen 1540 den berüchtigten türkischen Piraten Dragut Rais.

Selbst wenn hier im Sommer zahllose Yachten ankern, besticht die Bucht durch die Schönheit des Meers und der roten Klippen.

Galéria ⓲

Straßenkarte B3. 300. *Carrefour des Cinq Arcades, 04 95 62 02 27.*

Das abgeschiedene Dorf ist die einzig wirklich nennenswerte Siedlung zwischen Calvi *(siehe S. 78–81)* und Porto. Galéria ist ein exzellenter Ausgangsort für Ausflüge in die Réserve Naturelle de Scandola *(siehe S. 104f)* und gut geeignet für Tauch- und Wassersportler. Von hier aus kann man wunderbare Ausflüge zur Küste unternehmen, wo ein Panoramaweg durch die Macchia am Golfe de Galéria von Punta Ciuttone im Norden zur Punta Stollu im Süden verläuft.

Hinter Galéria liegt die durch den Fango gebildete **Vallée de Fango**. Am Flussdelta erstreckt sich ein weiter Kiesstrand. Durch das Tal wurden früher die Schafherden von den Bergen oberhalb der Vallée de Niolo zur Überwinterung in die Küstenregionen getrieben. Erst im Frühjahr kehrten die Hirten wieder in die Berge zurück.

Die D351 verläuft durch das Tal und etwa zehn Kilometer durch die Forêt du Fango. Dort sprudelt der Fango zwischen Felsen und bildet Gumpen mit glasklarem Wasser. Kurz vor der Ortschaft Barghiana fließen Fango und Taita spektakulär zusammen.

Der Wildbach Taita in der Vallée du Fango

Réserve Naturelle de Scandola ⑲

Roter Granit und glasklares Meer prägen dieses Naturschutzgebiet, in dem Kormorane und Sturmtaucher auf Felsen thronen, Fischadler ihre Kreise ziehen und Anemonen, Schwämme sowie Korallen eine bunte Unterwasserwelt schaffen. Das von der UNESCO zum Welterbe erklärte Areal erstreckt sich über 9,2 Quadratkilometer auf dem Land und zehn Quadratkilometer im Meer zwischen Punta Mucchilina im Süden und Punta Palazzo im Norden. Der Park bietet eine einmalige Vielfalt an Pflanzen- und Vogelarten sowie eine reiche Unterwasserwelt: Gut 450 Algen- und 125 Fischarten haben hier ihren Lebensraum. Man darf deshalb weder angeln noch Seetiere und -pflanzen sammeln oder länger als 24 Stunden ankern.

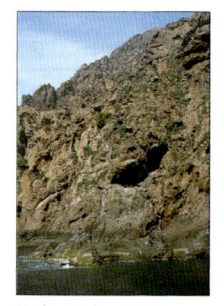

Markante Klippen aus rotem Vulkangestein

Vulkanische Felsen
Die ganze Halbinsel Scandola ist vulkanischen Ursprungs. Die Felsen stammen aus dem Oberperm und sind rund 248 Millionen Jahre alt. Zu ihnen zählen die Porphyrgesteine in Cala Ficacia, die Lava- und Rhyolithkuppeln der Punta Palazzo und die oben abgebildeten säulenförmigen Kristallrhomben von Elbo.

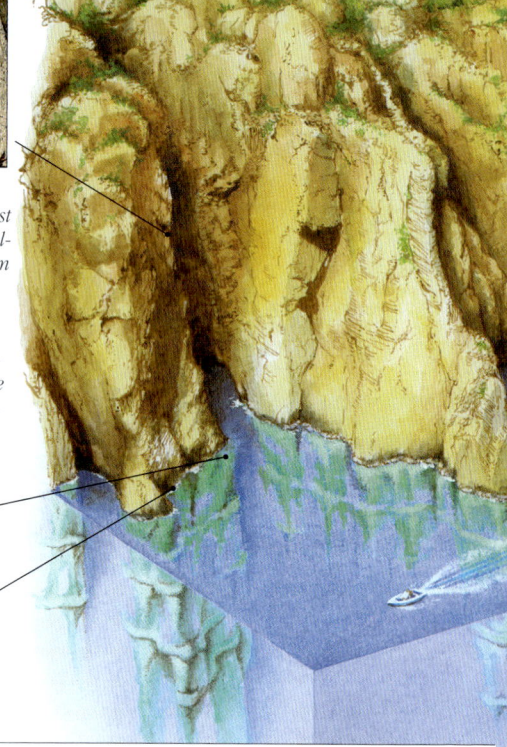

Algenablagerungen

An den vulkanischen Felsen kleben in Höhe des Wasserspiegels Seeigel, Seeanemonen und zahllose Krustentiere.

Algenablagerungen
Die Algenart *Lythophyllum* reichert während des Wachstums Kalk an und bildet an der Wasseroberfläche häufig 30 Zentimeter dicke Ablagerungen. An der Punta Palazzo findet sich die mit rund 100 Meter Länge und zwei Meter Breite größte Algenplattform im Mittelmeer. Trotz ihres robusten Aussehens ist sie sehr zerbrechlich.

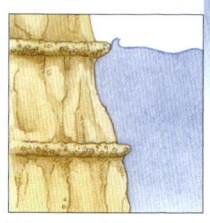

Ablagerungen über dem Wasser

Unterwasserschichten

RÉSERVE NATURELLE DE SCANDOLA

Euphorbia dendroides
Der im Schutzgebiet weitverbreitete Strauch wird bis zu einem Meter hoch. Zur Blüte im Mai taucht er das Areal in leuchtendes Gelb. Ende des Frühjahrs wird er trocken und nimmt eine hellbraune Färbung an, die sich erst im Spätsommer mit den ersten Herbstregen wieder ins Grünliche verwandelt.

INFOBOX

Straßenkarte B3.

La Marine, Porto, 04 95 26 10 55.

Bootsausflüge von Ajaccio, Calvi, Cargèse, Galéria, Porto, Propriano, Sagone (auch Schnorchelausflüge).

Juli, Aug: tägl. sechs Ausflüge; Apr–Juni, Sep, Okt: tägl. vier Ausflüge.

www.porto-tourisme.com

Tiere im Schutzgebiet

Die Réserve Naturelle de Scandola ist ein Schutzgebiet für Seevögel und Fische. Hier finden die Vögel in den Felsspalten, in denen sie auch ihre Nester bauen, reichlich Nahrung. Kormorane, Wanderfalken und Fischadler, aber auch eine Fledermausart sind hier zu beobachten. Im kristallklaren Meer gedeiht bis in 45 Meter Tiefe eine außergewöhnlich artenreiche, faszinierende Unterwasserwelt.

Der Horst des Fischadlers »schwebt« in den Klippen in luftiger Höhe über dem Wasser. Rund 20 Paare des großen braunweißen Raubvogels, der beinahe ausgerottet war, brüten heute wieder in der Réserve Naturelle.

Kormorane *zählen zu den größten Seevögeln und sind akrobatische Flugkünstler.*

Fischadler *bauen ihre Nester in die steilen Klippen der Réserve.*

Barsche *können bis zu 1,50 Meter lang werden. Sie sind an den hellen Flecken auf dem bräunlich gefärbten Rücken zu erkennen.*

Brassen *schmecken zwar köstlich, sie müssen im Park jedoch keine Gourmets fürchten. Hier herrscht absolutes Fangverbot!*

Etwa 450 Algenarten leben hier dank des außergewöhnlich sauberen Wassers.

Panorama
Die Küste der Réserve Naturelle de Scandola mit ihren hoch aus dem Meer ragenden Klippen und dem kristallklaren Wasser ist atemberaubend schön.

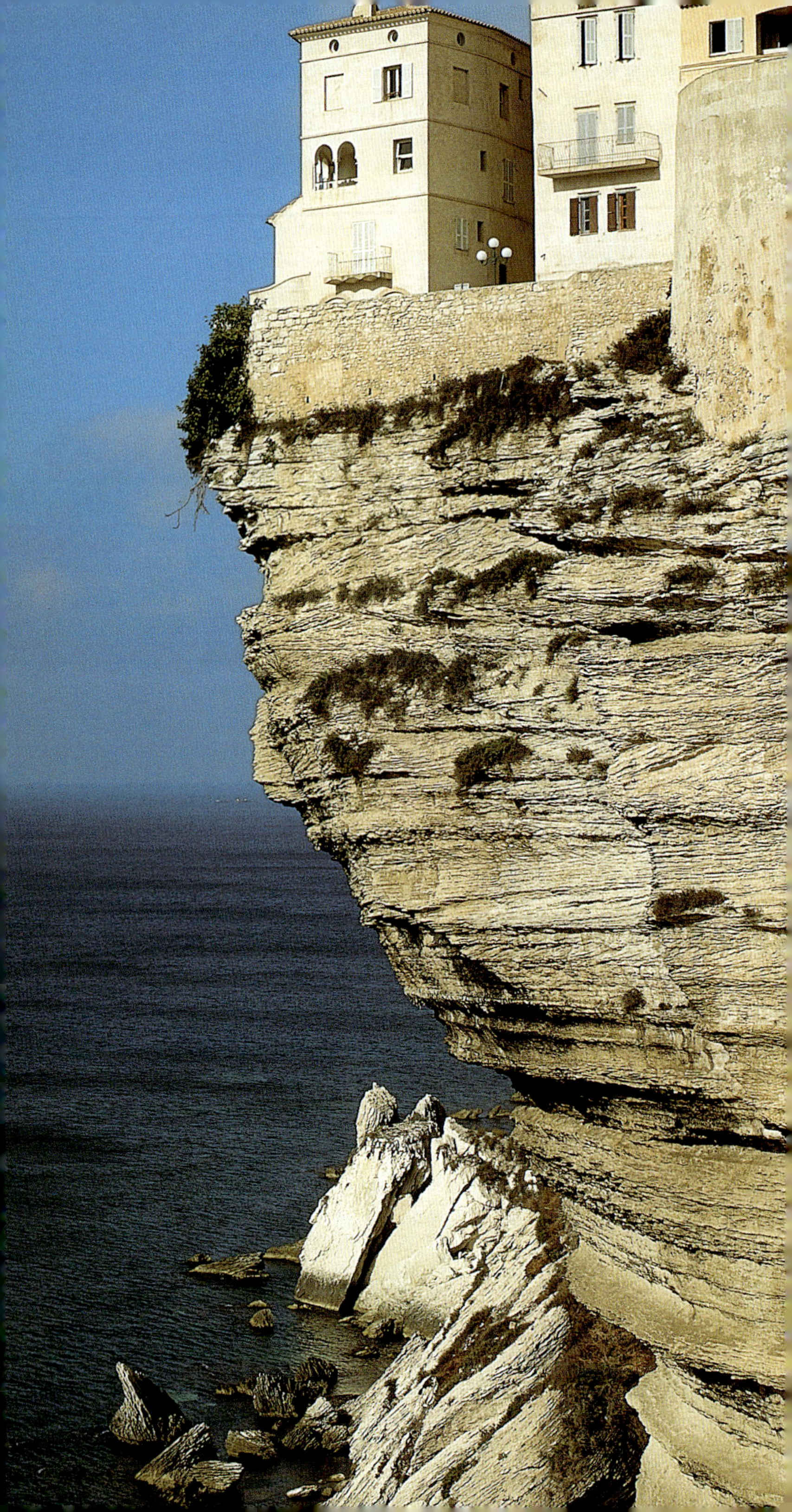

Bonifacio und Südküste

Von den engen Gassen des wehrhaft befestigten Bonifacio aus kann man die Nachbarinsel Sardinien sehen. Schon Pisa, Genua und Spanien kämpften erbittert um die Stadt. Doch die Geschichte Südkorsikas weist viel weiter zurück: Hier lebte in prähistorischen Zeiten eine megalithische Kultur, deren Menhir-Alleen und castedddi (»Burgen«) Staunen und Bewunderung hervorrufen.

Die Bucht mit den Klippen, auf denen die trutzigen Wehrmauern der alten genuesischen Oberstadt stehen, ist idealer Ausgangspunkt für Bootsfahrten entlang der weißen Steilküste. Hier im Süden haben die Menhire von Filitosa Berühmtheit erlangt – sie sind jedoch nicht die einzigen fantastischen Zeugnisse der jungsteinzeitlichen (Bau-)Kunst. Weitere beeindruckende frühgeschichtliche Relikte sind: die imposanten Mauern des *casteddu* von Araggio nördlich des Golfe de Porto-Vecchio oder die Menhir-Reihen in Palaggiu, Stantari und Renaggiu südlich von Sartène.

Einzigartig schön ist auch die vielfältige Landschaft, zu der die Wälder um Aiguilles de Bavella ebenso zählen wie die weißen Felsen der Inseln Lavezzi und Cavallo. Diese genießen den Schutz des internationalen Parc Marin de Bonifacio.

Südkorsika durchziehen zahllose Wanderwege – zumindest bis zu einem gewissen Grad sollte man die Region auch auf Schusters Rappen erkunden und sich in den Dörfern zwischen knorrigen Olivenhainen und eleganten Kastanienbäumen auf die Suche nach Spuren mittelalterlicher Geschichte machen.

Die meiste Zeit im Jahr geht es in den Gassen der Dörfer zwischen den kleinen Kirchen und alten Häusern recht ruhig zu. Diese Weltabgeschiedenheit wird nur durch den sommerlichen Urlauberstrom unterbrochen. Doch wer kann, sollte dem Zauber des korsischen Südens in der Nebensaison nachspüren.

Drei der weltberühmten anthropomorphen Megalithen in der prähistorischen Stätte Filitosa

◁ **Bonifacios Klippen scheinen wie der Rumpf eines gigantischen Schiffs aus dem Meer zu ragen** *(siehe S. 114f)*

Überblick: Bonifacio und Südküste

Das südliche Korsika gliedert sich in zwei sehr unterschiedliche Regionen. Von Bonifacio aus laden zwei Hauptstraßen zur gemütlichen Erkundung des Gebiets ein. An der Südküste locken kleine Buchten, ruhige Strände und steile Felsklippen. Hier befinden sich die meisten der im Sommer gut besuchten Ferienorte wie Bonifacio, Propriano, Solenzara und Porto-Vecchio. Die Inlandsroute durchquert erst die Alta Rocca und führt dann in das für Wanderungen fantastisch geeignete Gebiet des Col de Bavella mit seinen vielen malerischen, abgeschiedenen Dörfern. Die am besten erhaltenen prähistorischen Stätten – Filitosa, Palaggiu, Renaggiu, Fontanaccia und Stantari – liegen in nächster Nähe zu Sartène. Sehenswert sind auch die Funde von Cucuruzzu und Capula bei Levie.

Blick von der Zitadelle von Bonifacio

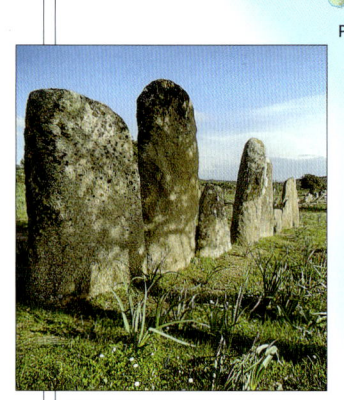

Die Menhire von Palaggiu auf dem Plateau de Cauria

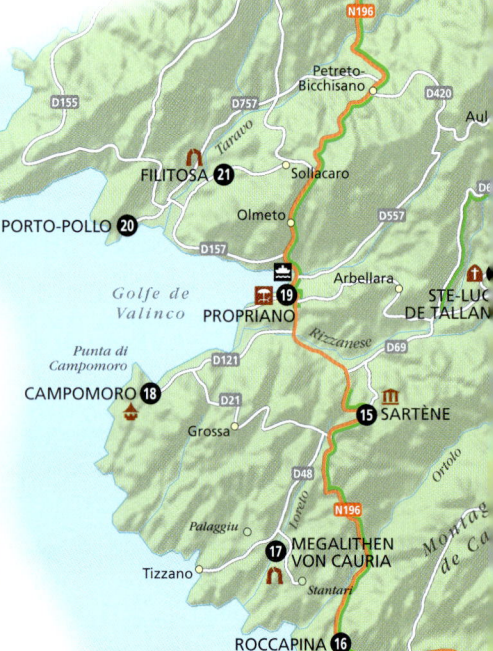

An der Südküste unterwegs

Die Hauptstrecken an der Südküste sind die N196 und die in Richtung Bastia weiterverlaufende N198. Sie verbinden Bonifacio mit Sartène und Propriano bzw. mit Porto-Vecchio. Die kurvenreiche D368 führt von Porto-Vecchio in die Berge, trifft in Zonza auf die D268 und erreicht schließlich den Col de Bavella. Zu den prähistorischen Stätten gelangt man über bisweilen ungeteerte Nebenstraßen oder zu Fuß. Busse fahren von Ajaccio oder Bonifacio aus die großen Küstenorte an. In Bonifacio legen die Fähren von und nach Sardinien an bzw. ab.

SIEHE AUCH

- **Hotels** S. 163–165
- **Restaurants** S. 177–179

Weitere Zeichenerklärungen siehe hintere Umschlagklappe

Sehenswürdigkeiten auf einen Blick

Araggio ❺
Bonifacio S. 110–117 ❶
Campomoro ⓲
Cascade Piscia di Gallo ❿
Col de Bavella
　S. 122f ❽
Cucuruzzu und Capula ⓭
Filitosa ㉑

Levie ⓬
Massif de l'Ospédale ❹
Porto-Pollo ⓴
Porto-Vecchio ❸
Propriano ⓳
Punta Fautea ❻
Quenza ⓫
Roccapina ⓰

Ste-Lucie de Tallano ⓮
Sartène ⓯
Solenzara ❼
Tappa ❷
Zonza ❾

Tour
Megalithen von Cauria ⓱

Die von Wind und Wasser charakteristisch geformten Granitfelsen der Île Lavezzi

LEGENDE

— Hauptstraße
⋯ Nebenstraße
-- Wanderweg
— Panoramastraße
△ Gipfel

Die exklusive Île de Cavallo umgibt ein türkisblaues Traummeer

Bonifacio ❶

Fensterrosette, Ste-Marie-Majeure

Die schwindelerregend auf einem Kreidefelsen thronende mittelalterliche Hafenstadt heißt nach dem toskanischen Grafen Bonifacio, der 828 nach einem Feldzug gegen die Mauren den Ort für sich »entdeckte«. Drei Jahrhunderte lang lebte sie von Fischfang und Piraterie und unterstand zeitweise Pisa. 1195 wurde Bonifacio eine genuesische Kolonie, in der sich ligurische Einwanderer ansiedelten. Nur kurze Zeit später stieg die Stadt zur Republik auf, erhielt das Münzrecht und begann mit dem Bau massiver Mauern. Nach einem französischen Intermezzo ab 1553 unterstand sie wieder Genua und wurde im 17. Jahrhundert mit modernen Militärbauten befestigt. Obwohl Bonifacio im 18. Jahrhundert endgültig unter französische Herrschaft fiel, bewahrte sich die Stadt im Unterschied zum Rest der Insel immer ihr italienisches Flair.

Straßencafés an der Marina

Marina

Die Kais am alten Hafen säumen Cafés und Restaurants. An der beliebten Promenade legen die Ausflugsboote zur Grotte du Sdragonatu *(siehe S. 114)* und den Îles Lavezzi *(siehe S. 117)* ab. Im Sommer herrscht hier bis spät in die Nacht Trubel.

Näher zum Ausgang der Bucht gelegen ist der Handelshafen, wo am Gare Maritime die Passagierschiffe anlegen. Im Mittelalter wurde der Hafen dem heiligen Erasmus geweiht. Des Schutzpatrons der Seefahrer und Fischer gedenkt man am 2. Juni *(siehe S. 33)* und durch eine nach ihm benannte Kirche auf dem Areal der Marina.

Haute Ville

Die alte Oberstadt erreicht man über die Montée Rastello genannten Treppen neben der Kirche St-Erasme und weiter über die Montée St-Roch, die an der Porte de Gênes endet. Oder man nimmt die Straße hinter der Porte de France. Sie verläuft am Fuß der Bastion de l'Étendard und an einem Kriegerdenkmal vorbei zum Parkplatz in der Haute Ville neben dem Denkmal für die Fremdenlegionäre. Die antike römische Säule des Kriegerdenkmals wurde auf einem Inselchen ganz in der Nähe gefunden.

🏛 Bastion de l'Étendard
Juli, Aug: tägl.; Apr–Juni, Sep, Okt: Mo–Sa.

Die über den Kais der Marina und den Hafen thronende Bastion ist ein berühmtes Wahrzeichen der Stadt. Sie entstand im 16. Jahrhundert, als die bestehenden Befestigungsanlagen umgebaut wurden, und diente als Lager für die schwere Artillerie, deren Entwicklung in jenen Zeiten drastische Veränderungen in der Militärarchitektur erzwang. Zusammen mit der Porte de Gênes bildete sie das Rückgrat von Bonifacios Festung, die ihre Uneinnehmbarkeit mehrere Male unter Beweis stellte.

Von den oberen Plattformen der Bastion hat man einen herrlichen Blick auf die enge Bucht von Bonifacio und die Marina.

Vier der Festungssäle beherbergen heute ein kleines Museum, in dem wichtige historische Ereignisse von Bonifacio präsentiert werden.

🏛 Porte de Gênes

Unter genuesischer Herrschaft war die Porte de Gênes der einzige Zugang zur Oberstadt. Durch das von mächtigen Festungswällen umgebene Tor gelangte man zur Place d'Armes. Die Wälle waren so dick, dass man auf dem Weg zu diesem Platz acht aufeinanderfolgende, mit Eisen verstärkte Holzschranken passieren musste. Diese wurden 1588 durch eine Zugbrücke erweitert. Die Brücke wurde durch ein kompliziertes System aus Gewichten und Gegengewichten bewegt, das heute noch im Inneren des Bauwerks zu besichtigen ist.

Die massive Bastion de l'Étendard wacht über die Marina

Hotels und Restaurants in Bonifacio und an der Südküste *siehe Seiten 163–165 und 177–179*

BONIFACIO

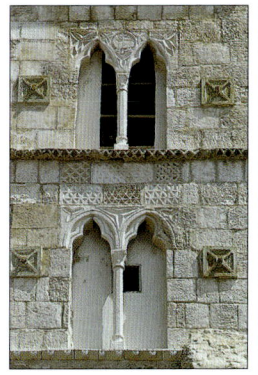

Offene und blinde Spitzbogenfenster von Ste-Marie-Majeure

Ste-Marie-Majeure
Rue de la Loggia. ◯ *tägl.*
Bonifacios Kathedrale war jahrhundertelang das religiöse und kulturelle Zentrum der Stadt. In der riesigen Loggia mit den eleganten Säulengängen tagte früher der Rat der Stadt. Es wurde auch Gericht gehalten. Die Loggia liegt direkt über einer großen Zisterne, die heute als Veranstaltungsraum dient.

Die Kathedrale wurde im 12. Jahrhundert noch vor der genuesischen Eroberung von Künstlern aus Pisa begonnen und ein Jahrhundert später fertiggestellt. Dieser langen Bauzeit verdankt die Kirche ihren Stilmix, der jedoch die Schönheit des Bauwerks nicht mindert. So ist etwa das erste Geschoss des Glockenturms romanisch, die anderen drei sind gotisch und mit aragonesischen Reliefs verziert. Die Innenausstattung des dreischiffigen Baus ist hauptsächlich barock.

Sehenswert im Innern ist der links vom Eingang aufgestellte römische Sarkophag aus dem 3. oder 4. Jahrhundert. Den herrlichen Tabernakel fertigten genuesische Meister Mitte des 15. Jahrhunderts. Der Hochaltar von 1624 strahlt im barocken Glanz, in der Sakristei befindet sich eine Reliquie des Kreuzes Christi.

INFOBOX

Straßenkarte C6. 3000.
Figari-Sud-Corse, 21 km nordwestlich (04 95 71 10 10).
von Sardinien.
2, rue Fred Scamaroni, 04 95 73 11 88. Fête de St-Erasme (2. Juni), Fête de St-Bartholomé (23./24. Aug). **www**.bonifacio.fr

Früher wurde sie in Zeiten großer Gefahr oder bei sehr schweren Stürmen in einer Prozession von Kurat und Bürgermeister durch die Gassen Bonifacios getragen.

Die Loggia von Ste-Marie-Majeure

Zentrum von Bonifacio

Bastion de l'Étendard ②
Escalier du Roi d'Aragon ⑦
Marina ①
Porte de France ⑤
Porte de Gênes ③
St-Dominique ⑥
Ste-Marie-Majeure ④

0 Meter   150

Zeichenerklärung
siehe hintere Umschlagklappe

Überblick: Bonifacio

Das Herz Bonifacios ist die über der fjordartigen Bucht und dem Hafen thronende Oberstadt Haute Ville. Zwischen der Avenue Charles-de-Gaulle und den Festungswällen liegt der älteste Teil der Stadt. Die Straßen um die Kathedrale säumen alte, schmale Häuser, die in den äußeren Reihen gefährlich an den Klippenrändern balancieren. Westlich der Stadtmauer erstreckt sich das dem Wind ausgesetzte Viertel Bosco zum Meer. Hier, auf der äußeren Landzunge, bietet sich auf der Esplanade St-François ein fantastischer Blick.

Porte de France

Der zweite Eingang zur Oberstadt (außer der Porte de Gênes) entstand 1854, als französische Militäringenieure eine Straße zur Festung St-Nicolas bauten. Auch das neue Tor war mit einer Zugbrücke versehen. Innerhalb der Stadtmauern kann man rund um die Porte de France noch heute Spuren der alten genuesischen Stadtviertel entdecken, etwa das Lagerhaus Fondaco, das früher in der Gegend um die Place Montepagano stand.

St-Dominique

Haute Ville, bei der Place Birhakeim. Juli, Aug.
Die 1343 erbaute Kirche steht außerhalb der Stadtmauern, aber innerhalb der Befestigungen, die früher das pisanische Viertel schützten. Sie erhebt sich auf den Überresten einer älteren romanischen Kirche, deren Bau von den Pisanern begonnen und von den Tempelrittern beendet worden war. Die heutige Kirche ist ein Werk der Dominikaner und gehörte bis zur Französischen Revolution zu einem Kloster.

Die viereckige Basis des ungewöhnlichen gotischen Glockenturms trägt einen achteckigen, mit Zinnen bekrönten Aufbau. Die weiße Kalksteinfassade ziert ein spitzbogiges Portal. Im Inneren steht eine Figurengruppe mit Maria und weiteren Frauen am Fuß des Kreuzes Christi. Es gibt auch ein Bildnis des heiligen Bartholomäus.

Die Montlaur-Kasernen gegenüber der Kirche wurden von den Genuesen erbaut, später waren hier Truppen der Fremdenlegion stationiert. Das Rathaus ist mit der Kirche durch einen Bogen verbunden, der früher zum Klosterbau gehörte.

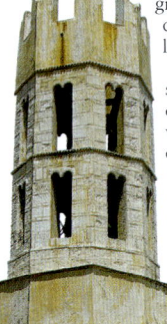

Glockenturm von St-Dominique

Bosco

Bonifacios Stadtviertel Bosco liegt an der Spitze der Landzunge. Hier befindet sich ein Friedhof mit vielen kleinen hellen Mausoleen. Am Rand der Halbinsel erstreckt sich die zwischen den Weltkriegen erbaute Festungsanlage St-Antoine. Sie erlaubte die vollständige Kontrolle über den Schiffsverkehr in der Straße von Bonifacio.

Escalier du Roi d'Aragon

Rue des Pachas. Apr–Okt.
An der Westseite der Landzunge führt an der Stelle, wo die zerklüfteten Klippen mehr oder minder senkrecht aus dem Meer aufragen, eine steile Treppe zum Wasser hinunter. Der Überlieferung zufolge wurden die 187 Stufen der »Treppe des aragonesischen Königs« während der aragonesischen Belagerung Bonifacios im Jahr 1420 in nur einer Nacht aus dem harten Fels geschlagen. Sehr wahrscheinlich ist die zu einem Brunnen mit gutem Trinkwasser führende Treppe jedoch viel älter.

Der Escalier konnte von oben gut beobachtet werden und wurde deshalb nie von fremden Truppen zum Sturm auf Bonifacio benutzt.

Der steile Weg zum Trinkwasser: Escalier du Roi d'Aragon

Trinité-Prozessionen

Drei Kilometer außerhalb Bonifacios stößt man an der D196 Richtung Sartène auf eine Kreuzung. Wer hier links abbiegt, gelangt zur Ermitage de la Trinité. Die schmale Straße schlängelt sich durch undurchdringliche Macchia bis zur kleinen Kirche. Von deren offenem Vorplatz hat man einen herrlichen Blick auf Bonifacio und die Anse de Paragnano. Am 13. Mai, dem Festtag der Muttergottes von Fatima, und am 8. September *(siehe S. 34)* kommen die Bürger von Bonifacio in Prozessionen hierher und verursachen dabei einen solchen Verkehrsstau, dass man besser zu Fuß geht. In der der Dreifaltigkeit geweihten kleinen Kirche befinden sich Votivgaben von Überlebenden gefährlicher Stürme in der Straße von Bonifacio.

Blick von der Ermitage

Hotels und Restaurants in Bonifacio und an der Südküste *siehe Seiten 163–165 und 177–179*

Parc Marin de Bonifacio

Die ersten Meeresschutzgebiete für die Küsten Südkorsikas wurden Anfang der 1980er Jahre eingerichtet. Heute umfassen sie die Inseln Lavezzi, Bruzzi, Monaci und Cerbicale. Selbst Berufsfischer müssen das Verbot der Unterwasserjagd sowie strengste Vorschriften einhalten. Die Idee eines internationalen Meeresschutzgebiets in der Straße von Bonifacio zwischen Sardinien und Korsika nahm 1986 Gestalt an, seit 1992 arbeiten die französischen und italienischen Umweltminister in Sachen Parc Marin de Bonifacio zusammen. Sie konnten zwar nicht die Verschiffung gefährlicher Frachten verhindern, die bei einem Unfall ökologischen Schaden anrichten würden. Es gelang ihnen jedoch, die Fahrrinne zu begrenzen und einen Notfallplan einzuführen, der immer dann in Kraft tritt, wenn die Geschwindigkeit des hier stets starken Winds vier bis fünf Knoten überschreitet. Die Winde machen die Straße von Bonifacio zum Seglerparadies. Nahezu ständig gleiten Yachten durch die Wellen, häufig finden Regatten statt.

Yacht in der Straße von Bonifacio

Korsische Küste

Auf der französischen Seite der Straße von Bonifacio ragen steile weiße Klippen auf, an denen die Kalksteinschichten deutlich sichtbar sind. Die extrem zerklüftete Küste zählt zu den bekanntesten des Mittelmeeres. Häufig sind die zwischen den rauen Felsen geduckten, kleinen Buchten nur mit dem Boot zu erreichen. Zu den Problemen des Schutzgebiets gehört der Umgang mit den durch Massentourismus verursachten Umweltschäden.

Die Rote Koralle, *so weiß es die Mythologie, entstand aus dem Blut des abgeschlagenen Haupts der Medusa, das Perseus ins Meer geworfen hatte.*

Die Seeanemone *ist ein häufiger Bewohner der hiesigen Küste. Das Hohltier sieht zwar aus wie eine harmlose Pflanze, ist aber ein sehr erfolgreicher Jäger von Kleintieren.*

Hummer *finden trotz ihres delikaten Fleisches Schutz und Ruhe – ihr Fang ist streng reguliert.*

Sardische Küste

Die sardische Küste ist ähnlich zerklüftet wie ihr korsisches Gegenstück. Sie ist jedoch viel flacher und lockt mit schönen Sandbuchten und farbenprächtiger Unterwasserwelt. Etwas östlich liegt nicht weit entfernt der Arcipelago della Maddalena. Er besteht aus sieben größeren Inseln (etwa La Maddalena und Caprera) und mehreren kleinen Inselchen, darunter die für ihren rosa Sandstrand berühmte Isola Budelli.

Bonifacio: Küste und Klippen

Von seiner Landzunge aus schützt Bonifacio die tief unter den Festungsmauern liegende Bucht. Das Meer, die Fischerei und der Handel sind die drei Säulen, auf denen Schönheit und Bedeutung der Stadt ruhen, die wie ein versteinertes Schiff über dem Meer schwebt. Wer die Stadt vom Wasser aus erkundet, wird ihren besonderen Zauber besser entdecken. Da trifft es sich gut, dass an den Kais der Marina Bootsfahrten zu den Meereshöhlen, zum Grain de Sable, entlang den Landzungen und Buchten zu den Îles Lavezzi oder aufs offene Meer hinaus angeboten werden.

Grotte de St-Antoine

Esplanade de St-François

Meerblick inklusive: Bonifacios Altstadt

Der Matrosenfriedhof mit seinen von Grün umgebenen Mausoleen bietet einen herrlichen Panoramablick.

Escalier du Roi d'Aragon

Bonifacios Haute Ville beherrscht den Hafen in der Bucht.

Grotte du Sdragonatu
In die vom Wasser ausgehöhlte Grotte du Sdragonatu fällt durch einen Spalt Sonnenlicht. Für die einheimischen Fremdenführer ist klar: Die lange, schmale Öffnung ist wie Korsika geformt.

Geologische Anomalien

Das an der Küste rund um Bonifacio zum Vorschein kommende Kreidegestein ist für die Entstehung der berühmten Klippen verantwortlich. Zwischen Capo Pertusato und Pointe de Sperone bestehen die Klippen aus porösem Sedimentgestein, aus dem der Wind und das Meer eine fantastisch zerklüftete Küstenlinie geformt haben. Der hiesige Kalkstein stellt eine Anomalie auf Korsika dar. Die Insel besteht vor allem aus magmatischem Gestein, insbesondere aus Granit (Col de Bavella und Calanques de Piana) und vulkanischem Rhyolith (Réserve Naturelle de Scandola).

Die Klippen weisen typische Kalkschichten auf

BONIFACIO: KÜSTE UND KLIPPEN

Grain de Sable
Der frei stehende Solitär mit dem liebevollen Spitznamen »Sandkorn« ist ein Wahrzeichen der Küste von Bonifacio. Vor rund 800 Jahren brach er von der Küstenklippe ab.

INFOBOX

Straßenkarte C6.
🛈 *2, rue Fred Scamaroni, Bonifacio, 04 95 73 11 88.*
🚢 *Apr–Okt: Boote zu den Meereshöhlen (alle 15 Min.) und zum Grain de Sable (1 Std.).*
www.bonifacio.fr

Leuchtturm von Capo Pertusato
Der Leuchtturm auf der südlichsten Spitze Korsikas ist nachts von der sardischen Küste aus deutlich sichtbar.

Zerklüftete Klippen
Auf den Klippen bei Bonifacio kann man an unzähligen Aussichtspunkten die grandiose Schönheit dieses wilden Küstenabschnitts bewundern. Hier nisten u. a. Krähenscharben, Silbermöwen und die seltenen Korallenmöwen.

Capo Pertusato
Vom Meer aus wirkt der südlichste Punkt Korsikas durch die immerwährende Kraft der Wellen stark zerklüftet. Vom Land aus erkennt man eine riesige, aus dem Kalk geschwemmte Höhle. Sie gab dem Capo Pertusato seinen Namen: Im Dialekt der einst hier herrschenden Genuesen bedeutet pertusato *»durchlöchert«.*

Bonifacio: Îles Lavezzi

Auch nach dem Capo Pertusato erreichen die Klippen eine beträchtliche Höhe, zu den wenigen Stränden gelangt man nur über steile Pfade. Nach der Pointe de Sperone kann man bereits die Îles Lavezzi und die Île de Cavallo sehen. Der faszinierende Archipel besteht aus von feinen Sandstränden bekränzten Granitinseln, die auf den ersten Blick öde erscheinen, unter Kennern aber für ihre zahlreichen endemischen Pflanzenarten bekannt sind. Die Îles Lavezzi liegen inmitten eines riesigen Meeresschutzgebiets – Ankern ist hier streng reguliert. Für den Naturschutz arbeiten hier etwa 20 Parkwächter, Meeresbiologen und andere Profis.

Die Landebahn auf der Île de Cavallo ist von der Luft aus deutlich zu sehen

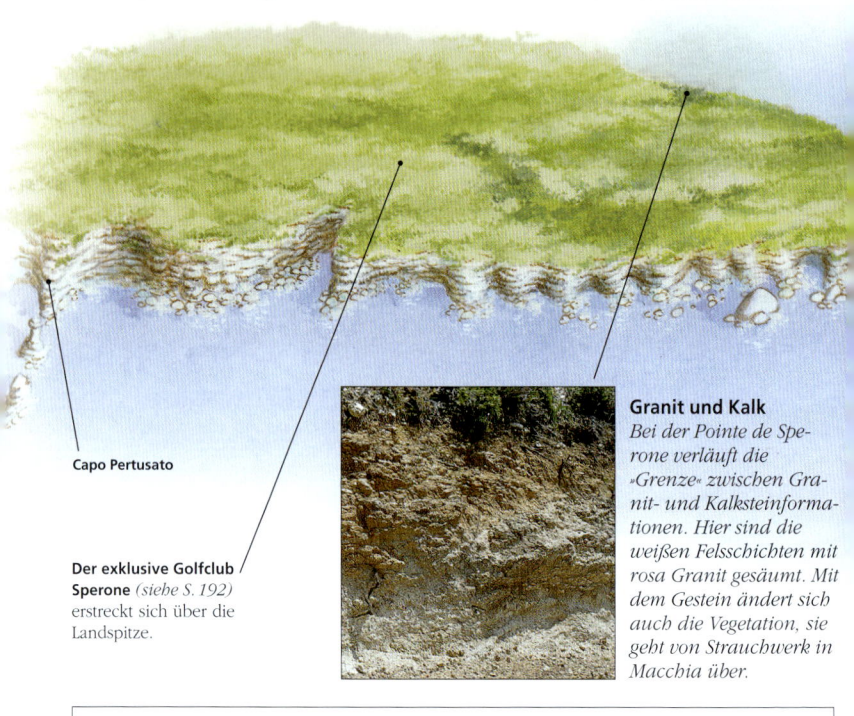

Capo Pertusato

Der exklusive Golfclub Sperone *(siehe S. 192)* erstreckt sich über die Landspitze.

Granit und Kalk
Bei der Pointe de Sperone verläuft die »Grenze« zwischen Granit- und Kalksteinformationen. Hier sind die weißen Felsschichten mit rosa Granit gesäumt. Mit dem Gestein ändert sich auch die Vegetation, sie geht von Strauchwerk in Macchia über.

Wrack der *Sémillante*

Das berühmteste der zahllosen Wracks in der Straße von Bonifacio ist das der *Sémillante*. Die französische Fregatte hatte im Februar 1855 in Toulon die Segel gesetzt. An Bord waren 301 Matrosen und 392 Soldaten auf dem Weg zur Krim. In einem Sturm in der Nacht zum 15. Februar explodierte das mit Schießpulver beladene Schiff an den Felsen der Île Lavezzi und sank. Es gab keine Überlebenden, die Toten wurden auf den beiden kleinen Friedhöfen von Lavezzi begraben. Ein Jahr nach der Tragödie wurde auf einer Landzunge der Insel ein Denkmal für die Besatzung der *Sémillante* errichtet.

Denkmal für die verstorbenen Schiffbrüchigen der 1855 vor Lavezzi untergegangenen *Sémillante*

BONIFACIO: ÎLES LAVEZZI

INFOBOX

Straßenkarte C6.

🛈 *2, rue Fred Scamaroni, Bonifacio, 04 95 73 11 88.*

⛴ *Apr–Okt: Bootsausflüge von der Marina von Bonifacio, regelmäßige Fahrten zu den Îles Lavezzi (3 Std.).* **www**.bonifacio.fr

Pointe de Sperone
Die unberührte Natur der windumtosten, von der Macchia bedeckten Landspitze bietet Lebens- und Nistraum für unzählige Seevögel.

Île de Cavallo
Die Trauminsel befindet sich in Privatbesitz. Versteckt zwischen den Felsen und niedriger Vegetation liegen hier einige Luxusvillen und sogar ein kleiner Flughafen.

Landebahn

Das Inselchen San Bainsu diente den Römern als Granitsteinbruch.

Hafen

Kormorane und Korallenmöwen finden zwischen den Felsen auf Lavezzi ideale Nistplätze.

Zu Lavezzis Pflanzenwelt gehören auch endemische Arten, die ein kleines wissenschaftliches Rätsel darstellen. Einige von ihnen gibt es nur in Australien, Südafrika – und eben hier.

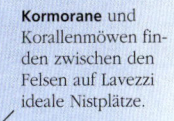

Île Lavezzi
Die Insel ist wie der ganze Archipel Naturschutzgebiet. Das Felseneiland wartet mit faszinierenden Steinformationen und einer wissenschaftlich äußerst interessanten Tier- und Pflanzenwelt auf.

Über die Marina von Bonifacio wacht die massive Bastion de l'Étendard *(siehe S. 110)* ▷

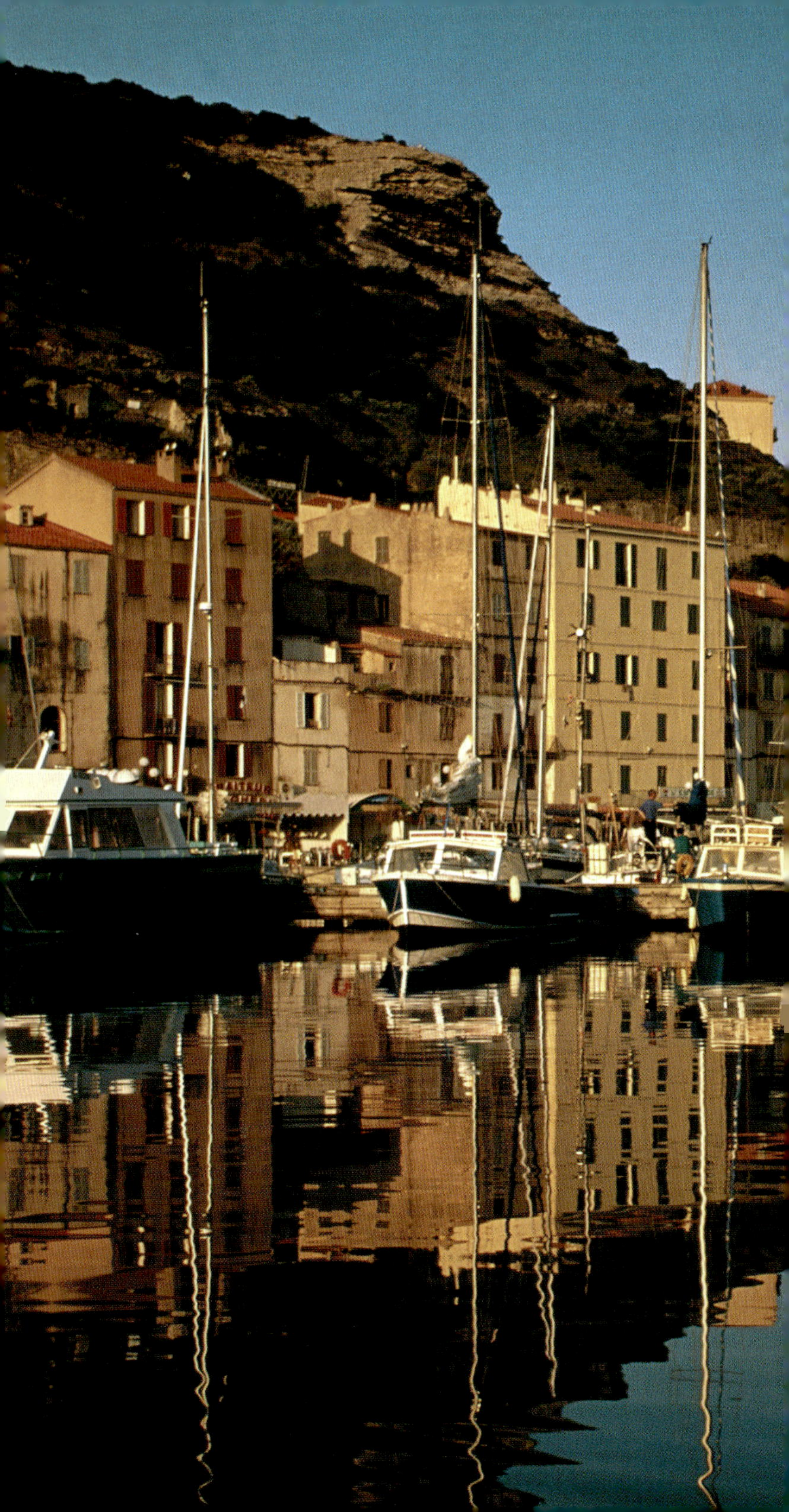

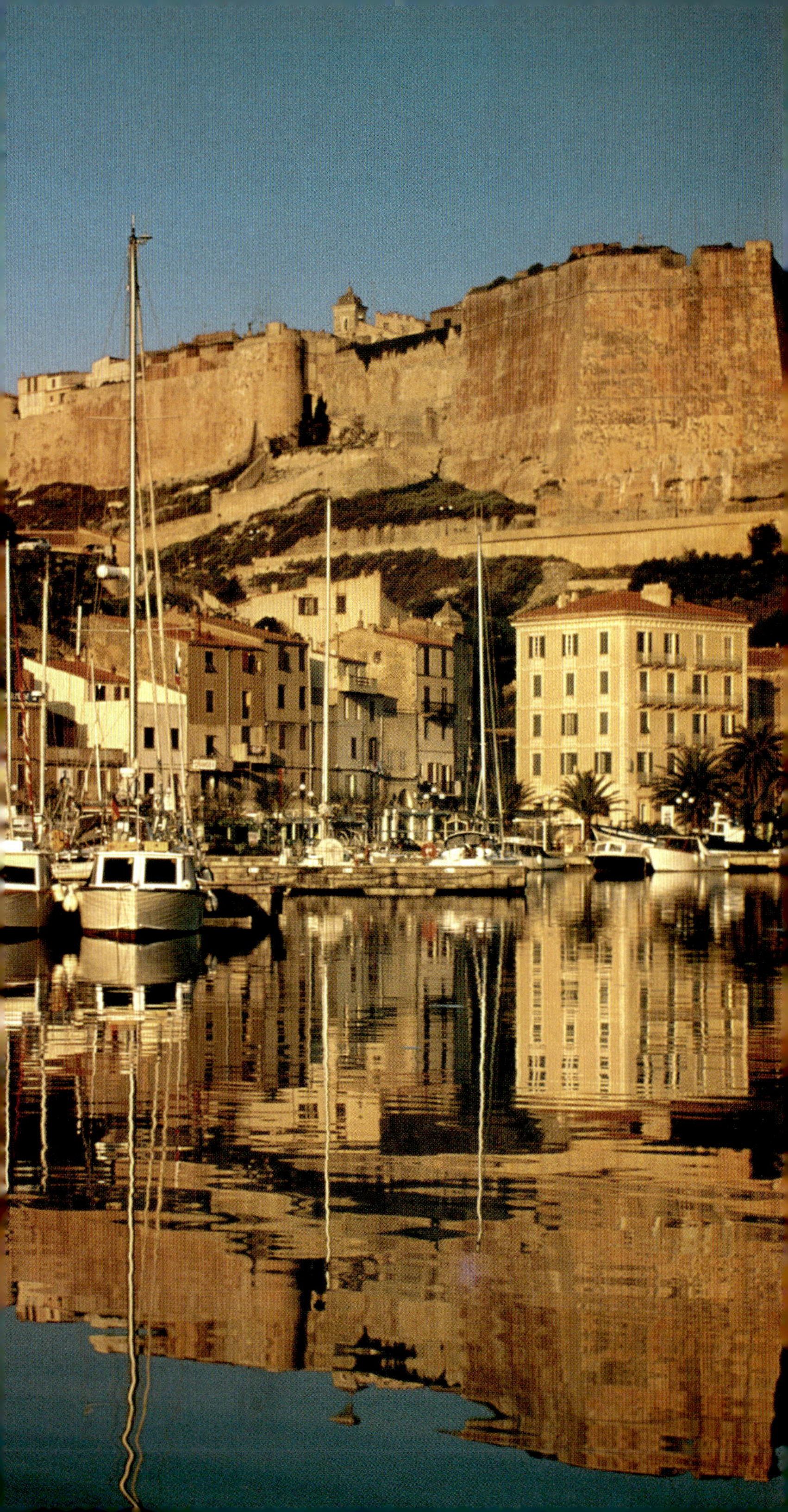

Tappa

Straßenkarte C6. *Rue Général Leclerc, Porto-Vecchio, 04 95 70 09 58.* tägl.

Das imposante *casteddu* (siehe S. 39) Tappa steht etwa sieben Kilometer außerhalb von Porto-Vecchio an der D859. Zur jungsteinzeitlichen Kult- und Wohnanlage gehören zwei Monumentalbauten, um die sich befestigte Wohnhäuser gruppieren. Das *casteddu*, das bis vor wenigen Jahren als Steinbruch genutzt wurde, konnte nur dank der Initiative eines Privatmanns gerettet werden, der zum Schutz der Anlage kurzerhand das dazugehörige Grundstück kaufte.

Von oben erkennt man gut die Mauern, mit der die Befestigung den natürlichen Schutzwällen der kleinen Siedlung angefügt wurden. Archaologische Funde belegen, dass Tappa bereits im 2. Jahrtausend v. Chr. von den nach ihren Turmbauten benannten Torreanern *(siehe S. 37)* bewohnt war und somit zu den ältesten korsischen Siedlungen zählt.

Auf der südwestlichen Seite gelangt man über eine steile Felstreppe zu einem runden, nicht befestigten Bauwerk von etwa 1350 v. Chr. In dem runden Innenraum, der Cella, wurden Nahrungsmittel und andere wertvolle Materialien gelagert. Darüber hinaus diente der Bau wahrscheinlich auch als Kultstätte und Wachturm.

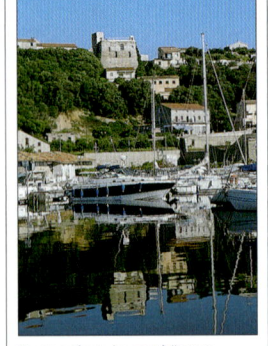

Boote ankern im geschützten Hafen von Porto-Vecchio

Porto-Vecchio

Straßenkarte C6. 11 000. von Genua, Livorno, Marseille (04 95 70 06 03). *Rue Général Leclerc, Porto-Vecchio, 04 95 70 09 58.* www.ot-portovecchio.com

Porto-Vecchio wurde Anfang des 16. Jahrhunderts von der genuesischen Bank des heiligen Georg *(siehe S. 44f)* gegründet. Es sollte die große Lücke zwischen den befestigten Stützpunkten an der Küste zwischen Bastia und Bonifacio schließen. Porto-Vecchio war wegen seiner wertvollsten natürlichen Ressource auch als »Stadt des Salzes« bekannt. Durch die nahen Sümpfe der Flüsse Stabiaccu und Osu war es jedoch jahrhundertelang malariaverseucht.

Um 1553, zur Zeit der von Sampiero Corso *(siehe S. 45)* angeführten Revolte, wurde Porto-Vecchio ein veritables Piratennest. Danach lebte die Stadt bis Mitte des 20. Jahrhunderts von der Korkindustrie und den Salinen.

Als Ende des Zweiten Weltkriegs die Malaria durch Trockenlegungen ausgerottet wurde, war der Weg für die Entwicklung von Tourismus, Kleinindustrie und Handel frei. Porto-Vecchio ist heute eine wichtige Stadt und für seine schönen Strände bekannt. In der Oberstadt finden sich noch Spuren der genuesischen Befestigungsanlagen. Im Sommer bevölkern Urlauber die Cafés der Altstadt.

Umgebung: Südlich des Golfe de Porto-Vecchio liegen einige beliebte Ferienorte. Nach der an der **Punta di a Chiappa** endenden Wasserschleife erstrecken sich gegenüber den geschützten Îles Cerbicale die berühmten weißen Sandstrände von **Palombaggia** und **Santa Giulia** *(siehe S. 21)*.

Der Strand von Palombaggia, südlich von Porto-Vecchio

Massif de l'Ospédale

Straßenkarte C5. *Rue Général Leclerc, Porto-Vecchio, 04 95 70 09 58.*

Hinter Porto-Vecchio erstreckt sich eine große, felsige Waldregion mit Panoramablick und zahlreichen schönen Wanderwegen.

Das Dorf **Ospédale** liegt auf halber Höhe (800 m) des gleichnamigen Bergs. Möglicherweise leitet sich sein Name – »Hospital« – davon ab, dass hier, fernab der Fiebersümpfe, die reichen Familien aus Porto-Vecchio in der heißen Jahreszeit ihr Quartier aufschlugen.

Im Dorf hat man einen wunderbaren Panoramablick über die Küste.

Die beeindruckenden Ruinen des steinzeitlichen *casteddu* Tappa

Hotels und Restaurants in Bonifacio und an der Südküste *siehe Seiten 163–165 und 177–179*

Der Stausee unterhalb der Gipfel des Massif de l'Ospédale

Eine empfehlenswerte Wanderung führt vom vier Kilometer bergaufwärts gelegenen Weiler **Cartalavonu** zum 1315 Meter hohen Gipfel **A Vacca Morta**. Die Mühen des Aufstiegs belohnt hier ein wunderbarer Ausblick.

Außerhalb von Ospédale bedeckt ein Wald aus See-Kiefern das ganze Massiv und erstreckt sich auch rund um den Stausee. Das gesamte Gebiet ist Teil des Parc Naturel Régional *(siehe S. 99)*.

Araggio (Araghju) ❺

Straßenkarte C5. *Rue Général Leclerc, Porto-Vecchio, 04 95 70 09 58.* www.araggio.com

Nördlich von Porto-Vecchio liegt das Örtchen Araggio im Inselinneren. Von dort führt ein steiler Fußweg zu einem nahen *casteddu* *(siehe S. 39)*. Der schmale, recht anstrengende Saumpfad verläuft die ganze Zeit über entlang einem Grat zwischen losen Steinen bergauf. Doch plötzlich ragen auf einem Felsvorsprung die hellen, etwa vier Meter hohen und zwei Meter dicken Mauern eines massiven *casteddu* auf. Innerhalb der Befestigungen der megalithischen Anlage gibt es einige Räume, die in prähistorischen Zeiten (16.–12. Jh. v. Chr.) als Quartiere, Küche und als Lebensmittellager dienten. Der gesamte Komplex erinnert sehr an die großartigen, *nuraghi* genannten prähistorischen Bauten auf Sardinien.

Vom *casteddu* von Araggio hat man einen herrlichen Blick auf den Golf und die ländlichen Gebiete rund um Porto-Vecchio.

Punta Fautea ❻

Straßenkarte D5. *von Porto-Vecchio (im Sommer). Solenzara, 04 95 57 43 75.*

Nördlich der flachen Küste des Golfe de Porto-Vecchio beginnt am Cap Cala Rossa ein felsiger Küstenabschnitt. Zu den wenigen Stränden zählt die schöne **Plage de Pinarellu**. Etwa 20 Kilometer von Porto-Vecchio Richtung Solenzara liegt die Abzweigung zur Punta Fautea. Nahe der Hauptstraße steht ein **genuesischer Wachturm** (16. Jh.), der 1650 teilweise abbrannte.

Von hier bis Solenzara erstreckt sich am glasklaren Meer mit seiner faszinierenden Unterwasserwelt die buchtenreiche **Côte des Nacres**. Der Name der felsigen »Perlmuttküste« stammt von den dreieckigen Muscheln, die es hier gibt. Die Innenseite der Schale dieser bis zu 50 Zentimeter langen Weichtiere bedeckt eine dünne, Perlmutt (französisch *nacre*) ähnliche Schicht.

Wandbild mit Meerjungfrauen im Hafen von Solenzara

Solenzara ❼

Straßenkarte D5. *1200. von Porto-Vecchio. 04 95 57 43 75.*

Das ehemalige Dörfchen an der Mündung des Solenzara ist heute einer der lebhaftesten und beliebtesten Ferienorte im Südosten Korsikas. Im hiesigen Hafen können bis zu 450 Boote ankern, ein von Eukalyptusriesen begrenzter Sandstrand lädt zum Baden ein.

Der Weg in den oberhalb von Solenzara gelegenen Weiler **Sari** lohnt wegen der fantastischen Aussicht.

Die restaurierten Ruinen des im 16. Jahrhundert erbauten Genueser Turms an der Punta Fautea

Col de Bavella ❽

Europäischer Mufflon

Die zerklüfteten Aiguilles de Bavella gehören zu den aufregendsten Landschaften Korsikas. Die Felsnadeln ragen am Fuß des Massivs des Monte Incudine auf, der mit 2134 Metern höchsten Bergformation Südkorsikas. Die Straße über den Col de Bavella führt durch eine atemberaubende Landschaft, vorbei an bei Sonnenuntergang rot leuchtenden Felsen, durch Kiefernwälder und im Frühjahr mit Thymianblüten bedeckte Wiesen. Das Gebiet ist durch viele Wanderwege, etwa den südlichsten Abschnitt des GR20 *(siehe S. 22–27)*, erschlossen. Eine größere Herausforderung stellt die direkte Route durch die Aiguilles dar.

Traumhaft schön: die Aussicht am Trou de la Bombe

Laricio-Kiefern werden sehr hoch und nicht selten bemerkenswert alt. Viele Bäume erreichen ein biblisches Alter von 300, 400, ja sogar 800 Jahren. Früher wurden die Kiefernstämme beim Schiffsbau verwendet.

Blühende Bergminze
Zu Beginn des Frühjahrs hüllen sich die Wiesen an den Straßen und Wegen in das rosa Blütenkleid der Bergminze, in dem Hummeln eifrig nach Nektar suchen.

Trou de la Bombe

Das »Bombenloch« Trou de la Bombe ist eines der *tafoni (siehe S. 101)*, die der Wind in den harten korsischen Fels gebohrt hat. Zu dem etwa neun Meter hoch gelegenen Loch an der Punta Tafonata von Paliri können nicht nur Kletterexperten gelangen. Die einige Stunden lange Wanderung beginnt am Brunnen U Canone unweit des Col de Bavella in Richtung Solenzara. Von dort führen eine Forststraße und anschließend ein rot markierter Wanderweg zu einem felsigen Amphitheater und zu der Wand, in der das riesige Loch prangt. Von hier hat man einen herrlichen Blick auf den Monte Incudine und die sich in die Felsspalten zwängenden Kiefern.

Kletterpartie zum Trou de la Bombe

COL DE BAVELLA

INFOBOX

Straßenkarte C5. *Mai–Okt: Office du Tourisme de l'Alta Rocca, Zonza, 04 95 78 56 33.*
Fernwanderweg GR20
Parc Naturel Régional de la Corse, 2, rue Major Lambroschini, Ajaccio, 04 95 51 79 10. **www**.parc-corse.org **www**.alta-rocca.com **www**.ot-portovecchio.com

Aiguilles de Bavella
Die zerfurchte Felsregion ist für Mountainbiker und Kletterer beinahe ein »Muss«. Wen die Höhe weniger lockt, kann die Schönheit der Aiguilles auch von der D268 aus bewundern.

Das Aiguilles-Massiv ist das Revier zahlreicher Greifvogelarten. Mit etwas Glück erspäht man auch einen der – auf Korsisch *muvrini* genannten – Mufflons.

Wegweiser
Die zahlreichen Wanderwege des Gebiets sind ausgezeichnet markiert. Auf Holzschildern sind Höhen und Entfernungen klar angegeben, auf Felsen oder Bäume gepinselte Markierungen zeigen die Wegführung.

Im Übergangsbereich zwischen Baumgrenze und Bergwiesen wachsen Sträucher.

Inspiration Landschaft
Schon lange vor dem Massentourismus war das Bavella-Gebiet ein beliebtes Reiseziel. Der englische Künstler Edward Lear, der bevorzugt Südeuropa bereiste, schuf 1870 dieses Bild vom Wald von Bavella.

Das Dorf Zonza vor der berühmten Silhouette der Aiguilles de Bavella

Zonza ❾

Straßenkarte C5. 🚶 *1800.* 🚌
ℹ️ *Office du Tourisme de l'Alta Rocca, Place de la Mairie, 04 95 78 56 33.*

Inmitten der Alta Rocca liegt Zonza zwischen Eichen- und Kiefernwäldern am Oberlauf des Asinao. Im Sommer zieht der am Massiv der Aiguilles de Bavella gelegene Bergort Sportler und Naturfreunde magisch an. Die Geschäfte in der Hauptstraße verkaufen alle erdenklichen Bücher für Kletterer, Wildwasserkanuten, Forellenangler und Wanderer. Man kann hier auch Führer engagieren.

Im Jahr 1953 lebte Sultan Mohammed V. von Marokko in Zonza im Exil – doch das Klima war dem ehemaligen Regenten zu rau. Er bat darum, nach L'Île Rousse *(siehe S. 74)* an der Nordküste umziehen zu dürfen.

Cascade Piscia di Gallo ❿

Straßenkarte C5. ℹ️ *Office du Tourisme de l'Alta Rocca, Zonza, 04 95 78 56 33.*

Man gelangt nur zu Fuß, von einem nahe gelegenen Parkplatz an der zum Massiv de l'Ospédale führenden D368 aus, zum respektlos »Hahnenpiss« genannten Wasserfall.

Der Weg verläuft entlang den Stromschnellen, die sich zu einem größeren Wasserlauf mit großen runden Gumpen vereinen, die **Marmitte dei Giganti** (»Riesentöpfe«) heißen. Plötzlich rauscht das Wasser durch eine schmale Felsspalte und stürzt in einer annähernd 46 Meter hohen Kaskade hinab. Den besten Blick auf die Kaskade hat man, wenn man dem um die Felsen verlaufenden, rechts hinabführenden Weg weiter folgt. Die Wanderung zum Aussichtspunkt dauert etwa 90 Minuten und verläuft durch felsiges Terrain, weshalb robustes Schuhwerk zu empfehlen ist.

Quenza ⓫

Straßenkarte C5. 🚶 *750.* 🚌
ℹ️ *Office du Tourisme de l'Alta Rocca, Zonza, 04 95 78 56 33.*

Ein dichter Eichen-Kastanien-Wald umgibt das Dorf unterhalb des Col de Bavella. Quenza besitzt zwei Kirchen:

Die Fassade der Chapelle de Ste-Marie außerhalb von Quenza

die um das Jahr 1000 gegründete romanische **Chapelle de Ste-Marie** an der Straße nach Aullène und die Dorfkirche **St-Georges**. Sehenswert ist in Letzterer die geschnitzte Kanzel in Form eines von Seeungeheuern getragenen Mohrenkopfs.

Levie ⓬

Straßenkarte C5. 🚶 *2200.* 🚌
ℹ️ *Office du Tourisme de l'Alta Rocca, Zonza, 04 95 78 56 33.*

Die nahe den Aiguilles de Bavella gelegene Umgebung von Levie zählt zu den interessantesten prähistorischen Regionen Korsikas. Hier wurden zahlreiche bedeutende Stätten freigelegt.

In Levie steht eines der wichtigsten archäologischen Museen der Insel. Das **Musée de l'Alta Rocca** informiert über Flora, Fauna und Geologie der Insel und präsentiert die berühmte *Dame von Bonifacio*. Dieses Skelett einer um 6570 v.Chr. bestatteten Frau ist das älteste menschliche Relikt Korsikas. Weitere faszinierende Exponate sind frühe Werkzeuge aus Obsidian, die Skelette kleiner Säugetiere und eines Vorfahren der Kuh sowie die Cardium-Keramiken. Sie heißen nach den Ziermustern, die mit den scharfen Rändern von Herzmuscheln (lateinisch *cardium*) in den Ton eingeritzt wurden. Ausführliche, interessante Erläuterungen und Beschreibungen vermitteln

Hotels und Restaurants in Bonifacio und an der Südküste *siehe Seiten 163–165 und 177–179*

Ein Urahn unserer Kühe im Musée de l'Alta Rocca

anschaulich umfassende Einsichten in die Entwicklung der prähistorischen Kulturen Korsikas.

🏛 Musée de l'Alta Rocca
Quartier Pratu. 📞 04 95 78 46 34. 🕐 tägl. (im Winter Di–Sa).

Umgebung: Acht Kilometer von Levie entfernt liegt auf der anderen Seite des tiefen Fiumicicoli-Tals das kleine Dorf **Carbini**. Hier bildete sich im späten Mittelalter (1352) die Sekte der Giovannali, gegründet von dem aus Marseille stammenden Franziskanermönch Giovanni Martini. Das von Johannes dem Täufer inspirierte Gedankengut der religiösen Bewegung fiel in Carbini auf fruchtbaren Boden und verbreitete sich bald auf der ganzen Insel. Versammlungsort ihrer Anhänger war die im 14. Jahrhundert errichtete pisanisch-romanische Kirche St-Jean-Baptiste. Die noch heute sichtbaren Überreste eines Baus neben der Kirche gehörten wohl zum Fundament eines älteren Gotteshauses, das während der grausamen Verfolgung der Giovannali zerstört wurde. 1362 wurden beim Kreuzzug von Papst Urban V. gegen die »satanischen Ketzer« Mitglieder der Sekte unterhalb des Monte Kyrie Eleison auf dem Scheiterhaufen verbrannt. In diesem Zusammenhang gewinnt der Name des Bergs (»Herr, erbarme dich«) besondere Bedeutung.

Cucuruzzu und Capula ⑬

Straßenkarte C5. 🛈 *Maison d'Accueil des Sites Archéologiques, Office du Tourisme de l'Alta Rocca, Zonza, 04 95 78 48 21.* 🕐 Apr–Okt: tägl.; Nov–März: nach Vereinbarung.

Die Besichtigung der archäologischen Stätten von Cucuruzzu und Capula gestaltet sich als angenehmer Spaziergang durch den Eichen-Kastanien-Wald, der sich auf einem Plateau erstreckt.

Rechts neben dem Kartenschalter, an dem auch Audioführer erhältlich sind, beginnt der Saumpfad, auf dem man in etwa 15 Minuten zu den Ruinen von Cucuruzzu gelangt. Dieses mehrgeschossige *casteddu* (siehe S. 39) mit Befestigung, Feuerstätten und einer Innentreppe stammt aus dem 2. Jahrtausend v. Chr. In den 1960er Jahren brachten Ausgrabungen einen 1200 Quadratmeter großen Komplex zutage. Einige der gigantischen Steinblöcke der Festungsmauer wiegen über die Tonne.

Der Weg führt weiter zu der nahen Chapelle San Lorenzo, die aus den Quadern einer älteren, in Resten noch erhaltenen Kirche errichtet wurde. In unmittelbarer Nähe befinden sich die Ruinen der mittelalterlichen Burg von Capula. Sie wurde 1259 von Giudice della Rocca zerstört, der von den Pisanern zum Grafen von Korsika ernannt worden war.

Glockenturm in Carbini

Capula war bereits vor Jahrtausenden besiedelt – dies bezeugt die Menhir-Statue eines bewaffneten prähistorischen Kriegers (Capula I.), die bei archäologischen Ausgrabungen in der Nähe gefunden wurde.

Ste-Lucie de Tallano ⑭

Straßenkarte C5. 👥 520. 🛈 *Office du Tourisme de l'Alta Rocca, Zonza, 04 95 78 56 33.*

Das Dorf liegt an der Straße, die von der Alta Rocca nach Westen Richtung Golfe de Valinco führt. Hier steht der **Couvent St-François**. Der 1492 von dem einheimischen Grafen Rinuccio della Rocca gegründete Konvent wird derzeit restauriert (nähere Infos im Tourismusbüro).

Die Kirche **Ste-Lucie** am Hauptplatz beherbergt ein schönes Altarbild im katalanischen Stil mit Christus, den Heiligen Peter und Paul in der Mitte und darunter drei kleinen Heiligenfiguren. Es wird einem Meister aus Castelsardo zugeschrieben, der einigen Kunsthistorikern zufolge auch das Gemälde *Kreuzigung* schuf, das man ebenfalls hier bewundern kann. Der Künstler, der Ende des 15. und Anfang des 16. Jahrhunderts arbeitete, kam wahrscheinlich aus dem großen Franziskanerkloster Castelsardo auf Sardinien.

🔒 Ste-Lucie
🕐 tägl. (Öffnungszeiten im Tourismusbüro erfragen).

Wildromantisch oberhalb des Tals: Ste-Lucie de Tallano

Sartène, die »korsischste aller korsischen Städte«

Sartène ⓯

Straßenkarte C5. 🚶 3600. 🚌 ℹ️ *Cours Sœur Amélie*, 04 95 77 15 40. 🕯️ *Büßerprozession Catenacciu (Karfreitag).*
www.lacorsedesorigines.com

Für Prosper Mérimée, der im 19. Jahrhundert auf Korsika Altertümer inspizierte, war Sartène die »korsischste aller korsischen Städte«. Das Labyrinth seiner Altstadtgassen säumen dunkle Häuser, aber auch Domizile der Aristokratie. Über die Passagen führen häufig Bogen oder Gewölbe. In der Umgebung des hoch über dem Rizzanese gelegenen Städtchens finden sich zahlreiche prähistorische Ruinen. Zudem blickt Sartène auf eine grausame, an Vendetten reiche Geschichte zurück.

Alljährlich beginnt am Karfreitag an der Barockkirche **Ste-Marie** an der Place de la Libération die uralte Zeremonie der Catenacciu-Prozession *(siehe S. 32)*, die den Kreuzweg nach Golgatha nachvollzieht. Der *Catenacciu* (»Gekettete«) ist der Große Büßer. Er verbringt zwei Fastentage in völliger Isolation und trägt dann, angetan mit einer traditionellen langen roten Tunika und einer auch das Gesicht verbergenden Kopfbedeckung, das Kreuz und schwere Ketten durch die Straßen. Der Weiße Büßer hilft ihm als »Simon von Kyrene« das große Eichenkreuz zu tragen. Dahinter tragen acht schwarz gekleidete Gestalten die Statue des toten Christus. Die langsam voranschreitende Prozession wird vom traditionellen Gesang »*Perdonu, miu Diu*« (»Herr, vergib mir«) begleitet, bis sie wieder an der Kirche angekommen ist. Nach dem Segen endet die Zeremonie.

In Sartène sollte man auch das 2009 in ein neues Haus umgezogene **Musée de Préhistoire Corse et d'Archéologie** besuchen. Es ähnelt dem Museum in Levie *(siehe S. 124f)* und beschäftigt sich mit der Frühgeschichte. Sehenswert sind die hier ausgestellten Cardium-Keramiken *(siehe S. 38)*, die Obsidian-Pfeilspitzen aus Sardinien und die Sammlung von Urnen aus dem 2. und 1. Jahrtausend v. Chr. sowie der Saal mit anthropomorphen Menhiren.

🏛 **Musée de Préhistoire Corse et d'Archéologie**
Bd Jacques Nicolai. 📞 04 95 77 01 09. 🕐 Mai–Okt: tägl.; Nov–Apr: Mo–Fr.

Roccapina ⓰

Straßenkarte B6. ℹ️ *Cours Sœur Amélie, Sartène, 04 95 77 15 40.*

Etwa 25 Kilometer südlich von Sartène bietet sich an der nach Bonifacio führenden N196 auf einer Bergterrasse ein fantastischer Blick auf den Golfe de Roccapina und die Pointe de Roccapina mit ihren schon in prähistorischen Zeiten besiedelten rosa Granitfelsen. Ein Felsen wird von einem massiven genuesischen Turm flankiert und gleicht verblüffend einem kauernden Löwen. Er heißt demzufolge auch **Le Lion de Roccapina**, der »Löwe von Roccapina«.

Der Golfe de Roccapina

Handgefertigte Messer

Die Messer mit geschwungener Klinge und sich perfekt in die Hand schmiegendem Griff waren immer ein unverzichtbares Werkzeug der Schäfer. Traditionell war die Klingenspitze gesägt, der Griff bestand aus Holz oder Ziegenhorn. Diese von den Korsen *cursina* genannte Messerart schützt heute ein eingetragenes Warenzeichen, sie wird von einem runden Dutzend Handwerker gefertigt. Größe und Verhältnis von Griff- und Klingenlänge sind seit Urzeiten gleich geblieben, verändert hat sich jedoch die Bandbreite der Werkstoffe. Die Klingen sind heute aus Damaststahl, die Griffe können auch aus weißem Zedernholz oder Mantarochen-Haut bestehen. Traditionelle korsische Messer sind außerdem das Klappmesser *runchetta* und das kleine, spitze *temperinu*. Am berühmtesten ist das *stiletto*, das im 19. Jahrhundert zur Grundausstattung der Banditen gehörte und heute als Souvenir verkauft wird – beschriftet mit »Vendetta«.

Zwei klassische *cursine*

Hotels und Restaurants in Bonifacio und an der Südküste *siehe Seiten 163–165 und 177–179*

Tour: Megalithen von Cauria ⓱

Allein in der Region von Sartène hat die archäologische Forschung in den letzten 200 Jahren nicht weniger als 500 prähistorische Stätten erkundet. Den Fachleuten zufolge war in prähistorischen Zeiten der Süden Korsikas viel dichter besiedelt als der Norden. Auf einer Fahrt über das Cauria-Plateau südlich von Sartène können einige der wichtigsten Stätten mit megalithischen, in Alignements aufgestellten Monumenten *(siehe S. 39)* besichtigt werden. Auch wenn Palaggiu nicht leicht zu erreichen ist, sollte man die Menhir-Allee, die zu den bedeutendsten der Welt zählt, keinesfalls verpassen.

ROUTENINFOS

🅘 *Cours Sœur Amélie, Sartène, 04 95 77 15 40.*
Länge: *Von Sartène nach Palaggiu rund 15 km; von der D48-A Abzweigung nach Stantari gut 5 km.*
Dauer: *1 Tag.*
Rasten: *Sartène und Tizzano.*

Palaggiu ①
Das grandiose Alignement aus 258 Menhiren wurde Ende des 19. Jahrhunderts entdeckt. Fünf Kilometer nach der Abzweigung Cauria an der D48 beginnt an einem Metallgitter ein Saumpfad, auf dem man in 20 Minuten zum »Steinwald« gelangt.

LEGENDE
- Routenempfehlung
- Andere Straße

Stantari ②
Auf den großen, bei Sonnenuntergang rosa scheinenden Menhiren finden sich Spuren von gemeißelten Gesichtern und Waffen.

Renaghiu ③
Die älteste jungsteinzeitliche Siedlung Korsikas wartet mit zwei Menhir-Alignements auf. Die ältesten Menhire stammen von etwa 4000 v. Chr. Zu ihren Füßen finden sich Reste runder Feuerstätten.

Fontanaccia ④
Der am besten erhaltene Dolmen (Steingrabkammer) Korsikas wurde 1840 von Prosper Mérimée entdeckt, der damals Inspektor für Altertümer war. Er steht nur etwa 100 Meter vom Parkplatz entfernt.

Die ruhige Bucht von Campomoro mit glasklarem Wasser

Campomoro ⓲

Straßenkarte B5. 🚶 *260.*
🛈 *Port de Plaisance, Propriano, 04 95 76 01 49.* **Tour de Campomoro**
⏱ *Sommer: tägl.*
www.lacorsedesorigines.com

In dem kleinen, beschaulichen Dorf an der Südküste des Golfe de Valinco kann man auch in der Hochsaison herrlich entspannen.

Ein zehnminütiger Spaziergang auf einem markierten, mit Infotafeln ausgestatteten Weg führt zur **Tour de Campomoro**. Der von den Genuesen im 16. Jahrhundert errichtete Turm ist der größte auf Korsika. Hier kann man nicht nur einen typischen Wehrturm besichtigen, sondern auch einen herrlichen Blick auf den Golf genießen. Ein weiterer schöner Küstenweg verläuft südlich von Campomoro nach Tizzano.

Der runde Genueser Turm von Campomoro

Propriano ⓳

Straßenkarte B5. 🚶 *3500.*
🛈 *Port de Plaisance, 04 95 76 01 49.*
www.lacorsedesorigines.com

Das tief im Bogen des Golfe de Valinco gelegene Städtchen liegt zwischen den grünen Hügeln des Hinterlandes und dem klaren blauen Mittelmeer. Der beliebte Yachthafen und Ferienort lockt mit schönen Stränden und Buchten entlang der Küste des Golfes.

Wegen seiner strategisch exzellenten Lage war Propriano schon immer heiß begehrt gewesen. In der Antike entwickelte es sich hauptsächlich im 2. Jahrhundert v.Chr. zu einem berühmten Hafenort, Landeplatz und Handelszentrum für Etrusker, Griechen, Karthager und Römer. In den 1980er Jahren fand man bei Renovierungsarbeiten im Hafen eine Vielzahl unterschiedlichster Artefakte aus jener Zeit.

Im Mittelalter regierten in Propriano erst die Pisaner und ab 1230 die Genuesen. Im Jahr 1563 landete hier Sampiero Corso *(siehe S. 45)* und organisierte eine Reihe von Revolten gegen Genua. Sampieros Aktivitäten sollten für Propriano jedoch katastrophale Folgen nach sich ziehen: Der nun schutzlos den Piratenangriffen ausgesetzte Ort wurde vollkommen zerstört. In dieser Zeit ging auch die sehr schöne, in Chroniken erwähnte Abtei Giulia di Tavaria unter, von der heute nur noch Ruinen vorhanden sind.

Im 19. Jahrhundert erwachte Propriano aus seinem Dornröschenschlaf und stieg zum – vor allem Anfang des 20. Jahrhunderts – wichtigen Hafen für die gesamte Region auf.

Heute ist Propriano einer der führenden Ferienorte auf Korsika – turbulent und fröhlich, professionell ausgestattet und mit exzellenten Stränden.

Umgebung: Etwa neun Kilometer nordwestlich an der N196 liegt **Olmeto** – 870 Meter über dem Golf. Oberhalb des Dorfs ragen die Ruinen des **Castello della Rocca** auf. Die Burg diente Arrigo della Rocca in den Anfangszeiten der von ihm geführten Rebellion gegen die Genuesen als Stützpunkt. Della Rocca regierte 1376–90 die ganze Insel, nur Bonifacio und Calvi unterstanden noch der Fremdherrschaft.

Der weiße Leuchtturm von Propriano

Porto-Pollo ⓴

Straßenkarte B5. 🚶 *340.*
🛈 *Office du Tourisme de Sollacaro, 04 95 74 07 64.*

Der gänzlich unaufgeregte, kleine Ferienort an der Mündung des Taravo bietet allen Erholungsuchenden im Sommer Ruhe und einen schönen Strand am Golfe de Valinco. Nicht weit entfernt steht an der Pointe de Porto-Pollo der ziemlich verfallene genuesische Wachturm **Tour de Capriona**.

Die Gewässer an der Landzunge sind bei Tauchern sehr beliebte, interessante Reviere. Besonders attraktive Tauchziele sind die sogenannten *cathédrales*, in etwa zehn Meter Tiefe steil aufragende Felsnadeln.

Hotels und Restaurants in Bonifacio und an der Südküste *siehe Seiten 163–165 und 177–179*

Filitosa

Straßenkarte B5. *Office du Tourisme de Sollacaro, 04 95 74 07 64.* Ostern–Okt: tägl.; ansonsten nach Vereinbarung (04 95 74 00 91). www.filitosa.fr

Die berühmteste prähistorische Stätte Korsikas wird mit größter Sorgfalt von den Erben Charles-Antoine Cesaris verwaltet, der hier 1946 die ersten Funde machte.

Filitosa umweht der Hauch von rund 5000 Jahren Geschichte. In dem bereits vor Jahrtausenden besiedelten, fruchtbaren und leicht zu verteidigenden Gebiet wurden zwischen 1800 und 1100 v. Chr. Menhire errichtet und große Bauwerke errichtet. Die befestigte Stadt dominierte das Tal des kleinen Flusses Taravo. Hier fand man zwischen Mauersteinen eines der bedeutendsten Alignements von anthropomorphen Menhiren *(siehe unten)*. Noch heute sind die in den Stein gemeißelten Details der Gesichter, Waffen und Helme der Krieger deutlich sichtbar. Die meisten Ruinen von Filitosa datieren aus der Zeit zwischen dem späten 2. Jahrtausend v. Chr. und 700 v. Chr. Mit dem Siegeszug des Christentums wurden die als heidnisch geltenden Menhire zerstört und wie einfache Feldsteine zu Haufen aufgestapelt. Dort warteten sie viele Jahrhunderte lang auf ihre Entdeckung.

Vorderseite von Filitosa V

Den Rundgang in Filitosa leitet eine großartige Statue (Filitosa V) ein, die am Weg zum *oppidum*, zur befestigten Siedlung, wacht. Das mittlere der drei Monumente in den Ruinen des Dorfs ist gut erhalten. Darunter liegt in einem kleinen Tal der Steinbruch, aus dem der Stein für die Skulptur stammt. Einige in der Umgebung gefundene Statuen wurden rund um den Steinbruch aufgestellt.

Detailansicht des zentralen Monuments

Neben dem Eingang zur Stätte informiert ein kleines Museum über die Geschichte. Ausgestellt sind Fragmente von drei Menhir-Statuen, darunter der berühmte Menhir Scalsa Murta (1400 v. Chr.). An den Steinen sind die gemeißelten Rüstungen und Waffen sowie Löcher in den Köpfen zu erkennen. In den Löchern steckten einst wahrscheinlich schmückende Kuhhörner.

Entwicklung anthropomorpher Menhire

Mit dem Totenkult verbundene megalithische Monumente aus der Jungsteinzeit (6000–2000 v. Chr.) wurden auf den Mittelmeerinseln Korsika, Sardinien, Malta, Mallorca und Menorca gefunden.

Die megalithische Kultur Korsikas wird in die Perioden Megalithikum I, II und III unterteilt, in denen eine Entwicklung der Bestattungspraktiken nachvollziehbar ist. Die frühen unterirdischen, in Erdhügeln gefundenen Steinkistengräber aus behauenen Steinplatten wurden von überirdischen Dolmen abgelöst, deren horizontale Monolithen wohl den Geist der Verstorbenen symbolisieren. Im in sechs Perioden unterteilten Megalithikum III wurden statt waagrechter Steinplatten vertikale anthropomorphe (menschlich geformte) Statuen aufgestellt. Diese sind je nach der Kultur, in der sie entstanden, verschieden gestaltet. So tragen die Statuen aus der Zeit der Invasionen Waffen, spätere sind unbewaffnet dargestellt. Gegen Ende des Megalithikums III besiedelten die Torreaner *(siehe S. 37)* Korsika und führten turmartige Bauwerke ein. Mit der Zeit lösten diese die anthropomorphen Statuen vollständig ab.

Vorderansicht von Filitosa IV

Statuen der Perioden 5 und 6 des Megalithikums III

Die unten abgebildeten berühmten Statuen heißen nach ihren Fundstätten auf Korsika. Die römischen Zahlen geben an, ob an derselben Stätte mehr als eine Statue entdeckt wurde.

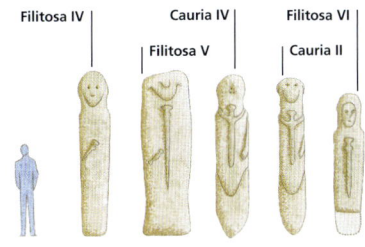

Filitosa IV	Cauria IV	Filitosa VI	Bucentone	Murello	Luzzipeiu
	Filitosa V	Cauria II		Santa Maria	Tavera

Bewaffnete Statuen aus dem Süden — **Unbewaffnete Statuen aus dem Norden**

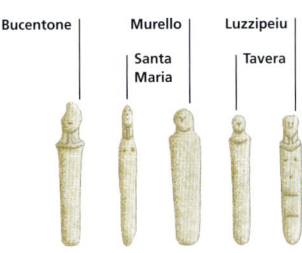

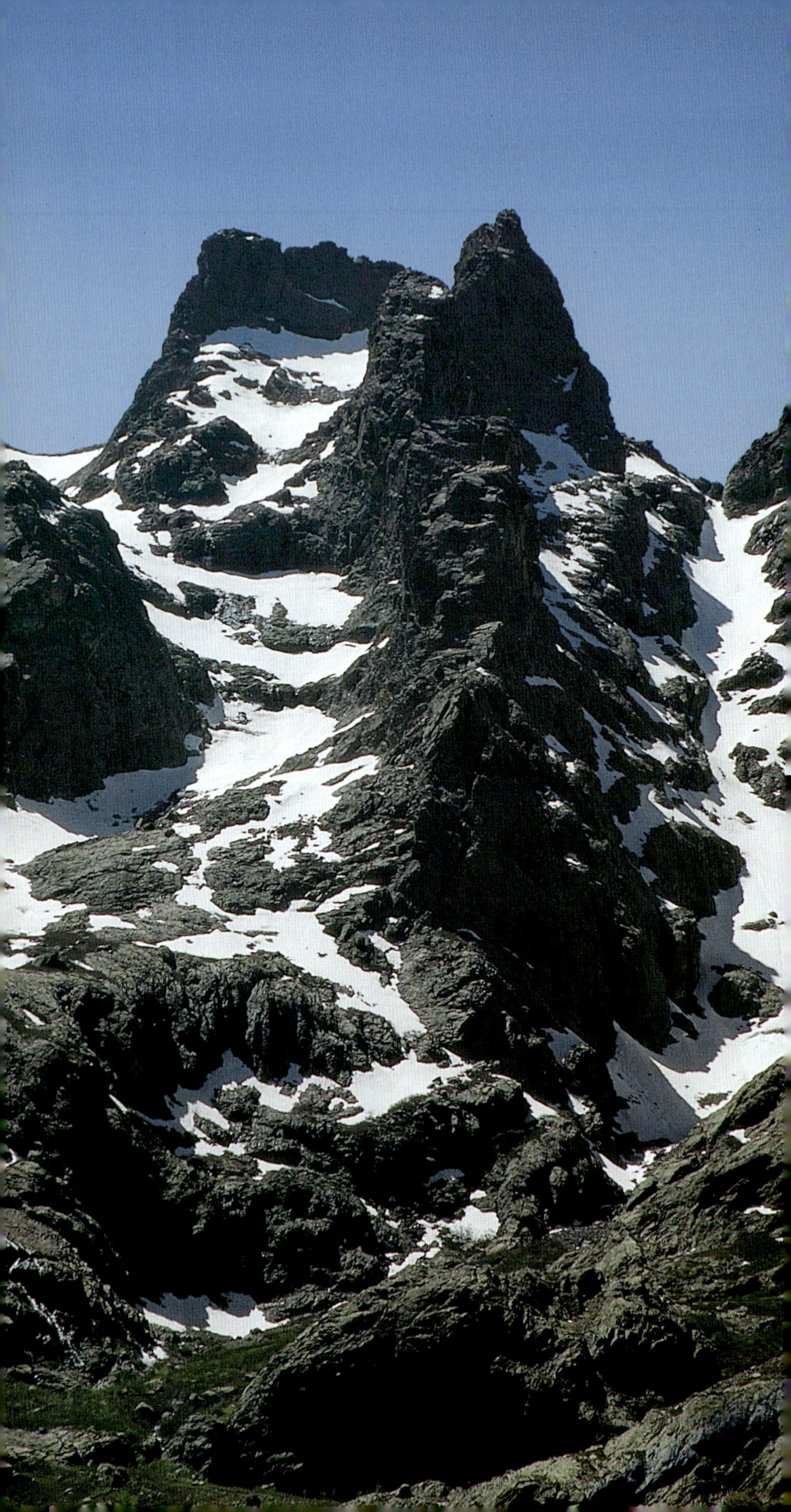

Corte und Bergregion

Als die Römer 259 v. Chr. Korsika eroberten, waren sie sich der strategischen Bedeutung Cortes als geografisches Zentrum der Insel bewusst. Aus der Festung Corte entwickelte sich eine Stadt, die zum Symbol Korsikas und seiner Unabhängigkeit wurde. Heute ist Corte nicht nur Sitz des Parlaments und der Universität, sondern für Reisende auch das Tor zu den Tälern im Landesinneren.

Korsika wird immer mit der Schönheit des Mittelmeers, den irisierenden Farben seiner Unterwasserwelt und den faszinierenden Formationen seiner zerklüfteten Küsten gleichgesetzt. Doch zu Korsika gehört auch eine imposante Bergwelt, die am Monte Cinto beeindruckende 2706 Höhenmeter erreicht. Die gut erschlossenen Gebirge bieten ideale Bedingungen für Outdoor-Aktivitäten.

Im Zentrum dieser ganz eigenen Welt mit ihren schroffen Felsen, reißenden Wildbächen und dichten Wäldern liegt Corte in einer Region, in der dank ihrer günstigen Lage schon viele Eroberer – auch Römer – gescheitert sind. Nicht zufällig entstand im 18. Jahrhundert Korsikas erste Nationalverfassung in Corte – seitdem ist die Stadt das Symbol der Insel und der korsischen Identität, ihrer Kultur und ihres tiefen Wunsches nach Unabhängigkeit. Auf Cortes Zitadelle, die heute das Musée de la Corse beherbergt, bietet sich eine imponierende Aussicht auf das Umland: westlich die wildesten Täler und höchsten Gipfel, östlich das bewaldete Hügelland mit seinen kleinen Dörfern und Altertümern, das zur Küste hin abfällt. Dort liegt Aléria, die erste Kolonie der Römer auf Korsika.

Bozio, Fiumorbo und die nach ihren reichen Kastanienwäldern benannte Castagniccia werden von zahlreichen Kapellen, Kirchen und Kathedralen verschiedenster Baustile geschmückt. Die romanische Kirche La Canonica und das barocke Juwel La Porta sind die eindrucksvollsten dieser Kirchenbauten.

Fresko in der kleinen Kirche San Pantaleo in der Castagniccia

◁ Die markante Punta Larghia zählt zu den schönsten Gipfeln im Haut-Asco *(siehe S. 150)*

Überblick: Corte und Bergregion

Corte ist das geografische, aber auch das kulturelle und politische Zentrum Korsikas. Die Stadt liegt inmitten des hohen, zerklüfteten Hauptgebirgszugs der Insel. Monte Rotondo, Monte d'Oro und Monte Renoso erheben sich südwestlich von Corte. Monte Cinto und Capo Tafonato ragen im Nordwesten auf. Im Nordosten erstrecken sich die hügeligen Regionen Bozio und Castagniccia bis hin zum Meer. In diesen lieblicheren Gebieten entstanden seit der genuesischen Ära ab dem späten 12. Jahrhundert zahlreiche kleine Dörfer. Zu den weit bekannten Delikatessen des Umlands von Corte zählen Wild- und Wildschweinspezialitäten sowie traditionell zubereitete Käsesorten.

LEGENDE

- ▬ Hauptstraße
- ═ Nebenstraße
- ╌ Wanderweg
- ▬ Panoramastraße
- ▭ Eisenbahn
- △ Gipfel
- ⤫ Pass

Mächtige Felswände türmen sich im Hintergrund des malerischen Dorfs Sovéria in der Nähe von Corte auf

In der Bergregion unterwegs

Corte liegt an der N193, die in Ajaccio beginnt und den Col de Vizzanova sowie die Täler des Landesinneren kreuzt. Sie teilt sich nördlich von Corte bei Ponte Leccia und führt weiter Richtung Nordosten als N193 nach Bastia oder verläuft in den Norden nach L'Île Rousse und Calvi (N1197 und N197). Von der Hauptverkehrsader N193 zweigen zahlreiche Nebenstraßen in die grandiosen Seitentäler ab, führen nach Westen tiefer in die Berge oder nach Osten in den Bozio und die Castagniccia. Unterhaltsam ist eine Fahrt mit der Bahn von Bastia oder Ajaccio nach Corte. Der Zug, der an fast allen Bahnhöfen hält, wird auch liebevoll-spöttisch »TGV«, *Train Grandes Vibrations* (»Schüttelzug«), genannt.

SIEHE AUCH

- **Hotels** S. 165
- **Restaurants** S. 179

Weitere Zeichenerklärungen *siehe hintere Umschlagklappe*

CORTE UND BERGREGION   133

Sehenswürdigkeiten auf einen Blick

Aléria **8**
Calacuccia **22**
Casamaccioli **23**
Cascade des Anglais **6**
Cervione **15**
Col de Verghio **25**
Col de Vizzavona **5**
Corte S. 134–137 **1**
Forêt de Valdu-Niellu **24**
Forêt de Vizzavona **4**
Gorges de la Restonica **3**
Gorges du Tavignano **10**
La Canonica **16**
La Porta **13**
Ponte-Novo **18**
Scala di Santa Regina **21**
Sovéria **11**
St-François de Caccia **20**
Vallée d'Alesani **14**
Vallée de l'Asco **19**
Vallée du Tavignano **9**
Vescovato **17**

Touren

Hügel der Castagniccia **12**
Kirchen des Bozio **2**
Wildes Fiumorbo **7**

Pferde auf der Hochweide bei Calacuccia im Tal des Verghio

Corte ❶

Die Stadt im Herzen der Insel wurde 1419 vom aragonesischen Vizekönig Vincentello d'Istria befestigt. Nach einem genuesischen und später französischen Zwischenspiel entwickelte sich Corte zur Keimzelle des korsischen Patriotismus. In der Bergstadt wurde die Verfassung für ein unabhängiges Korsika geschrieben, 1755 wurde Corte die Hauptstadt des von Pasquale Paoli befreiten Korsika, zehn Jahre später gründete der »Vater der Nation« hier die erste Universität der Insel.

Korsischer Nationalstolz ist auch heute Teil des besonderen Flairs der Stadt. Auf seinen Spuren wandelt man auf einem Spaziergang durch die Altstadt und die Zitadelle, in der das Musée de la Corse residiert. Die Schönheit der Landschaft entdeckt man dagegen bei einer Wanderung zum Belvedere oberhalb der Gorges du Tavignano und der Gorges de la Restonica.

Hauptschiff in der Église de l'Annonciation

An der Place Gaffori steht das Denkmal für den Nationalhelden

🏛 Place Paoli
Der nach Pasquale Paoli (siehe S. 47) benannte, große, lebhafte Platz erstreckt sich unterhalb der Haute Ville, der Oberstadt. In der Mitte des von Huguenin Anfang des 20. Jahrhunderts angelegten Platzes erinnert ein großes Denkmal an den Helden des korsischen Unabhängigkeitskampfes.

🏛 Place Gaffori
Westlich der Place Paoli führt die Rue Scoliscia ins Stadtzentrum und zur Place Gaffori. In der Mitte des Platzes steht die Statue des Generals Gian Pietro Gaffori. Zwei Flachreliefs auf dem Sockel des Denkmals erinnern an seine Heldentaten und die seiner Frau Faustina (siehe S. 46). An der Place Gaffori stehen zudem die Église de l'Annonciation und Gafforis Geburtshaus.

🔒 Église de l'Annonciation
Place Gaffori. ⊙ tägl.
Die Mitte des 15. Jahrhunderts gegründete Kirche ist eines der ältesten Gebäude in Corte. Ihre heutige Fassade stammt aus dem 18. Jahrhundert. Das vom späteren Bischof von Aléria, Alexandre Sauli, beauftragte Bauwerk zieren fünf Pilaster mit korinthischen Kapitellen. Der hohe, schlanke Glockenturm stammt aus dem Barock. Im Kircheninneren sind vor allem einige Barockskulpturen und ein Altar aus regionalem grauem Marmor sehenswert.

Ein kurzer Spaziergang in der Rue Feracci führt steil hinunter zur schönen Barockvilla Maison Palazzi.

🔒 Chapelle Ste-Croix
Rampe Ste-Croix. ⊙ Mo – Sa.
Hinter der Maison Palazzi ragt die strenge Fassade der Kirche Ste-Croix (17. Jh.) auf. Ihr säulenloses Schiff deckt ein Tonnengewölbe, ein Flügel ist mit grauem Marmor gepflastert. Den Altar schmücken ein farbenprächtiger Barockaufsatz und ein großes Medaillon mit einem Relief der *Madonna der Apokalypse*.

Die Kirche ist Sitz der Ste-Croix-Bruderschaft, die seit jeher eine führende Rolle im religiösen Leben der Stadt ge-

---

Gian Pietro Gaffori

Gian Pietro Gaffori ist neben Pasquale Paoli einer der Helden der korsischen Unabhängigkeitsbewegung. Der 1704 in Corte geborene Arzt wurde 1745 während des Aufstands gegen die genuesischen Besatzer ins Triumvirat der »Beschützer der Nation« gewählt. Zu seinen größten Heldentaten zählt der Sturm auf Corte 1746. Der Überlieferung nach missbrauchten die genuesischen Truppen Gafforis Sohn als lebenden Schutzschild. Gaffori zauderte deshalb mit dem Angriff, nicht jedoch seine Frau Faustina, die die korsischen Nationalisten zur Attacke antrieb (die der Sohn zum Glück überlebte). Zum General befördert, gelang es Gaffori, den überwiegenden Teil der Insel zu erobern. Er fiel jedoch einem Mordanschlag zum Opfer, den sein eigener, im Dienst der Genuesen stehender Bruder organisiert hatte. An der Place Gaffori gedenkt man des Helden mit einer Statue. An seine Taten erinnern die immer noch sichtbaren Einschusslöcher in seinem Haus gegenüber der Église de l'Annonciation, die 1746 während der Belagerung Cortes entstanden.

Statue von Gian Pietro Gaffori

Hotels und Restaurants in Corte und in der Bergregion *siehe Seiten 165 und 179*

Fontaine des Quatre-Canons

spielt hat. In der Nähe erstreckt sich unterhalb der Kirche ein Platz mit der Fontaine des Quatre-Canons.

Fontaine des Quatre-Canons

Place des Quatre-Canons.
Der von Louis XVI in Auftrag gegebene, 1778 fertiggestellte Brunnen »der vier Kanonen« sollte die hiesige Garnison mit dem dringend benötigten Trinkwasser aus dem Wildbach Orta versorgen. Vom Platz aus führen mehrere Aufgänge zu den massiven Festungsmauern der Zitadelle hinauf *(siehe S. 136f)*.

Place du Poilu

An dem Platz vor dem Eingang zu den Zitadellenbastionen steht das Geburtshaus von Napoléons General Arrighi di Casanova. Hier lebte die Familie Bonaparte vor ihrem Umzug nach Ajaccio, hier erblickte 1768 auch Napoléons Bruder Joseph, der spätere König von Spanien, das Licht der Welt.

An der Place du Poilu steht zudem der im 17. Jahrhundert errichtete **Palais National**. In der ehemaligen Residenz der genuesischen Gouverneure und Pasquale Paolis wurde die korsische Unabhängigkeit erklärt. 14 Jahre lang (1755–69, *siehe S. 46f*) tagte hier das neue korsische Parlament. Heute ist der Bau Sitz des Hochschulinstituts für korsische Studien, einer Fakultät der in der Zitadelle ansässigen Universität.

Schild am Geburtshaus von Joseph Bonaparte

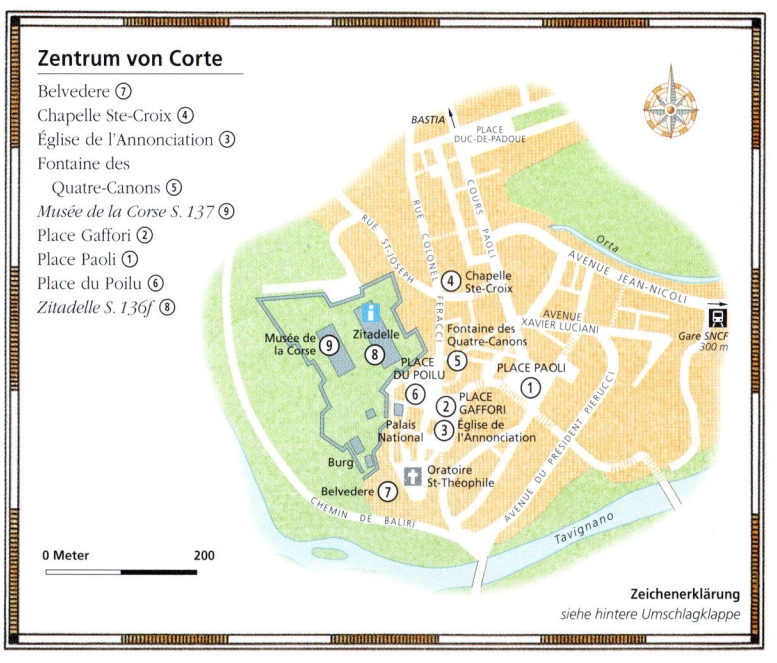

INFOBOX

Straßenkarte C3. 6700.
04 95 46 00 97.
Station Touristique de l'Intérieur, Citadelle, 04 95 46 26 70.
Osterprozession (Gründonnerstag, Karfreitag), Theophilus-Prozession (19. Mai), Festival des Arts Sonnés (2. Wochenende im Mai), Ballu in Corti (Aug.). Fr.
www.corte-tourisme.com

Belvedere

Vor der Besichtigung der Zitadelle lohnt sich ein Spaziergang an der Bergstraße, die entlang der Festungsmauern verläuft. Sie führt zur Aussichtsplattform Belvedere, von der sich eine großartige Sicht auf die Burg, den Turm Nid d'Aigle (»Adlerhorst«), die Stadt und den Zusammenfluss von Tavignano und Restonica bietet.

Vom Belvedere führt ein steiler Weg zum Ufer des Tavignano. Der dortige Blick auf die imposanten Felsklippen der Zitadelle belohnt einen für die schweißtreibende Kletterei.

Zentrum von Corte

Belvedere ⑦
Chapelle Ste-Croix ④
Église de l'Annonciation ③
Fontaine des
  Quatre-Canons ⑤
Musée de la Corse S. 137 ⑨
Place Gaffori ②
Place Paoli ①
Place du Poilu ⑥
Zitadelle S. 136f ⑧

Corte: Zitadelle

Mohrenkopf, Musée de la Corse

Die bereits vor der genuesischen Eroberung im 13. Jahrhundert befestigte Zitadelle wurde 1419 zur massiven Festung ausgebaut. Nach den langen Jahren der Fremdherrschaft wurde sie zum Symbol des korsischen Unabhängigkeitskampfes, Pasquale Paoli gründete hier die erste korsische Universität. Als Frankreich 1769 die Herrschaft über Korsika antrat, wurde die Zitadelle zum Militärgebiet deklariert. Heute residieren hier auf der unteren Ebene die Tourismusinformation, das Musée de la Corse, ein Kunstinstitut und historische Archive. Über die Flusstäler von Restonica und Tavignano wacht die höher gelegene Burg mit dem Turm Nid d'Aigle. Der westliche Teil der Zitadelle wird derzeit restauriert.

★ Burg
Der älteste Teil der Zitadelle wurde 1419 von Vincentello d'Istria auf der Südspitze eines Felsvorsprungs erbaut.

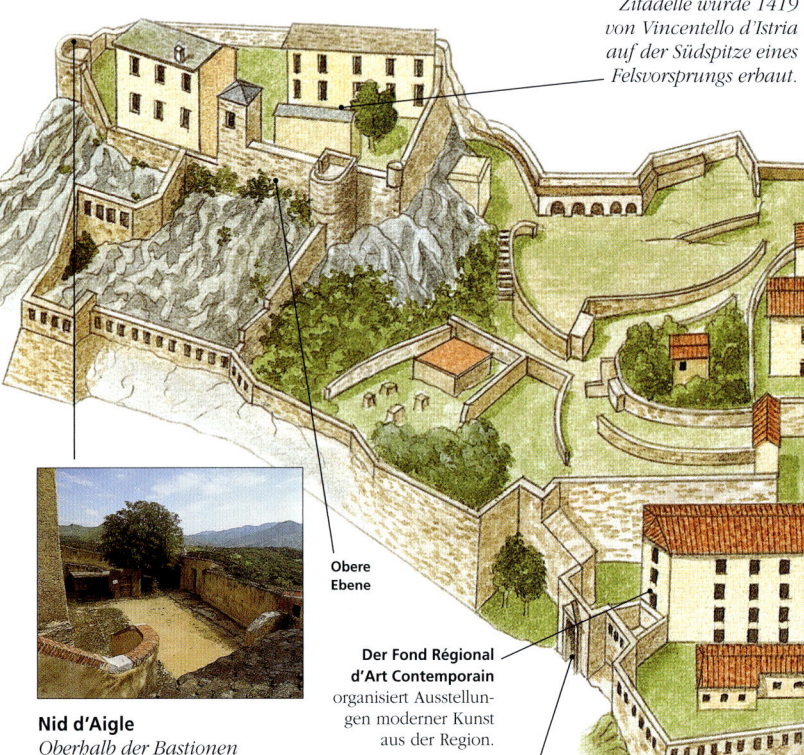

Obere Ebene

Der Fond Régional d'Art Contemporain organisiert Ausstellungen moderner Kunst aus der Region.

Nid d'Aigle
Oberhalb der Bastionen bietet sich vom Nid d'Aigle («Adlerhorst») genannten Turm ein beeindruckender Blick auf die Zitadelle.

Eingang zur Zitadelle
Das für Militärarchitektur angemessen strenge, massive Tor besteht aus einem einfachen Bogen mit Giebelfeld.

NICHT VERSÄUMEN

★ Burg

★ Musée de la Corse

CORTE: ZITADELLE 137

INFOBOX

Musée de la Corse und Zitadelle 04 95 45 25 45.
Apr–Okt: Di–So (Mitte Juni–Mitte Sep: tägl.); Nov–März: Di–Sa. Feiertage.
Fond Régional d'Art Contemporain 04 95 46 22 18.
Mo–Fr nachmittags.
www.musee-corse.com

Blick auf die Zitadelle
Die auf einem Felsen thronende Zitadelle ist von Corte und dem weiten Umland aus sichtbar. Sie zählt zu den bedeutendsten Wahrzeichen Korsikas.

Sérurier-Kasernen

Der Eingang zum Musée de la Corse ist eine schmale Öffnung in der Bastionsmauer

Untere Ebene

Kurzführer – Musée de la Corse

Kern der schönen volkskundlichen Sammlung des Museums sind die ab den 1950er Jahren von Abt Louis Doazan gesammelten Objekte. Gezeigt werden historische Relikte aus Korsika. Die Bandbreite reicht von den Kostümen der Bruderschaften von Corte, Bonifacio und anderen Orten bis zu bäuerlichen Gerätschaften. In Kabinen können Besucher traditionelle sakrale oder weltliche Musik aus der Region hören. Im ersten Stock finden Wechselausstellungen statt, zudem organisiert das Museum hier Konzerte mit traditioneller korsischer Musik. Nicht weit entfernt steht der Nid d'Aigle. Zu dem Turm mit der fantastischen Aussicht gelangt man durch die Ausgänge im ersten Stock.

★ Musée de la Corse
Die Ausstellungen befinden sich in den früher von der Fremdenlegion genutzten Sérurier-Kasernen.

Die Bastionen zeigen die typische Militärarchitektur des späten 18. Jahrhunderts. Auf den großen Kasematten und Terrassen konnten Artilleriewaffen platziert werden, durch die die Zitadelle praktisch uneinnehmbar wurde.

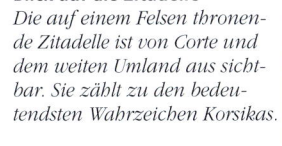

Padoue-Kasernen

Tour: Kirchen des Bozio ❷

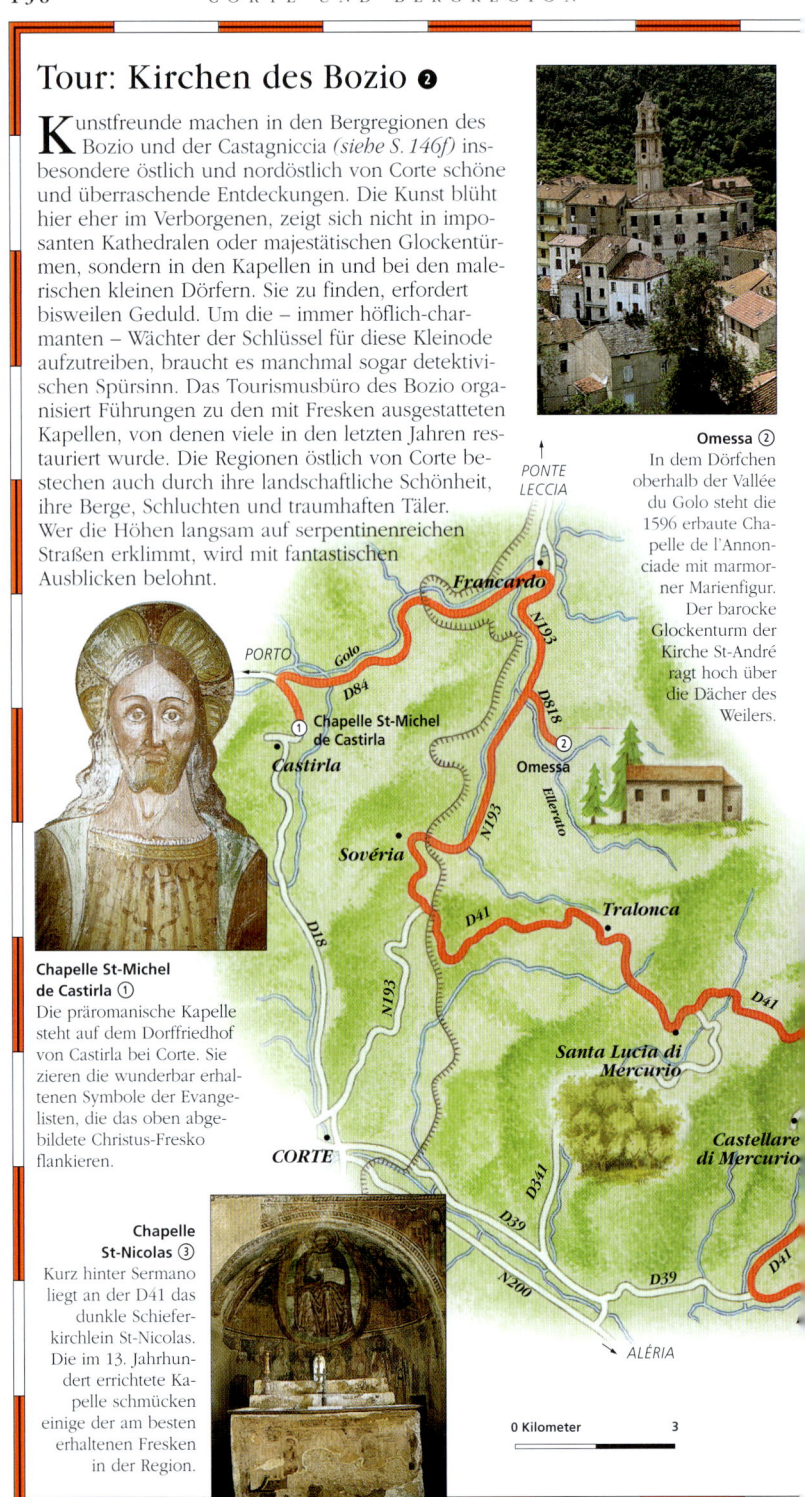

Kunstfreunde machen in den Bergregionen des Bozio und der Castagniccia *(siehe S. 146f)* insbesondere östlich und nordöstlich von Corte schöne und überraschende Entdeckungen. Die Kunst blüht hier eher im Verborgenen, zeigt sich nicht in imposanten Kathedralen oder majestätischen Glockentürmen, sondern in den Kapellen in und bei den malerischen kleinen Dörfern. Sie zu finden, erfordert bisweilen Geduld. Um die – immer höflich-charmanten – Wächter der Schlüssel für diese Kleinode aufzutreiben, braucht es manchmal sogar detektivischen Spürsinn. Das Tourismusbüro des Bozio organisiert Führungen zu den mit Fresken ausgestatteten Kapellen, von denen viele in den letzten Jahren restauriert wurde. Die Regionen östlich von Corte bestechen auch durch ihre landschaftliche Schönheit, ihre Berge, Schluchten und traumhaften Täler. Wer die Höhen langsam auf serpentinenreichen Straßen erklimmt, wird mit fantastischen Ausblicken belohnt.

Omessa ②
In dem Dörfchen oberhalb der Vallée du Golo steht die 1596 erbaute Chapelle de l'Annonciade mit marmorner Marienfigur. Der barocke Glockenturm der Kirche St-André ragt hoch über die Dächer des Weilers.

Chapelle St-Michel de Castirla ①
Die präromanische Kapelle steht auf dem Dorffriedhof von Castirla bei Corte. Sie zieren die wunderbar erhaltenen Symbole der Evangelisten, die das oben abgebildete Christus-Fresko flankieren.

Chapelle St-Nicolas ③
Kurz hinter Sermano liegt an der D41 das dunkle Schieferkirchlein St-Nicolas. Die im 13. Jahrhundert errichtete Kapelle schmücken einige der am besten erhaltenen Fresken in der Region.

KIRCHEN DES BOZIO

ROUTENINFOS

Station Touristique de l'Intérieur, Citadelle, Corte, 04 95 46 26 70; Sant'Andrea di Bozio, 04 95 48 68 73 (Apr–Okt).
Länge: 60 km, inkl. Rückfahrt nach Corte. Mit Abstechern braucht es mehr Zeit.
Dauer: Ein Tag, einschließlich Besichtigung der Kirchen.
Rasten: In den Dörfern entlang der Route.

Chapelle Ste-Marie ④
Die kleine Kapelle steht in der Nähe von Favalello an einer kurvigen Straße. Die 500 Jahre alten Fresken spiegeln die tiefe Religiosität der damaligen korsischen Künstler wider. Die Kapelle ist gewöhnlich mittwochs geöffnet.

LEGENDE
- Routenempfehlung
- Andere Straße

Gorges de la Restonica ❸

Straßenkarte C3. Juli, Aug: Busverbindung durch das ganze Tal; in dieser Zeit kann der letzte Abschnitt der D623 aufgrund von Staus für Privatwagen gesperrt sein.
Station Touristique de l'Intérieur, Citadelle, Corte, 04 95 46 26 70.
Tuani Camping 04 95 46 11 65.

In dem engen Tal, das sich von den sieben Seen des Monte Rotondo *(siehe S. 24f)* nach Corte zieht, haben sich zwischen den steilen Berghängen einige atemberaubende Schluchten ausgeformt. Auch nach der fürchterlichen Feuersbrunst im Jahr 2000, die den jahrhundertealten Bergwald zerstörte, ist das faszinierende Tal jedes Jahr ab dem Frühjahr bevorzugtes Ziel von Wanderern, die auf dem Weg am felsigen Ufer des Bergbachs die erfrischende Kühle genießen.

Nach Corte führt die Restonica-Straße (D623) hinter dem kleinen Hotel Dominique Colonna hoch in die Berge hinauf. Bisweilen wird die Schlucht so tief, dass sie wie aus dem Fels geschlagen erscheint. Nach 14 Kilometern gelangt man auf 1375 Meter Höhe zu den Bergeries de Grottelle mit ihren typischen Steinhütten. In den Bergeries leben im Sommer die mit den Schafherden zur Sommerweide gewanderten Schäfer. Hier endet die befahrbare Straße, im Frühjahr und Sommer sind hier ein paar Kioske geöffnet.

Von den Bergeries de Grottelle führt ein

Der Bergfluss Restonica sprudelt in seinem felsigen Bett zu Tal

steiler Weg über die Felsen. An den schwierigsten Abschnitten sind Metallleitern angebracht, die bei Regen sehr rutschig werden. Nach etwa einer Stunde erreicht man den 1711 Meter hoch gelegenen Lac de Mélo. Dort sieht man auf die Berge und die Vallée de la Restonica.

Der nächste See ist der von steilen Felsen umgebene Gletschersee Lac du Capitellu (1930 m).

Oberhalb der in etwa 2000 Meter Höhe verlaufenden Baumgrenze erstreckt

Edelfalter sind »lebende Juwelen«

sich eine weite, beeindruckende Landschaft. Links ragt der 2625 Meter hohe Monte Rotondo auf, rechts der 2295 Meter hohe Gipfel des Capo Chiostro.

Zu beiden Seiten des Tals führen zahlreiche Wege zu den Seen und Bergeries. Im Sommer bietet der Campingplatz Tuani (bekannt für seine leckere Pizza) an der D623 die Möglichkeit zum Übernachten.

Gorges de la Restonica – überwältigende Naturlandschaft

Korsikas Bergregion durchziehen unzählige Wildbäche ▷

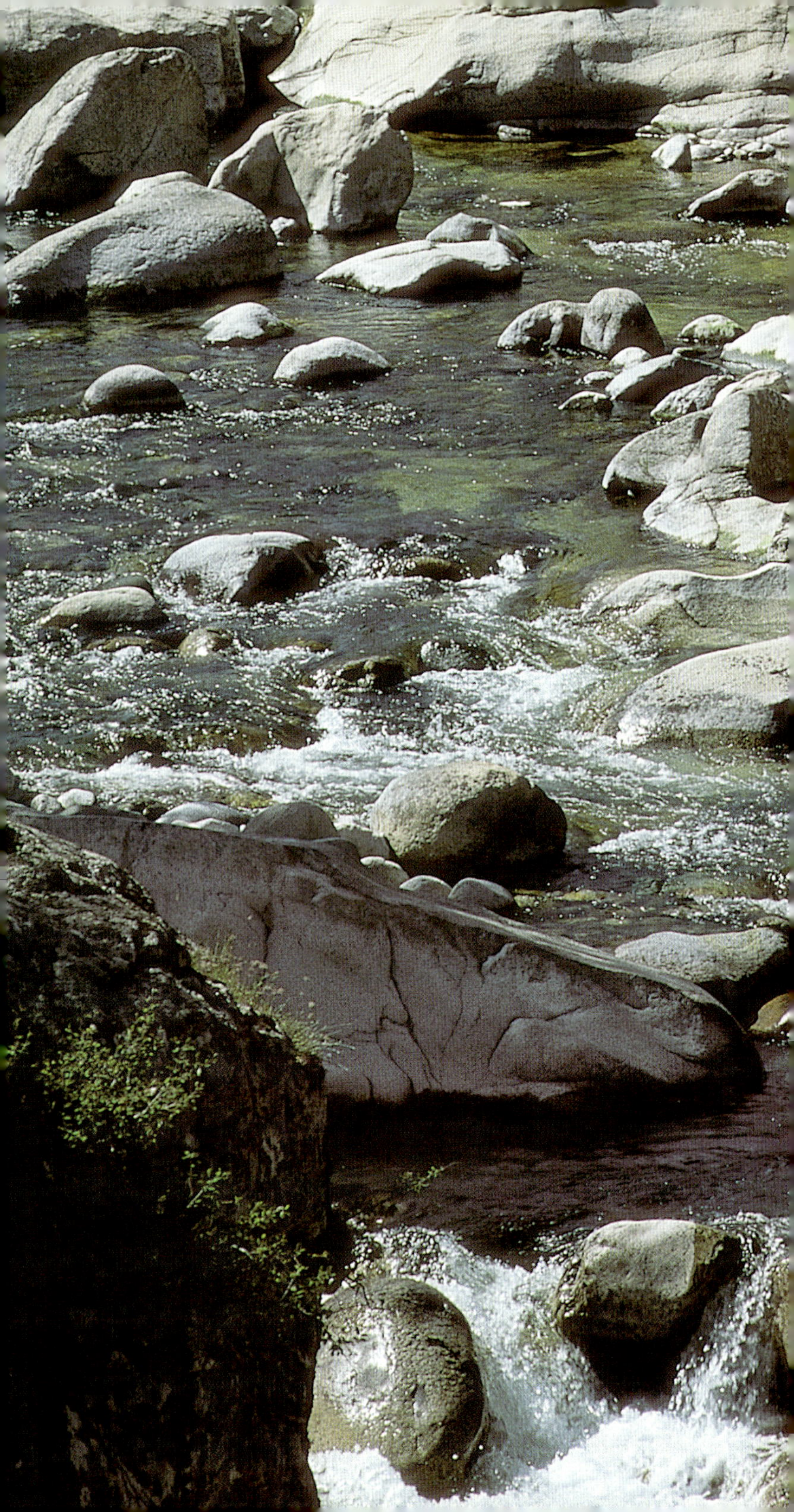

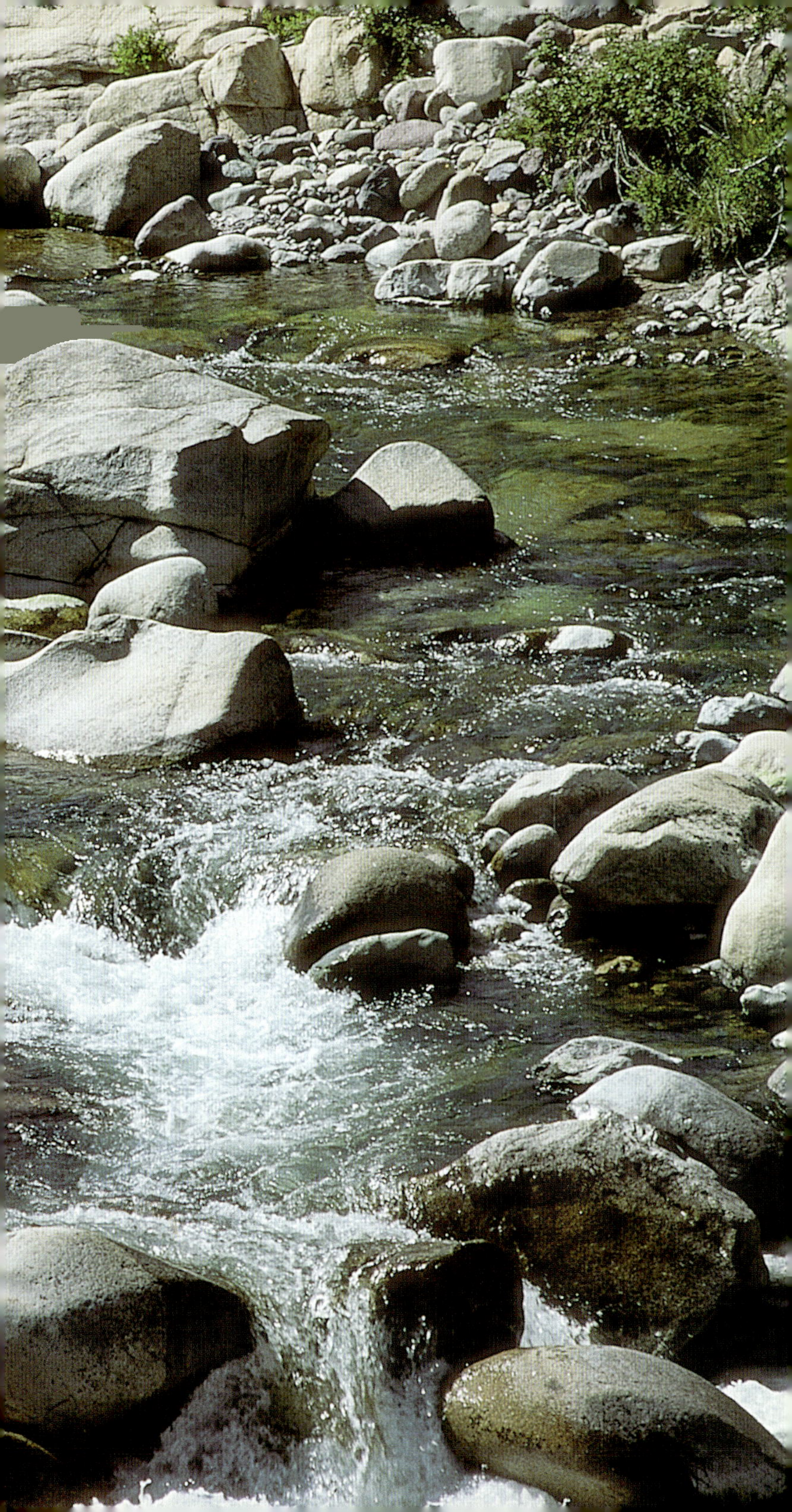

Die Forêt de Vizzavona bedeckt ein riesiges Gebiet

Forêt de Vizzavona ❹

Straßenkarte C4. Vizzavona. Station Touristique de l'Intérieur, Citadelle, Corte, 04 95 46 26 70.

Die Forêt de Vizzavona ist einer der beliebtesten Wälder im großen grünen Herzen der Insel. Das Gebiet ist auch deswegen so bekannt, weil es der Fernwanderweg GR20 durchzieht (siehe S. 25). Im Frühjahr und Sommer steigen die Wanderer in Gruppen an dem kleinen, drei Kilometer entfernten Bahnhof von Vizzavona aus.

Im Wald wachsen Nussbäume und Edelkastanien sowie Schwarzkiefern und andere Nadelbaumarten. Das Tourismusbüro informiert über regionale Festivitäten.

Durch die Forêt de Vizzavona führen zudem die N193 (Ajaccio–Bastia) und eine 1894 eingeweihte Bahnlinie.

Col de Vizzavona ❺

Straßenkarte C4. Vizzavona. Station Touristique de l'Intérieur, Citadelle, Corte, 04 95 46 26 70.

Die Straße N193 von Bastia nach Ajaccio ist eine der Hauptverbindungen der Insel. Sie führt durch die Bergregionen im Landesinneren und über den Pass am Col de Vizzavona. Der 1161 Meter hohe Berg bildet die Grenze zwischen den Départements Haute-Corse und Corse-du-Sud (siehe S. 49). Am Pass laden Tische und Bänke zu einem Picknick ein – die dort umherstöbernden Schweine lassen sich von Besuchern jedoch keinesfalls aus der Ruhe bringen.

Am oft recht windigen Col de Vizzavona bietet sich ein schöner Blick auf den imposanten, 2389 Meter hohen Monte d'Oro. Ein einfacher Weg führt nördlich der N193 in Richtung Bastia zu den etwa 400 Meter entfernten Ruinen einer genuesischen Festung. Neben dem GR20 (siehe S. 22–27) verlaufen noch viele weitere Wanderwege durch das Gebiet.

Haselnüsse

Cascade des Anglais ❻

Straßenkarte C4. Vizzavona. Station Touristique de l'Intérieur, Citadelle, Corte, 04 95 46 26 70.

Zu den beliebtesten Wanderungen in diesem Gebiet zählt der Abschnitt des GR20 (siehe S. 22–27), der von der Straße beim Dörfchen La Foce zur Cascade des Anglais führt. Der »Wasserfall der Engländer« ist nach den ersten englischen Besuchern benannt, die schon früh dieses wunderschöne Naturschauspiel »entdeckten«. Die Wanderung führt auf einem leichten, gut markierten Weg am Wildbach Agnone entlang und dauert insgesamt weniger als zwei Stunden.

Nach den 1100 Meter hoch gelegenen Cascade des Anglais hat der Fluss einige tiefe Becken gegraben, in denen man im herrlich kalten Wasser schwimmen kann.

Bei gutem Wetter und mit der geeigneten Ausrüstung ist es möglich, bis zum Talende Richtung Monte d'Oro zu wandern. Diese anspruchsvolle, sieben bis acht Stunden lange Tour sollten jedoch nur trainierte, erfahrene Wanderer in Angriff nehmen.

Vom Gipfel des Monte d'Oro sieht man alle bedeutenden korsischen Gipfel sowie die italienische Küste.

Genuesische Brücken

Die genuesischen Herrscher hinterließen auf Korsika nicht nur Wohnhäuser und Plätze, Zitadellen und Wachtürme (siehe S. 29 und 93), sondern auch eine Unmenge von Brücken. Jahrhundertelang garantierten diese, dass die Gebiete des von zahllosen, oft reißenden Wildbächen durchzogenen Landesinneren nicht von der Außenwelt abgeschnitten wurden. Viele der ab 1284 errichteten Brücken sind noch heute intakt und in Benutzung. Die ohne Mörtel in Trockenmauertechnik errichteten Brücken überspannen in einem höchstens 20 Meter langen Bogen die Flussläufe. In der Regel stehen sie auf zwei Pfeilern, die im oberen Teil oft verstärkt sind. Durch runde Öffnungen an der Seite des Bogens können bei Hochwasser die Fluten strömen. Die ursprünglich sehr einfachen Brücken wurden erst nach der Renaissance ausgeschmückt.

Genuesische Brücke in der Vallée de l'Asco

Hotels und Restaurants in Corte und in der Bergregion siehe Seiten 165 und 179

Tour: Wildes Fiumorbo ❼

Das Gebiet heißt nach dem »blinden Fluss« Fium'Orbo, der am Monte Renoso entspringt und sich seinen Weg ins Tal durch die steilen Schluchten Strette und Inzecca bis zur Ostküste bahnt. Dort mündet er südlich des antiken Aleria ins Mittelmeer. Die Region unterwarf sich sehr spät und nach erbittertem Widerstand den französischen Eroberern. Legendär sind die Kämpfe zwischen französischer Armee und Einheimischen. Heute ziehen die malerischen, seit 200 Jahren fast unveränderten Dörfer viele Besucher an. Lohnend ist eine Rundfahrt durch die raue Landschaft und abgeschiedenen Weiler.

ROUTENINFOS

Route Nationale 198, Ghisonaccia, 04 95 56 12 38.
Länge: 90 km.
Dauer: Ein bis zwei Tage, je nach Anzahl und Dauer der Pausen.
Rasten: Rastmöglichkeiten gibt es in den Dörfern.

Auberge Vecchia Mina ⑤
Das reizende kleine Hotel steht in der Nähe von Ghisoni. An seiner linken Seite führt ein Weg zur schönen genuesischen Brücke Ponte a Mela hinab.

Défilé de l'Inzecca ④
Die von der Küste nach Ghisoni verlaufende D344 führt durch die enge Schlucht Défilé de l'Inzecca, vorbei am Lac de Sampolo und durch die Défilé des Strette.

Pietrapola ②
Bei Pietrapola sprudeln Thermalquellen, deren Heilkräfte schon die in Aléria ansässigen Römer kannten und die noch heute in Gebrauch sind.

Prunelli-di-Fiumorbo ③
Das Hauptdorf der Region wird von einer schlichten, befestigten Kirche beherrscht. Hier bietet sich eine herrliche Aussicht auf die Umgebung und die Küste.

Serra-di-Fiumorbo ①
Oberhalb des parallel zur Vallée du Fium'Orbo verlaufenden Flusstals des Abatesco bietet das Serra-di-Fiumorbo einen großartigen Blick auf die Küste, das antike Aleria und den kleinen Étang de Palo.

LEGENDE

- Routenempfehlung
= Andere Straße

Aléria ❽

Straßenkarte D4. 🏠 *2000.* ℹ️ *Rte Nationale 198, 04 95 56 12 381.*
www.corsica-costaserena.com

Bereits Mitte des 6. Jahrhunderts v. Chr. gründeten griechische Kolonisten an dieser sumpfigen Küste einen Handelsposten namens Alalia. Der Stützpunkt war von strategischer Bedeutung für den Handel mit den Küstenbewohnern des heutigen Italien und Südfrankreich. Für die Griechen war Korsika zudem eine unerlässliche Quelle für Rohstoffe, von Holz bis Blei und Kupfer aus den Minen im Landesinneren.

Nach einem karthagischen Zwischenspiel wurde Alalia 259 v. Chr. von römischen Truppen unter Konsul Lucius Cornelius Scipio eingenommen. Die Römer benannten die Stadt in Aleria um und begannen mit der Eroberung Korsikas, die über ein Jahrhundert dauern sollte. Aleria stieg in der Kaiserzeit zur korsischen Hauptstadt auf und wurde von Augustus, Hadrian und Diokletian mit großartigen Bauwerken verschönert.

Hof im Fort Matra, dem Sitz des Musée Jérôme Carcopino

Im 5. Jahrhundert n. Chr. verwaiste die Stadt aufgrund der Malaria und wegen des Vandalenüberfalls.

Die Besichtigung der archäologischen Funde beginnt am genuesischen Fort Matra. Der Bau von 1484 ist heute Sitz des nach einem einheimischen Wissenschaftler benannten **Musée d'Archéologie Jérôme Carcopino**. Es dokumentiert die Geschichte der Siedlung und ihre Handelsbeziehungen mit dem gesamten Mittelmeerraum. So fand man auf dem Hügel, auf dem sich die Stadt erstreckte, griechische, phönizische, römische, apulische und etruskische Vasen und Keramiken. Zu den interessantesten Funden zählen zwei Trinkgefäße aus dem griechischen Attica, die *rhyton* genannt werden. Sie sind in Form eines Maultierkopfs bzw. in Hundform gestaltet.

Vor dem Museum liegen die Ruinen der einst ausgesprochen leistungsfähigen Römerstadt mit all den typischen Annehmlichkeiten jener Zeit. An der linken Seite des Forums steht ein großer, von zwei Portiken flankierter Tempel, rechts befinden sich das Praetorium, in dem der Gouverneur bzw. der Insel residierte, und das Capitol. Zudem wurden hier Gräber und Relikte anderer Kulturen, die bis ins 6. Jahrhundert v. Chr. zurückgehen, gefunden.

🏛 **Musée d'Archéologie Jérôme Carcopino / antike Stätten von Aléria**
Fort Matra. 📞 *04 95 57 00 92.*
⭕ *tägl.* ⬤ *Feiertage, Mitte Okt–Mitte Mai: So.* 💶

Alérias antike Stätten

Balneum (Bad) ⑨
Bastionen ⑲
Becken ⑬
Calidarium (Warmbad) ⑩
Capitol ⑮
Decumanus ⑱
Domus cum Domus (Stadthaus) ③
Domus cum Impluvium (Wasserspeicher) ④
Forum ①
Läden ⑤
Nordbogen ⑯
Nordportikus ⑦
Praetorium (Gouverneursresidenz) ⑭
Südbogen ⑰
Südportikus ⑥
Tempel ②
Thermen ⑧
Wirtschaftsgebäude ⑫
Zimmer ⑪

Eingang (cardo)
↓ Aléria

0 Meter 30

Hotels und Restaurants in Corte und in der Bergregion *siehe Seiten 165 und 179*

Die Genueser Brücke von Altiani zieren kleine Blendbogen

Vallée du Tavignano ❾

Straßenkarte C3. Station Touristique de l'Intérieur, Citadelle, Corte, 04 95 46 26 70.

Durch die Vallée du Tavignano führt die N200 zwischen Aléria und Corte, eine der ältesten Straßen Korsikas. Von Aléria aus verläuft sie entlang dem Tal des Tavignano und zu einer Reihe von engen Schluchten. Der Tavignano entspringt im Lac de Nino im Herzen Korsikas.

An der Nordseite des Tals führt die schmale D14 zu für diese Region typischen Dörfern, die sich malerisch an die Berghänge schmiegen. Einen schönen Blick auf die Küste hat man von **Piedicorte di Gaggio** aus. Dort kann man zudem einen altrömischen Architrav in der Mauer des zur Pfarrkirche gehörenden Glockenturms bewundern.

Die Konstrukteure der genuesischen Brücke bei **Altiani** versprachen einst, dass diese »außer bei einer Flut« stets stehen würde – bis jetzt scheint sich dies zu bewahrheiten.

Das Dörfchen Piedicorte in der Vallée du Tavignano

In **Erbajolo** oberhalb des Tavignano bietet sich ein herrlicher Blick auf Monte Renoso und Monte d'Oro. Am Aussichtsplatz informiert ein Schild über Sehenswürdigkeiten der Umgebung.

Gorges du Tavignano ❿

Straßenkarte C3. Station Touristique de l'Intérieur, Citadelle, Corte, 04 95 46 26 70.

Bevor der Unterlauf des Tavignano bei Aléria ins Mittelmeer mündet, verläuft der Fluss westlich von Corte durch ein schmales Tal. Dort hat er einige faszinierende Schluchten gegraben, die man nur zu Fuß erreicht – auf einfachen, natürlichen Stufen folgenden Wegen, deren Steinpflaster auf weiten Strecken noch aus dem Mittelalter stammt.

Unterhalb der Zitadelle von Corte beginnt ein Weg zum Felsbogen Arche de Corte (auch: Arche de Padule). Ihn umgeben in 1500 Meter Höhe einige Bergeries. Der Weg führt zuerst durch Kastanienwälder, die auf ca. 1000 Metern in Nadelwälder übergehen. Die nicht schwierige, aber anstrengende Wanderung dauert über fünf Stunden. Von der Schlucht aus sieht man den imposanten Felsen mit Zitadelle, die immer noch die Region zu kontrollieren scheint.

Nische mit Statue, Santa Mariona

Sovéria ⓫

Straßenkarte C3. Sovéria. Station Touristique de l'Intérieur, Citadelle, Corte, 04 95 46 26 70.

Unweit von Corte liegt hoch über der Vallée du Golo die hübsche Ortschaft Sovéria. Sie ist nur einen Katzensprung von der Vallée de l'Asco, dem Bozio und der Castagniccia entfernt. In diesem Dorf sind die harmonisch gestalteten Häuser sehenswert.

Im Altertum war die Umgebung von Sovéria ein Zentrum des Weinbaus. Heute allerdings sind die sanften Hügel von Eichen- und Kastanienwäldern bedeckt. Die Gegend ist mittlerweile für die Produktion erstklassigen Nougats berühmt.

Außerhalb von Corte an der D18 steht die romanische Kirche **Santa Mariona**. Vom Originalbau aus dem 10. Jahrhundert sind lediglich die doppelten Apsiden erhalten. Sie wurden aus dem grauen Stein errichtet, der in den Schiefербергen der Umgebung abgebaut wurde.

Tour: Hügel der Castagniccia ⓬

Die sanften grünen Hügel östlich von Corte unterscheiden sich erheblich von Korsikas gebirgigem Landesinneren. Die nach ihren Kastanienwäldern »Castagniccia« benannte Region war eines der ersten besiedelten Gebiete der Insel. Zu den Sehenswürdigkeiten einer Tour durch die Castagniccia gehören malerische kleine Dörfchen, Barockkapellen aus dem 16. Jahrhundert mit wunderbaren Fresken und die großartige Architektur der Kirchen in La Porta und Piedicroce. Die Castagniccia spielt zudem eine wichtige Rolle in der Geschichte Korsikas: In Morosaglia kam Pasquale Paoli, der »Vater der Nation«, zur Welt. Darüber hinaus war die Region während der korsischen Revolution ein Zentrum der Waffenindustrie.

San Tommaso di Pastoreccia ①
Die Kapelle hat die Renovierung der 1930er Jahre überstanden, die 50 Prozent des Originalbaus zerstörte. Sehenswert sind in der Apsis der *Christus Pantokrator* und die *Verkündigung* sowie an den Wänden Reste eines *Jüngsten Gerichts*.

Morosaglia ②
Für die Korsen ist der Geburtsort des Freiheitskämpfers Pasquale Paoli *(siehe S. 46f)* von großer Bedeutung. In Morosaglia fand der Nationalheld auch seine letzte Ruhe. In der Nähe des Museums Maison Paoli steht die kleine Kirche Santa Reparata, deren Skulpturenschmuck die romanischen Wurzeln des Bauwerks verdeutlicht.

San Pantaleo ③
Das Kirchlein San Pantaleo steht an einer Abzweigung der D639, die von Morosaglia in Richtung Saliceto führt. Die Fresken aus dem 15. Jahrhundert in der Apsis sind leider nicht mehr zu besichtigen.

San Quilico ④
Die pisanische Kapelle San Quilico an der D639 ziert ein wunderschönes Giebelfeld. Es zeigt Adam und Eva, die gerade von der Schlange verführt werden. Ein Flachrelief stellt einen Mann dar, der mit bloßen Händen mit einem Drachen kämpft.

LEGENDE
- Routenempfehlung
- Andere Straße

0 Kilometer 5

Hotels und Restaurants in Corte und in der Bergregion *siehe Seiten 165 und 179*

HÜGEL DER CASTAGNICCIA

ROUTENINFOS

🏠 *Maison des entreprises, Piedicroce-Castagniccia, 04 95 33 38 91.* **www.castagniccia.fr**

San Pantaleo: *Kirche nicht mehr zugänglich, nur der umliegende Friedhof.*

Sts-Pierre-et-Paul: *Piedicroce.* 📞 *04 95 35 81 86.* 🕐 *tägl.*

Länge: *120 km.*
Dauer: *Je nach Geschwindigkeit zwei bis drei Tage.*
Rasten: *In den Ortschaften entlang der Strecke.*

La Porta ⑤

Die Kirche St-Jean-Baptiste ist ein Meisterwerk des korsischen Barock. Das von einem hohen Glockenturm flankierte Bauwerk überragt das Dörfchen La Porta.

Piedicroce ⑥

In Piedicroce ragt die Barockkirche Saints-Pierre-et-Paul über die sanften, grünen Hügel auf. Die helle Fassade des 1691 errichteten Baus zieren weiße Pilaster und Friese. Der Innenraum weist Fresken und Dekorationen im Stil des Rokoko auf.

Couvent d'Orezza ⑦

1751 übertrug eine Versammlung in diesem großen Kloster am Rand von Piedicroce die militärische und exekutive Macht an Gian Pietro Gaffori *(siehe S. 134)*. Der Bau wurde im Zweiten Weltkrieg zerstört.

La Porta ⓭

Straßenkarte D3. 🏠 *250.*
🏛 *Mairie, 04 95 39 21 48.*
St-Jean-Baptiste 🕐 *tägl.*

Der Name »das Tor« ist Programm: Das Dorf in einem fruchtbaren Waldgebiet liegt an der früher einzigen Zugangsstraße in die Castagniccia und verdankt dieser Tatsache nicht nur seinen Namen, sondern auch seinen Wohlstand.

Heute ist La Porta hauptsächlich für die herrliche Kirche **St-Jean-Baptiste** bekannt, die als das vollständigste Barockbauwerk Korsikas gilt. Mit ihrem imposanten Glockenturm ragt sie hoch über die Schieferdächer des Dorfs. Die Bauzeit des 1648 begonnenen Meisterwerks von Domenico Baina dauerte fast 50 Jahre, die 1707 vollendete Fassade wurde später verändert. Bei den letzten Restaurierungen erhielt die Kirche ihren ursprünglichen, ockerfarbenen Anstrich zurück, der sich ideal mit den weißen Pilastern ergänzt und den Bau besonders eindrucksvoll wirken lässt.

Der untere Teil der Fassade ist streng gestaltet: Hohe Pilaster bilden ein geradliniges Muster. Dieses wird im oberen Teil durch die aufwendigen, bereits an das Rokoko gemahnenden Elemente aufgelockert: Pilasterstreifen, geschwungene Voluten und Kartuschen. Der barocke Einfluss ist insbesondere in der Gestaltung rund um den Eingang mit den auffälligen Friesen vorherrschend. Den Überschwang des italienischen Barock verhindert die Kombination der streng gestalteten Basis mit den reich verzierten oberen Gebäudeteilen, wobei die Harmonie des Baus genial erhalten wurde. Der 45 Meter hohe, fünfgeschossige Glockenturm ist ähnlich gestaltet – einfacher an der Basis und zunehmend aufwendiger von Stockwerk zu Stockwerk.

Im einschiffigen Innenraum der Kirche sind die Seitenkapellen durch Säulen mit korinthischen Kapitellen voneinander getrennt. Wände und Decke zieren Stuck und Trompe-l'Œil-Malereien von Girolamo da Porta aus dem späten 19. Jahrhundert. Die herrliche Orgel über dem Eingang kommt bei Konzerten zum Einsatz. Sehenswert sind der Hochaltar aus weißem Carrara-Marmor, die von zwei kleinen Säulen flankierten Altarbilder und die Kanzel.

Zur Innenausstattung zählen zahlreiche wunderbare Kunstwerke – beispielsweise *Die Enthauptung des heiligen Johannes des Täufers* auf der rechten Seite des Chors sowie die hölzernen Christus- und Marienfiguren aus dem 17. Jahrhundert.

Kanzel in St-Jean-Baptiste

Der barocke Glockenturm der Kirche überragt das Dorf La Porta

Vallée d'Alesani ⓮

Straßenkarte D3. 190.
ℹ️ *Information, Piedicroce-Castagniccia, 04 95 35 82 54.*

Am Oberlauf des Alesani liegen mehrere kleine Weiler. Die Region ist eng mit dem Aufstieg und Fall von Theodor von Neuhoff *(siehe S. 46)* verbunden. Korsikas erster und einziger König wurde 1736 im **Couvent St-François d'Alesani** in Perelli gekrönt. Das bereits 1236 gegründete Kloster residiert heute in einem 1716 errichteten Barockbau. Nicht versäumen sollte man das frühgotische Tafelbild der *Jungfrau mit der Kirsche* von 1450 in einer Seitenkapelle. Das Meisterwerk wird dem aus Siena stammenden Sano di Pietro zugeschrieben.

Eine weitere Berühmtheit des Dörfchens Perelli ist der legendäre Grosso-Minuto.

Klein, dick, witzig: Grosso-Minuto

Der Volksheld der Castagniccia wurde 1715 als Pietro Giovanni Ficoni in Perelli d'Alesani geboren. Der arme Hausierer erhielt wegen seines zarten Körperbaus jedoch den Spitznamen Minuto (der Winzige) – das despektierliche Grosso (der Dicke) kam später aus unübersehbaren Gründen hinzu. Grosso-Minuto kämpfte viele Jahre an der Seite von Pasquale Paoli und war für seine Schlagfertigkeit berühmt. Gern erzählt man die Episode mit dem Esel: Eine Frau fragte Minuto, ob sein Esel so schreie, weil er verliebt sei. Seine Antwort: »Aber nein, Madame, er hat wahrscheinlich nur eine Eselin gerochen …«

Vertrauter Anblick auf Korsika: ein Esel

Der Glockenturm von Ste-Marie-et-St-Erasme in Cervione

Cervione ⓯

Straßenkarte D3. 1500.
ℹ️ *Information, Piedicroce-Castagniccia, 04 95 35 82 54.*

Am Fuß des Monte Castello erstreckt sich Cervione malerisch am östlichen Rand der Castagniccia zwischen Weingärten, Olivenhainen und Kastanienwäldern. Das Städtchen wurde nach der Zerstörung Alérias Bischofssitz und kam deshalb zur Kathedrale St-Erasme. 1714 wurde das Gotteshaus durch die heutige prunkvolle Barockkirche **Ste-Marie-et-St-Erasme** ersetzt. In den zur gleichen Zeit errichteten Gebäuden des Bischofspalais und des Seminars ist heute ein kleines volkskundliches Museum untergebracht.

In Cervione beginnt die Panoramastraße D330, besser bekannt als **Corniche de la Castagniccia**. Etwa zwei Kilometer von Cervione entfernt steht an der Straße die bereits im 9. Jahrhundert errichtete Chapelle Ste-Christine mit ihren doppelten Apsiden und sehenswerten Fresken.

La Canonica ⓰

Straßenkarte D2. ℹ️ *Information, Lucciana Poretta, Lieu-dit Crucetta, 04 95 38 43 40.* ☼ *Sommer: tägl.*

Während der römischen Eroberung Korsikas um 259 v. Chr. wurden auf der Insel mehrere Kolonien gegründet, deren Hauptstadt das antike Aleria war *(siehe S. 144)*. Die näher bei Bastia gelegene Kolonialstadt Mariana wurde nach dem römischen General Marius benannt, der um 100 v. Chr. nahe dem Étang de Biguglia eine Kolonie für die Veteranen seiner Armee schuf. Mariana war wegen seines von Augustus erbauten Hafens am Golo Ausgangsort für die Eroberung des Cap Corse, aber auch für die Urbarmachung und Kultivierung der ganzen Ebene. Im 5. Jahrhundert wurde Mariana wie Aleria von Vandalen zerstört. Seinen Todesstoß gab ihm der Malaria, die im Mittelalter die Bevölkerung der Küstenebene dezimierte.

Detail eines Frieses, La Canonica

Die pisanische Kathedrale La Canonica wurde 1119 vom Erzbischof von Pisa geweiht. Dieser residierte im benachbarten Bischofspalais, von dem nur Spuren der Fundamente verblieben sind. Die eigentlich Santa Maria Assunta benannte Kirche wurde bereits zwei Jahrhunderte später verlassen – der damalige Bischof zog lieber in die weitaus sichereren und gesünderen Hügel von Vescovato. Die Kirche La Canonica gilt als Inbegriff pisanischer Romanik auf Korsika. Das dreigeteilte

Die elegante romanische Kirche La Canonica

Hotels und Restaurants in Corte und in der Bergregion *siehe Seiten 165 und 179*

Schiff der Basilika endet in einer halbrunden Apsis. Die schlichte Eleganz des Bauwerks entstand durch die geschickte Verarbeitung verschiedenfarbiger Steine (aus Steinbrüchen vom Cap Corse) und den sparsamen Einsatz baulich-dekorativer Elemente. Die Friese über dem Hauptportal stellen Geier, ein Lamm, einen Wolf und ein von einem Hund gejagtes Reh dar. Einst dachte man, in den Aushöhlungen an den Außenmauern hätten ursprünglich farbige Steine gesteckt. Tatsächlich sind es von Gerüsten verursachte Schäden.

Bei Ponte-Novo tobte die berühmte korsisch-französische Schlacht

Vescovato ⑰

Straßenkarte D2. 2500.
Mairie, 04 95 36 70 19.

Das an einem Berghang im hohen Norden der Castagniccia gelegene Städtchen wurde von Flüchtlingen aus dem von Invasionen und der Malaria geplagten Mariana gegründet.

Jahrhundertelang war Vescovato die Hauptstadt der kleinen, zwischen dem Golo und der Vallée du Fium'Alto gelegenen Bergregion Casinca. In diesem äußerst fruchtbaren Gebiet lebten lange Zeit die meisten Menschen auf ganz Korsika. Der zuvor Belfiorito genannte Ort wurde 1269 Bischofssitz und deshalb in Vescovato (»Bistum«) umbenannt. Im Jahr 1570 verlegte man das Bistum nach Bastia.

Bei einer Besichtigung parkt man das Auto am besten am einzigen baumbestandenen Platz des Orts und erkundet die Gassen zu Fuß. Im Zentrum des Städtchens steht die Barockkirche **San Martino** mit einem imposanten Tabernakel, den der sizilianische Künstler Antonello Gagini im 16. Jahrhundert gestaltet hat.

Eine Passage neben der Kirche führt zum Hauptplatz mit dem schönen, von einer Adlerskulptur bewachten Brunnen.

Die ehemalige Bischofsstadt wartet mit drei weiteren Gotteshäusern auf: der Kirche des Kapuzinerklosters, der Kapelle der Bruderschaft Ste-Croix und der romanischen Chapelle San Michele.

Weitaus profaner geht es an den Stränden und Ferienorten an der Küste östlich von Vescovato zu, die unterhaltsames Badevergnügen bieten und immer beliebter werden.

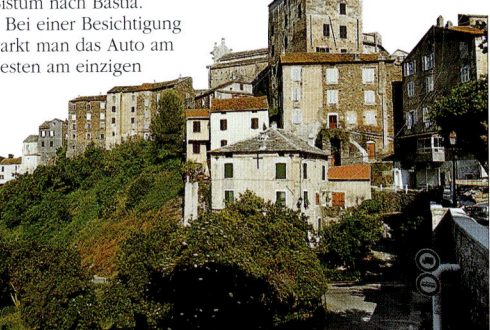

Brunnen am Hauptplatz von Vescovato

Der frühere Bischofssitz Vescovato

Ponte-Novo ⑱

Straßenkarte D2. An der N193, 8 km nordöstlich von Ponte Leccia.
Station Touristique de l'Intérieur, Citadelle, Corte, 04 95 46 26 70.

Der nach einer genuesischen Brücke benannte Ort hat durch die Schlacht, die hier an den Ufern des Golo stattfand, traurige Berühmtheit erlangt. An dieser Stelle trafen die vom Grafen de Vaux kommandierten französischen Truppen auf die von Pasquale Paoli *(siehe S. 46f)* angeführten korsischen Freiheitskämpfer.

Am 8. Mai 1769 wollten die ein Jahr zuvor bei Borgo unterlegenen französischen Invasionstruppen sich den Zugang in das von den Separatisten kontrollierte Inselinnere erobern. Dabei drängten sie die 2000 korsischen Kämpfer bis zu dieser Brücke zurück und besiegten sie. Nach der Niederlage musste Pasquale Paoli seinen Kampf gegen Frankreich aufgeben und die Insel 1769 verlassen. Er ging ins englische Exil. Der korsische Traum von Freiheit und Unabhängigkeit war vorerst ausgeträumt.

Die Brücke wurde im Zweiten Weltkrieg zerbombt und nie mehr aufgebaut. Über den Fluss führt heute ein anderer Übergang. An die Schlacht erinnern ein Denkmal, ein Schild sowie Flaggen mit dem korsischen Nationalsymbol: dem Mohrenkopf *(siehe S. 47)*. Besucher können am Ponte-Novo einen Eindruck von der korsischen Freiheitsliebe erhalten.

Der Cirque de Trimbolocciu im Haut-Asco

Vallée de l'Asco ⓲

Straßenkarte C2–3.
Station Touristique de l'Intérieur, Citadelle, Corte, 04 95 46 26 70.

Die lange, diagonale Vallée de l'Asco verläuft rund 30 Kilometer lang südwestlich von Ponte Leccia und gehört zu den abgeschiedensten Gebieten auf Korsika. Die hiesige Straße folgt den Windungen des Asco bis zur imposantesten Bergkulisse der Insel: Sie wird von den dunklen Hängen des mit 2706 Metern höchsten Bergs Korsikas, des **Monte Cinto**, dominiert. Nicht minder spektakulär ist der benachbarte **Cirque de Trimbolocciu** am Ende der Vallée de l'Asco.

Am Talboden liegt das Dorf **Asco**, das im 16. Jahrhundert Zentrum des korsischen Widerstands gegen die genuesischen Truppen war. Von der Ortschaft windet sich eine ungeteerte Straße in unzähligen Haarnadelkurven hinab zum Flussufer und zu einer schönen genuesischen Brücke, die den Asco mit typischem Bogen überspannt.

Mit zunehmender Höhe verändert sich die Vegetation im Tal: Die Sträucher weichen langsam den Kiefern und Lärchen der **Forêt de Carozzica**. Nach dem Wald endet die Straße im kleinen Skigebiet von **Haut-Asco**. Das 1450 Meter hoch gelegene Areal gehört zu den beliebtesten Startpunkten für Wanderungen auf den Monte Cinto (acht Stunden) oder Etappen auf dem stark frequentierten Fernwanderweg GR20, der Haut-Asco bei der 2556 Meter hohen Punta Minuta quert und zur Tighjiettu-Hütte führt *(siehe S. 23)*.

Bei Asco führt eine genuesische Brücke über den Fluss

St-François de Caccia ⓴

Straßenkarte C2. Castifao.
Office de Tourisme, Ghjunssani, 04 95 47 22 06.

Am Anfang der Vallée de l'Asco führt ein vier Kilometer langer Abstecher von der D47 gen Moltifao zu den Ruinen des Klosters St-François de Caccia in der Nähe von Castifao.

Das im frühen 16. Jahrhundert gegründete und 1553 von den Genuesen zerstörte Kloster sowie die dazugehörige Kirche konnten dank der Initiative des Mönchs Augustinu da Populasca neu erbaut und Franziskanermönchen übergeben werden. Die 1569 errichtete, 1750 wiedererbaute Kirche brach 1782 zusammen.

Hier nahm im Jahr 1755 Pasquale Paoli *(siehe S. 47)* an der verfassunggebenden Versammlung der korsischen Delegierten teil.

Scala di Santa Regina ㉑

Straßenkarte C3. *Office de Tourisme, 29B, avenue Valdoniello, Niolu, 04 95 47 12 62 (Juni–Aug), 04 95 48 05 22 (Sep–Mai).*

Die Vallée du Golo war schon immer eine wichtige Verbindung zwischen dem Landesinneren und der korsischen Westküste. Die Straße folgt dem Flusslauf des Golo und führt zum höchsten befahrbaren Pass der Insel, dem Col de Verghio (1464 m). Von der Passhöhe führt sie wieder in Richtung Porto und Ajaccio hinunter.

Im Tal erstreckt sich rechts von der Straße die Schlucht Scala di Santa Regina. Den Volkslegenden zufolge entstand die Schlucht, als der heilige Martin einen schweren Kampf mit dem Teufel bestehen musste, in den die Jungfrau Maria eingriff. Von der Straße aus bietet die schmale, streckenweise in die leuchtend roten Granitfelsen regelrecht gefräste Schlucht einen atemberaubenden Anblick.

Von einer Teerstraße auf der gegenüberliegenden Talseite kann man noch heute Teile des schmalen Saumpfads erkennen, auf dem früher Waren transportiert wurden.

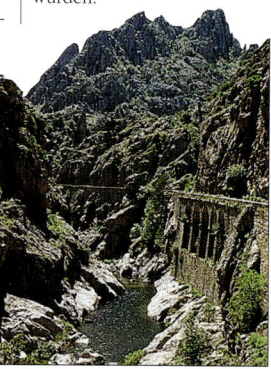

Die beeindruckende Schlucht Scala di Santa Regina

Hotels und Restaurants in Corte und in der Bergregion *siehe Seiten 165 und 179*

CORTE UND BERGREGION 151

Wilde Pferde bei Calacuccia

Calacuccia ㉒

Straßenkarte C3. 350. Office de Tourisme, 29B, avenue Valdoniello, Niolu, 04 95 47 12 62 (Juni–Aug), 04 95 48 05 22 (Sep–Mai).

Der Hauptort in den Bergen des Niolo (1000 m) liegt am Pass zum Col de Verghio und sehr schön am Ufer eines Sees, der durch eine Talsperre zur Aufstauung des Golos entstanden ist. Die im Sommer gut besuchten Hotels und Restaurants bieten Entspannung und eine herrliche Aussicht auf den Monte Cinto im Nordwesten *(siehe S. 23)* und den Capo Tafonato neben dem Col de Verghio.

Fünf Kilometer südwestlich von Calacuccia führen gegenüber einem großen weißen Kreuz am westlichen Rand von Albertacce orangefarbene Wegmarkierungen zum **Pont de Muricciolu**. Von dieser alten genuesischen Brücke aus sieht man einige natürliche Becken, die sich hervorragend zum Baden eignen.

Am Südufer des Stausees befinden sich der Weiler Casamaccioli und der 1592 Meter hohe Pass **Bocca di l'Arinella**. Von der ungeteerten Passstraße aus bietet sich ein überwältigender Blick auf den See und die Berge.

Casamaccioli ㉓

Straßenkarte C3. 90. Office de Tourisme, 29B, avenue Valdoniello, Niolu, 04 95 47 12 62 (Juni–Aug), 04 95 48 05 22 (Sep–Mai). *La Santa (7.–10. Sep).*

Gegenüber von Calacuccia, am anderen Ufer des Stausees, liegt Casamaccioli (850 m). Der Weiler mit weniger als 100 ständigen Bewohnern bietet nicht nur eine fantastische Aussicht auf den See, den Monte Cinto und die weiten Kastanienwälder der Umgebung, sondern lockt mit einer weiteren Attraktion: In der Pfarrkirche Nativité steht neben einer Holzstatue des heiligen Rochus eine Figur der Jungfrau Maria, auf Korsisch *La Santa* genannt. Diese Statue wird bei der Prozession der jährlich vom 7. bis 10. September stattfindenden Marienwallfahrt *(siehe S. 34)* getragen.

Forêt de Valdu-Niellu ㉔

Straßenkarte C3. Office de Tourisme, 29B, avenue Valdoniello, Niolu, 04 95 47 12 62 (Juni–Aug), 04 95 48 05 22 (Sep–Mai).

Südwestlich von Casamaccioli erstreckt sich auf der linken Seite der Straße der größte Wald Korsikas. Obwohl er in den letzten Jahrzehnten mehrmals von Großbränden heimgesucht wurde, bedeckt er immer noch ein mehr als 46 Quadratkilometer großes Gebiet auf 1000 bis 1600 Meter Höhe. Er besteht meist aus Birken, Buchen und Laricio-Kiefern, einer Schwarzkieferart, die nur auf Elba, in einigen Regionen Kalabriens und auf Korsika wächst. In der Forêt de Valdu-Niellu sind Vertreter der seltenen Baumart über 500 Jahre alt. Den Wald durchziehen zahlreiche, unterschiedliche Wanderwege. So dauert die Wanderung vom Popaja-Forsthaus ins grüne Herz des Walds und zu den Bergeries de Colga nur etwa eine Stunde. Ein schwierigerer Weg führt in dreieinhalb Stunden zum Bergsee Lac de Nino, in dem der Tavignano entspringt *(siehe S. 24)*, auf 1743 Meter Höhe. Der Abstieg zu den Cascades de Radule dauert 90 Minuten.

Col de Verghio ㉕

Straßenkarte C3. Station Touristique de l'Intérieur, Citadelle, Corte, 04 95 46 26 70.

Die Straße nach Porto (D84) führt über den Col de Verghio, den höchsten Punkt des korsischen Straßennetzes. Östlich des Col de Verghio liegt an der Strecke der kleine, im Sommer von Wanderern frequentierte Wintersportort **Verghio**.

Dort beginnt der Aufstieg zum Lac de Nino *(siehe S. 24)*. Er liegt in einem von Wiesen bedeckten Becken, in dem im Sommer kleine Herden von Wildpferden grasen.

Den wilden, windgepeitschten Col de Verghio überquert auch der Fernwanderweg GR20 *(siehe S. 22)*, der weiter nördlich an den Cascades de Radule vorbei- und zur Ciuttulu-di-i-Mori-Hütte hinaufführt. Die Hütte steht am Fuß des majestätischen Capo Tafonato und der benachbarten Paglia Orba.

Feuchtes Grasland in der Umgebung des Col de Verghio

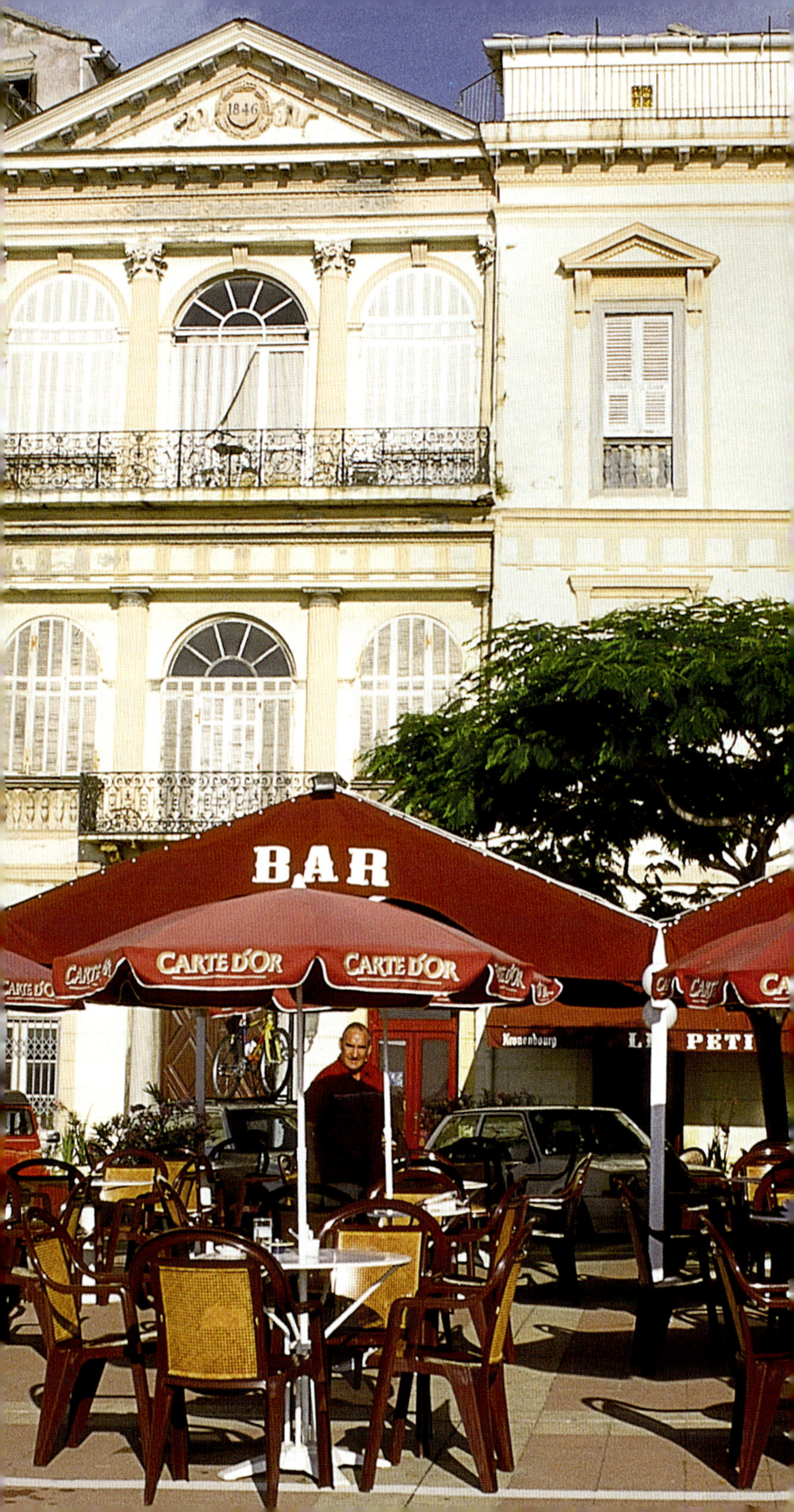
1846
BAR
CARTE D'OR
CARTE D'OR
Kronenbourg
PETI

Zu Gast
auf Korsika

Hotels **154–165**

Restaurants **166–179**

Shopping **180–183**

Unterhaltung **184–187**

Sport und Aktivurlaub **188–193**

Hotels

Die bunte Palette der rund 400 unterschiedlichen Unterkünfte auf Korsika reicht vom Feriendorf an der Küste bis zur Privatpension auf dem Bergbauernhof. Das größte Zimmerangebot findet man an der Küste, an den Buchten von Ajaccio, Calvi, Porto-Vecchio und Bonifacio. Luxushäuser mit Pool und Privatstrand befinden sich meist in der Nähe der großen Badeorte. Vor allem im Süden der Insel bieten Apartments in Ferienwohnanlagen oder Ferienhäuser eine interessante Alternative. Wer es lieber naturverbunden und preiswert mag, schlägt sein Zelt auf einem der vielen Campingplätze an der Küste oder im Gebirge auf. Einen unterhaltsamen Einblick ins korsische Alltagsleben auf dem Land erhält man in entspannter Atmosphäre bei einem Urlaub auf dem Bauernhof. Diese kleinen, gemütlichen Familienbetriebe heißen *Gîtes ruraux*.

Logo der Gîtes de France

Hotelkategorien

Wie überall in Europa werden auch auf Korsika die Hotels mit Sternen ausgezeichnet. Häuser mit einem Stern sind einfache Unterkünfte mit ebensolchem Service, vier Sterne erhalten hingegen First-Class-Hotels, in denen der Gast König ist.

Die höchste Auszeichnung erhalten nur Luxushäuser wie La Villa *(siehe S. 159)* in Calvi, das Dolce Vita *(siehe S. 161)* in Ajaccio, Le Genovese *(siehe S. 163)* in Bonifacio und Le Goéland *(siehe S. 164)* in Porto-Vecchio.

Drei-Sterne-Hotels bieten oft ein exzellentes Preis-Leistungs-Verhältnis. Dazu zählen Bonifacios Centre Nautique *(siehe S. 163)*, das Castel Brando *(siehe S. 159)* in Erbalunga und das Dolce Notte *(siehe S. 160)* in St-Florent.

Am Pool des Hôtel Pietracap *(siehe S. 158)* in Bastia

Alle Vier-Sterne- und fast alle Drei-Sterne-Häuser an der Küste warten mit einem Pool oder, wenn sie direkt am Wasser gelegen sind, mit einem eigenen Strand auf.

Angenehme Unterkunft können aber auch Zwei-Sterne-Hotels wie das Splendid Hôtel *(siehe S. 160)* in L'Île Rousse oder das Hôtel Rossi *(siehe S. 165)* in Sartène bieten.

Da Einzelzimmer eher selten sind, müssen allein Reisende häufig den Preis für ein Doppelzimmer zahlen. Andererseits entstehen auch für jedes zusätzliche Bett in einem Zimmer Extrakosten.

Den Bedürfnissen von Behinderten werden nur neue oder frisch renovierte Häuser gerecht. Es empfiehlt sich daher, gegebenenfalls vor der Buchung nachzufragen.

Haustiere sind in vielen korsischen Unterkünften willkommen.

Preise

Hotels in Frankreich sind gesetzlich verpflichtet, im Haus und in jedem Zimmer eine Preisliste mit den TTC-Preisen (*Toutes Taxes Comprises*, »inklusive aller Steuern«) für jede Saison auszuhängen. Diese dürfen nicht überschritten werden. In den gezeigten (oder bei der Buchung genannten) Preisen ist der Service enthalten.

Im Sommer zeigen die Hotels an der Küste häufig nur den Preis für die obligatorische Halbpension.

Nicht alle Hotels haben ein eigenes Restaurant, in der Regel ist das Frühstück nicht im Preis enthalten. Dies gilt auch für Getränke, die auf dem Zimmer oder zu den Mahlzeiten serviert werden oder aus der Minibar stammen. Da Telefonate in den Hotels meist recht teuer sind, empfehlen sich öffentliche Telefone.

Haupteingang der Hostellerie de l'Abbaye *(siehe S. 1589)* in Calvi

◁ Typisches Straßencafé auf Korsika

Saison und Hotelreservierung

Die meisten Hotels auf Korsika haben nur während der Saison von April bis Oktober geöffnet. Als Hochsaison gelten die Sommermonate, insbesondere die Monate Juli und August. Wer in diesen Wochen seinen Urlaub an der Küste verbringen möchte, sollte auf jeden Fall bereits sehr zeitig eine Unterkunft reservieren, da viele Hotels in der Hochsaison ausgebucht sind.

Von November bis März kann es vor allem in kleineren Ferienorten schwierig sein, überhaupt ein Zimmer zu finden. Die Hotels in den Hauptorten haben dagegen meist ganzjährig geöffnet.

Bei der Zimmerreservierung werden Sie entweder um eine anteilige Vorauszahlung oder um Angaben zu Ihrer Kreditkarte gebeten.

Die Aussichtsterrasse im Dolce Vita *(siehe S. 161)* in Ajaccio

Clubs und Résidences

An der Küste kann man in Ferienclubs und Résidences genannten Ferienanlagen den Urlaub in noch entspannterer Atmosphäre als im Hotel verbringen. Die Bandbreite reicht von einfachen Zimmern in Bungalows mit angeschlossenem Restaurant und Animation bis zu Wohnungen für Selbstversorger.

In allen Clubs sind Unterhaltungsprogramme, ein oder mehrere Pools sowie vielfältige Sportangebote wie Tennis, Windsurfen, Tauchen oder

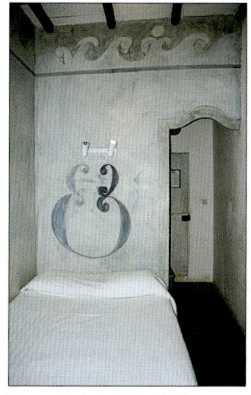

Zimmer in der Casa Musicale *(siehe S. 160)* in Pigna

Segeln selbstverständlich. Einige Clubs bieten ihren Gästen sogar einen Babysitter-Service.

Zu den besten Adressen zählen die Feriendörfer von Club Med in Cargèse und Sant'Ambroggio in der Nähe von Calvi.

Die Preise für All-inclusive-Angebote berechnen sich pro Urlaubswoche. In diesen Pauschalangeboten ist alles – sogar die Drinks an der Bar – enthalten. In manchen Clubs mietet man hingegen nur die Unterkunft und entscheidet vor Ort, welche Serviceleistungen, Sport- und Unterhaltungsangebote man in Anspruch nimmt.

Sofern man länger als eine Woche auf Korsika bleiben und dabei nicht auf Bequemlichkeit und Unabhängigkeit verzichten möchte, lohnt sich unter Umständen die Anmietung eines Ferienhauses.

Über Clubs können Sie sich bei den jeweiligen Veranstaltern informieren. Näheres zu den Résidences erfahren Sie beim **Syndicat National des Résidences de Tourisme** in Paris. Broschüren sind zudem bei der **Agence du Tourisme de la Corse** erhältlich. Listen von privat vermieteten Ferienhäusern und -wohnungen der jeweiligen Gebiete geben die lokalen Touristeninformationen aus.

Camping

Ein Campingurlaub ist eine preiswerte Alternative zu Club und Hotel. Die meisten der etwa 200 Zeltplätze Korsikas liegen zwischen Bonifacio und Porto-Vecchio, an der Küste der Balagne und am Golfe d'Ajaccio. In der Mehrzahl haben sie von Ostern bis Oktober geöffnet. Ganzjährige Campingplätze sind dagegen die Ausnahme.

Die Plätze unterscheiden sich erheblich bezüglich Service und Ausstattung. Einige sind nur sehr einfach ausgestattet, warten mit minimalen sanitären Einrichtungen und einigen Bäumen als Schattenspender auf. Andere bieten Swimmingpools, Sportmöglichkeiten, Supermärkte, Pizzerias (bisweilen auch Restaurants) und Waschsalons. Auf manchen Plätzen kann man Bungalows mit Bad und Küche für zwei bis vier Personen mieten.

Auf einigen Bauernhöfen kann man sein Zelt gegen eine geringe Gebühr aufschlagen und die sanitären Einrichtungen vor Ort nutzen.

Es ist jedoch verboten, wild zu campen oder am Strand zu zelten. Wer auf Privatland übernachtet, muss den Besitzer um Erlaubnis fragen.

Am besten reserviert man seinen Zeltplatz – vor allem bei längeren Aufenthalten – bereits länger im Voraus.

Camping ist eine preiswerte, naturverbunde Alternative zum Hotel

Selbstversorger

Mini-Apartment in Bonifacio oder Villa mit Garten und Swimmingpool in der Balagne: Domizile für Selbstversorger *(locations saisonnières)* sind eine kostengünstige Alternative für Familien (vor allem mit Kleinkindern) oder befreundete Reisende.

Sie sollten insbesondere dann in Betracht gezogen werden, wenn der geplante Aufenthalt auf Korsika zwei oder mehrere Wochen dauern soll. Für einen einwöchigen Urlaub lohnen sich diese Quartiere meist wegen der stets gleichen Fixkosten, etwa für die Reinigung, weniger.

Auf Korsika gibt es eine Vielzahl verschiedenster Häuser und Wohnungen zu mieten – buchen Sie Ihr Traumobjekt jedoch besser vorab. Die lokalen Fremdenverkehrsbüros geben Listen mit Ferienhäusern aus, auch Immobilienmakler bieten bisweilen kurzfristig zu mietende Wohnungen und Häuser an.

Bevor Sie den Mietvertrag abschließen, sollten Sie um eine genaue Beschreibung des Hauses oder der Wohnung bitten, sich nach Lage und Ausstattung des Domizils, aber auch nach den Angeboten und Einrichtungen in der Umgebung erkundigen. Manchmal entdeckt man zu spät, dass das gemietete Objekt wirklich zu weit vom Strand entfernt ist oder die Betten eigentlich nur Schlafsofas sind. Achten Sie darauf, ob Gas und Strom in der vereinbarten Miete enthalten sind. Dies gilt beispielsweise auch für die Benutzung von Pool und Garten.

In den Berghütten finden Wanderer eine gemütliche Unterkunft

Chambres d'hôtes

Die französische Version des Bed and Breakfast heißt *Chambres d'hôtes*. Dies sind privat vermietete Zimmer mit Frühstück. Die Unterkünfte eignen sich für Gäste, die viel herumreisen und Korsika etwas besser kennenlernen möchten. Adressen von *Chambres d'hôtes* erhält men bei den lokalen Fremdenverkehrsbüros.

Hütten und Herbergen

Auf Korsika konzentrieren sich die vielen Berg- und Schutzhütten (*Refuges* und *Gîtes d'étape*) vor allem entlang des Fernwanderwegs GR20 *(siehe S. 22–27 und 188)*. Sie sind auf den offiziellen IGN-Karten eingezeichnet. Die eher kleinen Hütten bieten 20 bis 50 Schlafplätze (oft in Schlafsälen) und meist nur einen Duschraum. Die *Gîtes d'étape* sind auch für Selbstversorger eingerichtet.

Auf den von Juni bis September bewirtschafteten Hütten findet man in der Hochsaison nur schwer Platz – Reservierungen sind nicht möglich. Man kann dort jedoch immer biwakieren. In

Malerisches Domizil im Landesinneren – Ferien auf dem Bauernhof à la Corse

einigen wenigen Hütten kann man zudem Essen (etwa Käse und Wurst) sowie Getränke kaufen.

Die beiden einzigen, preiswerten Jugendherbergen *(Relais de Jeunesse)* Korsikas finden sich in Calvi.

Ferien auf dem Bauernhof

Einfache Unterkünfte in traumhaft schöner Landschaft bieten die *Gîtes ruraux*. Leider gibt es bislang nur wenige Angebote dieser Art auf Korsika, doch die wenigen bieten einen angenehmen, preiswerten Urlaub, bei dem man nebenbei interessante Einblicke in das korsische Landleben und die hiesigen Traditionen erhält.

Die Höfe werden mit ein bis vier Weizenähren von der **Maison des Gîtes de France** ausgezeichnet. Oft kann man nicht nur Zimmer (in der Regel mit Bad und Frühstück), sondern auch ganze Wohnungen mit Küche und Bad mieten, die in umgebauten Ställen oder ehemaligen Kelterräumen eingerichtet wurden.

Da alle Gäste am selben Tisch essen, eignen sich die Unterkünfte nicht unbedingt für Einzelgänger. Sie sind jedoch ideal für Gäste, die keine steifen Hotels mögen, und für Familien mit Kindern, die sich hier austoben können. Die angegebenen Preise umfassen den Höchstpreis für ein Doppelzimmer mit Frühstück inklusive Steuern und Service.

AUF EINEN BLICK

Information

Agence du Tourisme de la Corse
17, bd du Roi Jérôme, Ajaccio.
📞 *04 95 51 77 77.*
www.visit-corsica.com

Résidences

Arinella
Route du Bord de Mer, Lumio.
📞 *04 95 60 60 60.*
www.arinella.com

Baies des Voiles
Santa Manza, Bonifacio.
📞 *04 95 73 03 55.*

Belvédère de Palombaggia
Route de Palombaggia, Porto-Vecchio.
📞 *04 95 70 95 70.*
www.palombaggia.com

Carole Leandri
Pian di Leccia, Baracci, Propriano.
📞 *04 95 76 19 48.*

Les Pins
Route de Porto, Calvi.
📞 *04 95 65 28 20.*

Sarl Immobilière de Balagne
Cocody Village, Baie de Sant'Ambroggio, Lumio.
📞 *04 95 60 72 76.*
www.cocodyvillage.fr

Syndicat National des Résidences de Tourisme
Paris.
📞 *01 47 38 35 60.*
www.snrt.fr

Le Thyrrénéen
Solenzara.
📞 *04 95 57 47 59.*

Campingplätze

Arinella Bianca
Ghisonaccia.
📞 *04 95 56 04 78.*
www.arinellabianca.com

Barbicaja
Route des Sanguinaires, Ajaccio.
📞 *04 95 52 01 17.*

Belgodère
Camping Campéole, Hameau Lozari.
📞 *04 95 60 20 20.*

Benista
Pisciatello, Porticcio.
📞 *04 95 25 19 30.*

Le Clos du Mouflon
Route de Porto, Calvi.
📞 *04 95 65 03 53.*

Dolce Vita
Route de Bastia, Lieu-dit Ponte Bambino.
📞 *04 95 65 05 99.*
www.dolce-vita.org

Kallisté
Route de la Plage, St-Florent.
📞 *04 95 37 03 08.*

Kalypso
Route Nationale 198, Santa Maria, Poghju.
📞 *04 95 38 56 74.*

Marina d'Aléria
Boîte Postale 11, Aléria.
📞 *04 95 57 01 42.*

Les Oliviers
Porto (Ota).
📞 *04 95 26 14 49.*

Ostriconi
Palasca.
📞 *04 95 60 10 05.*

La Pinède
Lieu-dit Serrigio, St-Florent.
📞 *04 95 37 07 26.*

Torraccia
Baghiuccia, Cargèse.
📞 *04 95 26 42 39.*

U Prunelli
Pont du Prunelli, Porticcio.
📞 *04 95 25 19 23.*

Immobilienmakler

Agence du Golfe
111, cours Napoléon, Ajaccio.
📞 *04 95 22 19 09.*

Agence Sud Corse Immobilier
6, route de la Corniche, Propriano.
📞 *04 95 70 30 69.*

Bastia Immobilier
45, bd Paoli, Bastia.
📞 *04 95 32 78 49.*

Calvi Balagne
8, bd Wilson, Calvi.
📞 *04 95 65 11 40.*

Immobilier Alias
Marina di Fiori, Porto-Vecchio.
📞 *04 95 70 21 30.*

Millénaire Immobilier
12, rue St-Jean-Baptiste, Bonifacio.
📞 *04 95 73 59 51.*

Chambres d'hôtes

A Pignata
Route du Pianu, Levie.
📞 *04 95 78 41 90.*

A Tinedda
Sartène.
📞 *04 95 77 09 31.*

Jean-Jacques Bartoli
Tasso.
📞 *04 95 24 50 54.*

Kyrn Flor
Route Nationale 193, U San Gavinu, Corte.
📞 *04 95 61 02 88.*

Stéphane Natalini
Ferme-Auberge, Altu Pratu, Erbajolo.
📞 *04 95 48 80 07.*

Jugendherbergen

U Carabellu
Route de Pietramaggiore, Calvi.
📞 *04 95 81 27 63.*
www.clajsud.fr

Bauernhöfe

Gîtes de France Corse
77, cours Napoléon, Boîte Postale 10, Ajaccio.
📞 *04 95 10 06 14.*
www.gites-corsica.com

Maison des Gîtes de France et du Tourisme Vert
Paris.
📞 *01 49 70 75 75.*
www.gites-de-france.fr

Hotelauswahl

Die Hotels wurden nach Qualität, Lage, Service und Preis-Leistungs-Verhältnis ausgewählt. Alle Zimmer haben Bad oder Dusche. Rollstuhlfahrer sollten vorab nachfragen, ob das Hotel entsprechend ausgestattet ist *(siehe S. 197)*. Die Kartenverweise beziehen sich auf die Straßenkarte auf den hinteren Umschlaginnenseiten.

PREISKATEGORIEN
Die Preise gelten für ein Doppelzimmer mit Bad in der Hauptsaison, inkl. Steuern und Service, aber ohne Frühstück:

€ unter 65 Euro
€€ 65–100 Euro
€€€ 100–150 Euro
€€€€ 150–200 Euro
€€€€€ über 200 Euro

Bastia und Nordküste

ALGAJOLA Hôtel Beau Rivage — €€€
Rue A. Marina, Algajola, 20220 **C** *04 95 60 73 99* FAX *04 95 60 79 51* **Zimmer** 34 — **Straßenkarte** C2

Das Beau Rivage hat eine Terrasse direkt am Strand und eher schlichte Zimmer, einige davon allerdings mit Balkon. Das Restaurant bietet gutes Essen sowie Meerblick. Genießen Sie die Stille hier – Algajola ist noch immer eine verschlafene Küstenstadt mit authentischer korsischer Kultur. **www.hotel-beau-rivage.com**

ARGENTELLA Auberge Ferayola — €€
Argentella, 20260 **C** *04 95 65 25 25 oder 06 10 82 07 33* FAX *04 95 65 20 78* **Zimmer** 10 — **Straßenkarte** B2

Die Auberge Ferayola zwischen Calvi und Porto ist eines der wenigen Hotels an diesem kurvigen Abschnitt der Westküstenstraße. Geboten werden Zimmer und Bungalows sowie Ruhe fernab der Urlaubermassen. Der herrliche Argentella-Strand liegt zehn Gehminuten entfernt. ● *Ende Sep – Apr.* **www.ferayola.com**

BASTIA Hôtel Central — €€
3, rue Miot, 20200 **C** *04 95 31 71 12* FAX *04 95 31 82 40* **Zimmer** 22 — **Straßenkarte** D2

Das Hôtel Central bietet Charme, exzellente Lage und freundliches Personal. Eine Kombination aus klassisch französischem Dekor (Terrakottafliesen, gemusterte Tapeten) und raumsparenden modernen Elementen (verspiegelte Badtüren) kennzeichnet die Zimmer. Frühstück gibt es in einem gemütlichen Raum. **www.centralhotel.fr**

BASTIA Hôtel Posta Vecchia — €€
Quai des Martyrs de la Libération, 20200 **C** *04 95 32 32 38* FAX *04 95 32 14 05* **Zimmer** 49 — **Straßenkarte** D2

Im Herzen der Stadt, in der Nähe des quirligen, farbenfrohen alten Hafens mit vielen Restaurants und Cafés, findet man dieses Hotel. Bitten Sie um ein Zimmer, das nach vorn geht, damit Sie die Anwohner beim Abendspaziergang am Kai beobachten können. Parkplätze vorhanden. **www.hotel-postavecchia.com**

BASTIA Hôtel Pietracap — €€€
Rte San Martino, San Martino di Lota, 20200 **C** *04 95 31 64 63* FAX *04 95 31 39 00* **Zimmer** 39 — **Straßenkarte** D2

Das überaus behagliche Hotel bietet eine wunderschöne Lage an Bastias Küstenstraße. Ein Park mit alten Olivenbäumen trennt das Hotel vom Meer. Eines der Highlights ist der große Swimmingpool, an dem es auch Snacks gibt. Eigene Parkplätze. ● *Dez – März.* **www.hotel-pietracap.com**

BASTIA Les Voyageurs — €€€
9, avenue Maréchal Sébastiani, 20200 **C** *04 95 34 90 80* FAX *04 95 34 00 65* **Zimmer** 24 — **Straßenkarte** D2

Das Hotel unweit des Bahnhofs rühmt sich seiner schnörkellosen, hellen und geräumigen Zimmer, die alle mit Reisemotiven verziert sind. In einer Stadt, deren Hotels wenig öffentliche Bereiche bieten, ist die Lobby dieses Hauses ein idealer Ort für Geschäftsbesprechungen. **www.hotel-lesvoyageurs.com**

BASTIA Hôtel Ostella — €€€€
Av Sampiero Corso, Sortie Sud Bastia, 20600 **C** *04 95 30 97 70* FAX *04 95 33 11 70* **Zimmer** 52 **Straßenkarte** D2

Dem Hotel im Gewerbegebiet auf den ersten Blick fehlt es zwar am Geschichte und Charme, doch es bietet erstklassigen Komfort. Dazu gehören ein türkisches Bad, ein Fitness-Center, ein Pool und ein hervorragendes Restaurant. Die Zimmer sind sonnig und hell, alle haben Balkon. **www.hotel-ostella.com**

CALENZANA A Flatta — €€€
Calenzana, 20214 **C** *04 95 62 80 38* FAX *04 95 62 86 30* **Zimmer** 5 — **Straßenkarte** C2

Folgen Sie von Calenzana aus den Schildern zu diesem drei Kilometer entfernten, herrlich gelegenen Rückzugsort. Das A Flatta wird Sie nicht enttäuschen: Es bietet seinen Gästen einen Pool mit grandioser Aussicht über die Landschaft und darüber hinaus ein exzellentes Restaurant. **www.aflatta.com**

CALVI Hostellerie de l'Abbaye — €€€
Route Santore, 20260 **C** *04 95 65 04 27* FAX *04 95 65 30 23* **Zimmer** 43 — **Straßenkarte** B2

Das hübsche, von Efeu bedeckte Hotel wurde auf den Mauern einer Abtei aus dem 16. Jahrhundert errichtet. Es steht in einem makellos gepflegten Garten an einem Hang über dem Hafen, abseits der Straße. Zu Fuß ist man in fünf Minuten im Stadtzentrum. ● *Winter.* **www.hostellerie-abbaye.com**

Zeichenerklärung siehe hintere Umschlagklappe

CALVI Hôtel Balanea €€€
6, rue Clemenceau, 20260 **04 95 65 94 94** FAX *04 95 65 29 71* **Zimmer** *38* **Straßenkarte** *B2*

Das komfortable Hotel im Zentrum bietet eine wunderbare Aussicht über die Bucht bis zu den Bergen. Die Zimmer sind groß, schön dekoriert und haben geräumige Badezimmer. Abends können Sie sich zu der kosmopolitischen Schar in den vielen Restaurants am Hafen gesellen. *Sep, Okt.* www.hotel-balanea.com

CALVI Hôtel Christophe Colomb €€€
Place Christophe Colomb, 20260 **04 95 65 06 04** FAX *04 95 65 29 65* **Zimmer** *25* **Straßenkarte** *B2*

Das renovierte Hotel gegenüber von Calvis Zitadelle und nahe dem Hafen bietet sonnige Zimmer, farbenfrohe Kunstwerke und alte Fotografien an den Wänden sowie internationale Zeitschriften in der Lobby. Angenehmes Haus mit heimeligem Flair. *Nov–März.* www.hotelchristophecolombe.com

CALVI Hôtel Le Magnolia €€€
Rue Alsace Lorraine (Place du Marché), 20260 **04 95 65 19 16** FAX *04 95 65 34 52* **Zimmer** *11* **Straßenkarte** *B2*

Le Magnolia ist eine schöne Villa (19. Jh.) im Zentrum. Das romantisch-elegante Hotel ist am schönsten im Spätfrühling, wenn der riesige, 100 Jahre alte Magnolienbaum im Garten blüht. Die Zimmer sind klein, in der Hauptsaison kann es durch die zentrale Lage auch etwas lauter werden. *Nov–Apr.* www.hotel-le-magnolia.com

CALVI Les Clos des Amandiers €€€
Route de Pietramaggiore, 20260 **04 95 65 08 32** FAX *04 95 65 37 76* **Zimmer** *24* **Straßenkarte** *B2*

Das Hotel, ein beschauliches rustikales Refugium, hat einen großen Pool sowie eine Terrasse mit Mandelbäumen, auf der man zu Abend essen kann. Das Haus liegt perfekt für nicht motorisierte Feriengäste – zum Zentrum und zur Avenue Christophe Colomb sind es zu Fuß gerade einmal zehn Minuten. www.clos-des-amandiers.com

CALVI Hôtel Saint-Christophe €€€€
Place Bel'Ombra, 20260 **04 95 65 05 74** FAX *04 95 65 37 69* **Zimmer** *48* **Straßenkarte** *B2*

Das moderne Hotel nahe der Zitadelle liegt nur ein paar Schritte von Calvis besten Stränden und vom Hafen entfernt. Es bietet komfortable Zimmer mit schönem Meerblick sowie ein Panoramarestaurant. Frühstück gibt es im Restaurant oder auf der Terrasse. Freundliches Personal. www.saintchristophecalvi.com

CALVI Château Hôtel La Signoria €€€€€
Route de la Forêt de Bonifato, 20260 **04 95 65 93 00** FAX *04 95 65 38 77* **Zimmer** *24* **Straßenkarte** *B2*

Für das luxuriöse Hôtel zwischen dem Flughafen St-Catherine und der Stadt brauchen Sie ein Auto. Erholen Sie sich im Eukalyptus-Garten, am Privatstrand oder am Pool, im türkischen Bad und im Gourmetrestaurant, oder lassen Sie sich vom hauseigenen Masseur verwöhnen. *Mitte Jan–Apr.* www.auberge-relais-lasignoria.com

CALVI La Villa €€€€€
Chemin Notre Dame de la Serra, 20260 **04 95 65 10 10** FAX *04 95 65 10 50* **Zimmer** *57* **Straßenkarte** *B2*

Luxus pur: La Villa auf einem Hügel über Calvi bietet einen Infinity-Pool mit Liegefläche, ein Restaurant mit Blick auf die Zitadelle sowie einzel stehende Villen mit eigenem Pool. Das kleine Paradies ist auf Ruhe bedacht, weshalb in den öffentlichen Bereichen sogar die Benutzung von Handys verboten ist. www.hotel-lavilla.com

CALVI The Manor (Chambres d'hôtes) €€€€€
Chemin Saint-Antoine, 20260 **04 95 62 72 42** FAX *04 95 62 72 42* **Zimmer** *4* **Straßenkarte** *B2*

Das wunderschön restaurierte Haus mit großem Grundstück liegt eineinhalb Kilometer außerhalb der Stadt. Zwei Zimmer haben eine Verbindungstür und können als Suite angemietet werden. Oder man reserviert gleich das ganze Haus samt Personal. Das Frühstück ist inklusive. www.manor-corsica.com

CENTURI Le Vieux Moulin €€€
Centuri Port, 20238 **04 95 35 60 15** FAX *04 95 35 60 24* **Zimmer** *18* **Straßenkarte** *D1*

Le Vieux Moulin ist ein umgebautes Gebäude im Stil eines amerikanischen Wohnhauses aus dem 19. Jahrhundert im Fischerdörfchen Centuri in der nordwestlichen Ecke des Cap Corse. Die Aussicht auf den Hafen ist grandios. Das Gourmetrestaurant *(siehe S. 173)* ist eines der besten auf der Halbinsel. www.le-vieux-moulin.net

ERBALUNGA Hôtel Demeure Castel Brando €€€
Erbalunga, 20222 **04 95 30 10 30** FAX *04 95 33 98 18* **Zimmer** *44* **Straßenkarte** *D1*

Dies ist eines der zauberhaftesten Hotels der Insel in einer der malerischsten Ortschaften. Im ummauerten Garten kann man unter Olivenbäumen frühstücken. Zum Strand braucht man fünf Minuten. Das Dekor des Hauses ist eine Mischung aus Eleganz und Komfort. *Nov–März.* www.castelbrando.com

L'ÎLE ROUSSE Hôtel Le Grillon €€
10, avenue Paul Doumer, 20220 **04 95 60 00 49** FAX *04 95 60 43 69* **Zimmer** *16* **Straßenkarte** *C2*

Die exzellente und preiswerte Unterkunft im hübschen Küstenort L'Île Rousse liegt nur fünf Gehminuten vom Hauptplatz entfernt. Das Personal ist sehr freundlich, die Gästezimmer sind schlicht und sauber – fragen Sie nach einem Zimmer im rückwärtigen Teil, sie sind am ruhigsten. *Nov–Feb.* www.hotel-grillon.net

L'ÎLE ROUSSE L'Escale Hôtel Côté Sud €€€
22, rue Notre-Dame, 20220 **04 95 63 01 70** FAX *04 95 39 22 10* **Zimmer** *14* **Straßenkarte** *C2*

Das Hotel L'Escale über dem gleichnamigen Restaurant schafft mit modernen Farben und ebensolchem Design ein zeitgenössisches Flair. Von den verspiegelten Fenstern blickt man auf das wenige Meter entfernt beginnende Meer – der Sonnenuntergang ist fantastisch. Sehr zuvorkommendes Personal. www.hotel-ilerousse.com

Straßenkarte *siehe hintere Umschlaginnenseiten*

HOTELS

L'ÎLE ROUSSE Splendid Hôtel
Avenue Comte Valéry, 20220 ☎ 04 95 60 00 24 FAX 04 95 60 04 57 **Zimmer** 51 — **Straßenkarte** C2

Das Highlight des Splendid ist sein großer Swimmingpool. Die strohgedeckte Bar inmitten von Palmen unterstreicht das exotische Inselflair. Die Zimmer haben helle Wände und große Fenster und sind schlicht eingerichtet. Das Frühstück ist im Preis inbegriffen. ● *Nov–März.* **www.le-splendid-hotel.com**

L'ÎLE ROUSSE Hôtel Napoléon Bonaparte
3, place Paoli, 20220 ☎ 04 95 60 06 09 FAX 04 95 60 11 51 **Zimmer** 100 — **Straßenkarte** C2

Das Napoléon Bonaparte war einst die Residenz von Mohammed V., dem im Exil lebenden Sultan von Marokko. Paul Theroux wohnte hier 1978, als er die Insel erkundete. Das Hotel verströmt noch immer Grandeur, auch wenn es heute zumeist Pauschalurlauber beherbergt. Rufen Sie an, um nach freien Zimmern zu fragen. ● *Ende Okt–Apr.*

L'ÎLE ROUSSE Hôtel Santa Maria
Route du Port, 20220 ☎ 04 95 63 05 05 FAX 04 95 60 32 48 **Zimmer** 57 — **Straßenkarte** C2

Das bezaubernde Hotel an der Straße nach L'Île Rousse hat einen eigenen kleinen Strand. In ein paar Minuten ist man zu Fuß auf dem Hauptplatz der Stadt mit vielen Läden und Restaurants. Alle Zimmer haben eine Terrasse mit Berg- oder Meerblick. Im Juli und August gibt es im Restaurant auch Mittagessen. **www.hotelsantamaria.com**

MACINAGGIO U Libecciu
Rte de la Plage, 20248 ☎ 04 95 35 43 22 FAX 04 95 35 46 08 **Zimmer** 30, plus 10 Apartments — **Straßenkarte** D1

Das Hotel beim Hafen von Macinaggio ist eine gute Basis für die Erkundung des nördlichen Teils von Cap Corse. Das Dekor ist vielleicht etwas altmodisch, der Infinity-Pool und der Privatstrand fügen jedoch einen modernen Touch hinzu. Der Concierge organisiert gern Ausflüge und andere Aktivitäten. ● *Nov–März.* **www.u-libecciu.com**

NONZA Casa Lisa (Chambres d'hôtes)
Paule Patrizi Olmeta, 20217 ☎ 04 95 37 83 52 oder 06 11 70 45 73 **Zimmer** 5 — **Straßenkarte** D1

Das hoch über einem schwarzen Sandstrand liegende Nonza ist einen Besuch wert. Casa Lisas oft ausgebuchte Zimmer muss man weit im Voraus reservieren – von hier sieht man die Sonne abends über dem Meer untergehen. Den gleichen Blick bietet die Terrasse, auf der die Gäste ihren Abendcocktail genießen können. **casalisa.free.fr**

PATRIMONIO U Lustincone
Route de Cap, 20253 ☎ 04 95 37 15 28 FAX 04 95 37 15 28 **Zimmer** 9 — **Straßenkarte** D2

Für Weinliebhaber ist ein Ausflug in die Region um Patrimonio Pflicht. Übernachten kann man im U Lustincone, einem Hotel mit gutem Restaurant. Die meisten Kellereien der Gegend bieten Führungen an und übernehmen den Transport der hier eingekauften Weine an die Heimatadresse der Kunden. ● *Okt–Apr.* **www.u-lustincone.com**

PIETRACORBARA Macchia e Mare
Marine de Pietracorbara, 20233 ☎ 04 95 35 21 36 FAX 04 95 36 67 25 **Zimmer** 10 — **Straßenkarte** D1

Im Macchia e Mare unweit Pietracorbaras weitläufigem Sandstrand hat man die Wahl zwischen Zimmern mit Terrasse und solchen mit kleinem Garten. Fast das ganze Jahr über geht es in Pietracorbara sehr geruhsam zu. Man kann hier auch herrliche Wanderungen unternehmen. Frühstück ist im Preis inbegriffen. **www.macchia-e-mare.com**

PIGNA Casa Musicale
Pigna, 20220 ☎ 04 95 61 77 31 FAX 04 95 61 77 80 **Zimmer** 9 — **Straßenkarte** C2

Pigna war in den 1960er Jahren das erste Balagne-Dorf, das sich um den Erhalt seines kulturellen Erbes bemühte. In dem kleinen Hotel, zugleich Pignas Kulturzentrum, findet alljährlich das Estivoce, ein Festival traditioneller korsischer Musik, statt. Die Gästezimmer sind nach Musikrichtungen benannt. ● *Jan–Mitte Feb.* **www.casa-musicale.org**

SAINT-FLORENT Hôtel du Centre
Rue du Centre, 20217 ☎ 04 95 37 00 68 FAX 04 95 37 41 01 **Zimmer** 12 — **Straßenkarte** D2

Das Hôtel du Centre ist eine preisgünstige Unterkunft mitten in der Altstadt. Die Zimmer sind zwar eher klein, doch die zentrale Lage ist einfach unschlagbar. Die Gäste haben in unmittelbarer Umgebung die Wahl unter unzähligen Bars und Restaurants.

SAINT-FLORENT Hôtel de l'Europe
Place des Portes, 20217 ☎ 04 95 37 00 03 FAX 04 95 37 17 36 **Zimmer** 19 — **Straßenkarte** D2

Das Hôtel de l'Europe ist nicht das billigste der Stadt, doch die Zimmer des Familienbetriebs sind hübsch: Terrakottaböden, weiße Leinenwäsche und dunkle Holzmöbel. Bitten Sie um ein Zimmer zum Hafen hin. Das exzellente Restaurant L'Auberge *(siehe S. 175)* befindet sich im selben Haus. ● *Dez–Juni.* **www.hotel-europe2.com**

SAINT-FLORENT Hôtel Maxime
Route La Cathédrale, 20217 ☎ 04 95 37 05 30 FAX 04 95 37 13 07 **Zimmer** 19 — **Straßenkarte** D2

Abseits der Straße zur Kathedrale Santa Maria Assunta (12. Jh.) steht diese Villa, eine Oase der Ruhe und doch nur fünf Gehminuten vom turbulenten Hafen Saint-Florents entfernt. Die hübschen, luftigen Zimmer im obersten Stock bieten eine grandiose Sicht übers Meer. ● *Ende Okt–Jan.*

SAINT-FLORENT Dolce Notte
Plage de l'Ospedale, Route de Bastia, 20217 ☎ 04 95 37 06 65 FAX 04 95 37 10 70 **Zimmer** 20 — **Straßenkarte** D2

Etwas außerhalb der Stadt, in Richtung Cap Corse, steht dieses Refugium für Sonnenanbeter direkt am Strand. Die Zimmer im Erdgeschoss haben eine (gemeinsam genutzte) Terrasse. Ein wunderbarer Ort, um den Sonnenuntergang zu bestaunen. ● *Ende Okt–Ende März.* **www.hotel-dolce-notte.com**

Preiskategorien *siehe S. 158* **Zeichenerklärung** *siehe hintere Umschlagklappe*

Ajaccio und Westküste

AJACCIO Hôtel du Palais
📋⓪ €€
5, avenue Bévérini Vico, 20000 📞 *04 95 22 73 68* FAX *04 95 20 67 11* **Zimmer** *8*   **Straßenkarte** *B4*

Die preisgünstige, sehr angenehme Unterkunft liegt etwa zehn Gehminuten von Ajaccios Altstadt entfernt. Nutzen Sie die Lage des Hotels, und bummeln Sie durch die umliegenden Straßen, um einen Eindruck vom Alltagsleben in dieser schönen Stadt zu bekommen. Frühstück inklusive. www.hoteldupalaisajaccio.com

AJACCIO Hôtel Kallisté
🛏📋 €€
51, cours Napoléon, 20000 📞 *04 95 51 34 45* FAX *04 95 21 79 00* **Zimmer** *48*   **Straßenkarte** *B4*

Obwohl das Hotel am verkehrsreichen Cours Napoléon steht, sind die sauberen Zimmer des Kallisté erstaunlich ruhig. Schmiedeeiserne Treppengeländer und unverputzte Steinwände geben dem Gebäude von 1864 einen rustikalen Touch. Das Haus liegt unweit von Bahnhof und Busbahnhof. www.hotel-kalliste-ajaccio.com

AJACCIO Hôtel Fesch
🛏📋 €€€
7, rue Cardinal Fesch, 20000 📞 *04 95 51 62 62* FAX *04 95 21 83 36* **Zimmer** *77*   **Straßenkarte** *B4*

Das renommierte Hotel in einer verkehrsberuhigten Straße im Zentrum ist eine gute Ausgangsbasis für Ausflüge zu historischen Stätten in der Gegend. Zu Fuß ist man in ein paar Minuten an Napoléon Bonapartes Haus und am Museum des Palais Fesch. Die großen Zimmer haben solides Mobiliar. www.hotel-fesch.com

AJACCIO Hôtel Marengo
📋⓪ €€€
2, rue Marengo, 20000 📞 *04 95 21 43 66* FAX *04 95 21 51 26* **Zimmer** *18*   **Straßenkarte** *B4*

Dies ist eines der nettesten Hotels der Stadt mit kleinem Obst- und Blumengarten, es liegt nur einen Kilometer westlich der Altstadt und unweit vom Strand. Seit Langem ist das wunderbar abgeschieden wirkende Haus vor allem bei preisbewussten Reisenden beliebt. www.hotel-marengo.com

AJACCIO Hôtel Napoléon
🛏📋📺 €€€
4, rue Lorenzo Vero, 20181 📞 *04 95 51 54 00* FAX *04 95 21 80 40* **Zimmer** *62*   **Straßenkarte** *B4*

Das etwas verschlissene Napoléon hat eine exzellente Lage – mitten im Stadtzentrum, nahe dem Hafen und dem Casino, gleich hinter dem Postamt – sowie überaus freundliche, hilfsbereite Angestellte. Fragen Sie nach einem Zimmer zum malerischen Zitrusgarten hin. Kostenloses WLAN. www.hotelnapoleonajaccio.fr

AJACCIO Hôtel San Carlu
🛏📋📺 €€€
8, boulevard Danielle Casanova, 20000 📞 *04 95 21 13 84* FAX *04 95 21 09 99* **Zimmer** *40*   **Straßenkarte** *B4*

Die Zimmer des San Carlu sind zwar eher klein, aber die Lage des Hotels ist unschlagbar: am Rand der Altstadt, zwei Gehminuten von Napoléons Geburtshaus entfernt. Die Gäste können übers Meer und auf die imposante Zitadelle aus dem 15. Jahrhundert blicken. ● *Mitte Dez–Jan.* www.hotel-sancarlu.com

AJACCIO Stella di Mare
🍴🛏📋📺⓪ €€€
Route des Îles Sanguinaires, 20000 📞 *04 95 52 01 07* FAX *04 95 52 08 69* **Zimmer** *60*   **Straßenkarte** *B4*

Das Stella di Mare ist ein erschwingliches Hotel direkt am Strand. Die Gäste können den Pool nutzen und auf der Terrasse einen Aperitif nehmen, während sie dabei zusehen, wie der Sonnenuntergang die Îles Sanguinaires blutrot färbt. ● *Ende Okt–Ende März.* www.hotel-stelladimare.com

AJACCIO Hôtel du Golfe
🛏📋📺⓪ €€€€
45, boulevard Roi Jérôme, 20000 📞 *04 95 21 47 64* FAX *04 95 21 71 05* **Zimmer** *50*   **Straßenkarte** *B4*

Das Hotel in Ajaccios Zentrum, gegenüber dem täglichen Lebensmittelmarkt, bietet Aussicht auf den belebten Hafen. Es ist für Urlauber ohne eigenen Wagen ideal, denn die öffentlichen Verkehrsmittel sind in unmittelbarer Nähe. Das Frühstück ist im Preis inbegriffen. ● *Nov–Mitte März.* www.hoteldugolfe.com

AJACCIO Hôtel Palazzu u Domu
🛏📋📺⓪ €€€€
17, rue Bonaparte, 20000 📞 *04 95 50 00 20* FAX *04 95 50 02 19* **Zimmer** *45*   **Straßenkarte** *B4*

Das Palazzu u Domu, eines der wenigen Hotels in Ajaccios Altstadt, verströmt dezente Eleganz. Jedes der individuell gestalteten Zimmer mit Steinböden und sanften natürlichen Farben ist einfach wunderschön. Das Gebäude selbst war einst das Wohnhaus des Grafen Pozzo di Borgo. www.palazzu-domu.com

AJACCIO Eden Roc
🛏🍴♨📋📺⓪ €€€€€
Route des Îles Sanguinaires, 20000 📞 *04 95 51 56 00* FAX *04 95 52 05 03* **Zimmer** *36*   **Straßenkarte** *B4*

Das exquisite Eden Roc wird seinem paradiesisch anmutenden Namen gerecht. Die Zimmer bieten Aussicht auf den Golf von Ajaccio und die Îles Sanguinaires. Den Tag verbringt man entweder am Pool oder am Privatstrand – oder man lässt sich im Wellness-Bereich oder im türkischen Bad verwöhnen. www.edenroc-corsica.fr

AJACCIO Hôtel Dolce Vita
🍴♨📋📺⓪ €€€€€
Route des Îles Sanguinaires, 20000 📞 *04 95 52 42 42* FAX *04 95 52 07 15* **Zimmer** *32*   **Straßenkarte** *B4*

In den 1970er Jahren war das Dolce Vita das Lieblingshotel der französischen Prominenz – noch immer steht es für Luxus und Eleganz. Dinieren Sie auf der großen Terrasse mit Meerblick, oder nippen Sie auf einer der vielen Terrassen unter einem Sonnenschirm an einem Cocktail. ● *Ende Okt–Anfang Apr.* www.hotel-dolcevita.com

Straßenkarte *siehe hintere Umschlaginnenseiten*

CARGÈSE Le Continental — €€

Route de Piana, 20130 04 95 26 42 24 **Zimmer** 8 — *Straßenkarte B3*

Das Continental in einem höher gelegenen Teil des Fischerdorfs Cargèse bietet grandiose Sicht aufs Meer und auf die Plage du Péro. Die Zimmer sind schlicht, doch das Personal ist zuvorkommend. Das Restaurant serviert schmackhaftes Essen. Dies ist die beste Unterkunft in Cargèses Zentrum. ● Mitte Dez–Ende Jan. **continentalhotel.free.fr**

CARGÈSE Hôtel Résidence Hélios — €€€

Menasina, 20130 04 95 26 41 24 **Zimmer** 17 — *Straßenkarte B4*

Das von Blumen bewachsene Hélios an einer Bucht bei Cargèse ist meist schon ab Februar ausgebucht, weshalb man frühzeitig reservieren sollte. Die wochenweise vermieteten Apartments für Selbstversorger haben eigene Terrassen und gemeinsame Gärten – ideal für den Familienurlaub. **www.locations-corse-cargese.com**

CARGÈSE Motel Ta Kladia — €€€

Plage du Péro, 20130 04 95 26 40 73 FAX 04 95 26 41 08 **Zimmer** 30 — *Straßenkarte B3*

Genießen Sie ein geruhsames Abendessen unter tropischen Palmen und dazu den Blick auf den Sandstrand. Das Motel Ta Kladia, drei Kilometer außerhalb des Zentrums, ist das nördlichst gelegene Hotel an der schönen Plage du Péro. Die Studios sind für bis zu vier Personen gedacht. **www.motel-takladia.com**

GALÉRIA L'Auberge — €€

Centre du village, 20245 04 95 62 00 15 **Zimmer** 6 — *Straßenkarte B3*

Das von einer Familie geführte kleine Hotel mitten in Galérias altem Kern steht zwischen Steinbauten und Terrassengärten. Die einfachen, aber hübschen Zimmer garantieren einen angenehmen Aufenthalt. Im Restaurant werden herzhafte Spezialitäten der Region serviert. **www.auberge-corse.com**

PIANA Hôtel des Calanches — €

Entrée Village, 20115 04 95 27 82 08 **Zimmer** 17 — *Straßenkarte B3*

Die Zimmer sind sauber und schlicht – die meisten Gäste verbringen den Tag draußen mit der Erkundung der Umgebung. Die atemberaubenden Calanches gehören zum UNESCO-Welterbe, entsprechend stark frequentiert ist die Gegend im Sommer. Reservieren Sie also lange im Voraus. ● Mitte Okt–März. **www.hotel-des-calanches.com**

PIANA Hôtel Continental — €

Piana, 20115 04 95 27 89 00 FAX 04 95 27 84 71 **Zimmer** 17 — *Straßenkarte B3*

Seit 1912 führt die gleiche Familie das ganzjährig geöffnete, einladende Continental. Sie haben die Wahl zwischen einem Zimmer im Hotel im Zentrum (mit Gemeinschaftsbädern) oder einem im etwas teureren, einen Kilometer entfernt stehenden Gebäude. Das Frühstück im Garten ist im Preis inbegriffen. **www.continentalpiana.com**

PIANA Les Roches Rouges — €€€

Route Porto, 20115 04 95 27 81 81 FAX 04 95 27 81 76 **Zimmer** 30 — *Straßenkarte B3*

Dieses prächtige, 1912 erbaute Hotel hat viel Charme sowie große, schlicht möblierte Zimmer mit Blick auf die Bucht von Porto. Die UNESCO kürte die Bucht zu einer der fünf schönsten der Welt. Es gibt auch hervorragende Restaurants, eine hübsche Terrasse und einen Garten. ● Nov–März. **www.lesrochesrouges.com**

PORTO Le Maquis — €

Porto, 20150 04 95 26 12 19 FAX 04 95 26 18 55 **Zimmer** 6 — *Straßenkarte B3*

Le Maquis, ein ruhiges, familiengeführtes Hotel außerhalb der Stadt an der Küstenstraße nach Calvi, bietet fabelhafte Aussicht auf die Berge, komfortable Zimmer und einen Garten. Für ein so unprätentiöses Etablissement serviert das Restaurant überraschend gehobene Küche. Parkplätze vorhanden. ● Nov–Dez. **www.hotel-lemaquis.com**

PORTO Bella Vista Hôtel — €€

Route de Calvi, 20150 04 95 26 11 08 FAX 04 95 26 15 18 **Zimmer** 17 — *Straßenkarte B3*

Das nette Hotel am Nordende der Stadt wird seinem Namen gerecht: Der Blick auf den Hafen und die Stadt ist wirklich schön. Das Frühstück (11 € pro Person) mit Wurst und Käse aus der Region, Quiches und selbst gebackenem Brot ist üppig und vielfältig. ● Nov–März. **www.hotel-bellavista.net**

PORTO Hôtel Le Colombo — €€

Route de Calvi, 20150 04 95 26 10 14 **Zimmer** 15 — *Straßenkarte B3*

Die Zimmer des Colombo sind individuell dekoriert – alle in nautischer Thematik. Überall findet man Muscheln, an jeder Ecke ist man sich bewusst, dass das Meer nicht weit ist. Das Hotel bietet ein umfangreiches korsisches Frühstück (inklusive) und eine großartige Aussicht über Porto. ● Nov–März. **www.hotel-colombo-porto.com**

PORTO Le Subrini — €€€

La Marine de Porto, 20150 04 95 26 14 94 FAX 04 95 26 11 57 **Zimmer** 23 — *Straßenkarte B3*

Direkt an Portos Yachthafen, 20 Meter vom Meer entfernt, steht dieses Hotel – ideal für alle, die mitten im Trubel residieren möchten. Die Zimmer zum Meer hin bieten einen herrlichen Blick aufs Wasser und das Treiben am Hafen. Das Frühstück ist im Preis inbegriffen. Behindertengerechtes Haus. **www.hotels-porto.com/hotel-subrini**

SAGONE Hôtel Cyrnos — €€

Sagone, 20118 04 95 28 00 01 FAX 04 95 28 00 77 **Zimmer** 24 — *Straßenkarte B4*

Sagone hat im Sommer das Flair eines typischen Ferienorts: lebhaft, voller Leute und mit vielen Unterhaltungsangeboten. Das Cyrnos befindet sich im Zentrum all dessen. Sie können vom Zimmer aus direkt an den Strand gehen oder an den Segel- und Tauchausflügen des Hotels teilnehmen. ● Mitte Okt–Mai. **www.hotelcyrnos.com**

Preiskategorien siehe S. 158 **Zeichenerklärung** siehe hintere Umschlagklappe

SERRIERA Hôtel Stella Marina

Plage de Bussaglia, 20147 **C** *04 95 26 11 18* **FAX** *04 95 26 12 74* **Zimmer** 20   **Straßenkarte** B3

Etwas abseits der üblichen Touristenpfade liegt die malerische Plage de Bussaglia, wo Kühe an den beiden Strandrestaurants vorüberstapfen. Vom Stella Marina aus, das fünf Gehminuten entfernt liegt, kann man die Gegend und das nahe gelegene Porto erkunden. ● *Mitte Okt–Mitte Apr.* **www.hotel-stella-marina.com**

SERRIERA Eden Park

Golfe de Porto, 20147 **C** *04 95 26 10 60* **FAX** *04 95 26 14 74* **Zimmer** 35   **Straßenkarte** B3

Ein kleines Eden nahe Porto: Kletterpflanzen, der Duft der Feigenbäume, der Pool und das Wellness-Center sorgen dafür, dass man sich hier wohlfühlen muss. Gönnen Sie sich ein Gourmetmenü im Restaurant L'Acropole und später einen Drink in der Pianobar. Frühstück inklusive. ● *Mitte Okt–Mitte Apr.* **www.hotels-porto.com**

Bonifacio und Südküste

BONIFACIO Hôtel des Étrangers

Avenue Sylvère Bohn, 20169 **C** *04 95 73 01 09* **FAX** *04 95 73 16 97* **Zimmer** 31   **Straßenkarte** C6

Das Hotel am Nordrand der Stadt, gleich beim Hafen, ist eine preisgünstige Unterkunft in dem für seine wohlhabenden Sommerurlauber bekannten Bonifacio. Das mehrsprachige Personal ist sehr zuvorkommend. Die schnörkellosen Zimmer sind sauber, das Frühstück ist lecker. **hoteldesetrangers.ifrance.com**

BONIFACIO Hôtel du Roy d'Aragon

13, quai Comparetti, Port de Plaisance, 20169 **C** *04 95 73 03 99* **FAX** *04 95 73 07 94* **Zimmer** 31   **Straßenkarte** C6

Das vermutlich günstigste Hotel am Quai Comparetti bietet schlichte, aber recht große Zimmer. Fragen Sie nach einem in der oberen Etage. Diese haben Terrassen mit Blick auf den Hafen. Für Gäste mit schmaler Reisekasse gibt es auch billigere Zimmer, aber leider ohne Aussicht. ● *Jan, Feb.* **www.royaragon.com**

BONIFACIO La Caravelle

35–37, quai Comparetti, 20169 **C** *04 95 73 00 03* **FAX** *04 95 73 00 41* **Zimmer** 28   **Straßenkarte** C6

Hotel, Restaurant und Pianobar: La Caravelle bietet viel. Die klassisch-französischen Zimmer haben Blumenmuster – und frische Blumen. Das Hotel steht am lebhaften Quai Comparetti – somit haben die Gäste die Auswahl unter vielen Bars und Restaurants direkt vor der Tür. ● *Nov–März.* **www.hotelrestaurant-lacaravelle-bonifacio.com**

BONIFACIO Hôtel A Trama

Cartarana, route de Santa Manza, 20169 **C** *04 95 73 17 17* **FAX** *04 95 73 17 79* **Zimmer** 25   **Straßenkarte** C6

Das Erste, das am A Trama ins Auge fällt, ist die Ausstattung der Zimmer im Landhausstil. Das kleine, malerische Hotel an der Straße zu den schönen Stränden der Südostküste ist ideal für Urlauber mit eigenem Wagen. ● *Ende Okt–Anfang Jan.* **www.a-trama.com**

BONIFACIO Hôtel du Golfe

Lieu-dit Santa Manza, 20169 **C** *04 95 73 05 91* **FAX** *04 95 73 17 18* **Zimmer** 12   **Straßenkarte** C6

Das ruhige Hotel bietet einfache Zimmer am Stadtrand, nahe den Sandstränden am Golf von Santa Manza. Es ist eine exzellente Unterkunft für Naturliebhaber mit eigenem Wagen. Das Hotelrestaurant ist für seine köstliche Bouillabaisse bekannt. Halbpension ist obligatorisch und im Preis inbegriffen. **www.hoteldugolfe-bonifacio.com**

BONIFACIO Hôtel Restaurant Centre Nautique

Quai Nord, BP 65, 20169 **C** *04 95 73 02 11* **FAX** *04 95 73 17 47* **Zimmer** 11   **Straßenkarte** C6

Das Boutique-Hotel mit – wie der Name schon sagt – nautischem Thema bietet einen herrlichen Blick auf Bonifacios Altstadt. In der Nähe gibt es zahlreiche Bars und Restaurants. Die besten Zimmer (nur Doppelzimmer) sind jene im ersten Stock zum Hafen hin. **www.centre-nautique.com**

BONIFACIO Hôtel Santa Teresa

Quartier Saint-François, 20690 **C** *04 95 73 11 32* **FAX** *04 95 73 15 99* **Zimmer** 48   **Straßenkarte** C6

Das 1897 auf den Klippen erbaute, eindrucksvolle Gebäude war ursprünglich ein Polizeirevier. Einige der eleganten Zimmer haben Balkone mit herrlicher Aussicht aufs Meer bis nach Sardinien. Gästeparkplätze sind vorhanden. ● *Nov–März.* **www.hotel-santateresa.com**

BONIFACIO Hôtel A Cheda

Cavallo Morto, BP 3, 20169 **C** *04 95 73 03 82* **FAX** *04 95 73 17 72* **Zimmer** 15   **Straßenkarte** C6

Das A Cheda, eine Mischung aus spanischer *hacienda* und afrikanischem Adobe-Bau mit einigen asiatischen Dekorelementen, befindet sich ein paar Kilometer nördlich von Bonifacio an der Straße nach Porto-Vecchio. Die individuell gestalteten Zimmer, der Pool und üppig grüne Garten sind ansprechend. **www.acheda-hotel.com**

BONIFACIO Le Genovese

Quartier de la Citadelle, rue P. Mérimée, 20169 **C** *04 95 73 12 34* **FAX** *04 95 73 09 03* **Zimmer** 18   **Straßenkarte** C6

Das Schwesterhotel des Centre Nautique *(siehe oben)* ist perfekt für Urlauber, die das Außergewöhnliche suchen. Die Zimmer sind ausgesprochen luxuriös. Wenn Sie sich eine Übernachtung nicht leisten können, sollten Sie hier zumindest einen Drink nehmen und die grandiose Aussicht genießen. **www.hotel-genovese.com**

Straßenkarte *siehe hintere Umschlaginnenseiten*

LECCI (PORTO-VECCHIO) Grand Hôtel de Cala Rossa €€€€€

Route de Cala Rossa, 20137 04 95 71 61 51 FAX 04 95 71 60 11 **Zimmer** 41   **Straßenkarte** D5

Das häufig als bestes Hotel Korsikas bezeichnete Haus bietet seinen Gästen viele Annehmlichkeiten, z. B. Yoga und Moorpackungen oder Angeln auf einem hölzernen Pontonboot – also Extravaganz in unprätentiösem Ambiente. Jan – März. www.cala-rossa.com

PINARELLO (SAINTE-LUCIE DE PORTO-VECCHIO) Hôtel Le Pinarello €€€€€

Pinarello, 20144 04 95 71 44 39 FAX 04 95 70 66 87 **Zimmer** 31   **Straßenkarte** D5

Das moderne Boutique-Hotel steht direkt am Strand etwas nördlich von Porto-Vecchio. Es ist ideal für einen luxuriösen, gesundheitsbewussten Urlaub. Kajaks und Motorboote kann man mieten, an den nahen Stränden gibt es im Sommer unzählige Wassersportangebote. Mitte Okt – Mitte Apr. www.lepinarello.com

PORTO-POLLO Hôtel Les Eucalyptus €€€

Porto-Pollo, 20140 04 95 74 01 52 FAX 04 95 74 06 56 **Zimmer** 32   **Straßenkarte** B5

Les Eucalyptus in Porto-Pollo am Golfe de Valinco befindet sich ganz nahe am weitläufigen Sandstrand der Bucht. Das schlicht dekorierte Hotel ist eine gute Basis für Besuche von Korsikas prähistorischer Stätte Filitosa. Das Frühstück ist im Preis inbegriffen. Nov – März. www.hoteleucalyptus.com

PORTO-VECCHIO Hôtel Holtzer €€€

12, rue Jean Jaurès, 20137 04 95 70 05 93 FAX 04 95 70 47 82 **Zimmer** 30   **Straßenkarte** C6

Die günstigste Unterkunft in Porto-Vecchio liegt unweit der Altstadt. Abenteuerlustige können an der »Meer-und-Berge«-Tour teilnehmen, einer achttägigen Tour um die Insel – abends ist man jedoch immer in Porto-Vecchio zurück. Frühstück ist inklusive. Im August ist Halbpension obligatorisch. Feb. www.corse-eternelle.com

PORTO-VECCHIO Hôtel Ranch Campo €€€

Route de Palombaggia, 20137 04 95 70 13 27 FAX 04 95 70 67 90 **Zimmer** 18   **Straßenkarte** C6

Wenn Sie davon träumen, auf einem Pferd einen Sandstrand entlangzureiten – hier wird Ihr Traum wahr. Das Hotel, eigentlich eine Pferdefarm, befindet sich einen Kilometer vom weißen Palombaggia-Strand entfernt. Man kann in einer Mini-Villa mit eigener Terrasse und Garten übernachten. Nov – Feb. www.ranchcampo.com

PORTO-VECCHIO Hôtel San Giovanni €€€

Route d'Arca, 20137 04 95 70 22 25 FAX 04 95 70 20 11 **Zimmer** 30   **Straßenkarte** C6

Das San Giovanni ist eine kurze Fahrt von Porto-Vecchio entfernt. Das komfortable Hotel in Familienhand liegt inmitten eines großen Anwesens. Hier findet man Ruhe und Entspannung, es gibt einen beheizten Pool, exzellentes Essen und – das große Plus in der Hauptsaison – wonnige Stille. Nov – Feb. www.hotel-san-giovanni.com

PORTO-VECCHIO Chez Franca €€€

Route de Bonifacio, 20137 04 95 70 15 56 FAX 04 95 72 18 41 **Zimmer** 14   **Straßenkarte** C6

Das moderne Hotel zwischen Stadt und Hafen wurde sorgfältig renoviert. Die herrlichen Strände von Santa Giulia und Palombaggia liegen ein paar Kilometer entfernt, außerdem kann man Ausflüge nach Zonza und Bavella unternehmen. Dez. www.francahotel.com

PORTO-VECCHIO Kilina €€€

Route de Cala Rossa, 20137 04 95 71 60 43 FAX 04 95 71 68 21 **Zimmer** 61   **Straßenkarte** C6

Das Kilina hat das Flair eines Feriendorfs: Neun Gebäude verteilen sich auf einem weitläufigen Gelände, in der Mitte locken zwei große Pools. Das Hotel organisiert in der Hauptsaison Aktivitäten wie Familienunterhaltung am Strand oder einen Kinderclub. Behindertengerechte Anlage. Mitte Okt – Mitte Apr. www.kilina.net

PORTO-VECCHIO Hôtel E Casette €€€€

Route de Palombaggia, 20137 04 95 70 13 66 FAX 04 95 70 46 97 **Zimmer** 16   **Straßenkarte** C6

Das E Casette am Golfe de Porto-Vecchio bietet einen unglaublich schönen Blick auf den Sonnenuntergang über der Altstadt. Die modernen Zimmer haben Bäder mit Dusche und Jacuzzi sowie eigene Terrassen. Das Haus ist eines der romantischsten in dieser Gegend. Mitte Okt – Mitte Apr. www.ecasette.com

PORTO-VECCHIO Le Goéland €€€€€

La Marine, 20137 04 95 70 14 15 FAX 04 95 72 05 18 **Zimmer** 34   **Straßenkarte** C6

Le Goéland liegt wunderbar auf einem kleinen Landvorsprung im Meer, unweit von Porto-Vecchios Hafen. Das geschmackvoll ausgestattete Hotel bietet seinen Gästen einen Privatstrand und einen Privathafen (für jene, die mit dem Boot anreisen). Mitte Nov – März. www.hotelgoeland.com

PROPRIANO Le Bellevue €€

13, avenue Napoléon, 20110 04 95 76 01 86 **Zimmer** 16   **Straßenkarte** B5

Das Hotel, das mit vielen anderen Hotels, Restaurants und Bars an Proprianos Küstenstraße steht, ist eine exzellente Wahl für junge und unternehmungslustige Reisende – alles passiert direkt vor der Haustür. Die Zimmer sind etwas nüchtern, die besten haben Balkon mit Meerblick. www.hotels-propriano.com

PROPRIANO Grand Hôtel Miramar €€€€€

Route de la Corniche, 20110 04 95 76 06 13 FAX 04 95 76 13 14 **Zimmer** 26   **Straßenkarte** B5

Das Miramar ist das exklusivste Hotel in dieser Gegend. Die Unterkünfte reichen von de luxe bis absolut abgeschieden und privat. Mieten Sie eine Suite, sonnen Sie sich am Pool, oder lassen Sie sich fangfrischen Fisch schmecken. Das Hotel bietet auch Picknickkörbe für romantische Ausflüge. www.miramarboutiquehotel.com

Preiskategorien *siehe S. 158* **Zeichenerklärung** *siehe hintere Umschlagklappe*

QUENZA Sole e Monti

Quenza, 20122 **04 95 78 62 53** FAX *04 95 78 63 88* **Zimmer** *20*   **Straßenkarte** C5

Das Sole e Monti im malerischen Quenza ist eine perfekte Unterkunft für Wanderer. Auch im Sommer ist Quenza attraktiv (doch selbst im August wird es abends recht kühl!), die schönste Jahreszeit ist allerdings der Herbst. Das hervorragende Essen wird um einen offenen Kamin serviert. *Mitte Okt–Mitte Apr.* www.solemonti.com

SARTÈNE Hôtel des Roches

Rue Jean Jaurès, 20100 **04 95 77 07 61** FAX *04 95 77 19 93* **Zimmer** *60*   **Straßenkarte** C5

Das Hotel am Rand von Sartènes Altstadt hat ein wunderbares Restaurant mit Panoramablick auf das üppig grüne Tal. Das Hotel selbst ist recht modern, auch die Zimmer bieten Blick ins Tal. Hier kann man herrlich entspannt Urlaub machen. Behndertengerecht. www.sartenehotel.fr

SARTÈNE Hôtel Rossi

Quai Casabianca, rte de Propriano, 20100 **04 95 77 01 80** FAX *04 95 73 46 67* **Zimmer** *25*   **Straßenkarte** C5

Das kleine, hübsche Hotel nur einen Kilometer außerhalb von Sartènes Altstadt bietet seinen Gästen einen schönen Garten und einen Pool mit Blick auf das umliegende Tal und die mittelalterliche Stadt. Obwohl das Rossi direkt an der Hauptstraße liegt, ist man hier von Natur umgeben. www.hotelfiordiribba.com

SARTÈNE Hôtel St-Damiànu

Quartier San Damien, 20100 **04 95 70 55 41** **Zimmer** *28*   **Straßenkarte** C5

Die geräumigen, luftigen Zimmer in dem schönen Hotel haben Terrassen mit einer fabelhaften Sicht auf den Golfe de Valinco oder die Berge. Zum Angebot gehören ein großer Pool mit vielen Liegeflächen, ein Garten, ein türkisches Bad, Rollstuhlrampen, Parkplätze und ein exzellentes Restaurant. *Nov–Ende Apr.* www.sandamianu.fr

Corte und Bergregion

CALACUCCIA L'Acqua Viva

Lieu-dit Scardacciole, 20224 **04 95 48 06 90** FAX *04 95 48 08 82* **Zimmer** *14*   **Straßenkarte** C3

Das familiengeführte Hotel in den korsischen Bergen ist eine ideale Unterkunft für Wanderer und Naturliebhaber. Die Zimmer sind schlicht, aber hell und luftig, auf den eigenen Balkonen kann man bei toller Aussicht frühstücken. In der Sommerhitze kann man sich an den Radulle-Wasserfällen erfrischen. www.acquaviva-fr.com

CORTE Hôtel de la Paix

15, avenue Général de Gaulle, 20250 **04 95 46 06 72** FAX *04 95 46 23 84* **Zimmer** *64*   **Straßenkarte** C3

Das hübsche, 1932 in einer ruhigen Straße mitten im Zentrum erbaute Familienhotel wurde sorgfältig renoviert. Überall gibt es Parkettböden, einige Zimmer haben Terrasse, jene nach hinten bieten Ausblick in den Garten und auf die Berge. Parkplätze gibt es in der Nähe. *15 Tage an Weihnachten.* www.hoteldelapaix-corte.fr

CORTE Hôtel Les Jardins de la Glaciere

Gorges de la Restonica, 20250 **04 95 45 27 00** FAX *04 95 45 27 01* **Zimmer** *32*   **Straßenkarte** C3

Corte liegt nahe an der schönen Vallée de la Restonica, die man von diesem hübschen, etwas außerhalb der Stadt liegenden Hotel aus erkunden kann. Am Rand des Gartens kann man in Flussbecken baden, das Frühstück wird auf der Terrasse am Flussufer serviert. Behindertengerechtes Haus. *Jan–März.* www.lesjardinsdelaglaciere.com

CORTE Hôtel du Nord et de l'Europe

22, cours Paoli, 20250 **04 95 46 00 68** FAX *04 95 46 03 40* **Zimmer** *16*   **Straßenkarte** C3

Das Hotel direkt an Cortes Hauptstraße ist das älteste der Stadt. Der Eingangsbereich ist etwas düster, aber die einfach ausgestatteten Zimmer sind sehr sauber. Das üppige Frühstück für einen Euro (nicht inklusive) ist das Highlight des Hotels. Kostenloses WLAN. www.hoteldunord-corte.com

CORTE Hôtel Dominique Colonna

Vallée de la Restonica, BP 83, 20250 **04 95 45 25 65** FAX *04 95 61 03 91* **Zimmer** *29*   **Straßenkarte** C3

Das Dominique Colonna liegt eine kurze Autofahrt außerhalb des Zentrums. Es ist nach dem früheren Torwart der französischen Fußball-Nationalmannschaft benannt. Sein Enkel führt heute das Haus am Flussufer in der Vallée de la Restonica. Das Restaurant Auberge de la Restonica nebenan ist hervorragend. www.dominique-colonna.com

VENACO Paesotel e Caselle

Lieu-dit Agniudipino, 20231 **04 95 47 39 00** FAX *04 95 47 06 65* **Zimmer** *24*   **Straßenkarte** C3

Die geräumigen, ruhigen Zimmer des Hotels mit Blick über das Vallée du Tavignano haben das Flair traditioneller Schäferhütten. Man übernachtet im Hauptgebäude oder in aus Stein errichteten Bungalows. Im Mai findet hier das lokale Käsefest statt. Im Juli und August ist Halbpension obligatorisch. *Nov–Apr.* www.e-caselle.com

VIZZAVONA Hôtel Monte d'Oro

Col de Vizzavona RN 193, 20219 **04 95 47 21 06** FAX *04 95 47 22 05* **Zimmer** *45*   **Straßenkarte** C3

In dem zauberhaften Hotel (1880) im Wald zwischen Ajaccio und Bastia fühlt man sich wie in einem Agatha-Christie-Roman. Holzvertäfelte Gänge und ein eleganter Speisesaal gehören zur Ausstattung. Man kann auch ein *refuge* und ein *gîte* (Hütten) mieten. *Mitte Okt–Mai.* www.monte-oro.com

Straßenkarte *siehe hintere Umschlaginnenseiten*

Restaurants

Ein Aperitif bei Sonnenuntergang am Hafen von Ajaccio, frischer Fisch vom Grill an einem Traumstrand auf Cap Corse, mit Brocciu gefüllte Cannelloni in einer Ferme-Auberge, ein raffiniertes Diner in einem eleganten Hotelrestaurant – in kulinarischer Hinsicht bietet Korsika köstliche Vielfalt. Die Liebe zu dieser Insel geht bei vielen auch durch den Magen. Korsische Küche ist eine delikate Verbindung aus den Früchten des Meeres und des Landes – von guter Qualität, aber nicht überteuert. Für einen Imbiss eignen sich Cafés und Bistros, preiswerte Mahlzeiten erhält man in Pizzerias. Korsische Spezialitäten in schönem Ambiente werden oft in touristischen Gebieten im Inselinneren serviert – deswegen kann sich ein Ausflug von der Küste ins Hinterland lohnen. In Landgaststätten lockt neben korsischer Küche auch ein Schwätzchen mit den Einheimischen.

Salon de Thé in Ajaccio

Typisches kleines Strandlokal in Bussaglia bei Porto

Restaurants

Die Restaurants an der Küste servieren frischen Fisch, gegrillte Garnelen, Hummer, Sardinen mit frischem *brocciu*, eine köstliche Fischsuppe namens *aziminu* und andere Seafood-Spezialitäten. In diesen Lokalen kann man meist auch im Freien, etwa auf einer Terrasse oder an einer Hafenpromenade, schlemmen.

Zu den exklusiven Häusern in den Ferienorten zählen L'Arbousier *(siehe S. 176)* in Porticcio oder Jardin d'A Cheda *(siehe S. 177)* in Bonifacio. Zu den besten Fischlokalen gehören Chez Huguette *(siehe S. 173)* in Bastia und Le Bout du Monde *(siehe S. 173)* in Calvi.

Exklusive Hotelrestaurants sind z. B. das Centre Nautique *(siehe S. 177)* in Bonifacio, das Grand Hôtel de Cala Rossa *(siehe S. 177)* in Lecci sowie Le Belvédère *(siehe S. 178)* in Porto-Vecchio. In einigen Hotels wie der Casa Musicale *(siehe S. 174)* in Pigna werden nicht nur kulinarische, sondern auch kulturelle Traditionen gepflegt.

Restaurants mit der Bezeichnung *tables gastronomiques* überzeugen durch garantierte Qualität, sorgfältige Zubereitung der Gerichte und exzellenten Service. Typische korsische Gerichte wie Wild, Wurst und hausgemachten Käse servieren *tables du terroir* genannte Lokale.

In den Badeorten bieten Bistros einfache Mahlzeiten wie Quiche, Käse- und Wurstteller. In den Pizzerias kann man oft auch Crêpes oder preisgünstige einheimische Gerichte bestellen.

In den Dörfern im Landesinneren sollte man in den Restaurants mit Lokalkolorit typisch korsische Spezialitäten wie Schinken, Salami und *figatellu* (Leberwurst) kosten. Die auf den *Seiten 172–179* empfohlenen Restaurants zählen zu den besten auf Korsika.

Fermes-Auberges

Exzellente Küche bieten die Fermes-Auberges genannten bäuerlichen Landgaststätten. Die hier offerierten Delikatessen – Käse, Gemüse und Wurst – stammen aus eigener Herstellung. Köstlich sind etwa Spezialitäten aus Kastanienmehl des hervorragenden A Pignata *(siehe S. 177)* in Levie oder die selbst produzierten Käse der exzellenten La Bergerie d'Acciola *(siehe S. 178)* bei Sartène.

Die meisten der Fermes-Auberges vermieten – im Sommer nur wöchentlich – Zimmer mit Halbpension.

Die meisten Restaurants bieten auch Tische im Freien

Lebhafter Cafébetrieb im Schatten von Platanen

Bars und Cafés

Insbesondere an der Küste haben Bars und Cafés meist Tische im Freien, an denen Einheimische und Besucher zur Happy Hour bei einem Gläschen Pastis, Cap Corse oder einem korsischen Bier und Oliven vom anstrengenden Tagwerk entspannen.

Die Cafés servieren außerdem Frühstück, das man auch in vielen Bäckereien an kleinen Tischen einnehmen kann. Zur ersten Mahlzeit des Tages verzehrt man in der Regel Croissants, Gebäck oder Kuchen (auch mit Kastanien oder Obst erhältlich).

Typisch korsische Cafés befinden sich an der Place St-Nicolas in Bastia, am Quai Landry in Calvi, am Hauptplatz in Porto-Vecchio und im Yachthafen von Ajaccio.

Frühstück

Zum typisch korsischen Frühstück *(petit déjeuner)* gehören Kaffee *(café au lait* oder *café crème)* und frisches Baguette mit Honig oder Marmelade, Croissants und *pains au chocolat*. Während die großen Hotels kontinentales Frühstück servieren, bekommt man auf dem Land meist hofeigene Produkte.

Preise und Bezahlung

In fast allen Restaurants kann man à la carte oder Menüs *(formules)* bestellen, deren Preise je nach Gericht variieren. Menüs sind eine interessante Alternative, weil sie meist regionale Spezialitäten bieten. Auf diese Weise kommt man in den Genuss typisch korsischer Gerichte, die nur selten auf Speisekarten aufgeführt sind.

Für eine Mahlzeit in einem durchschnittlichen Lokal muss man mit 20 bis 25 Euro rechnen, in Bistros und einfachen Gaststätten mit 13 bis 15 Euro. Preiswerter (10–12 €) ist es in Pizzerias.

Restaurants akzeptieren in der Regel die in Europa gängigen Kreditkarten, kleinere Lokale in abgelegeneren Gebieten bisweilen nur Bargeld.

Öffnungszeiten und Reservierung

Die Öffnungszeiten auf Korsika entsprechen denen auf dem französischen Festland. Das Mittagessen wird von 12.30 bis 14.30 Uhr serviert, das Abendessen von 19.30 bis 22 Uhr – in den Ferienorten im Sommer häufig noch länger. In den Dörfern im Landesinneren sind die Öffnungszeiten kürzer. Viele Lokale haben an einem Tag in der Woche sowie eine gewisse Zeit in der Nebensaison geschlossen.

Tischreservierungen empfehlen sich im Sommer vor allem abends.

Vegetarische Gerichte und behinderte Reisende

Vegetarier finden auf Korsika problemlos fleisch- oder fischlose Angebote, schließlich gibt es hier köstliche Omeletts, Käse, Pizzas und *cannelloni al brocciu*.

Rollstuhl- und behindertengerechte Einrichtungen sind dagegen eher die Ausnahme. Dies gilt vor allem für die historischen Stadtzentren und für Dörfer, obwohl vielerorts bereits die neuen Vorschriften umgesetzt wurden. Nähere Informationen sind beim Bundesverband Selbsthilfe Körperbehinderter e.V. *(siehe S. 197)* erhältlich.

Kleidung und Rauchen

Elegante Kleidung ist nur in exklusiven Restaurants der Insel erforderlich. Gleichwohl sollte man auch an der Küste nicht in Badekleidung in Speiselokalen erscheinen.

In Restaurants, Cafés, Bars etc. darf in den Innenräumen nicht geraucht werden. Dies gilt nicht für Terrassen.

Elegant bis zu den Serviettenspitzen: La Caravelle *(siehe S. 177)*, Bonifacio

Korsische Spezialitäten

Korsikas Küche reflektiert jahrhundertelange fremdländische Einflüsse, bewahrt aber zugleich stolz ihre eigene Identität. Die Griechen und Phönizier brachten Oliven und Wein, die Genuesen führten im 16. Jahrhundert Kastanien ein. Klementinen wurden erst im 20. Jahrhundert angebaut. Diese Früchte sowie Schweinefleisch, Wild, Meeresfrüchte und Kräuter spielen heute in der Regionalküche eine große Rolle. Klima, Boden, Küste und Geschichte tragen dazu bei, dass hier so vieles gedeiht. Manche Produkte findet man fast nur auf Korsika. Auf ihre Wurstwaren und Käse (*siehe S. 97*) etwa sind die Korsen zu Recht stolz.

Klementinen

Würste aus Eselsfleisch auf Bastias Bauernmarkt

Fleisch und Seafood

Ziegenkitz ist auf Korsika sehr beliebt, ebenso Schwein (u.a. für die berühmten Würste). Es wird viel Wild gejagt, darunter Wildschwein, Hase, Taube und Rebhuhn. Aus den im Hochland frei laufenden schwarzen Schweinen stellen die Korsen Schinken und Würste her, die eher an Italien als an Frankreich erinnern. *Prisuttu* ist geräucherter Schinken, der ein bis zwei Jahre lang zum Trocknen aufgehängt wird. *Salsiccia* und *salamu* sind luftgetrocknete Würste aus Schweinehack. *Coppa*, Rollschinken, und *lonzu*, Lachsschinken, werden leicht geräuchert. Das ungewöhnlichste Produkt ist *figatellu*, eine dunkle, u-förmige Räucherleberwurst, die gegrillt oder kalt gegessen wird.

Aus dem Meer kommen u.a. Barben, Barsche, Schwertfische, Seeteufel, Sardinen, Sardellen, Hummer, Tintenfische, Seegurken und Garnelen. Austern und Muscheln werden im Étang de Diane im Osten Korsikas gezüchtet.

Käse

Eine Käsesorte, der Sie auf Korsika mit Sicherheit in der einen oder anderen Form begegnen werden, ist

Miesmuscheln **Hummer** **Garnelen** **Seebarsch** **Seeteufel** **Kalmar** **Venusmuscheln**

Auswahl an Seafood aus Korsikas Gewässern

Typische Gerichte

Zahlreiche Pastagerichte zeugen von Korsikas italienischer Vergangenheit: von Makkaroni mit *stufatu* und mit Brocciu gefüllte Ravioli oder Cannelloni bis zu Wildschwein-Lasagne. Frischer Fisch wird über Holzkohle gegrillt oder zu einer Suppe namens *aziminu* verarbeitet. Seegurken (*oursins*) werden im Winter gern ausgelöffelt. Wildschwein und Zicklein werden entweder gegart oder mit Kräutern und Knoblauch gebraten. Spanferkel wird mit Kräutern gebra-

Oliven und Olivenöl

ten, Lamm, Hase oder Kalb werden mit Oliven und Tomaten gekocht. Es gibt viele Gemüsegratins, Bohnengerichte und herzhafte Suppen und Eintöpfe. Das bekannteste Dessert ist *fiadone*, andere bestehen aus Kastanienmehl (z.B. *fritelli*), Feigen oder Klementinen.

Soupe corse *besteht aus weißen Bohnen, Zwiebeln, Kohl, weiterem Gemüse, Schinken und Nudeln.*

KORSISCHE SPEZIALITÄTEN

Käsestand unter freiem Himmel auf dem Markt von Ajaccio

Brocciu (oder Brucciu), ein milder weißer, dem Ricotta ähnlicher Käse aus Molke. Er wird meist frisch – innerhalb von 48 Stunden – verzehrt, teils mit Zucker bestreut, oder er dient als Zutat diverser Gerichte. Weitere korsische Käse sind nach der Region, in der sie erstmals produziert wurden, benannt (u. a. Niolo, Venaco, Sartène und Bastelicaccia) oder tragen Sortenbezeichnungen wie Tome (Tomme). Die Palette reicht von mildem, halbfestem Käse bis zu Hartkäse, der mit dem Alter immer aromatischer wird und so lange reifen kann, bis er bröckelig ist. Neuere Käsevarianten sind z. B. Brin d'Amour, der in Kräutern gerollt wird, und Bleu de Corse, ein dem Roquefort ähnlicher blauer Käse aus Schafsmilch.

Obst und Gemüse

Auf Korsika werden alle möglichen Zitrusfrüchte angebaut, auch Kumquats. Die kernlosen Klementinen sind eines der Hauptanbauprodukte der Insel und werden aufs Festland exportiert. Die korsische, sehr aromatische Klementine ist klein und fest und hat eine dünne Schale. Daneben wachsen exotische Arten wie Kaktusfeigen und Erdbeerbäume *(arbousier)*. Zu den gängigen Gemüsesorten gehören Auberginen, Zucchini, Bohnen, Mangold, Tomaten und Paprikaschoten. Einige der Olivenbäume im Süden sind über 1000 Jahre alt. Der Kastanienbaum wird *l'arbre à pain* (Brotbaum) genannt, weil die Korsen (mangels Getreide) aus den Kastanien einst Mehl gewannen. Auch heute werden Kastanien in der Küche verwendet, zuweilen noch immer als Mehl.

Kastanien reifen unter der korsischen Sonne am Baum

Auf der Speisekarte

Canistrelli Kastanienkekse

Civet de sanglier aux châtaignes In Rotwein gegartes Wildschwein mit Kastanien

Courgettes farcies Mit Fleisch, Käse und Gemüse gefüllte gebackene Zucchini

Pulenda Polenta aus Kastanienmehl

Ragoût de cabri In Rotwein gegartes Zicklein mit Zwiebeln

Stufatu Schweine-, Rind- und Lammfleisch sowie Schinken in Rotwein gekocht und mit Nudeln serviert

Tianu d'agneau aux olives Mit Kräutern und Oliven gegarter Lammrücken

Cabri roti, *kross gebratenes Zicklein, gespickt mit Rosmarin und Knoblauch, ist ein Festschmaus.*

Rouget aux anchois, *Meerbarbenfilets mit pikanter Sardellenfüllung, werden knusprig gebraten.*

Fiadone *ist ein Käsekuchen aus getrocknetem Brocciu, Eiern, Zucker und Zitronenschale.*

Korsische Getränke

Schon in der Antike bauten Griechen und Römer auf Korsika Wein an. Dies beweisen Amphoren, die in Wracks von vor der Ostküste gesunkenen Schiffen gefunden wurden. Die vollmundigen, fruchtigen, schweren korsischen Weine werden aus lokalen Rebsorten – Sciaccarellu, Niellucciu und Vermentinu – gekeltert, die im Lauf der Jahre mit anderen Sorten vom Festland gekreuzt wurden. In neun Anbaugebieten wächst Wein der höchsten französischen Qualitätsstufe AOC *(Appellation d'Origine Controlée)*. Darüber hinaus werden auf Korsika verschiedene Liköre und Weinbrände aus Macchia-Pflanzen wie Myrte oder Erdbeerbaum gebrannt, in deren Aroma der Duft Korsikas eingefangen ist. Durstlöscher sind Mineralwässer aus heimischen Quellen, hinzu kommen aromatisierte Biersorten.

Die Terrasse des Café Napoléon an der Place St-Nicolas in Bastia

Liköre und Aperitife

Der klassische korsische Aperitif ist der Anislikör Pastis (im Sommer mit Eis!). Andere Liköre werden aus Myrte, Baumerdbeeren oder Zitrusobst destilliert. In der Castagniccia brennt man auch einen Kastanienlikör.

Cap Corse ist ein auch im Ausland bekannter Klassiker. Sein unverwechselbar bitterer Geschmack stammt vom beigefügten Chinin. Stilecht kauft man ihn in dem 1872 gegründeten Traditionshaus Maison Mattei (siehe S. 63) in Bastia.

Mandarinen

Limonen

Zitronenlikör

Wasser und Bier

Das korsische Mineralwasser stammt aus den Bergen, wo es abgefüllt und auf der ganzen Insel vertrieben wird. Auf Korsika wird aber auch stark aromatisiertes Bier gebraut.

Zilia, Mineralwasser

Orezza, Mineralwasser

St-Georges, Mineralwasser

Drei Biersorten *werden auf Korsika gebraut. Für das bernsteinfarbene Pietra werden auch Kastanien vergoren, Serena ist eine helle Biersorte und Colomba ein Weizenbier, das dank der beigefügten Myrte sehr eigen schmeckt.*

Das bekannteste *kohlensäurehaltige (pétillante) Mineralwasser ist Orezza aus der Castagniccia. Es wird auf ganz Korsika und sogar an Pariser Nobelrestaurants verkauft. Weitere Mineralwässer stammen aus den Zilia-Quellen in der Balagne oder aus St-Georges in der Nähe von Ajaccio.*

Wein

Auf den Etiketten korsischer Weine steht der Name der AOC-Region – Ajaccio, Calvi, Coteaux du Cap Corse, Figari, Patrimonio, Porto-Vecchio oder Sartène, Muscat du Cap Corse oder Vins de Corse. Weiterhin geben sie den Namen der Kellerei an, dem entweder *Clos* oder *Domaine* voransteht. Diese Bezeichnungen garantieren, dass der Wein auf dem angegebenen Weingut gekeltert wurde.

Etikett eines AOC Cap Corse

Zu den besten *korsischen Weißweinen gehört der fruchtige Malvasia aus Trauben der terrassierten Weinberge des Cap Corse. Aus der AOC-Region Patrimonio kommt der bekannte, trockene Weißwein Niellucciu aus einer einheimischen Rebe. Weitere erstklassige Tropfen sind die Weine der AOC-Region Muscat du Cap Corse.*

AOC Coteaux du Cap Corse
AOC Vins de Corse

Unter den beliebten *Rosé-Weinen sind diejenigen aus den AOC-Regionen Porto-Vecchio, Patrimonio und Vins de Corse ganz hervorragend. Sie werden aus den lokalen Rebsorten Niellucciu und Sciaccarellu gekeltert und mit weiteren Sorten zu hochwertigen Weinen mit einem feinen Bukett verschnitten.*

AOC Patrimonio
AOC Vins de Corse

Empfohlene AOC-Kellereien

Die besten Weine sind direkt bei den Kellereien erhältlich.

AOC Ajaccio
A Cantina, Les Marines, Porticcio.
04 95 25 08 90. FAX 04 95 24 38 07.
Clos Capitoro, Ajaccio.
04 95 25 19 61. FAX 04 95 25 19 33.

AOC Calvi
Domaine Balaninu Nobile, Calvi.
04 95 65 20 55.

AOC Figari
Olmu di Cagna, Coopérative di Figari.
04 95 71 87 42.
Domaine de Tanella, Figari.
04 95 71 00 25.

AOC Muscat du Cap Corse
Clos Nicrosi, Rogliano.
04 95 35 41 17. FAX 04 95 35 47 94.
Domaine de Pietri, Morsiglia (für Rappu).
04 95 35 64 79.

AOC Patrimonio
Domaine Gentile, St-Florent. 04 95 37 01 54.
www.domaine-gentile.com

AOC Porto-Vecchio
Domaine de Torraccia, Lecci, Porto-Vecchio.
04 95 71 43 50.

AOC Sartène
Domaine San Michèle. 04 95 77 06 38.

AOC Vins de Corse
Le Clos Lea, Aléria. 04 95 57 13 60.

Die vollmundigen Rotweine *mit dem reichen Bukett werden meist aus lokalen Rebsorten gekeltert. Die besten Rotweine Korsikas stammen aus der AOC-Region Patrimonio, wo das milde Klima und der vor allem für den Weinanbau geeignete Boden exzellente Reben wachsen lassen. Kenner goutieren auch die Roten aus der AOC-Region Ajaccio aus Sciaccarellu-Trauben, die einem Beaujolais in nichts nachstehen. Empfehlenswert sind zudem die Roten der AOC-Regionen Coteaux du Cap Corse, Figari, Porto-Vecchio und Sartène.*

AOC Patrimonio

Dessertweine *werden meist auf Cap Corse und im Patrimonio produziert. Zu den besten zählen der weiße Muscat und der rote Aleatico. Ein seltener weißer Dessertwein von Cap Corse ist der Rappu, der nur direkt beim Winzer erhältlich ist. Rappu ist die perfekte Ergänzung zu allen trockenen Desserts.*

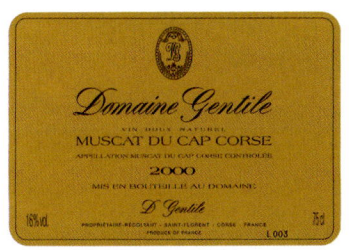

Etikett eines Weins aus der AOC-Region Muscat du Cap Corse

Restaurantauswahl

Die Restaurants dieser Liste wurden wegen ihrer hohen Qualität, ihrer interessanten Lage und ihres guten Preis-Leistungs-Verhältnisses ausgewählt. Sie sind nach Regionen angeordnet. Die Kartenverweise beziehen sich auf die Straßenkarte von Korsika auf den hinteren Umschlaginnenseiten.

PREISKATEGORIEN
Die Preise gelten für ein Drei-Gänge-Menü pro Person mit einer halben Flasche Hauswein, inkl. Steuern und Service:

€ unter 25 Euro
€€ 25–40 Euro
€€€ 40–55 Euro
€€€€ über 55 Euro

Bastia und Nordküste

ALGAJOLA La Vieille Cave €€
9, place de l'Olmo 04 95 60 70 09 — **Straßenkarte** C2

Folgen Sie einfach den Einheimischen: So gelangen Sie ins La Vieille Cave, ein traditionelles korsisches Restaurant nahe am Strand. Die stimmungsvolle Kulisse bilden Algajolas Burgmauern und das Meer. Essen Sie auf der blumenbewachsenen Terrasse Tagesspezialitäten mit Fisch oder Fleisch. ● Mo.

ALGAJOLA U Castellu €€
10, place Château 04 95 60 78 75 — **Straßenkarte** C2

Es gibt kaum malerischere Plätze als das U Castellu am Abend: Holztische und -stühle stehen auf einer Terrasse unterhalb der Zitadelle. Auf der Speisekarte findet man moderne Varianten korsischer Klassiker. Besonders köstlich sind Hauptgerichte wie Sardellen-Paprika-Pinienkern-Tarte.

BASTIA Cocovert €
4, cours Pierangeli, 20200 04 95 32 79 54 — **Straßenkarte** D2

Das Cocovert, eine Mischung aus Feinkostladen und Restaurant, bietet die besten regionalen Produkte, ob roh oder gekocht. Essen Sie hier zu Mittag, und nehmen Sie sich die Zutaten mit, um die Rezepte daheim nachzukochen. Es gibt auch eine interessante Auswahl an Sandwiches. ● Mo.

BASTIA Chez Anna €€
3, rue Jean Casale, 20200 04 95 31 83 84 — **Straßenkarte** D2

Wenn Sie auf der Place Saint-Nicholas stehen, sehen Sie am Ende einer Gasse das Chez Anna: Es ist das von Kletterpflanzen bewachsene Haus mit den schönen Lampen. Die Gewölbedecke und die weiße Tischwäsche geben den Ton an, zu essen gibt es einfache (aber erstklassige) Pizzas und wechselnde Tagesgerichte. ● So.

BASTIA Côté Marine €€
2, rue de la Marine, 20200 04 95 33 66 65 — **Straßenkarte** D2

Das Restaurant am Hafen liegt in einem modernen Gebäude mit einer beliebten Terrasse. Das lebhafte Lokal serviert einfache traditionelle Gerichte, darunter viele Seafood-Gerichte. Es gibt aber auch Fleischgerichte und Pizzas. Das Menü zum Festpreis mit einem Krug Wein liegt unter 20 Euro. In der Hauptsaison sollte man reservieren.

BASTIA L'Agua €€
Le Vieux Port, 20200 04 95 38 43 71 — **Straßenkarte** D2

L'Agua im Vieux Port ist der perfekte Ort nach einem Tag am Meer. Schwarze Wände und Stoffe im Leopardenmuster bestimmen das eher schlichte Ambiente. Probieren Sie sommerliche Gerichte wie gebratene Kirschtomaten mit Mozzarella oder Salat aus Seebarbe und Zitrusfrüchten, eine interessante, aber köstliche Mischung.

BASTIA La Reserve €€
Port de Plaisance de Toga, 20200 04 95 31 05 35 — **Straßenkarte** D2

Das Mittagsmenü im La Reserve genießen sowohl Urlauber als auch Einheimische. Die umtriebige Atmosphäre des Restaurants ist ein Spiegelbild der Betriebsamkeit des nahe Hafens. Ein einfaches Tagesgericht mit einem Krug Wein kommt auf etwa zwölf Euro und macht das Lokal zu einer angenehmen und preiswerten Einrichtung. ● So.

BASTIA Le Caveau de Marin €€
Quai des Martyrs de la Libération, 20200 04 95 31 62 31 — **Straßenkarte** D2

Das hervorragende Restaurant an der Promenade beim Vieux Port bietet seinen Gästen regionale Spezialitäten und frisches Seafood. Auf der Karte stehen z. B. Pasta mit *boutargue* (Meeräschenrogen), Grillfleisch und Langusten aus den nahen Lagunen. Man kann auf der kleinen Terrasse oder im eleganten Speisesaal essen.

BASTIA Les Colonnades €€
Hotel Spa Ostella, avenue Sampiero, 20200 04 95 30 97 70 — **Straßenkarte** D2

Das Establissement in einem Kurhotel, etwa drei Kilometer südlich von Bastia, ist sehr geräumig. Es hat eine hübsche Terrasse mit Blick aufs Meer und den Hotelgarten. Sowohl Dekor als auch Küche sind mediterran geprägt. Der Schwerpunkt liegt auf Gerichten mit regionalen Produkten. ● Sa, So (außer im Juli, Aug).

Zeichenerklärung siehe hintere Umschlagklappe

BASTIA Le Bouchon €€€
4 bis, rue Saint-Jean (Le Vieux Port), 20200 ☎ *04 95 32 28 70*
Straßenkarte *D2*

Le Bouchon ist eine elegante und eher französisch als korsisch anmutende Weinbar mit Bistro. Zu den Spezialitäten gehören gebratene *foie gras* und Spanferkel in Weinsauce. Beenden Sie das Mahl mit einer hervorragenden Auswahl an korsischem Käse und Schinken. ● *Feb.*

BASTIA Chez Huguette €€€€
Le Vieux Port, 20200 ☎ *04 95 31 37 60*
Straßenkarte *D2*

Chez Huguette in einer Ecke von Bastias Vieux Port fällt nicht sofort ins Auge, doch im Inneren der exklusiven Lokals mit zwei Michelin-Sternen herrscht dezente Noblesse. Serviert werden Delikatessen wie Cap-Corse-Langusten (der Preis richtet sich nach dem Gewicht). Sehr gute Weinkarte. ● *2 Wochen um Weihnachten.*

BASTIA Le Table du Marché Saint-Jean €€€€
Place du Marché, 20200 ☎ *04 95 31 64 25*
Straßenkarte *D2*

Dies ist ein Seafood-Restaurant auf französische Art: Hier hat der Gast die Wahl unter sättigenden Spezialitäten aus dem Meer. Zu Mittag gibt es ein Menü für 25 Euro – ein Schnäppchen! Auf der Karte stehen auch ein paar typisch korsische Fleischgerichte. ● *So.*

CALVI À La Bonne Table €€
Place Marchal, 20260 ☎ *04 95 65 42 15*
Straßenkarte *B2*

Das kleine Restaurant in den Bergen oberhalb des Meers wird von einem freundlichen Paar geführt, das alle Zutaten auf dem heimischen Markt oder von nahen Bauernhöfen bezieht. Unter den angebotenen regionalen Gerichten findet sich auch die »Arme-Leute-Suppe«, ein traditionales Gericht der Fischer. ● *Mo, Di.*

CALVI L'Abri Côtier €€
Rue Joffre, 20260 ☎ *04 95 46 00 04*
Straßenkarte *B2*

Genießen Sie neben der schön präsentierten kosmopolitischen Küche (z. B. Sushi mit Ingwer, Fisch-Carpaccio, Entenbrust, Wolfsbarsch mit Zitrusfrüchten, korsisches Kalb) auch den Panoramablick aus den großen Fenstern des Lokals am Hafen. Probieren Sie zum Nachtisch Kastanienmakronen mit Eis. ● *So, Mo; Mitte Nov – Mitte März.*

CALVI Le Comme Chez Soi €€
Quai Landry, 20260 ☎ *04 95 65 45 81*
Straßenkarte *B2*

In dem kleinen familiengeführten Restaurant an der Marina fühlt man sich als Gast gleich willkommen. Hier gibt es fangfrischen Fisch, vor allem die Paella und die Seafood-*tajine* sind beliebte Gerichte. Es gibt auch Fleischiges, etwa Lammbraten mit korsischer Minze. Die Desserts sind empfehlenswert. ● *Mi; Mitte Nov – Mitte Feb.*

CALVI U Fornu €€
Impasse du Boulevard Wilson, 20260 ☎ *04 95 65 27 60*
Straßenkarte *B2*

Das U Fornu beim Boulevard Wilson, einer der Hauptgeschäftsstraßen der Stadt, serviert – auch auf der schattigen Terrasse – traditionelle Gerichte in großzügigen Portionen. Probieren Sie Wildschweineintopf oder frischen Tintenfisch in eigener Tinte. Eine Spezialität des Hauses ist der Käsekuchen *fiadone*. ● *So mittags.*

CALVI Via Marine €€
20, rue Clemenceau, 20260 ☎ *04 95 65 06 30*
Straßenkarte *B2*

In dem typisch korsischen Lokal, das italienische und korsische Spezialitäten sowie Pizzas serviert, herrscht eine familiäre Atmosphäre. Die selbst gemachten Hamburger des Lokals sind in ganz Calvi bekannt. Auch die großzügigen Portionen machen das Via Marine zu einer guten Wahl. ● *Di abends (außer Juli, Aug); Okt – Apr.*

CALVI Le Bout du Monde €€€
Plage du Calvi, 20260 ☎ *04 95 65 15 41*
Straßenkarte *B2*

Exzellentes Essen erwartet den Gast dieses netten und zugleich edlen Strandrestaurants. Man hat die Qual der Wahl zwischen Seafood-Platten, Langusten-Ravioli, Muscheln in Orangenbutter, gegrillten Rippchen und riesigen Salaten. Als Desserts sind karamellisierter Apfelkuchen und Kastaniencreme zu empfehlen.

CALVI U Callelu €€€€
Quai Landry, 20260 ☎ *04 95 65 22 18*
Straßenkarte *B2*

Das U Callelu unterscheidet sich von außen nicht von den anderen Restaurants am lebhaften Quai Landry, doch es bietet den frischesten Fisch in dieser Gegend. Probieren Sie Schwertfisch-Tatar mit Olivenöl-Zitronen-Dressing – oder bestellen Sie einfach das Tagesgericht. ● *Mo (außer Juli, Aug); Okt – Apr.*

CENTURI Le Vieux Moulin €€
Centuri Port, 20238 ☎ *04 95 35 60 15*
Straßenkarte *D1*

Le Vieux Moulin ist das luxuriöseste Speiselokal im Fischerdorf Centuri. Es befindet sich im ehemaligen Palais Olivari, das Ende des 19. Jahrhunderts erbaut wurde. Wie nicht anders zu erwarten, sind alle Fisch- und Seafood-Gerichte erstklassig – vor allem die Langusten.

ERBALUNGA A Piazzetta €€
Place du Village, 20222 ☎ *04 95 33 28 69*
Straßenkarte *D1*

Meist ist das A Piazzetta bereits ab 12.30 Uhr voll besetzt. Die Terrasse an Erbalungas Hauptplatz lockt Einheimische wie Besucher an, die hier Mittelmeerküche mit neuen Anklängen essen – z.B. gegrilltes Gemüse mit paniertem Mozzarella oder Spaghetti mit *boutargue* (Meeräschenrogen). Hervorragender Ort fürs Mittagessen. ● *Jan, Feb.*

Straßenkarte *siehe hintere Umschlaginnenseiten*

ERBALUNGA Le Pirate €€€€

Place Marc Barobu, 20222 04 95 33 24 20 **Straßenkarte** *D1*

Hier werden Sie richtig verwöhnt: Das Essen (ein Michelin-Stern) ist ausgezeichnet, das Weinangebot ebenso. Das »Menu Découverte« (68 €) besteht aus einfallsreichen Kreationen. Für 25 Euro zusätzlich empfiehlt der Sommelier vier Weine (ein Glas pro Gang), die perfekt zu den Gerichten passen. *Mo, Di; Jan, Feb.*

L'ÎLE ROUSSE L'Île d'Or €

Place Paoli, 20220 04 95 60 12 05 **Straßenkarte** *C2*

L'Île d'Or mit seiner Terrasse an einer Ecke des Hauptplatzes ist der perfekte Ort für ein Mittagessen an einem heißen Tag. Das mittags und abends geöffnete Restaurant bietet eine große Speiseauswahl, von Pizza bis Salat, sowie regionale Spezialitäten für jeden Geschmack und jedes Budget.

L'ÎLE ROUSSE A Quadrera €€

6, rue Napoléon, 20220 04 95 60 44 52 **Straßenkarte** *C2*

A Quadrera ist nur eine Öffnung in einer Mauer. Lassen Sie sich aber von der geringen Größe nicht abschrecken. Die Besitzer sind fröhlich und zuvorkommend, die regionalen Spezialitäten hervorragend. Probieren Sie »Die Suppe meiner Frau« (traditionell korsisch) oder »Mr. Jojos Salat« (Ziegenkäse, Honig und *panzetta*).

L'ÎLE ROUSSE A Siesta €€

Promenade à Marinella, 20220 04 95 60 28 74 **Straßenkarte** *C2*

Frisches Seafood ist der Stolz dieses angesagten Strandrestaurants. An warmen Abenden stehen die Tische direkt am Wasser. Die Gäste essen dann unter den Sternen, mit den Füßen im Sand, z. B. Spinnenkrabben, Hummer, Bouillabaisse, Seafood-Ravioli und Fisch-Carpaccio sowie exzellente Desserts und Weine. *Jan – März.*

L'ÎLE ROUSSE U Spuntinu €€

1, rue Napoléon, 20220 04 95 60 00 05 **Straßenkarte** *C2*

Die Köche bei U Spuntinu (wörtlich »ein Imbiss«) kreieren stolz ausschließlich echt korsische Gerichte aus frischesten Produkten der Region. Ungewöhnlich sind z. B. Zucchinibällchen und die Wildkräuter-*brocciu*-Tarte. Zu empfehlen ist auch das sehr günstige dreigängige Mittagsmenü.

L'ÎLE ROUSSE Pasquale Paoli €€€€

2, place Paoli, 20220 04 95 47 67 70 **Straßenkarte** *C2*

Das mit einem Michelin-Stern ausgezeichnete Lokal wird von zwei passionierten Überzeugungstätern geführt. Die Gerichte werden perfekt zubereitet und edel präsentiert. Alle Zutaten für die Küche kommen frisch aus der Region. *Mi; mittags (Juli, Aug).*

MACINAGGIO U Lampione €€

Marina, 20248 04 95 59 08 87 **Straßenkarte** *D1*

Das bodenständige Restaurant an Macinaggios Hafen bietet seinen Gästen eine große Auswahl an frischem Fisch und knusprigen Pizzas sowie Hummer (in der Saison). Setzen Sie sich nachmittags auf die schattige Terrasse, und schauen Sie während des Essens den Booten beim Ein- und Auslaufen zu.

MACINAGGIO Maison Bellini €€€

Marina, 20248 04 95 35 40 37 **Straßenkarte** *D1*

Die Maison Bellini liegt recht abgeschieden am nördlichen Ende des Hafens. Auf der rustikalen Holzterrasse stehen weiß gedeckte Tische. Das Restaurant ist bekannt für seine Fischsuppe und wird gern von wohlhabenden Yachtbesitzern frequentiert.

OLMI-CAPPELLA La Tornadia €

Route de la Forêt de Tartagines, Pioggiola, 20259 04 95 61 90 93 **Straßenkarte** *C2*

Genießen Sie korsische Küche unter Kastanienbäumen. Die ungewöhnlichen Bergspezialitäten wie geschmortes Kalbfleisch in Blaubeersauce bekommt man sonst kaum auf Korsika. Pioggiola, das höchstgelegene Dorf in der Region Giussani, bietet zudem eine herrliche Aussicht über das üppig grüne Tal.

PIGNA A Casarella €

Pigna, 20220 04 95 61 78 08 **Straßenkarte** *C2*

Essen Sie mit Blick aufs Mittelmeer zu Mittag, lauschen Sie korsischen Gitarrenklängen, und trinken Sie dazu frisch gepressten Saft aus biologisch angebauten Früchten. Die klassisch korsischen Gerichte haben einen modernen Touch, z. B. *Brocciu*-Zucchini-Salat mit Möhrenraspeln, Minze und Paprika-Confit. Es gibt auch kleine Portionen.

PIGNA Casa Musicale €€

Pigna, 20220 04 95 61 77 31 **Straßenkarte** *C2*

Das Restaurant im verkehrsberuhigten Dorf Pigna serviert authentische korsische Gerichte. Die Casa Musicale hat sich dem Erhalt des kulturellen und gastronomischen Erbes verschrieben und ist auf der ganzen Insel bekannt. Reservieren Sie auf jeden Fall telefonisch einen Tisch. *Jan – Mitte Feb.*

SAINT-FLORENT César €€

Saint-Florent Port, 20217 04 95 37 15 33 **Straßenkarte** *D2*

Das César am Hafen von Saint-Florent ist ein lebhaftes, sehr beliebtes Lokal. Kosten Sie die Muscheln oder selbst gemachte Pasta, dazu den hier produzierten Patrimonio-Wein. Das César ist ein idealer Ort, um mit Kindern essen zu gehen, da auf der Karte viele Angebote speziell für die Kleinen stehen.

Preiskategorien *siehe S. 172* **Zeichenerklärung** *siehe hintere Umschlagklappe*

SAINT-FLORENT L'Arrière Cour
Place Doria, 20217 **☎** *04 95 35 33 62* €€
Straßenkarte D2

Gleich an der Place Doria befindet sich L'Arrière Cour, eine *crêperie* mit einem riesigen Angebot an süßen und pikanten Crêpes und zugleich ein Restaurant mit traditionell korsischer Küche. Auf der bepflanzten Terrasse kann man sich vor Sommerhitze schützen. Probieren Sie knusprige *beignets de fromage frais* (gebratene Käsebällchen). ● *Jan, Feb.*

SAINT-FLORENT L'Auberge de l'Europe
Saint-Florent Port, 20217 **☎** *04 95 35 92 91* €€
Straßenkarte D2

Dies ist zweifellos Saint-Florents bestes Restaurant. Es gehört zum Hôtel de l'Europe und bietet wunderbaren Blick auf den Hafen. Für 28 Euro bekommt man ein köstliches Drei-Gänge-Menü. Zu den Spezialitäten gehören dünn aufgeschnittener Schwertfisch in Kapern-Zitronen-Tomaten-Dressing und *Brocciu*-Ravioli in Spinatsauce. ● *Dez, Jan.*

SAINT-FLORENT La Rascasse
Rue Strada Nova, 20217 **☎** *04 95 37 06 99* €€€
Straßenkarte D2

Einfallsreichtum ist in diesem gehobenen Fischlokal direkt am Hafen die Regel. Machen Sie es sich auf der Terrasse bequem, und beobachten Sie die Yachten, während Sie auf Fischsuppe, Seafood-Risotto oder gegrillten Tintenfisch oder Hummer warten. Gönnen Sie sich zum Abschluss eines der leckeren Desserts.

Ajaccio und Westküste

AJACCIO Chez Paulo
7, rue Roi de Rome, 20000 **☎** *04 95 51 16 47* €
Straßenkarte B4

Große Holztische und junge, freundliche Bedienungen erwarten Sie im Chez Paulo, einem legeren Lokal, in dem man eine schnelle Pizza oder eine ganze Mahlzeit zu sich nehmen kann. Wenn Ihnen nach Wildschwein ist, bestellen Sie das »Menu Maquis« (19 €). Ab 22 Uhr gibt es korsisches Cabaret mit Liedern und Gitarrenmusik.

AJACCIO Auberge Colomba
3, rue Trois Marie, 20000 **☎** *04 95 51 30 55* €€
Straßenkarte B4

Das exzellente kleine Restaurant unter einer Markise am Rand einer Treppe, die hinunter zum Hafen führt, ist auf hochwertige französische Küche spezialisiert, mit Gerichten wie *foie gras* aus der Pfanne und traditionelleren regionalen Kompositionen. Die Salate sind außergewöhnlich frisch und abwechslungsreich. ● *Dez, Jan.*

AJACCIO Auberge du Cheval Blanc
18, rue Bonaparte, 20000 **☎** *04 95 21 17 98* €€
Straßenkarte B4

Die Auberge du Cheval Blanc, Pizzeria und Restaurant zugleich, ist vor allem bei Ajaccios Jugend sehr beliebt. In rustikalem Ambiente werden günstige, einfache, aber schmackhafte Gerichte serviert. Die mediterrane Küche zeigt Einflüsse aus Italien, Südfrankreich und natürlich Korsika. ● *So mittags.*

AJACCIO Da Mamma
Passage Guinguette, 20000 **☎** *04 95 21 39 44* €€
Straßenkarte B4

Das Da Mamma in einer kleinen Gasse ist etwas schwer zu finden, dafür eines der besten Restaurants der Stadt. Die Küche verwendet ausschließlich Produkte der Insel. Speisen Sie an einem der Tische im Freien unter Kletterpflanzen und einem großen Gummibaum oder aber im Innenraum mit Gewölbedecke. ● *So, Mo mittags; Jan, Feb.*

AJACCIO Le Spago
Rue Emmanuel Arène, 20000 **☎** *04 95 21 15 71* €€
Straßenkarte B4

Alles in diesem ultramodernen Etablissement ist absolut cool, vor allem die grellgrünen Tischdecken und die weißen Gartenmöbel, die einen starken Kontrast zur antiken Umgebung bilden. Eine junge Gästeschar und laute Musik machen Le Spago zu einem lebhaften und fröhlichen Lokal.

AJACCIO Pampasgiolu
15, rue de la Porta, 20000 **☎** *04 95 50 71 52* €€
Straßenkarte B4

In dem beliebten Restaurant in der Altstadt sollten Sie auf jeden Fall einen Tisch reservieren. In den rustikalen Speiseräumen und auf der kleinen Terrasse können Sie dann z. B. *Spuntini*-Platten (Snack-Platten mit frischem Fisch oder Fleisch) oder auch Entenbrust mit Birnen genießen. Lecker zum Nachtisch: Kastanien-Fondant. ● *So mittags.*

AJACCIO Restaurant des Halles
4, rue des Halles, 20000 **☎** *04 95 21 42 68* €€
Straßenkarte B4

Das 1933 eröffnete Restaurant hat ein paarmal die Besitzer gewechselt, ist aber nach wie vor populär. Abends werden die Gäste mit Live-Musik unterhalten, während sie sich die Tagesspezialitäten schmecken lassen. Das Lokal ist für *aïoli*, eine Knoblauch-Mayonnaise, berühmt, die zu Fisch und Gemüse gereicht wird. ● *So, Mo; 2. Hälfte Jan.*

AJACCIO Vino del Diablo
Port de l'Amirauté, 20000 **☎** *04 95 22 70 10* €€
Straßenkarte B4

Das Lokal am Hafen von Ajaccio ist ein trendiges Etablissement mit »teuflischen« Motiven – ein Mix aus Tapasbar, Cocktailbar und Brasserie. Mittags geht es hier relativ ruhig zu, und die Gäste lassen sich das preiswerte Mittagsmenü schmecken. Abends wird es dann wesentlich lebhafter. ● *So.*

Straßenkarte *siehe hintere Umschlaginnenseiten*

AJACCIO Le 20123 €€€

2, rue Roi de Rome, 20000 04 95 21 50 05 *Straßenkarte B4*

Das 1987 in Pila-Canale gegründete korsische Gourmetrestaurant zog 1998 nach Ajaccio um. Hier bestellt man selten à la carte, sondern wählt das täglich wechselnde Menü, das aus einer wunderbaren Auswahl an Gerichten besteht, die Sie ansonsten vielleicht nie probieren würden. ● Mo mittags (außer Juli, Aug).

AJACCIO Le Grand Café Napoléon €€€

10, cours Napoléon, 20000 04 95 21 42 54 *Straßenkarte B4*

Inselrestaurants werden zumeist mit sonnigen Terrassen assoziiert, doch das Le Grand Café Napoléon, das älteste Lokal der Stadt, bietet auch einen Innenraum mit viel Charakter. Die Stühle sind mit schönen Stoffen bezogen, an den Wänden hängen Fotografien vom alten Ajaccio. Ideal für den Aperitif vor dem Abendessen.

AJACCIO Palm Beach €€€€

Route des Sanguinaires, 20000 04 95 52 01 03 *Straßenkarte B4*

Das exzellente Strandrestaurant an der Straße zu den Îles Sanguinaires hat einen eleganten Speisesaal und eine Terrasse mit Blick über die Bucht. Der englische Küchenchef zaubert sorgfältig zubereitete Gerichte wie Wolfsbarsch im Salzmantel, Lammrücken in Kräuterkruste oder Rinderfilet mit wildem Knoblauch. Die Desserts sind lecker und üppig.

CUTTOLI CORTICCHIATTO A Casetta €€€

Lieu-dit Cantege Canale, 20167 04 95 25 66 59 *Straßenkarte B4*

Hier serviert man französisch-korsische Küche aus lokalen Produkten von den Bergen und aus dem Meer: in Räucherschinken gewickelte Riesengarnelen oder auch Entenfilet mit karamellisierten Steinpilzen. Hervorragende und wunderschön präsentierte Desserts runden die Mahlzeit ab.

OTA Chez Félix €€

Ota, 20150 04 95 26 12 92 *Straßenkarte B3*

Das Restaurant bietet eine der besten Küchen in der Region Ota-Porto. Die traditionell korsischen Gerichte basieren auf den seit Generationen überlieferten Familienrezepten des Besitzers Félix Ceccaldi. Schleckermäulchen haben hier jeden Tag die Qual der Wahl unter 13 köstlichen Desserts.

PIANA Hôtel Les Roches Rouges €€€

Piana, 20115 04 95 27 81 81 *Straßenkarte B3*

Die schöne Terrasse des Hôtel Les Roches Rouges (siehe S. 162) ist einer der beliebtesten Plätze ganz Korsikas für den Cocktail bei Sonnenuntergang. Danach können Sie im Art-déco-Speisesaal mit hohen Decken und Fresken ihr Gourmetmahl einnehmen. Die leutselige Wirtin Madame Mady trägt zum Charme des Restaurants bei.

PISCIATELLO Auberge du Prunelli €€

Bastelicaccia, 20129 04 95 20 02 75 *Straßenkarte B4*

Diese herausragende *auberge* südlich von Ajaccio bewirtete schon viele prominente Gäste, darunter den französischen Schauspieler Alain Delon. Viele der regionalen Spezialitäten bestehen aus Produkten, die Besitzer René Orlandazzi selbst erntet und sammelt. Das knisternde Feuer im offenen Kamin schafft im Winter behagliche Stimmung.

PORTICCIO L'Arbousier €€€€

Hôtel Le Maquis, 20166 04 95 25 05 55 *Straßenkarte B4*

Die Oberkellner Georges und Antoine dirigieren seit 27 Jahren den erstklassigen Service in diesem Nobelrestaurant. Probieren Sie die Dorade in Zitronenmarmelade oder den Lammbraten mit Rosmarin. Auf der hübschen Westterrasse kann man den Sonnenuntergang bestaunen.

PORTO Mini-Golfe €€

Porto Marina, 20150 04 95 26 17 55 *Straßenkarte B3*

Lassen Sie Portos Hauptkomplex mit Restaurants und Läden hinter sich, und überqueren Sie die japanisch anmutende Holzbrücke zu diesem Refugium mit Eukalyptusbäumen. Auf der Karte stehen Grillgerichte, Seafood-Salate und Pasta, alles mit einem orientalischen Hauch (der Küchenchef kommt von den Antillen). ● Okt – Apr.

PORTO Le Maquis €€€

Porto par Ota, 20150 04 95 26 12 19 *Straßenkarte B3*

Le Maquis im Norden der Stadt bietet Gourmetküche und eine fabelhafte Sicht über Porto. Das Restaurant hat Tische drinnen und draußen auf der Terrasse, zu essen gibt es Delikatessen wie Ravioli mit Muschelfüllung und Gemüsesauce. Die selbst gemachten Desserts sind sündhaft lecker. ● Mitte Nov – Mitte Jan.

SAGONE A Sponda €€

Sagone, 20118 04 95 28 01 66 *Straßenkarte B4*

Nur eine Straße trennt dieses Lokal am Ortsrand vom Meer. Das A Sponda ist eines der beliebtesten Restaurants in der Region und serviert frische Fleisch- und Fischgerichte. Im Sommer genießt man auf der großen hölzernen Terrasse die kühlende Meeresbrise, im Winter werden traditionelle korsische Bergspezialitäten serviert.

SAGONE L'Ancura €€€€

Port de Sagone, 20118 04 95 28 04 93 *Straßenkarte B4*

Das winzige Restaurant am Hafen ist auf Pizza und Fisch spezialisiert, beides aus dem Holzofen. Von den zwei Terrassen überblickt man die Fischerboote, die die Restaurantküche mit fangfrischem Fisch beliefern. Besonders lecker sind die Kebabs vom Holzkohlengrill und die himmlische Fischsuppe. ● Nov – Mitte Apr.

Preiskategorien *siehe S. 172* **Zeichenerklärung** *siehe hintere Umschlagklappe*

Bonifacio und Südküste

BONIFACIO A Manichella — €€
Place du Marché, Haute Ville, 20169 04 95 73 12 75
Straßenkarte C6

Das A Manichella bietet preiswertes Essen in glamourösem Ambiente. An klaren Tagen reicht der Blick von der Terrasse bis nach Sardinien. Zu den Spezialitäten gehören große Salate und Crêpes, auch die Tagesangebote sind immer gut – oder bestellen Sie die Probierplatte *assiette degustation* (ca. 14 €) mit saisonalen Gerichten. ● *Nov–Apr.*

BONIFACIO Cantina Doria — €€
27, rue Doria, 20169 04 95 73 50 49
Straßenkarte C6

Ein kleiner Raum mit gedämpftem Licht, Holztischen und -bänken – die Cantina Doria wirkt wie ein Pub. Das bei den jungen, modebewussten Anwohnern beliebte Lokal ist ideal, um regionale Spezialitäten oder eine leichte korsische Mahlzeit aus Suppe und Dessert (13 €) zu essen. Die Rezepte stammen aus dem Landesinneren. ● *Okt–März.*

BONIFACIO The Kissing Pigs — €€
15, quai Banda del Ferro, 20169 04 95 73 56 09
Straßenkarte C6

Wer kann einem Lokal mit diesem Namen widerstehen? In der Weinbar mit Restaurant am Hafen kann man alle Getränke flaschen- oder glasweise bestellen. Zu essen gibt es z.B. Grillgerichte und Salate aus Bergkäse und geräuchertem Schweinefleisch.

BONIFACIO Hôtel Restaurant du Centre Nautique — €€€
Quai Nord, BP 65, 20169 04 95 73 50 44
Straßenkarte C6

Das Restaurant bietet eine kulinarische Erfahrung, die Sie nie vergessen werden. Die Rezepte stammen aus dem Süden der Insel, der Schwerpunkt liegt bei der Kombination von Seafood und Produkten aus den Bergen. So stehen auf der Karte etwa in wildem Fenchel marinierte gegrillte Riesengarnelen.

BONIFACIO Les 4 Vents — €€€
29, quai Banda del Ferro, 20169 04 95 73 07 50
Straßenkarte C6

Das Dekor ist vielleicht ein bisschen kitschig (unzählige Fähnchen hängen von der Decke), doch im Sommer serviert man hier mit den frischesten Fisch in ganz Bonifacio. In den Wintermonaten stehen dagegen Spezialitäten aus dem Elsass auf der Speisekarte. ● *mittags; Mitte Nov–Mitte Dez.*

BONIFACIO Au Jardin d'A Cheda — €€€
Cavallo Morto, BP 3, 20169 04 95 73 03 82
Straßenkarte C6

Der Garten kombiniert mediterrane Wildnis mit asiatischem Dekor. Das leise Plätschern der Brunnen bildet den passenden Hintergrund für die moderne korsische Küche von Chefkoch Lionel Le Brun. Wählen Sie eines der Überraschungsmenüs (sechs Gänge für 70 €), um seine neuesten Kreationen zu probieren. ● *Jan–Mitte Feb.*

BONIFACIO La Caravelle — €€€€
37, quai Comparetti, 20169 04 95 73 00 03
Straßenkarte C6

Das eleganteste Speiselokal am Kai bietet seinen Gästen frisches Seafood in Gerichten wie Hummer-Risotto, Seafood-Platte und Langusten in Basilikumbutter. Zum Käse werden Walnüsse und Dörrbirnen gereicht, auf der Dessertkarte findet man Klassiker wie Crêpes Suzette. Reservieren Sie einen Tisch – und hübschen Sie sich auf. ● *Winter.*

BONIFACIO Stella d'Oro »Chez Jules« — €€€€
7, rue Doria, 20169 04 95 73 03 63
Straßenkarte C6

In der noblen Taverne in Bonifacios Altstadt bekommt man Gourmetversionen traditioneller korsischer Gerichte, etwa Kaninchen mit Salbei-Zitronen-Confit oder die Spezialität des Hauses: Auberginen *à la bonifacienne* (mit Ei und Semmelbröseln). Beliebt bei französischen Prominenten wie Johnny Hallyday.

CAMPOMORO Hôtel Restaurant le Ressac — €€
Belvedere, 20110 04 95 74 22 25
Straßenkarte B5

Das von einer Familie geführte Restaurant des Hôtel le Ressac an Campomoros langem Strand hat die beste Küche am Golfe de Valinco zu bieten. Auf der Speisekarte stehen korsische Klassiker mit viel frischem Fisch. Auch die Pizzas aus dem Holzofen sind sehr zu empfehlen.

LECCI Grand Hôtel de Cala Rossa — €€€€
Lecci, 20137 04 95 71 61 51
Straßenkarte D5

Ein Michelin-Stern, Tische im Garten und ein Pfad zu einem Privatstrand machen ein Essen in diesem exklusiven Lokal zum unvergesslichen Erlebnis. Es ist nicht billig, doch die Küche verwendet die frischesten und besten Produkte der Region. Ideal für ein romantisches Candle-Light-Dinner unterm Sternenhimmel. ● *Jan–Apr.*

LEVIE A Pignata — €€€
Route du Pianu, 20170 04 95 78 41 90
Straßenkarte C5

Für ein Essen im A Pignata, einem der ältesten Bauernhof-Restaurants im Süden der Insel, muss man einen Tisch reservieren. Es ist auf Regionalküche wie Wildschweineintopf spezialisiert. Die *auberge* liegt nur drei Kilometer von den archäologischen Stätten Cucuruzzu und Capula entfernt. ● *Nov–Feb.*

Straßenkarte *siehe hintere Umschlaginnenseiten*

PINARELLO La Fleur de Sel — €€€

Pinarello, 20144 04 95 71 06 49 — **Straßenkarte** D5

Rund um einen Olivenbaum stehen die Tische des Fleur de Sel unweit des herrlichen Pinarello-Strands. Das Angebot an Gourmetgerichten ist nicht sehr groß, doch jeder wird etwas nach seinem Geschmack finden. Probieren Sie z. B. den Zackenbarsch in Salzkruste mit Birne und Muskatweinsauce. ● *Mitte Okt–Mitte März.*

PORTO-VECCHIO A Cantina di l'Orriu — €€

5, cours Napoléon, 20137 04 95 70 26 21 — **Straßenkarte** C6

Die Tische vor der Cantina, gleich bei der Place de la République, laden dazu ein, ein Glas kühlen Wein zu trinken. Zu den fantastischen Aperitif-Angeboten gehört etwa ein Glas AOC-Calvi-Weißwein mit Toast und Olivenpaste. Im Laden nebenan können Sie lokale Delikatessen kaufen. ● *So mittags, Mo; Mitte Okt–Dez, Mitte Jan–Apr.*

PORTO-VECCHIO L'Endroit — €€

3, rue Général de Gaulle 04 95 70 63 63 — **Straßenkarte** C6

Beige, verwinkelt und vor allem modern präsentiert sich dieses Café am Rand von Porto-Vecchios Altstadt. Hier kann man wunderbar ein schnelles, leichtes Mittagessen aus frischen Produkten zu sich nehmen. Unbedingt probieren sollte man eines der vielen kaffeehaltigen Getränke.

PORTO-VECCHIO Chez Anna — €€€

16, rue Camille de Rocca Serra, 20137 04 95 70 19 97 — **Straßenkarte** C6

Das modern-minimalistische Chez Anna kombiniert korsische Regionalrezepte mit rustikaler italienischer Küche. Die selbst gemachten Pastagerichte mit frischen Meeresfrüchten, z. B. Gnocchi mit Muscheln, sind hervorragend, ebenso die Desserts. Der Innenraum ist etwas überfüllt, dafür entschädigt aber die große Terrasse. ● *Mitte Okt–Mitte Apr.*

PORTO-VECCHIO Le Bistro — €€€

4, quai Paoli, 20137 04 95 70 22 96 — **Straßenkarte** C6

Das lebhafte Speiselokal im Yachthafen hat einen hübschen Speiseraum und eine große Terrasse. Auf der Karte steht frisches Seafood, z. B. Meerbarbe mit Sardellen und Tomaten oder gegrillte Langusten. Exzellent sind auch Rindfleischtatar und Wildschweineintopf sowie die Dessertauswahl. ● *Mo (außer Juli, Aug); Feb.*

PORTO-VECCHIO Casadelmar — €€€€

Hôtel Casadelmar, route de Palombaggia, 20137 04 95 72 34 34 — **Straßenkarte** C6

Das moderne, handwerklich edle Interieur des Casadelmar sowie die Top-Küche machen einen Besuch zum unvergesslichen Erlebnis. Chefkoch Davide Bisetto wählt für seine raffinierten Gerichte nur frischeste lokale Produkte. Köstlich: Spanferkel mit Kartoffeln in Barbera-Sauce und Apfelkucheneis. Reservierung empfohlen.

PORTO-VECCHIO Le Belvédère — €€€€

Route de Palombaggia, 20137 04 95 70 54 13 — **Straßenkarte** C6

Der blumenbewachsene Eingangsbogen des Restaurants mit Michelin-Stern ist so auffällig, dass man stehen bleiben muss, auch wenn man noch nichts von dem Gourmetrestaurant dahinter gehört hat. Ein Candle-Light-Dinner auf der Terrasse mit Blick aufs Meer und über Porto-Vecchios Altstadt auf der anderen Seite der Bucht ist Romantik pur.

PROPRIANO Le Cabanon — €€

26, avenue Napoléon, 20110 04 95 76 07 76 — **Straßenkarte** B5

Riesengarnelen-Spieße gehören zu den Favoriten in diesem zauberhaften Restaurant am Kai. Beginnen Sie mit einer Fischsuppe oder Auberginen-Kaviar, danach vielleicht gegrillte Meerbarbe oder Dorade in Weißweinsauce – oder probieren Sie die Austern aus den Lagunen der Ostküste. Die exzellente Käseauswahl beschließt das Mahl.

PROPRIANO U Pescadori — €€

13, avenue Napoléon, 20110 04 95 76 42 95 — **Straßenkarte** B5

Eine Fischerfamilie führt – und beliefert – das U Pescadori. Das Dekor ist nautisch, vor dem Lokal stehen ein paar Tische auf dem Gehsteig. Wie von einem Mitglied des Marmite d'Or (einer gastronomischen Vereinigung, die traditionelle Regionalküche fördert) nicht anders zu erwarten, ist das Essen hervorragend. ● *Nov–März.*

ROCCAPINA Auberge Coralli — €€

Roccapina-Strand, 20100 04 95 77 05 94 — **Straßenkarte** B5

Genießen Sie die fabelhafte Aussicht auf Roccapinas Löwenfelsen, während Sie in der Auberge Coralli exzellentes Seafood verzehren. Nach dem Mittagessen gehen Sie an den Strand hinunter: Mit seinem weißen Sand und dem kristallklaren Wasser ist er einer der schönsten Plätze der Insel für einen geruhsamen Nachmittag. ● *Mi.*

SARTÈNE La Bergerie d'Acciola — €

Giuncheto, 20100 04 95 77 14 00 — **Straßenkarte** C5

Das herausragende und zugleich unprätentiöse Restaurant mit Blick über die Täler der Umgebung bietet die Möglichkeit, lokale Spezialitäten zu kosten und mitzunehmen. Alle Zutaten sind selbst geerntet bzw. selbst zubereitet. In der Saison ist die Kastanieneis unschlagbar. ● *Winter.*

SARTÈNE Auberge Santa Barbara — €€

Alzone, 3 km außerhalb von Sartène an der Straße nach Propriano, 20100 04 95 77 09 06 — **Straßenkarte** C5

Gisèle Lovichi, Korsikas berühmteste Küchenchefin, betreibt dieses Open-Air-Lokal in einem hübschen Garten. Wählen Sie zwischen selbst gemachten Wurstwaren, Suppe mit Gemüsesalat, gefüllter Lammkeule oder Lammrücken in Kräuterkruste. Danach gibt es den korsischen Käsekuchen *fiadone*. ● *Mo; Mitte Okt–Feb.*

Preiskategorien *siehe S. 172* **Zeichenerklärung** *siehe hintere Umschlagklappe*

SOLLACARO Le Moulin Farellacci €€€
Hameau de Calvese, 20140 04 95 74 62 28 — **Straßenkarte** B5

Eine alte Mühle wurde restauriert und offeriert nun Open-Air-Gastronomie mit Blick über das Tal bis zum Meer. Das Speiseangebot wird von Landküche dominiert: Probieren Sie gebratenes Hühnchen in Salbei-Salzkruste. Abends gibt es traditionelle korsische Volksmusik. *Okt–Mai.*

ZONZA Auberge du Col de Bavella €€
Col de Bavella, 20124 04 95 72 09 87 — **Straßenkarte** C5

Die Auberge du Col de Bavella ist für ihre Wurstwaren bekannt. Aber auch ihr Kastanienkuchen zieht die Gäste an. Die großen, sättigenden Portionen sind vor allem bei GR20-Wanderern beliebt. Nach dem Essen können Sie sich im natürlichen Schwimmbecken erfrischen. Es liegt 2,5 Kilometer außerhalb der Stadt an der D420. *Okt–Apr.*

Corte und Bergregion

CORTE La Rivière des Vins €
5, rampe Sainte-Croix, 20250 04 95 46 37 04 — **Straßenkarte** C3

Ein wahr gewordener Traum jedes Fleischliebhabers: Die vielen Fleischgerichte werden im großen Holzofen gegart, sogar die Salate basieren auf regionalem Fleisch, Schinken und Salami. Versuchen Sie die Plateau Gourmand (17 €), die von allem eine Kostprobe bietet.

CORTE Osteria di u Castellu €
5, quartier Calanches, 20250 04 95 46 32 50 — **Straßenkarte** C3

Die ausschließlich im Sommer geöffnete Osteria befindet sich unterhalb des Aussichtsplatzes und der Zitadelle in Cortes Altstadt. Hier bekommt man große Salate, Pizzas und ganze Menüs. Da die Tische unter Bäumen stehen, kann man sich herrlich von der Sommerhitze erholen. *Nov–Apr.*

CORTE U Museu €
Rue St-Joseph, 20260 04 95 61 08 36 — **Straßenkarte** C3

Das große Restaurant mit mehreren Speiseräumen und einer Terrasse mit Schatten spendenden Bäumen liegt am Fuß der Zitadelle. Auf der Speisekarte stehen Pizzas, Pastagerichte und Salate sowie traditionelle korsische Spezialitäten aus weißen Bohnen und Lamm, Lasagne mit *brocciu* und Grillfleisch mit Kräutern. *Mitte Okt–Apr.*

CORTE A Casa d'Orsu €€
4, rue Scoliscia, 20250 06 80 60 70 42 — **Straßenkarte** C3

Freundliche Bedienungen servieren auf der sonnigen Terrasse der Casa d'Orsu (»Bärenhaus«) in der Altstadt traditionelle korsische Küche. Das Lokal ist bei Wanderern, die hungrig aus den Bergen zurückkommen, beliebt. Köstlich: z. B. die Wildschwein-Terrine und die fantastischen selbst gemachten Pastagerichte.

CORTE A Scudella €€
Place Paoli, 20250 04 95 46 25 31 — **Straßenkarte** C3

Das unprätentiöse kleine Restaurant serviert traditionelle Gerichte aus der Region Corte zu vernünftigen Preisen. Die Tagesspezialitäten – z. B. Barschfilet oder Drei-Fische-Terrine – sind immer hervorragend. Das Menu Fraîcheur (17 €) besteht aus einer doppelten Portion einer beliebigen Vorspeise und einer Nachspeise. *So.*

CORTE L'Osteria di l'Orta €€
Villa Guelfucci, Pont de l'Orta, 20250 04 95 61 06 41 oder 06 81 87 83 20 — **Straßenkarte** C3

Die Besitzer Antoine und Marina Guelfucci haben das Wohnhaus aus dem 19. Jahrhundert selbst restauriert und zu einem wunderbaren Restaurant gemacht. Bestellen Sie das Menü (25 €), das aus selbst angebauten Produkten und selbst gezüchtetem Fleisch zubereitet wird. Reservierung unabdingbar.

CORTE U Paglia Orba €€
1, avenue Xavier Luciani, 20250 04 95 61 07 89 — **Straßenkarte** C3

Das legere U Paglia Orba rühmt sich selbst, alte Regionalrezepte neu zu erfinden und somit gastronomische Traditionen weiterzuführen. Auf vorherige Anfrage werden für besondere Anlässe individuelle Menüs zusammengestellt. Eines der besten Speiselokale der Stadt. *So; Dez.*

PONTE LECCIA Chez Jacqueline €€
Pont-de-Castirla, 20218 04 95 47 42 04 — **Straßenkarte** C3

Das malerische Chez Jacqueline 14 Kilometer nördlich von Corte serviert hervorragende Küche. Im Sommer kann man auf der schattigen Terrasse speisen, im Winter sitzt man in rustikalen Räumlichkeiten. Heben Sie sich unbedingt noch Appetit für das einzigartige Dessert, einen Pudding aus *brocciu* und Brandy, auf. *Nov–März.*

VIZZAVONA Hôtel-Restaurant du Monte d'Oro €€
Col de Vizzavona, 20219 04 95 47 21 06 — **Straßenkarte** C4

Vizzavona mit gerade einmal 50 Einwohnern ist trotz seiner geringen Größe weithin bekannt, denn GR20-Wanderer legen hier gern eine Rast ein – auch wegen des rustikalen Hôtel-Restaurant du Monte d'Oro aus dem 19. Jahrhundert. Auf der Terrasse mit schöner Aussicht genießt man köstliche traditionelle Gerichte. *Okt–Mai.*

Straßenkarte *siehe hintere Umschlaginnenseiten*

Shopping

Die Palette vor Ort produzierter korsischer Spezialitäten reicht von Honig über Kastanienprodukte bis hin zu Wurstwaren und mit Macchia-Kräutern fein gewürzten Käsesorten. Am besten kauft man diese Köstlichkeiten auf den bunten Märkten in den größeren Orten. Interessant ist auch ein Besuch der Produktionsstätten, etwa einer *bergerie* in den Bergen oder einer der vielen Winzereien im Norden Korsikas. Das (Kunst-)Handwerk ist vielfältig und greift mit Erfolg auf traditionelle Verfahren und Produkte zurück: Messer, Keramik- und Steingutwaren, geflochtene Körbe und mundgeblasene Glasobjekte. Die Erzeugnisse sind alle in den Städten und Dörfern der Insel erhältlich. Unterhaltsamer und zugleich informativ ist jedoch ein Einkauf direkt in den Werkstätten, die es vor allem in der Balagne gibt.

Ledertasche eines Schäfers

Öffnungszeiten

Läden sind dienstags bis samstags von 9 bis 12 Uhr und von 15 bis 18 Uhr geöffnet, Lebensmittelläden von 8 bis 12 Uhr und von 14 bis 18 Uhr sowie am Sonntagvormittag. Im Sommer sind vor allem in den Ferienorten die Läden länger und teilweise sogar montags geöffnet.

Kreditkarten

Kreditkarten werden fast überall angenommen, bisweilen erst bei einem Mindestumsatz von etwa 15 Euro. In Werkstätten und kleineren Läden im Landesinneren wird oft Bargeld bevorzugt.

Einkaufszentren

Die Einkaufszentren und Supermärkte in den Vororten von Bastia und Ajaccio haben in der Regel – außer Montagvormittag und Sonntag – von 9 bis 20 Uhr geöffnet. Hier kann man Lebensmittel, Kleidung, Schuhe, Sportartikel, Parfüm und Bücher günstig erwerben und sich in den angeschlossenen Cafés und Restaurants vom Shopping erholen.

Kunsthandwerk

Garantierte Qualitätsware erhält man in den Werkstätten der Casa di l'Artigiani. Zu diesem Netzwerk gehören etwa 50 Kunsthandwerker. Authentische Produkte bieten auch die Läden mit den Zeichen »Association d'Artisans de Corse« und »Corsic'Arte«. Am besten stattet man den Werkstätten direkt einen Besuch ab – etwa in der Balagne *(siehe S. 76f)*.

Sehr hübsche Andenken sind Objekte aus Oliven- oder Kastanienholz, Weidenkörbe, handgefertigte Decken und Teppiche, Myrtenholzpfeifen aus Orezza, mundgeblasene Glasobjekte aus Feliceto und Spieluhren aus Pigna.

Einer der zahllosen Weinkeller auf Cap Corse

Eindrucksvolle korsische Handwerkserzeugnisse sind die berühmten Messer. Führende Hersteller sind Jean-Pierre Caggiari und Laurent Bellini vom **Atelier du Couteau** in Ajaccio und **Pol Demongeot** in Calvi.

Keramikartikel und Steingutwaren sind auf der ganzen Insel erhältlich. Besonders interessant sind die Ateliers von **Jacques Quilichini** in Pigna und von **Julien Truchon** in Patrimonio.

Saiteninstrumente verkaufen der auf Gitarrenbau spezialisierte Christian Magdeleine von **Guitare et Cetera** in Bastia *(siehe S. 61)* und **Ugo Casalonga** in Pigna.

Eine interessante Auswahl an Steinen (Diorit, Porphyr, Rhyolith) sowie Korallen bietet die **Maison du Coral** in Ajaccio. Das **Cyrnarom** in Bastia *(siehe S. 62)* offeriert Blüten- und Pflanzendestillate. Wildblumenessenzen werden auf den Märkten verkauft.

Stand auf einem Markt in Ajaccio

SHOPPING

Kunst und Trödel auf dem Sonntagsmarkt in Bastia

Märkte und Messen

Die bunten, fröhlichen Märkte sind ein »Muss« für jeden Korsika-Besucher. Einen Besuch lohnt der allmorgendliche (außer montags) Markt auf Bastias Place de l'Hôtel-de-Ville, auf dem Gemüse, Fisch, korsische Spezialitäten, Kleidung, Crêpes und andere typische Leckereien angeboten werden. Der Flohmarkt findet an der Place St-Nicolas statt.

Hauptsächlich regionale Produkte wie Wurst, Wein, Käse, Öl und Honig findet man auf Ajaccios täglichem Markt an der Place Campinchi.

In Calvi sind die frischen Lebensmittel und typischen Waren in einem überdachten Markt aufgebaut, den man über eine Treppe von der Rue Clemenceau aus erreicht.

Die Markthalle an der Place Paoli in L'Île Rousse stammt aus dem 19. Jahrhundert und steht unter Denkmalschutz.

In der zweiten Septemberwoche findet in Porto-Vecchio eine Handwerksmesse statt, am ersten Wochenende im Juli die Weinmesse von Luri und am ersten Wochenende nach dem 14. Juli die Olivenmesse der Balagne.

Regionale Spezialitäten

Unter den Delikatessen der Insel gebührt dem Honig die Krone (sechs AOC-Auszeichnungen!). Verschiedene Sorten bieten **Franck Dupré** in Calenzana und **Le Rucher d'Aristée** in Santa Maria Poggio. Korsikas berühmtes Gebäck, die *canistrelli* aus Mandeln, Haselnüssen, Zitrone oder Anis, gibt es in der **Boulangerie A Viletta**, von **Mathieu Carlotti** in Ajaccio sowie von **E Fritelle** in Calenzana.

Einheimische Wurstwaren und Käse sind in sämtlichen Lebensmittelläden der Insel erhältlich. Zu den besten zählen etwa die **Charcuterie Pantalacci** in Ajaccio sowie **U Muntagnolu** und **U Paese** in Bastia.

Einheimische Weine (siehe S. 171) stehen in der **Enoteca** in Ajaccio zu Auswahl – Aperitifsorten in der **Maison Mattei** in Bastia (siehe S. 63).

Auf Cap Corse kann nur noch ein Fischer Hummerkörbe flechten

AUF EINEN BLICK

Einkaufszentren

Carrefour
Cours Prince Impérial, Ajaccio.

Centre Commercial La Rocade
Ajaccio.

Centre Commercial de Santa Devota
Flughafen Rotunda, Borgo, Bastia.

Centre Commercial de Toga
Port de Toga, Bastia.

Champion
Mezzavia, Ajaccio.

Galerie Marchande de l'Hypermarché
Avenue Sampiero Corso, Bastia.

La Rocade
Route Nationale 193, Furiani. Géant Casino.

Kunsthandwerk

Atelier du Couteau
2, rue Bonaparte, Ajaccio. 04 95 52 05 92. *Messer.*

Cyrnarom
9, av M. Rigo, Bastia. 04 95 31 70 60. *Parfüm.*

Guitare et Cetera
2, place Guasco, Bastia. 04 95 31 78 99. *Saiteninstrumente.*

Jacques Quilichini
Pigna. 04 95 61 77 25. *Keramik.*

Julien Truchon
Patrimonio. 04 95 37 11 62. *Keramik.*

Maison du Coral
1, rue Fesch, Ajaccio. 04 95 21 47 94. *Korallen.*

Pol Demongeot
Fort Mozello, Calvi. 04 95 65 32 54. *Messer.*

Ugo Casalonga
Pigna. 04 95 61 77 15. *Saiteninstrumente, hölzerne Spieluhren.*

Verrerie Corse
Feliceto. 04 95 61 73 05. *Mundgeblasenes Glas.*

Regionale Spezialitäten

Boulangerie A Viletta
Avenue Beverini, Ajaccio. *Kuchen, Croissants.*

Charcuterie Pantalacci
Boulevard Pugliesi Conti, Ajaccio. *Wurst.*

Confiserie Saint Sylvestre
Sovéria. 04 95 47 42 27. *Eingemachtes.*

E Fritelle
Tiassu Longu, Calenzana. 04 95 62 78 17. *Kekse.*

Enoteca
Rue Maréchal Ornano, Ajaccio. *Wein, Likör.*

Franck Dupré
Hameau de Pellicciani, Calenzana. 04 95 65 07 74. *Honig.*

Le Rucher d'Aristée
Santa Maria Poggio. 04 95 58 70 14. *Honig.*

Maison Mattei
Place St-Nicolas, Bastia. 04 95 32 44 38. *Korsischer Wein, Likör.*

Mathieu Carlotti
Place Vincetti, Bastia. 04 95 31 09 93. *Marmeladen, Schokolade.*

U Muntagnolu
15, rue César Campinchi, Bastia. 04 95 32 78 04. *Wurst, Käse.*

U Paese
4, rue Napoléon, Bastia. 04 95 32 33 18. *Wurst, Käse.*

Souvenirs

Die Düfte Korsikas können in den Delikatessen der Insel – Honig und Gebäck, Wurst und Käse – erschmeckt werden. Die nach jahrhundertealten Verfahren produzierten Köstlichkeiten sind in allen größeren Orten erhältlich und werden auf den Märkten direkt vom Erzeuger angeboten. Die Produkte des heimischen Kunsthandwerks haben die korsischen Künstler sorgsam dem zeitgenössischen Geschmack und modernen Bedürfnissen angepasst. Die meisten Ateliers befinden sich an der Strada di l'Artigiani in der Balagne *(siehe S. 76f)*.

Terrakottamaske

Die korsischen Messer *dienten früher als Werkzeuge für die Schäfer. Heute sind sie zum Teil Sammlerstücke mit Griffen aus Mantarochenhaut und Schneiden aus Damaststahl.*

Volkskunst

Holz, Sandstein, Tierhörner und Glas sind die Grundmaterialien korsischer Handwerker. Mit diesen seit Urzeiten genutzten Rohstoffen schaffen die Künstler mit großer Kreativität, doch stets auch mit Blick auf die lokalen Traditionen einzigartige Objekte, die auf perfekte Weise Moderne und Vergangenheit in Einklang bringen.

Korallenketten *und -anhänger werden gemäß den uralten Traditionen von Ajaccios Korallenschnitzern gefertigt. Mit viel Fantasie gestalten die Künstler Ketten, Ohrringe, Armbänder und Anhänger in neuen Formen.*

Die Glasbläserkunst *findet ihren Niederschlag in Vasen, Figuren, Gläsern und anderen Objekten. Das hier abgebildete stammt von einem Meister aus Feliceto an der Strada di l'Artigiani im Herzen der Balagne.*

Aschenbecher aus Keramik

Emaillierte Muschel

Keramikobjekte – *Teller, Vasen, Becher, Fliesen – werden auf der Töpferscheibe gedreht, im Ofen gebrannt und mit typisch mediterranen Farben glasiert. Sehr schön sind Objekte aus Steingut und Raku-Ware (siehe S. 76).*

Handgefertigte Spieluhren *stammen vor allem aus Pigna. Die bunten Figuren in Gestalt von Eseln oder Tänzern begleiten die Melodien typisch korsischer Musikstücke wie A Muresca oder Ciucciarella.*

Zu den typisch korsischen Holzschnitzereien *gehören Pfeifen aus Oliven- oder Myrtenholz ebenso wie Musikinstrumente und Kleinmöbel, die häufig mit ungewöhnlichen Einlegearbeiten verziert sind.*

SOUVENIRS

Parfüm

Die aus Macchia-Pflanzen wie Wacholder, Myrte, Lavendel, Zistrose und Mastix extrahierten Öle finden sich in vielen Essenzen mit dem typischen Duft Korsikas. In den Wäldern gewinnt man eine balsamische Essenz aus Kiefernharz.

Aus den Essenzen *von Lavendel, Laricio-Kiefer, Myrte und Orangenblüten werden Parfüme mit dem Duft der Macchia und Wälder gewonnen.*

Lavendel ist eine wichtige Zutat für Parfüm

Delikatessen

Wie überall im Mittelmeerraum bieten sich auch auf Korsika viele Spezialitäten als ideales Souvenir von der Insel an. Auf Korsika gibt es so viele »Schmankerln«, dass man wirklich für jeden Geschmack fündig wird.

Korsische Wurst *ist würzig. Die besten Sorten kommen angeblich aus Bastelica, der Castagniccia und dem Niolo. Köstlich: Wildschwein-Pâté.*

Korsische Käsereien *sind für den Frischkäse brocciu berühmt, aber auch für viele Ziegenkäsesorten und mit Macchia-Kräutern fein gewürzte Spezialitäten.*

Liköre *sind eine weitere typische Spezialität der Insel. Zu den besten gehören die weltberühmten Aperitife der Maison Mattei sowie die Erzeugnisse aus Myrte und anderen Macchia-Kräutern. Die Liköre werden auf traditionelle Weise in verschiedenen Regionen Korsikas gebrannt.*

Aromatisierte Essigsorten, *die auf der Basis von Kräutern, Äpfeln und Honig sowie von sirupähnlichen Fruchtextrakten oder Met zubereitet werden, verfeinern Salate und Gerichte.*

Kastanienkuchen *aus der Castagniccia zählt zu Korsikas bekanntesten Süßspeisen. Fiadone ist ein traditionelles Gebäck aus* brocciu *und Orangenblüten. Eine Spezialität sind die aromatisierten Nougatsorten.*

Nougat mit Zitronen- und Honigaroma

Hausgemachte Marmeladen *aus Melonen, Myrte, Pfirsichen, Klementinen und Feigen sind eine weitere typische Köstlichkeit. Feigen-Walnuss-Marmelade passt fantastisch zu Käse.*

Auch im Honig *ist der typische Duft der Insel auf delikate Weise eingefangen. Die Geschmackspalette reicht von kräftig und bitter (Kastanie) bis zu zart (Affodill) oder aromatisch (Lavendel oder Erdbeerbaum).*

Unterhaltung

Korsika ist vor allem wegen des Meers und der Berge beliebt, doch es mangelt vor allem in den Badeorten und in Städten wie Ajaccio und Bastia keinesfalls an Kultur und Unterhaltung. Aktuelle Informationen über Konzerte, das Theater- und Kinoangebot liefert die Zeitung *Corse-Matin*. In den Sommermonaten finden viele traditionelle Feste statt *(siehe S. 32–35)*. Discos und Clubs, Nachtlokale und Konzertveranstaltungen bieten am Abend Amusement. Tagsüber lassen Bootstouren sowie ganz unterschiedliche Sport- und Freizeitangebote *(siehe S. 188–193)* keine Langeweile aufkommen. Wie es sich für eine Insel gehört, bieten ein Aquapark und mehrere Thalasso-Therapiezentren auf Wasser eingestellte Entspannung.

Beim täglichen Plausch im Café

Vor der Bastion Bonifacios ankert ein Ausflugsboot

Bootsausflüge

Korsika ist als Insel ein Dorado für alle, die sich für die Schönheiten des Meers begeistern und interessieren. An der Küste verleihen viele Agenturen Boote mit Skipper oder sogar mit ganzer Crew, falls erforderlich *(siehe S. 207)*. Im Sommer kann man zudem bei Ausflügen, längeren Fahrten oder Segeltörns entlang der Küste die überwältigende Naturlandschaft genießen und in abgeschiedenen Buchten baden.

Zu Recht beliebt sind die eindrucksvollen Fahrten zu den fantastischen roten Klippen der Réserve Naturelle de Scandola *(siehe S. 104f)*. Die Boote legen in Ajaccio, Calvi, Porto, Cargèse, Tiuccia, Porticcio und in anderen Häfen der Umgebung ab.

Wenn sich die Gelegenheit bietet, sollte man eine Fahrt von Ajaccio zu den einsamen Îles Sanguinaires *(siehe S. 92)* unternehmen. Sehr schön sind auch die Ausflüge von Propriano *(siehe S. 128)* zum Golfe de Valinco und an die Südwestküste.

Die Touren zu den Klippen von Bonifacio sowie den Îles Lavezzi und nach Cavallo *(siehe S. 116f)* beginnen wie die Fahrten über die Straße von Bonifacio *(siehe S. 113)* zur Küste von Sardinien in Bonifacio.

Im nördlichen Korsika legen die meisten Ausflugsboote zu den Stränden von Lodo, Cap Corse und der Désert des Agriates im Hafen von St-Florent ab.

Tauchsafaris mit dem Motorboot werden eigentlich an der gesamten korsischen Küste angeboten – die Boote kann man zuweilen sogar für ein ganzes Wochenende chartern. Weitere Informationen über Korsikas Tauchgründe und über Organisatoren von Tauchausflügen finden Sie auf Seite 187 und 191.

Unterwegs mit dem Petit Train

Eine typisch korsische Attraktion sind die kleinen »Märchenzüge«, die ihre Passagiere in den größeren Orten der Insel auf eine bequeme und durchaus unterhaltsame Stadtrundfahrt mitnehmen. Sie werden *Petits Trains* genannt, weil sie stark an die Kinderzüge in Vergnügungsparks erinnern.

Die *Petits Trains* fahren in Ajaccio, Bonifacio sowie L'Île Rousse vom Stadtzentrum und in Corte von der Zitadelle aus ab und kommen auf der Fahrt an den wichtigsten Sehenswürdigkeiten der Städte vorbei. Sie fahren dabei so langsam, dass die Passagiere in den gemütlichen, bunten kleinen Wagen in aller Ruhe fotografieren und die Aussicht genießen können.

In Corte fährt der putzige *Petit Train* vor der Zitadelle ab

Gute Unterhaltung bietet das Calvi Festival de Jazz

Aquaparks

Die in vielen Ferienorten an Europas Küsten beliebten Wasser-Vergnügungsparks haben auf Korsika noch nicht ihren Siegeszug angetreten – lediglich Porticcio kann in dieser Hinsicht mit dem **Aqua Cyrne Gliss** aufwarten. Dieser Aquapark macht mit allen erdenklichen Arten von Rutschen, Wasser-Fahrgeschäften, Swimmingpools und Brunnen Kindern und Erwachsenen Spaß.

Thalasso-Therapie

Wer im Urlaub Körper und Seele pflegen möchte, wird von Korsika nicht enttäuscht werden. Denn wie in vielen französischen Seebädern werden auch auf der Insel sogenannte Thalasso-Therapien angeboten. Sie umfassen eine Reihe von Anwendungen, bei denen mithilfe von Meerwasser der Körper von durch Stress und Überarbeitung entstandenen Giftstoffen entschlackt wird. Nach einer solchen Entgiftungskur fühlt man sich regelrecht verjüngt.

Auf Korsika bietet etwa das renommierte **Sofitel** bei Ajaccio Thalasso-Therapien an. In der Regel bucht man diese Kuraufenthalte pauschal mit Übernachtung und Verpflegung.

Alternativ zum Aufenthalt an der Küste kann man auch in den im Landesinneren verstreuten erstklassigen Bädern einen entspannenden Wellness-Urlaub verbringen.

Musik und Tanz

Der korsische Veranstaltungskalender ist vor allem im Bereich der Musik hauptsächlich in den Sommermonaten reich gefüllt. Konzerte und Aufführungen finden jedoch auch in der Nebensaison statt.

In der letzten Juniwoche treten bei Calvis renommiertem Festival de Jazz (siehe S. 33) internationale Jazzgrößen auf.

Anfang Juli widmet sich das Festival Estivoce (siehe S. 33) in Pigna der traditionellen polyfonen Musik Korsikas. Die vielen hier auftretenden Chöre und Gruppen vermitteln einen guten Eindruck über Korsikas Musikkultur.

Ajaccio steht in den beiden ersten Juliwochen während der »Nuits du Blues« (siehe S. 33) ganz im Zeichen des von berühmten internationalen Künstlern und Gruppen dargebrachten Blues.

In Patrimonio hört man in der dritten Juliwoche bei den Nuits de la Guitare (siehe S. 33) Folk, Jazz und Roma-Musik, während Ajaccio von Juli bis September das Sommerfestival Les Estivales (siehe S. 33) mit Konzerten und Tanzaufführungen bietet.

Zu den bei den Korsen äußerst beliebten Festivals zählt im Oktober das bei Touristen eher unbekannte Les Musicales de Bastia (siehe S. 35) mit Folk, Jazz und Tanz.

Ende Mai findet in Ajaccio im **Théâtre Kallisté** sowie in anderen Veranstaltungsorten das Tanzfestival Île Danse statt (siehe S. 32), bei dem erstklassige europäische Tanzgruppen auftreten.

Die lokalen Fremdenverkehrsbüros informieren über die verschiedenen Festivals und verkaufen auch Tickets (weitere Informationen auf www.visit-corsica.com).

Kino und Theater

Die neuesten Filme laufen im Sommer allabendlich in den Open-Air-Kinos der Ferienorte an der Küste. Schön ist etwa das in einem Eukalyptuswäldchen an der Marina gelegene Kino in Porto. Die Buchstaben VO bedeuten, dass ein Film in der Originalsprache gezeigt wird.

Die größten Kinos befinden sich in Bastia (**Le Regent** und **Le Studio**) und Ajaccio (**Empire**, **L'Aiglon**, **Bonaparte** und **Laetitia**).

In der ersten Oktoberwoche findet in Bastia ein britisches Filmfestival statt, im November das Festival du Film des Cultures méditerranéennes »Arte Mare« (siehe S. 35), das Filme, aber auch Literatur und Musik aus Mittelmeeranrainer-Staaten präsentiert, und im Januar das italienische Filmfestival Rencontres du Cinéma Italien (siehe S. 35) mit italienischen Filmen und Retrospektiven zu italienischen Schauspielern und Regisseuren. Ajaccio veranstaltet Festivals für italienischen, spanischen und asiatischen Film.

Im Winter ist in Bastia Theater- und Opernsaison.

Bei einer winterlichen Theateraufführung in Bastia

Clubs

Im Vergleich zu anderen europäischen Ferienregionen gibt es auf Korsika relativ wenige Discos, die sich zudem in den Hauptorten an der Küste konzentrieren.

Ziemlich bekannt ist das **La Via Notte** am südlichen Stadtrand von Porto-Vecchio. In dem bei Teenagern beliebten Club legen im Juli und August internationale DJs auf. **Le Rancho Club** ist eine Open-Air-Disco in Porto-Vecchio.

Die beliebtesten Clubs in Bastia sind das **Le Velvet**, in dem das Publikum durchschnittlich Anfang 20 ist, und das **L'Apocalypse** in Biguglia. Empfehlenswert ist zudem das **Noche de Cuba**, das mit kubanischer Musik auch ältere Semester anlockt.

La Place in Ajaccio ist ein hipper Club, der verschiedene Sounds präsentiert. Beliebte Treffs in Porticcio sind das **Le Blue Moon** mit seiner großen Terrasse und das **Le Cabanon**, mit den neuesten Sounds und guten Cocktails.

In Calvi kann man im **La Camargue** im Freien tanzen und im Pool schwimmen. Fünf Kilometer vom Zentrum entfernt ist das **L'Acapulco** mit einem guten Restaurant.

Calvis Promenade im schimmernden Neonlicht der Clubs

In Propriano ist die Disco **Le Midnight Express** bis spätnachts offen. Wer weniger auf Clubbing als auf Cocktails und Musik Lust hat, kann sich in den korsischen Städten in Bars jeglicher Art entspannen.

In Bastia konzentrieren sich die beliebtesten Lokale rund um den Vieux Port und im Viertel Port Toga, das sich im Sommer in eine riesige Fußgängerzone mit Shows und Entertainment verwandelt. Hier stehen die Tische der Bars und Restaurants schon fast *im* Wasser. Beliebt sind z..B. **Le Café de la Place**, **Le Cézanne Café**, **Aiba**, **Le Pub O'Connors**, **Café Wha!** und **Le Bouchon**, eine Weinbar mit Live-Musik und guter Weinkarte. Hier kann man einen guten Tropfen glas- oder flaschenweise bestellen und mit Salat oder Canapés genießen.

In Ajaccio locken **Vino del Diablo**, **Le Son des Guitares**, die Pianobar **Le Privilège** und **Le Temple du Jeu** das feierwillige Partyvolk an.

In Calvi sind die Pianobar **Chez Tao** in der Zitadelle und die bis 3 Uhr morgens geöffnete Pianobar **Le Rocher** einen Besuch wert.

Zwei der besten Bars in Porto-Vecchio sind das **La Canne à Sucre** (ideal für Eiscreme oder Drinks) und **La Taverne du Roi** mit Jazz und Varieté.

Das Café Wha! in Bastia ist ein bei Gästen aller Altersstufen beliebter Nightspot

AUF EINEN BLICK

Bootsausflüge

A Dieu Vat
Porto-Vecchio.
04 95 70 27 58.

Centre Nautique Valinco
Port de Plaisance, BP 67, Propriano. 06 12 54 99 28. www.centre-nautique-valinco.com

Colombo Line
Port de Plaisance, Calvi.
04 95 65 32 10.
www.colombo-line.com

Croisières Grand Bleu
Cargèse.
04 95 26 40 24.

Le Djinn
Porto-Vecchio.
04 95 70 56 61.

Nave Va
2, rue Jean-Baptiste Marcaggio, Ajaccio.
04 95 21 83 97.
Porticcio.
04 95 25 94 14.
www.naveva.com

Rocca Croisières
Rue Fred Scamaroni, Bonifacio.
04 95 73 13 96.

Thalassa Croisières
Marina, Bonifacio.
06 86 34 00 49 oder 04 95 73 05 43.

U San Paulu
Macinaggio.
04 95 35 07 09.

Petit-Train-Unternehmen

ITT
Imm. Beau site, Pietralba, Ajaccio (Abfahrt: Place Foch).
06 10 45 31 72.

Le Petit Train
Col de Fogata, L'Île Rousse (Abfahrt: Place Paoli).
04 95 60 26 79.

TTB
Via Simoni/Sennola, Bonifacio (Abfahrt: am Hafen).
04 95 73 15 07.

U Trenu
Corte (Abfahrt: städtischer Wagenpark hinter dem Bahnhof).
06 09 95 70 36.

Aquapark

Aqua Cyrne Gliss
Porticcio.
04 95 25 17 48.

Thalasso-Therapie

Hotel Sofitel
Golfe d'Ajaccio, Porticcio.
04 95 29 40 40.

Kinos

L'Aiglon
Cours Grandval, Ajaccio.
04 95 51 29 46.

Bonaparte
10, cours Napoléon, Ajaccio.
04 95 51 20 40.

La Cinémathèque de Corse
Espace Jean-Paul de Rocca Serra, Porto-Vecchio.
04 95 70 35 02.

Empire
30, cours Napoléon, Ajaccio.
04 95 21 21 00.

Laetitia
24, cours Napoléon, Ajaccio.
04 95 21 07 24.

Le Regent
5, rue César Campinchi, Bastia.
04 95 31 03 08.

Le Studio
1, rue Miséricorde, Bastia.
04 95 31 12 94.

Theater

Aghja
6, chemin de Biancarello, Ajaccio.
04 95 20 41 15.

Kallisté
6, rue Colonel Colonna d'Ornano, Ajaccio.
04 95 50 40 80.

Discos

L'Acapulco
Calvi.
04 95 65 08 03.

L'An 200
3, rue des Deux Villas, Corte.
04 95 46 17 04.

L'Apocalypse
Biguglia, Bastia.
04 95 33 36 83.

Le Blue Moon
Les Marines, Porticcio.
04 95 25 07 70.

Le Cabanon
Paese 2, Porticcio.
04 95 51 03 14.

La Camargue
Calvi.
04 95 65 08 70.

Le Midnight Express
Bd du Général de Gaulle, Propriano.
04 95 76 05 21.

Noche de Cuba
5, rue Chanoine Leschi, Bastia.
04 95 31 02 83.

La Place
Place du Diamant, Ajaccio.
04 95 51 09 10.

Le Rancho Club
Route de Cala Rossa, Porto-Vecchio.
04 95 71 64 71.

Le Velvet
15, maison Romieu, Bastia.
04 95 31 01 00.

La Via Notte
Porto-Vecchio.
04 95 72 02 12.

Clubs

Aiba
Quai des Martyres, Bastia.
04 95 47 03 38.

Le Bouchon
4 bis, rue St-Jean, Vieux Port, Bastia.
04 95 58 14 22.

Le Café de la Place
Bd Général de Gaulle, Bastia.
04 95 32 06 51.

Café Wha!
Bastia.
04 95 34 25 79.

La Canne à Sucre
Porto-Vecchio.
04 95 70 35 25.

Le Cézanne Café
Port de Plaisance, Toga, Bastia.
04 95 34 16 60.

Chez Tao
Rue St-François, Calvi.
04 95 65 00 73.

Le Privilège
7, rue Eugène Macchini, Ajaccio.
04 95 50 11 80.

Le Pub O'Connors
1, rue St-Erasme, Bastia.
04 95 32 04 97.

Le Rocher
Sant'Ambroggio, Lumio, Calvi.
04 95 60 68 74.

Le Son des Guitares
Rue du Roi de Rome, Ajaccio.
04 95 51 16 47.

La Taverne du Roi
43, rue Borgo, Porto-Vecchio.
04 95 70 41 31.

Le Temple du Jeu
2, avenue de la Grande Armée, Ajaccio.
04 95 10 19 39.

Vino del Diablo
Port Charles Ornano, Ajaccio.
04 95 22 70 10.

Sport und Aktivurlaub

Korsika ist das ideale Reiseziel für Sportbegeisterte und Naturliebhaber. Wer das Meer liebt, der findet hier Strände mit feinem Sand, abgeschiedene, oft nur per Boot erreichbare Buchten zwischen zerklüfteten Klippen und eine prächtige Unterwasserwelt. Wanderer haben die Qual der Wahl zwischen zahllosen Möglichkeiten in den Hügeln und Bergen, auf die Wege unterschiedlichster Schwierigkeitsgrade führen. Selbst für trainierte Radfahrer stellen die steilen Serpentinen der Passstraßen im Gebirge eine Herausforderung dar. Wildwasserfans kommen in den zahlreichen Gebirgsflüssen auf ihre Kosten, Pferdeliebhaber hingegen auf langen Ausritten an der Küste oder aber in den Hügeln des Hinterlands. Alle Sport- und Freizeitaktivitäten sind auf Korsika – typisch französisch – effizient und sorgfältig organisiert. Eine Liste von nützlichen Adressen finden Sie auf Seite 193.

Bergwanderer

Wandern

Vor gut 40 Jahren wurde mit dem GR20 *(siehe S. 22–27)* Korsikas längste, die ganze Insel von Nordwesten nach Südosten durchquerende Route eingeweiht. Alljährlich sind auf diesem Fernwanderweg durch dichte Wälder und über raue Bergkämme Tausende von Wanderern unterwegs.

Um regelrechte »Staus« auf dem GR20 zu vermeiden, wurden weitere Wanderwege erschlossen. Sie sind einfacher als der GR20 und heißen *Mare e Monti* (»Meer und Berge«; *siehe S. 27*), wenn sie von der Küste in die Berge führen, und *Mare a Mare* (»Von Meer zu Meer«; *siehe S. 27*), wenn sie von Küste zu Küste verlaufen.

Drei West-Ost-Achsen *(Mare a Mare)* führen von Propriano nach Porto-Vecchio, von Ajaccio nach Ghisonaccia und von Cargèse zum Strand bei Cervione in der Castagniccia. Die Wege verlaufen in der Regel in geringen Höhen und eher in ebenen Gebieten. Unterwegs kann man sich in den Dörfern mit Proviant eindecken, sodass der Rucksack nie zu schwer wird.

Eine interessante *Mare-e-Monti*-Wanderung führt von Cargèse über Evisa und Galéria nach Calenzana.

Neben Fernwanderwegen bieten auch kürzere Strecken lohnenswerte Ziele: die Vallée de l'Asco *(siehe S. 150)* am Fuß des Monte Cinto, die Calacuccia *(siehe S. 151)*, die obere Vallée de la Restonica *(siehe S. 139)*, der Col de Vizzavona *(siehe S. 142)* und das herrliche Gebiet um den Col de Bavella *(siehe S. 122f)*.

Auf dem Weg durch Korsikas schöne, wilde Bergwelt

Die Touren sollte man stets gut ausgerüstet in Angriff nehmen. Führer zu den Wandergebieten und Fernwanderwegen Korsikas sind im Buchhandel erhältlich. Die exzellenten, französischsprachigen *Topo-Guides* der korsischen Nationalparkverwaltung können auch online (www.parc-naturel-corse.com) bestellt werden. Nützliche Tourenvorschläge bieten der *Guide de la Randonnée en Corse* von Didier Richard und der vom Institut Géographique National herausgegebene Führer *Corse*. Die topografischen IGN-Karten des Instituts sind bei schwierigen Wanderungen ein »Muss«.

Wie in den Alpen ist man auch in den korsischen Bergen vor plötzlichen Wetterumschwüngen mit Regen und Kälteeinbrüchen nie sicher –

An den Wanderwegen sind bizarre Felsformationen zu bewundern

Adrenalin pur: Kajakfahrt im reißenden Wildwasser

stellen Sie Ihre Ausrüstung entsprechend zusammen. Bedenken Sie bei der Planung, dass die Stationen, an denen man den Proviant aufstockt, bisweilen nur wenig Lebensmittel vorrätig haben.

Klettern

Korsika bietet zwar keine international bekannten Klettergebiete, wartet aber mit zahlreichen schwierigen Klippen und Wänden auf.

Grundsätzlich gibt es auf der Insel zwei verschiedene Felsarten – Granit und Kalk –, die unterschiedliche Klettertechniken erfordern.

Zu den beliebtesten Gebieten zählen Ponte Leccia und Solenzara, das Nebbio mit den Felsen von Caporalino und Pietralba, der Col de Bavella *(siehe S. 122f)* mit unterschiedlich schwierigen Routen und die längsten Touren in den Regionen Teghje Liscie und Balagne.

Rafting

Die ungezähmte Schönheit der unzähligen Wildbäche im Landesinneren kann man im wahrsten Sinn des Wortes hautnah bei aufregenden Rafting-Touren erleben. Um die abenteuerlichen Abstiege durch die wilden Schluchten Korsikas so sicher und erfolgreich wie möglich zu gestalten, sollte man bei einer Spezialagentur oder einem ausgebildeten Führer eine Tour buchen. Einfache Rafting-Strecken verlaufen auf den Flüssen Vecchio, Aïtone und Tavignano, schwierigere Routen an einigen Abschnitten der Flüsse Taravo und Vacca (bei Bavella). Anspruchsvoll sind auch die langen Abstiege entlang dem Negretto (bei Ponte Leccia), dem Sportellu (Porto) und dem Polischello.

Kanu- und Kajaktouren

Korsika ist mit Niederschlägen reich gesegnet, sodass in den Bergen Schneehöhen von bis zu zwei Metern keine Seltenheit sind. Demzufolge verwandelt sich die Insel während der Schneeschmelze im Frühjahr in ein Paradies für Wildwasserfans aus ganz Europa.

Die korsischen Flüsse sind technisch meist anspruchsvolle, spektakuläre Wildwasser. Großartig sind Fahrten auf Taravo, Fium'Orbo und Rizzanese. Am berühmtesten – aber auch am schwierigsten – sind die Strecken auf dem Tavignano, Golo, Prunelli und Liamone.

Reiten

Für Reiter eröffnen sich auf Korsika vielfältige Möglichkeiten. Die interessantesten Reitreviere sind die grünen Hügel der Castagniccia, die Region zwischen dem Bozio und der Umgebung von Corte, das Tal des Tavignano bis hinauf zum Plateau des Lac de Nino, der Désert des Agriates, die Region Sartène mit ihren zahlreichen prähistorischen Monumenten und die Berge der Cagna.

Ausritt am Strand

An der Ostküste sind insbesondere Ausritte an den Sandstränden beliebt, fantastische Ausblicke bieten Reitausflüge auf die Kreidefelsen bei Bonifacio.

Kanuten und Kajakfahrer finden auf Korsika ideale Bedingungen

Segeln

Zerklüftete Küsten, kleine Felseninseln, die Naturschutzgebiete von Scandola und den Îles Lavezzi – die ungezähmte Schönheit Korsikas zieht Segelfreunde aus aller Welt in die Gewässer vor der Insel, in denen stets Wind weht.

Die Überfahrt von den südfranzösischen Häfen ist relativ lang (Cap Corse ist 119 Seemeilen von St-Tropez, 100 von Nizza und 83 von Menton entfernt), führt jedoch durch Gewässer, in denen sehr häufig Finnwale und Delfine zu sichten sind. Am wahrscheinlichsten sind die faszinierenden Meeressäuger etwa 45 Seemeilen nordwestlich von Calvi zu beobachten.

Bei der Überfahrt von der näher gelegenen italienischen Küste kann man an den toskanischen Inseln anlegen. Cap Corse ist 49 Seemeilen von Livorno entfernt, zwischen Bastia und Elba liegen nur 40 Seemeilen.

Äußerst beliebt sind Törns, die rund um die Insel führen *(siehe S. 206)*. Die Küste ist sehr abwechslungsreich, bietet Sandstrände und Seen im Osten, ist zerklüftet und stark zergliedert auf Cap Corse und vielfältig mit imposanten Felsabschnitten im Westen. Die stärksten Winde wehen in der Straße von Bonifacio zwischen Korsika und Sardinien. Dort muss mit größter Vorsicht gesegelt werden, da in diesen Gewässern häufige Stürme und große Schiffe eine Gefahr darstellen.

Segelunterricht in Marina de Meria auf Cap Corse

Wer selbst keine Yacht besitzt, kann sich entweder ein passendes Boot mieten (möglich in allen Häfen und Ferienorten) oder bei einer Agentur einen Törn buchen (Skipper und Crew sind im Preis inbegriffen).

Bei einem Segeltörn vor der Küste Korsikas gelangt man in die Gewässer von zwei bedeutenden Naturschutzgebieten: der Réserve Naturelle de Scandola *(siehe S. 104f)* und der Réserve de Lavezzi *(siehe S. 117)*, die wiederum zum Parc Marin de Bonifacio *(siehe S. 113)* gehört. Dieses französisch-italienische Gemeinschaftsprojekt konnte bislang erfolgreich die bei vielen Regatten genutzten Gewässer schützen und verbessern.

Entfernung von Häfen

(Angaben in Seemeilen)

Bastia–St-Florent	48
St-Florent–Calvi	30
Calvi–Girolata	21
Girolata–Porto	6
Porto–Cargèse	12
Cargèse–Ajaccio	21
Ajaccio–Propriano	22
Propriano–Roccapina	15
Roccapina–Bonifacio	12
Bonifacio–Lavezzi	6
Lavezzi–Porto-Vecchio	18
Porto-Vecchio–Bastia	67

Ruhepause vom aufregenden Törn in einer der Traumbuchten der Îles Lavezzi

Windsurfen

Dort, wo man segeln kann, findet man in der Regel auch die nötigen Einrichtungen zum Windsurfen. So bieten die Ferienorte an der Küste die Möglichkeiten, diesen attraktiven Sport auszuüben. Zahlreiche kleine Schulen vermieten Surfbretter und bieten zudem Kurse für alle Leistungsstufen an.

Als Insel ist Korsika selbstverständlich stets mit gutem Wind gesegnet. Dies gilt vor allem für die Westküste und die Klippen im Süden. Da allerdings in den südlichen Küstenregionen Korsikas der Wind gefährlich stark wehen kann, sollten in diesen Gewässern eigentlich nur gute, erfahrene Windsurfer das Segel hissen.

Ein Windsurfer wartet bei den Îles Lavezzi auf die richtige Brise

Tauchen

Die korsische Unterwasserwelt ist wegen ihrer Schönheit und Artenvielfalt bei Tauchern beliebt – immerhin gibt es auf der Insel an die 60 Tauchclubs. Anfängerkurse sowie eine kurze Einführung in die Meeresbiologie bietet die **Station Recherches Sousmarines et Océanographiques** auf der Pointe Revellata in der Nähe von Calvi. Man kann dort aber auch eigenständig Tauchgänge unternehmen.

Zu den bekanntesten Tauchgründen zählen die wunderschöne Mérouville-Zone nordöstlich der Îles Lavezzi

Ein Taucher bringt seinen Fang an die Oberfläche

und das Inselchen Sperduto in der Réserve de Lavezzi. Wie in allen Schutzgebieten gelten hier allerstrengste Tauchregeln – am besten informiert man sich zuvor im Büro der Réserve oder in einem Tauchclub.

Im südöstlichen Korsika bieten nahe dem Golfe de Porto-Vecchio die kleinen Îles Cerbicale interessante Tauchgründe rund um die Île du Toro. Dort kann man zahlreiche Wracks erkunden.

Die beliebtesten Tauchreviere im Südwesten liegen im Golfe de Valinco bei Propriano in der Umgebung der »Cathédrales« genannten Felsen vor der Küste von Porto-Pollo sowie bei den Secche di Belvedere. Bei der Pointe de la Parata, die zusammen mit den Îles Sanguinaires den Golfe d'Ajaccio nach Norden abschließt, erstreckt sich das Tauchrevier »Tabernacle«. Im südlichen Teil des Golfs liegt das Wrack der *Meulère*.

Weiter im Norden locken im Golfe de Sagone die Sandbänke des Provençale und das Wrack eines Flugzeugs von Canadair Sporttaucher an. Im Golfe de Porto bietet die Sandbank Punta Mucchilina nicht nur vielfältige Fauna und Flora, sondern auch das Wrack eines Kohleschiffs.

In der Umgebung von Calvi sind die Schlucht Pointe Revellata an der Nordgrenze der Réserve Naturelle de Scandola *(siehe S. 104f)* und das Wrack eines Boeing B-17 Bombers in rund 28 Metern Tiefe beliebte Ziele von Tauchgängen.

Noch weiter nördlich bietet der Golfe de St-Florent die schönen Tauchgründe von Punta Vecchiara und die Sandbank von Saleccia. Die Île de la Giraglia an der Nordspitze von Cap Corse ist unter Tauchern wegen ihrer herrlichen Tauchgebiete westlich des Leuchtturms bekannt.

Radfahren

Viele Radrouten führen bergauf und bergab durch die Hügel und zentralen Gebirge der Insel. In der Regel verlaufen sie durch schöne, schattige Waldgebiete.

Im Frühjahr und Sommer treten unzählige Radsportler am Col de Vizzavona, Col de Verghio, Col de Verde und Col de Bavella in die Pedale. Die Küstenstraßen sind ebenfalls großartig, häufig jedoch sehr windig und überlastet.

Denken Sie bei jeder Tour daran, dass Korsikas Straßen eng sind, starke Steigungen und unzählige Kurven aufweisen. Zudem kann man nur an wenigen Orten Proviant kaufen. Angesichts des bisweilen schlechten Zustands der Asphaltdecke sollte man sich nie ohne Ersatzschlauch und Werkzeug auf den Drahtesel schwingen.

Einige Agenturen bieten einwöchige oder längere Touren an, bei denen man auch Räder leihen kann. Bei diesen Touren bringt ein Wagen das Gepäck von Unterkunft zu Unterkunft. Erschöpfte Teilnehmer werden transportiert oder zum Arzt gebracht.

Vor der Weiterfahrt wird die Karte gründlich studiert

Mountainbiken

Auf besonders intensive und naturnahe Weise kann man das Landesinnere mit dem Mountainbike erkunden. Die Anstiege sind steil und die Wege ziemlich holprig – stellen Sie also immer sicher, dass Ihre Ausrüstung in Ordnung und der Wasservorrat reichlich ist.

Inselkundige empfehlen vor allem Touren durch die wunderschönen Wälder von Ospédale, Bavella und Cagna und die gesamte zentrale Alta Rocca. Außer im Sommer bieten auch die Wege durch die Macchia im Désert des Agriates im Norden der Insel großartigen Radfahrspaß. Gleiches gilt für einige Strecken entlang den Routen *Mare a Mare* und *Mare e Monti* (siehe S. 27) und für die lange Tour von Propriano nach Ajaccio. Im Sommer kann man überall Bikes mieten.

Golf

Der schönste Golfplatz auf der ganzen Insel ist ohne Zweifel der an der Pointe de Sperone (siehe S. 117) nahe dem Capo Pertusato. Der Platz erstreckt sich über sanfte, von Macchia begrenzte Hügel und bietet Aussicht auf die Îles Lavezzi und die Île de Cavallo. Der 18-Loch-Platz (Par 72) ist über sechs Kilometer lang.

Weitere Golfplätze und -schulen findet man in Ajaccio (Schule), Bastia (9-Loch), Lezza (6-Loch) und Reginu (6-Loch). Informationen über Golfplätze und -turniere erhält man auf der Website der **Ligue Corse de Golf** (www.liguecorsedegolf.org).

Wintersport

Wer Korsika nur in der Sommerhitze kennt, wird kaum glauben können, dass im Winter die Gipfel des Zentralgebirges mit dicken Schneekappen bedeckt sind. Von Dezember bis März herrscht in vier Skigebieten im Landesinneren Skisaison. Dort können sich die Bretterfans auf schöne Abfahrten wagen oder sogar auf Loipen langlaufen.

Noch attraktiver sind auf der mit nur wenigen Skiliften ausgestatteten Insel jedoch die vielfältigen Möglichkeiten für schöne Skitouren *(ski de randonnée)*, von denen einige noch im Frühjahr unternommen werden können. Bekannt ist die schwierige Tour entlang dem Zentralmassiv, die mehr oder minder der Route des GR20

Skitour abseits der Pisten

Mächtige schneebeckte Gipfel in der Region des Monte Cinto

im Sommer entspricht. Weitere Touren beginnen u. a. in Ghisoni (Richtung Monte Renoso), in der oberen Vallée de la Restonica, im Haut-Asco und am Campotile-Plateau.

Zwischen Quenza und Zicavo erstrecken sich zahlreiche außergewöhnliche Loipen für Skilangläufer. Hier bestehen zudem viele Möglichkeiten für lange Schneeschuhwanderungen.

Wie immer in den Bergen gilt auch hier: Lassen Sie stets höchste Vorsicht walten, denn schnelle Wetterumschwünge sind keine Seltenheit. Stellen Sie sicher, dass Sie gut ausgerüstet sind und genügend Proviant bei sich haben, denn in den korsischen Bergen sind nur wenige, weit auseinanderliegende Versorgungsstationen vorhanden.

Exklusivität bietet der elegante Golfclub an der Pointe de Sperone bei Bonifacio

AUF EINEN BLICK

Wandern

Compagnie Régionale des Guides et Accompagnateurs de Montagne de Corse
04 95 48 10 43.

Corse Odyssée
Quenza. 04 95 78 64 05. www.gite-corse-odyssee.com

Corsica Raid Aventure
06 73 01 84 48.
www.corsicaraid.com

In Terra Corsa
Bahnhof, Ponte Leccia.
04 95 47 69 48.
www.interracorsa.fr

Parc Naturel Régional de la Corse
Ajaccio.
04 95 51 79 10.
www.parc-corse.org

Klettern und Bergsteigen

Corsica Madness
(Bergführer).
04 95 78 61 76 oder 06 13 22 95 06.
www.corsicamadness.com

In Terra Corsa
Bahnhof, Ponte Leccia.
04 95 47 69 48.
www.interracorsa.fr

Jean-Paul Quilici
(Bergführer).
04 95 78 64 33.

Marc Gambotti
(Bergführer).
06 20 90 18 05.

Pierre Pietri
(Bergführer).
04 95 32 62 76.

René Eymerie
(Bergführer).
06 27 21 66 60.

Vallecime
(Bergführer).
Casamaccioli/Sant'Andrea di Bozio.
04 95 48 69 33 oder 06 14 74 44 98.
www.vallecime.com

Rafting

Corse Aventure
Route de Sartène, Corri Bianchi, Eccica-Suarella.
04 95 25 91 19.
www.corse-aventure.com

In Terra Corsa
Bahnhof, Ponte Leccia.
04 95 47 69 48.
www.interracorsa.fr

Kanu- und Kajaktouren

Altore
St-Florent.
04 95 37 19 30.
www.altore.com
info@altore.com

Commission Nager en Eau Vive
Bastia.
c/o Jean-Pierre Vergnon.
04 95 31 51 12.

Reiten

Equiloisirs (FAE)
N200, Corte.
04 95 61 09 88.

In Terra Corsa
Bahnhof, Ponte Leccia.
04 95 47 69 48.
www.interracorsa.fr

Segeln und Windsurfen

Calvi Marine
Calvi.
04 95 65 01 12.

Calvi Nautique Club
Calvi.
04 95 65 10 65.

Centre Nautique des Fauvettes
Porto-Vecchio.
04 95 70 93 00.

Centre Nautique des Glénans
Bonifacio.
04 95 73 03 85.
www.glenans.asso.fr

Centre Nautique de Porticcio
Porticcio.
04 95 25 01 06.
www.le-cnp.fr

Corsica Voile
Macinaggio.
04 95 35 48 20.
www.corsica-voile-com

L'Île Bleue – Boni-Ship
Bonifacio.
04 95 73 04 12.

Multi Service Plaisance
Porto-Vecchio.
04 95 70 29 13.

Soleil Rouge Yachting
Ajaccio.
04 95 21 89 21.
www.soleilrouge.com

Tauchen

Fédération Française Études et Sports Sousmarins
Solenzara.
(Liste mit 83 korsischen Tauchclubs)
04 95 57 48 31.

Station Recherches Sousmarines et Océanographiques
Pointe Revellata, Calvi.
04 95 65 06 18.
FAX 04 95 65 01 34.
stareso@stareso.com
www.stareso.com

Radfahren und Mountainbiken

Corsica Moto Rent
Ajaccio.
04 95 51 34 45.
Porto-Vecchio.
04 95 70 03 40.
www.rent-car-corsica.com

Europe Active
04 95 44 49 67.
www.velo-corse.com
www.europe-active.com

Garage d'Angeli
Place Christophe Colomb, Calvi.
04 95 65 02 13.
www.garagedangeli.com

Rout'evasion
Ajaccio.
04 95 22 72 87.
www.routevasion.com

TTC Moto
Propriano.
04 95 76 15 32.
www.ttcmoto.fr

Golf

Bastia Golf Club
Castellarese, Borgo.
04 95 38 33 99.
www.golfborgo.fr

Golf Club Sperone
Domaine de Sperone, Bonifacio.
04 95 73 17 13.
FAX 04 95 73 17 85.
www.sperone.com

Ligue Corse de Golf
04 95 732 54 53.
www.liguecorsedegolf.org

Wintersport

Bergerie de Capannelle
Ghisoni.
04 95 57 01 81.

Calacuccia Skiing Resort (Skilanglauf-Touren)
Calacuccia, Fremdenverkehrsbüro.
04 95 48 05 22.
http://asniolu.club.fr

Col de Verghio Skiing Resort
04 95 48 00 01.

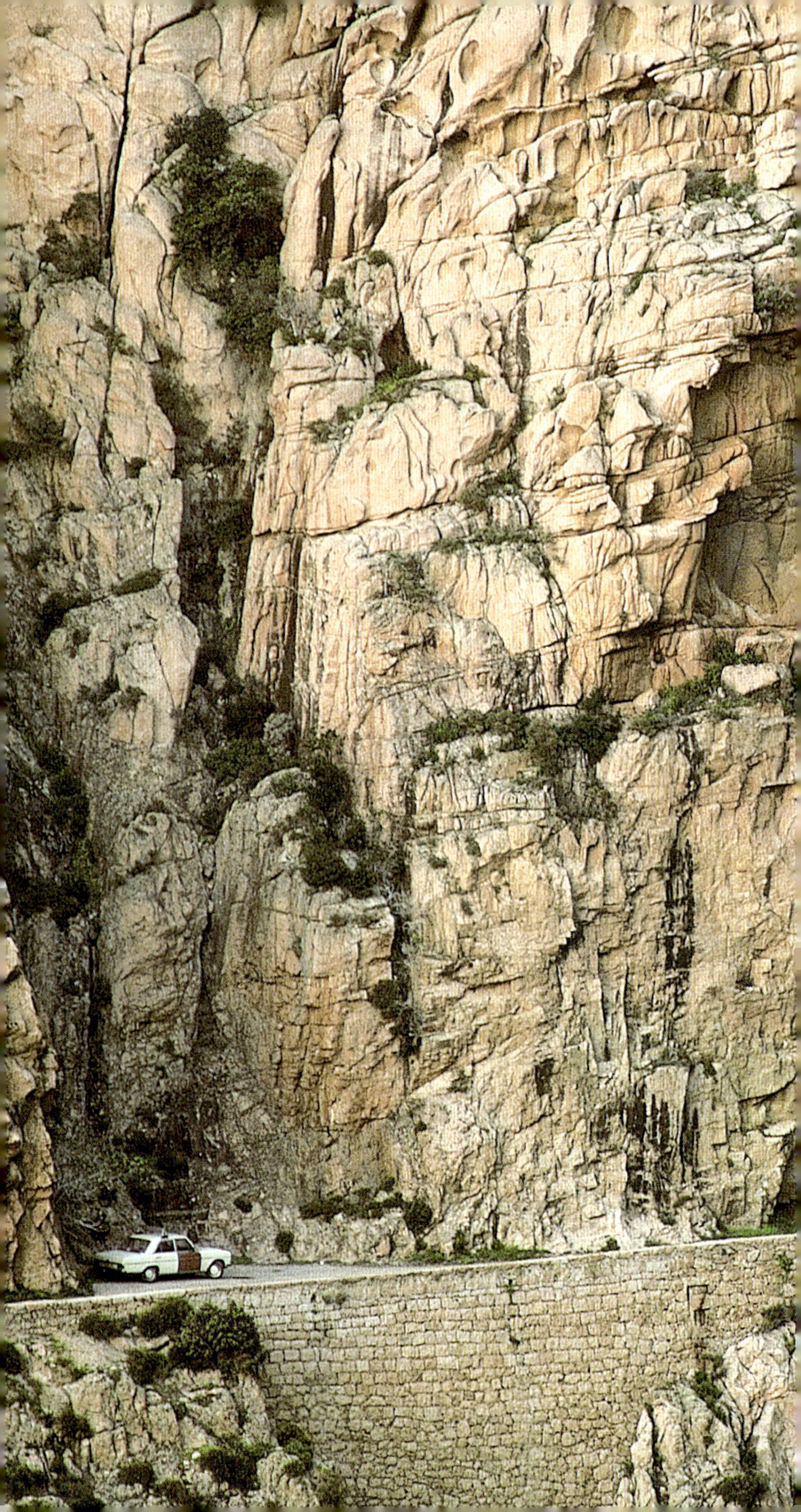

Grund-
informationen

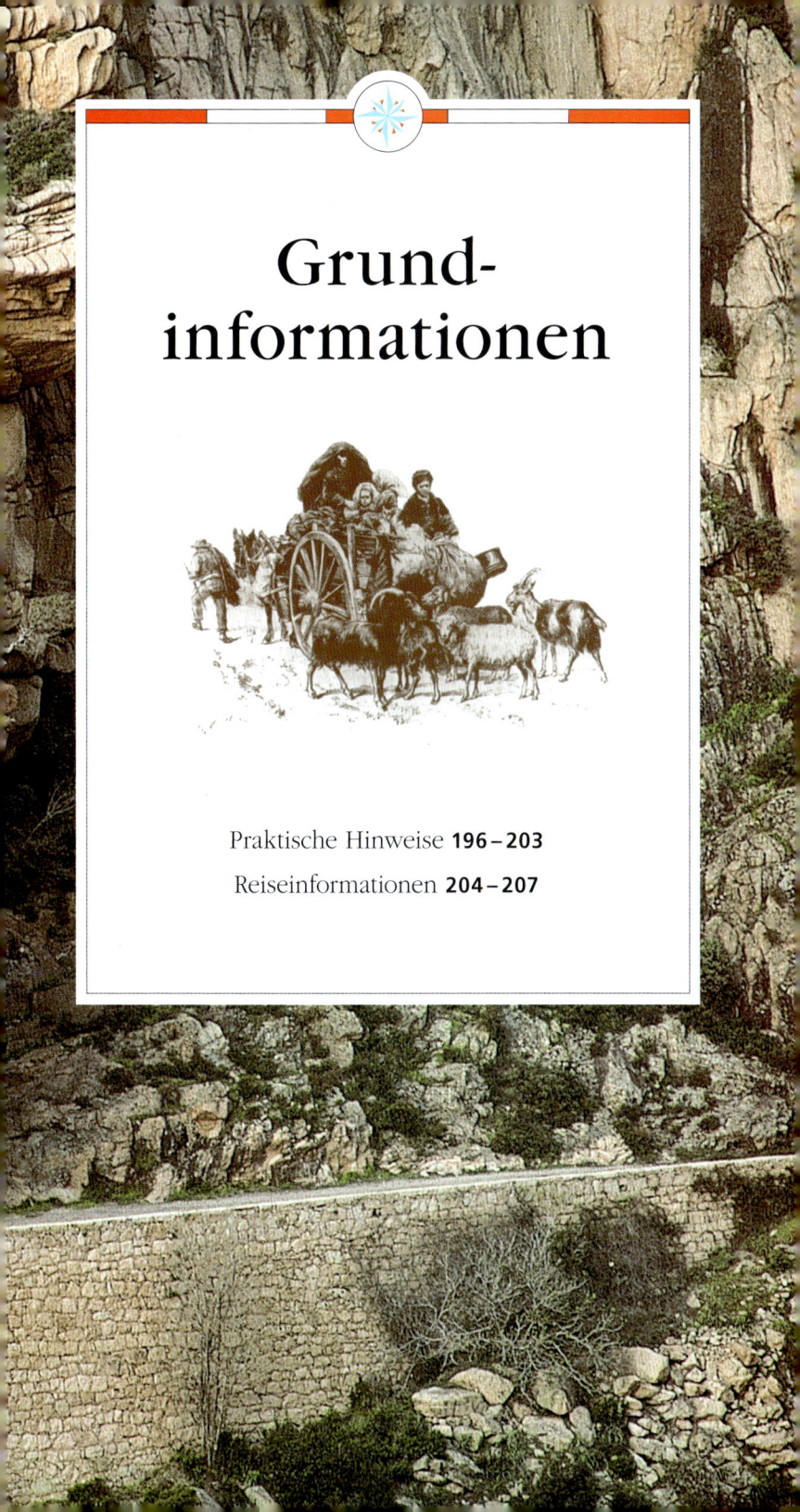

Praktische Hinweise **196–203**

Reiseinformationen **204–207**

Praktische Hinweise

Korsika ist nicht nur im Sommer, wenn Meer und Sonne Urlauber aus aller Welt anlocken, eine Touristenattraktion. Auch im Frühjahr und im Herbst herrschen ideale Bedingungen für Touren im Landesinneren, für Wanderungen in den Bergen und für die Besichtigung archäologischer Stätten. Exzellente Hotels, Restaurants und Campingplätze sowie die Büros der Agence du Tourisme de la Corse und die Fremdenverkehrsämter vor Ort erleichtern das Reisen auf der Insel, für das man sich lediglich genügend Zeit nehmen sollte. Planen Sie trotz der kurzen Entfernungen keine zu langen Touren: Korsikas Straßen führen durch fantastische Landschaften, sind jedoch kurvig und bisweilen nicht im besten Zustand. Wer hetzt, verpasst vielleicht die historischen, landschaftlichen und kulinarischen Überraschungen, die fast jedes Dörfchen bietet.

Hier gibt es Informationen

In den größeren Städten wie Ajaccio und Bastia werden darüber hinaus Veranstaltungskalender gedruckt, in denen Festivals sowie Musik-, Theater- und Tanzaufführungen oder auch Kinoereignisse aufgeführt sind.

Wer seine Reise schon gut planen möchte, kann sich an **Agence du Tourisme de la Corse** oder auch an **Atout France**, die französische Zentrale für Tourismus, wenden, um Informationsmaterial über Korsika zu bekommen.

Ein Blütenmeer – korsischer Küstenstreifen im Frühling

Beste Reisezeit

Korsika bietet vielfältige Landschaften. Die besten Reisemonate für Urlaub an der See sind Juli und August. In diesen warmen Monaten herrscht Hochbetrieb. Für Wanderer und Kletterer ist Korsika von Mai bis September ein ideales Reiseziel. Wer nicht zu hoch hinauswill, kann auch noch im Oktober schöne Touren unternehmen. Wer die Schönheit der Insel in Ruhe genießen möchte, sollte nicht von Mitte Juli bis Mitte August kommen.

Einreise und Zoll

Reisende aus Deutschland, Österreich und der Schweiz benötigen für die Einreise auf der zu Frankreich gehörenden Insel einen gültigen Personalausweis oder Pass – dies gilt auch für Kinder jeden Alters. Waren zum privaten Gebrauch dürfen zollfrei eingeführt werden. Für Autofahrer genügt der nationale Führerschein. Empfohlen werden die grüne Versicherungskarte und das Europäische Unfallprotokoll (von Ihrer Kfz-Versicherung).

Information

Alle größeren Städte haben Informationsbüros. Sie heißen *Office de Tourisme* oder *Syndicat d'Initiative*. In den kleineren Städten kann man sich in Informationszentren über die Umgebung erkundigen. Manchmal dient auch das Rathaus *(mairie)* als Besucherzentrum.

In den Touristeninformationen sind Broschüren und Karten zur Umgebung, Listen der Hotels und Restaurants sowie Informationsmaterial zu Museen und archäologischen Stätten erhältlich.

Tickets und Öffnungszeiten

Generell muss man auf Korsika für die Besichtigung von archäologischen Stätten und Museen Eintritt bezahlen. In der Regel ist dieser für Jugendliche unter 18 Jahren und Senioren über 60 Jahren sowie bisweilen auch für Studenten mit internationalem Studentenausweis ermäßigt.

Die verschiedenen Museen und archäologischen Stätten haben zumeist unterschiedliche Öffnungszeiten. Üblicherweise haben Museen den ganzen Tag geöffnet, Ausgrabungsstätten sind meist an

Logo des Tourismusbüros in Bastia

◁ *Einer der Abschnitte der D81 führt durch die spektakulären Calanques de Piana (siehe S. 100f)*

Straßenschild mit Hinweis auf eine archäologische Stätte

einem Tag der Woche (sonntags oder montags) geschlossen. Bei der Besichtigung von Kirchen und Kapellen erkundigt man sich am besten vor dem geplanten Ausflug im Rathaus oder in der Touristeninformation nach den Öffnungszeiten. Dies gilt auch für die Besichtigung unbekannterer oder abgelegener Sehenswürdigkeiten.

Die Öffnungszeiten sind zudem in der Hoch- und Nebensaison unterschiedlich. Genaue Informationen hierzu finden Sie bei den Beschreibungen der einzelnen Orte im Abschnitt *Die Regionen Korsikas* sowie im Kapitel *Zu Gast auf Korsika (siehe S. 152–193)*.

Behinderte Reisende

Bezüglich behindertengerechter Ausstattung hinkt man auf Korsika immer noch dem Standard des französischen Festlands hinterher. Nur wenige Einrichtungen – Bars, Restaurants, Hotels und Pensionen – sind z. B. für Rollstuhlfahrer zugänglich.

ISIC – Internationaler Studentenausweis

In dem von La Route Robert herausgegebenen französischen Führer *Guide Rousseau: H comme Handicaps* findet sich eine detaillierte Liste über alle behindertengerecht ausgestatteten und mit dem Rollstuhl zugänglichen Einrichtungen.

Informationen für behinderte Reisende erteilt in Deutschland der **Bundesverband Selbsthilfe Körperbehinderter e.V.**

Studenten

Studenten mit einem internationalen Studentenausweis **(International Student Identity Card, ISIC)** erhalten vielfältige Ermäßigungen für Eintrittskarten zu Sehenswürdigkeiten und anderen touristischen Einrichtungen. Den Ausweis erhält man beispielsweise im Internet über die ISIC-Website.

Sprachen

Neben der Amtssprache Französisch wird auf der Insel das seit 1974 in Frankreich als Regionalsprache anerkannte Korsisch gesprochen. Nach der Wiedereröffnung der Universität von Corte 1981 wurde das geschriebene Korsisch kodifiziert, alte literarische Texte wurden neu ausgewertet *(siehe S. 30f)*.

Das Korsische steht dem Italienischen näher als dem Französischen und erinnert an das in Ligurien – jedoch mit sardischem Akzent – gesprochene Italienisch. Es gibt rund 100 000 Sprecher des Korsischen. Viele Korsen verstehen und sprechen deshalb auch Italienisch. Straßenschilder sind zweisprachig französisch und korsisch – die französische Beschriftung ist jedoch häufig mit nationalistischen Graffiti überschmiert.

Zeit

Auf Korsika gilt die Mitteleuropäische Zeit (MEZ). Von Ende März bis Ende Oktober werden die Uhren im Rahmen der Sommerzeit eine Stunde vorgestellt.

Elektrizität

Die Stromversorgung liefert auf Korsika wie in allen europäischen Ländern 230 Volt mit 50 Hertz. Die üblichen Zwei-Pin-Stecker passen in alle Steckdosen.

AUF EINEN BLICK

Konsulate

Deutsches Konsulat (zuständig für Korsika)
338, avenue du Prado,
13008 Marseille.
0033 4 91 16 75 20.
www.allemagne.diplo.de

Österreichisches Honorarkonsulat
10, rue Bonaparte, 20000 Ajaccio.
06 08 05 24 88 (nur Mai–Okt geöffnet).

Schweizer Konsulat (zuständig für Korsika)
7, rue d'Arcole,
13291 Marseille Cedex 6.
0033 4 96 10 14 10.

Tourismuszentralen

Agence du Tourisme de la Corse
17, bd du Roi Jérôme,
Ajaccio. 04 95 51 00 00.
www.visit-corsica.com

Atout France
www.atout-france.fr
http://de.franceguide.com

Informationen

Bastia
Place St-Nicolas.
04 95 54 20 40.

Bonifacio
2, rue Fred Scamaroni.
04 95 73 11 88.

Calvi
97, Port de Plaisance.
04 95 65 16 67.

Corte
La Citadelle.
04 95 46 26 70.

Nützliche Kontakte

Bundesverband Selbsthilfe Körperbehinderter e.V.
Altkrautheimer Str. 20,
D-74238 Krautheim.
06294 428 10.
www.bsk-ev.org

Internationaler Studentenausweis (ISIC)
www.isic.org

Parc Naturel Régional de la Corse
2, rue Major Lambroschini,
Ajaccio. 04 95 51 79 10.
www.parc-corse.org

Sicherheit und Gesundheit

Zeichen der Feuerwehr

Korsika ist eine ruhige und sichere Urlaubsregion. Der Fremdenverkehr spielt eine wichtige wirtschaftliche Rolle, deshalb werden Besucher überall willkommen geheißen. Die persönliche Sicherheit ist weder für männliche noch für weibliche Reisende gefährdet. Gewaltanschläge, von denen ab und zu in den Medien berichtet wird, sind das Werk politischer Extremisten und stellen für die Gäste auf der Insel keine Gefahr dar. Die medizinische Versorgung ist auf Korsika exzellent: Rund um die Uhr stehen in den großen Städten Krankenhäuser und in den kleinen Ortschaften (vor allem in Urlaubsgebieten) Ärzte und medizinische Einrichtungen zur Verfügung.

Persönliche Sicherheit

Schwerwiegende Vorfälle sind auf Korsika relativ selten zu verzeichnen. Selbst für allein reisende Frauen sind gefahrvolle Situationen eher unwahrscheinlich.

Wer sich auf der Insel bewegt, wird kaum die überall vorhandenen Graffiti übersehen können, deren Parolen vehement die Unabhängigkeit Korsikas fordern. Anschläge korsischer Separatisten sind allerdings nicht gegen Urlauber gerichtet. Ziel der Attacken sind üblicherweise öffentliche Einrichtungen wie Polizeireviere oder Finanzverwaltungen. Doch selbst wenn die Hardliner unter den Separatisten bisweilen zu gewalttätigen Mitteln griffen, so sind die Spannungen derzeit relativ gering. Halten Sie sich dennoch am besten aus hitzigen Streitgesprächen heraus bzw. von Demonstrationen fern, um unliebsame Überraschungen zu vermeiden.

Polizei

Die Aufklärung schwerer Verbrechen ist in Frankreich Sache der *Gendarmerie Nationale*. Sie arbeitet außer bei großen Vorkommnissen hauptsächlich außerhalb der großen Städte. In den Städten regulieren Polizisten den Verkehr und kümmern sich um kleinere Vergehen. Wenn Sie polizeiliche Hilfe brauchen, wenden Sie sich stets an das nächste Polizeirevier *(Gendarmerie)*.

In kleinen, abgeschiedenen Dörfern können Sie sich bei Problemen während der Bürostunden auch an die Beschäftigten des Rathauses *(mairie)* wenden.

Unfälle

Korsikas oft sehr schmale Straßen gehören im gesamteuropäischen Vergleich nicht gerade zu den besten. Häufig ist die Asphaltdecke beschädigt, vor allem im gebirgigen Landesinneren der Insel sind die Kurven teilweise schier unzählig.

Wer mit dem Auto unterwegs ist *(siehe S. 205)*, sollte stets mit einem Ersatzreifen und Werkzeug für kleinere Reparaturen ausgerüstet sein. Zudem müssen Autofahrer für sich und ihre Insassen reflektierende Warnwesten mitführen, ebenso ein Warndreieck. Seit 1. Juli 2012 sind alle Autofahrer und Fahrer zwei- und dreirädriger Motorräder, die mehr als 50 ccm haben (auch Touristen), verpflichtet, einen Alkohol-Schnelltester im Fahrzeug mit sich zu führen. Ziel der Maßnahme ist es, die Verkehrssicherheit auf den Straßen zu erhöhen.

Im Fall eines Unfalls sollten Sie das Fahrzeug zuerst verlassen, sichern und dann die Polizei anrufen.

Brandgefahr

Mit seinen riesigen, dichten Wäldern erscheint Korsika im Vergleich zu anderen Mittelmeerinseln wie eine grüne Oase.

In den ausgedehnten Wäldern im Landesinneren und in der dichten Macchia der Küstenregionen ist Feuerschutz von lebenswichtiger Bedeutung. In diesen Gebieten bläst der Wind fast ununterbrochen, zudem herrschen ein heißes Klima und eine dichte Vegetation – all diese Faktoren begünstigen den Ausbruch von Feuersbrünsten. Hinzu kommt, dass in dem unzugänglichen Gelände mit seinen steilen Hängen und Schluchten Brände nur unter Schwierigkeiten kontrolliert und gelöscht werden können. Ein anschauliches Schreckensbeispiel war die riesige Feuersbrunst, die im Sommer 2000 in der Vallée de la Restonica wütete. Im Juli 2009 wurden rund 6000 Hektar Wald um das Dorf Aullène im Süden Korsikas vernichtet.

Die Feuerwehr operiert bei Bränden auch von der Luft aus mit »Canadair«-Löschflugzeugen sowie mit kleineren, wendigeren Hubschraubern,

Mit solchen Fahrzeugen arbeitet die Feuerwehr in schwierigem Gelände

SICHERHEIT UND GESUNDHEIT

Ein Canadair-Flugzeug beim Löschen eines Brandes

die das Löschwasser in den Stauseen des Landesinneren aufnehmen.

Halten Sie stets die feuerpolizeilichen Vorschriften ein: Offene Feuer sind außer in strengstens kontrollierten Gebieten absolut verboten. Werfen Sie niemals brennende Zigaretten auf die Straße oder in die Vegetation. Achten Sie stets auf Feueranzeichen oder Rauch, und benachrichtigen Sie gegebenenfalls sofort die Feuerwehr. Wer eine längere Wanderung in einem feuergefährdeten Gebiet plant, sollte besser die lokalen Behörden darüber informieren. Falls wirklich ein Brand ausbrechen sollte, weiß die Feuerwehr in diesem Fall, wie viele Personen sich in Gefahr befinden.

Diebstähle

Obwohl Korsika eine friedliche Insel ist, sollte man nicht die Vorsichtsmaßnahmen vergessen, zu denen der gesunde Menschenverstand rät.

Achten Sie also stets auf Ihr Eigentum, lassen Sie Ihr Gepäck nie unbeobachtet oder sichtbar im Auto liegen, und tragen Sie wenn möglich keine großen Summen Bargeld bei sich. Diebstähle sollten sofort beim nächsten Polizeirevier angezeigt werden.

Für Notfälle sollten Sie Kopien von Ausweisen und Listen wichtiger Telefonnummern zugänglich aufbewahren. Beim Verlust der Papiere bietet das Konsulat Ihres Heimatlands Hilfe *(siehe S. 197)*.

Apothekenzeichen

Medizinische Versorgung

Gesetzlich versicherte Bürger von EU-Mitgliedsstaaten haben auf Korsika das Recht auf die gleiche medizinische Versorgung wie in ihrem Heimatland. Damit der Versicherungsschutz für diese garantierten ärztlichen Leistungen greift, müssen sie die Europäische Krankenversicherungskarte (EHIC) mitführen. Sollte eine ärztliche Behandlung notwendig sein, muss diese vor Ort bezahlt werden. Die Kosten werden nach Einreichung der Rechnung von der heimischen Krankenkasse rückerstattet.

Die Kosten für den Rücktransport nach Hause sind allerdings nicht abgedeckt. Hierfür benötigt man eine Auslands-Krankenversicherung.

Krankenhäuser und Apotheken

Die korsischen Krankenhäuser sind gut organisiert und effizient. Hospitäler finden sich in den vier großen Städten und in den wichtigsten Ferienorten. Dort bieten zudem Ärzte rund um die Uhr ihre Dienste an.

In fast allen Orten der Insel gibt es Apotheken, die man an den an der Außenfront angebrachten grünen Neonkreuzen erkennt. An den geschlossenen hängen immer die Adressen der nächsten geöffneten Apotheken und die Öffnungszeiten deutlich sichtbar aus.

AUF EINEN BLICK

Notrufnummern

Polizei
📞 17 oder 112.

Feuerwehr
📞 18 oder 112.

Notarzt
📞 15 oder 112.

Med Cross
📞 1616 (Seerettung).

Pannenhilfe
ADAC
📞 0825 800 822 (Festnetz).

Krankenhäuser

Hôpital d'Ajaccio
27, avenue Impératrice Eugénie.
📞 04 95 29 90 90
oder 04 95 29 91 49 (Notfälle).

Hôpital de Bastia
Route Royale.
📞 04 95 59 11 11
oder 04 95 59 10 51 (Notfälle).

Hôpital de Bonifacio
Route Santa Manza.
📞 04 95 73 95 73.

Hôpital de Corte
Avenue 9 Septembre.
📞 04 95 45 05 00.

Hôpital »Cacciabello«
D48, außerhalb von Sartène.
📞 04 95 77 95 00.

Gefahren im Freien

Schützen Sie sich in den Bergen und am Meer ausreichend vor der Sonne, um Sonnenbrand zu vermeiden.

Wer an entsprechenden Allergien leidet, sollte Insektenschutzmittel dabeihaben.

Die korsischen Krankenhäuser haben einen hohen Standard

Banken und Währung

Seit dem Jahr 2002 sind für die meisten Reisenden aus europäischen Ländern auch auf Korsika die Zeiten des mühsamen Umrechnens vorbei. Frankreich ist Mitglied der Europäischen Währungsunion, in der der Euro als Zahlungsmittel gilt. Debitkarten mit PIN (z. B. die Maestro-/EC-Karte oder girocard), aber auch Kreditkarten haben sich als Zahlungsmittel fast überall durchgesetzt. Größere Ausgaben können Sie problemlos mit der Karte begleichen. Für kleinere Summen braucht man zwar Bargeld, auch kleinere Läden akzeptieren nicht immer Karten, doch Geldautomaten findet man überall in den Feriengebieten.

Geldautomat auf Korsika mit Anzeige der akzeptierten Karten

AUF EINEN BLICK
Kartenverlust

Allgemeine Notrufnummer
0049 116 116.
www.116116.eu

American Express
+49 69 9797-200 oder 01 47 77 70 00.

Diners Club
0820 820 143.

MasterCard
0800 90 13 87.

Visa (Carte Bleue)
0800 90 11 79.

girocard
0049 69 740 987.

Banken

Die Öffnungszeiten der Banken auf Korsika entsprechen denen in Südfrankreich (montags bis freitags von 8.30 bis 12 und von 13.30 bis 16.30 Uhr). Samstags und sonntags sind sie auch von Freitagmittag bis Dienstagmorgen geschlossen, je nachdem, welche Feiertage anstehen.

Obwohl man beim Geldwechseln in der Regel keine Papiere vorlegen muss, kann es gelegentlich dennoch vorkommen, dass Ihr Ausweis verlangt wird.

In den Banken können die meisten gängigen Fremdwährungen gewechselt und Reiseschecks eingelöst werden. Für diese gilt jedoch immer ein (nur geringfügig) anderer, meist etwas ungünstigerer Wechselkurs. Über weitere Dienstleistungen der Banken auch für ausländische Kunden kann man sich vor Ort informieren.

Aus Sicherheitsgründen betreten die Kunden viele Banken durch elektronisch gesteuerte Doppeltüren. Dabei muss man zuerst an der Außenseite einen Knopf drücken, um die äußere Türe zu öffnen. Durch diese gelangt man in einen kleinen Vorraum, aus dem man erst durch eine zweite, sich automatisch öffnende Tür in den Schalterraum der Bank gelangt, wenn ein grünes Licht anzeigt, dass die äußere Eingangstür wieder geschlossen ist.

Überweisungen sind seit der Gleichstellung der Gebühren innerhalb und zwischen den EU-Mitgliedsstaaten problemlos. Für Überweisungen (für Beträge bis 50 000 €) und elektronische Zahlungsvorgänge (E-Banking und Nutzung von Zahlungskarten) darf das Geldinstitut nur Gebühren erheben wie für entsprechende Überweisungen innerhalb des Mitgliedsstaats, in dem es niedergelassen ist. Für die Abwicklung müssen Banken ihren Kunden IBAN (Internationale Bankkontonummer) und BIC (Business Identifier Code) zur Verfügung stellen.

Geldautomaten

Geldautomaten, an denen man rund um die Uhr Bargeld abheben kann, findet man auf Korsika in und an fast allen Bankfilialen. Zum Geldabheben ist eine Debitkarte (z. B. **Maestro-/EC-Karte** oder **girocard**) oder eine Kreditkarte erforderlich, etwa von **Visa** (in Frankreich **Carte Bleue** genannt), **MasterCard**, **Diners Club** oder **American Express**.

Achten Sie beim Abheben an Geldautomaten unbedingt auf Ihre Umgebung, und stellen Sie auf jeden Fall sicher, dass Ihnen niemand bei der Eingabe Ihrer geheimen PIN über die Schulter schauen kann.

Kredit- und Debitkarten

Selbst bei kleinen Beträgen ist auf Korsika eine Bezahlung mit gängigen Debit- oder Kreditkarten in Läden sowie Hotels und Restaurants üblich und weitverbreitet. In den kleinen Läden und Lokalen abgelegenerer Gebiete wird allerdings häufig nur Bargeld angenommen oder zumindest bevorzugt.

Die auf der Insel am weitesten verbreiteten Kreditkarten sind MasterCard und Visa (Carte Bleue). Kreditkarten von American Express und Diners Club werden allerdings mittlerweile ebenfalls immer häufiger akzeptiert.

Falls Sie Ihre Kreditkarte verlieren oder Sie Ihnen gestohlen wird, rufen Sie die entsprechende Notrufnummer an *(siehe oben)*.

In den zahlreichen Wechselstuben ist Geldwechseln kein Problem

Währung

Die europäische Gemeinschaftswährung Euro (€) gilt in 17 EU-Staaten: Belgien, Deutschland, Estland, Finnland, Frankreich, Griechenland, Irland, Italien, Luxemburg, Malta, Niederlande, Österreich, Portugal, Slowakei, Slowenien, Spanien und in der Republik Zypern. Alte Francs sind ungültig. Sie können seit Ende 2012 nicht mehr umgetauscht werden.

Die Euro-Scheine sind einheitlich gestaltet, bei den Münzen prägt jedes Mitgliedsland seine eigenen Rückseiten. Seit 2004 kann jeder Eurostaat einmal jährlich eine Zwei-Euro-Gedenkmünze bedeutender Ereignisse (z. B. Olympische Spiele) herausgeben. Alle diese Münzen gelten in jedem Mitgliedsstaat der Eurozone.

Euro-Banknoten

Euro-Banknoten gibt es in sieben Werten (5, 10, 20, 50, 100, 200 und 500 €). Die unterschiedlich großen Scheine wurden vom Österreicher Robert Kalina entworfen und zeigen Architekturelemente und Baustile verschiedener Epochen, eine Europakarte und die EU-Flagge mit den zwölf Sternen.

5-Euro-Schein (Baustil: Klassik)

10-Euro-Schein (Baustil: Romanik)

20-Euro-Schein (Baustil: Gotik)

50-Euro-Schein (Baustil: Renaissance)

100-Euro-Schein (Baustil: Barock & Rokoko)

200-Euro-Schein (Eisen- und Glasarchitektur)

500-Euro-Schein (Moderne Architektur des 20. Jh.)

2-Euro-Münze

1-Euro-Münze

50-Cent-Münze

20-Cent-Münze

10-Cent-Münze

Euro-Münzen

Euro-Münzen gibt es in acht Werten (2 €, 1 € sowie 50, 20, 10, 5, 2 und 1 Cent). Die einheitlichen Vorderseiten entwarf der Belgier Luc Luycx. Die Rückseiten sind in jedem Land anders gestaltet. Auch San Marino, der Vatikanstaat und Monaco prägen eigene Münzen.

5-Cent-Münze

2-Cent-Münze

1-Cent-Münze

Kommunikation

Zeichen für öffentliches Telefon

Die staatliche französische Telefongesellschaft heißt France Telecom – Orange, die Post schlicht La Poste. Beide Unternehmen arbeiten effizient. Telefonzellen und Postämter gibt es auf ganz Korsika. Weniger verbreitet ist Internet-Zugang, doch alle Ämter und Fremdenverkehrsbüros verfügen über E-Mail. Zudem gibt es zahlreiche Internet-Seiten, die über die Insel informieren. Auf Korsika operieren drei Mobiltelefonnetze. Im Sommer gibt es in den großen Orten vermehrt ausländische Zeitungen zu kaufen, in der Regel mit einem Tag Verspätung.

Französische Telefonkarten sind aufwendig gestaltet

Postdienste

Die französische Post arbeitet effizient und pünktlich. Nach dem öffentlichen Dienst ist La Poste der größte französische Arbeitgeber. In den Postämtern *(bureau de poste)* kann man Briefmarken *(timbres)*, entweder einzeln oder in Bogen *(carnets)* zu zehn Marken, kaufen und Briefe und Pakete auf verschiedene Arten aufgeben (Express, Sonderlieferung usw.). Dort liegen zudem Telefonbücher *(annuaires)* aus, werden Telefonkarten *(télécartes)* verkauft, kann man postalisch Geld überweisen *(mandats)* oder vom Post-Girokonto abheben.

In jeder Stadt bietet außerdem das Hauptpostamt *poste restante* an, also die Möglichkeit, sich Post dorthin postlagernd schicken zu lassen. Die französische Post offeriert zudem verschiedenste Finanzdienstleistungen.

Die Hauptpostämter haben montags bis freitags von 8 bis 19 Uhr geöffnet und sind manchmal über Mittag für eine Stunde geschlossen. In kleineren Orten sowie samstags haben Postämter nur vormittags geöffnet.

Für Post gibt es verschiedene Tarife. Am preiswertesten sind normale Briefe und Postkarten, *lettres prioritaires* sind teurer, dafür aber schneller (0,60 bzw. 0,70 €). In die korsischen gelben Briefkästen mit dem Logo *La Poste* wirft man oft die Post für die Umgebung, für ein anderes Département sowie das Ausland durch verschiedene Schlitze ein.

Briefkasten auf Korsika

Départements

Das französische Verwaltungssystem stammt noch aus der Zeit der Revolution, als die Nation in Verwaltungseinheiten mit gleicher politischer Bedeutung aufgeteilt wurde. Diese 101 *départements* (inklusive fünf Übersee-Départements) gelten noch heute. Sie sind zu 27 *régions* zusammengefasst und in 36 600 Gemeinden *(communes)* unterteilt.

Korsika gliedert sich in zwei Départements: 2A Corse-du-Sud und 2B Haute-Corse. Das entspricht etwa der alten Unterteilung in die Gebiete *Delà des Monts* und *Deçà des Monts* (siehe S. 40).

Französische Adressen haben fünfstellige Postleitzahlen. Die zwei ersten Ziffern stehen für das Département, die dritte für die Stadt, die beiden letzten für das Viertel oder einen kleineren Ort.

Öffentliche Telefone

Die meisten öffentlichen Telefone auf Korsika haben Tasten und funktionieren mit Telefonkarten. Diese kann man zu verschiedenen Beträgen mit unterschiedlich vielen Einheiten *(unités)* kaufen. Bei Ortsgesprächen dauert eine *unité* etwa sechs Minuten. Je größer die Entfernung, desto kürzer die Einheit (nach Australien nur etwa vier Sekunden).

Telefone in Bars und Restaurants funktionieren mit Geld- oder Telefonmünzen, in den Postämtern zahlt man die in den Kabinen getätigten Anrufe nach dem Gespräch am Schalter.

Über den internationalen Telefondienst *pays direct* rufen Sie die Vermittlung an und bezahlen entweder mit Kreditkarte oder melden ein R-Gespräch an.

Telefonieren

Alle französischen Telefonnummern haben zehn Ziffern und schließen die frühere Ortsvorwahl ein. Die ersten beiden Zahlen geben die jeweilige der vier Zonen an, in die Frankreich unterteilt ist. Die 04 steht für die südöstliche Zone, zu der Korsika gehört. Die nächsten beiden Zahlen geben die *région* an, auf Korsika 95.

Für die örtliche Telefonauskunft wählen Sie die 118, danach 000, 008 oder 218 (gebührenpflichtig). Der Polizeinotruf ist 17 bzw. 112.

Auslandsgespräche

Für internationale Telefongespräche wählen Sie 00, anschließend die Ländervor-

Logo der Französischen Post

wahl (49 für Deutschland, 43 für Österreich und 41 für die Schweiz), die Ortsvorwahl ohne die 0 am Anfang und schließlich die entsprechende Teilnehmernummer.

R-Gespräche nach Deutschland können Sie mit der Zugangsnummer von **Deutschland Direkt** führen: 0800 99 00 49.

Für Telefonate vom Ausland nach Korsika wählen Sie Frankreichs internationale Vorwahl 0033. Dann folgt die Telefonnummer des gewünschten Teilnehmers. Dabei wird die vorausgehende 0 nicht gewählt. Die Telefonvermittlungsdienste erreicht man über die Nummer 3200.

Telefonzelle mit dem Logo der France Telecom

Mobiltelefone

Auf Korsika gibt es drei Mobiltelefongesellschaften: *Orange*, *Bouygues* und *SFR*. Alle in Europa gängigen GSM-Handys funktionieren problemlos. Die Roaming-Verordnung der EU legt verbindliche Obergrenzen für Gespräche innerhalb der EU fest: Der Roaming-Minutenpreis für ein abgehendes Telefonat beträgt ab 1. Juli 2013 0,24 Euro (2014: 0,19 €), für ein ankommendes 0,07 Euro (2014: 0,05 €). Eine SMS kostet 0,08 Euro (2014: 0,06 €), Daten-Roaming pro MB 0,45 Euro (2014: 0,20 €) – alle Angaben ohne Mehrwertsteuer.

Radio und Fernsehen

Auf Korsika kann man die öffentlich-rechtlichen Sender Frankreichs – darunter auch den deutsch-französischen Sender ARTE – sowie einige private lokale Rundfunk- und Fernsehprogramme empfangen.

Dank der Nähe zu Sardinien und zum italienischen Festland kann man auch die verbreitetsten italienischen Programme sehen.

Zahlreiche Hotels bieten ihren Gästen zudem häufig via Satellit Sender wie BBC, CNN, RTL etc.

Zeitungen

Wie auf dem französischen Festland gibt es auf Korsika überregionale französische Tageszeitungen wie *Le Monde*, *Le Figaro* und *Libération* sowie die Regional- und Lokalblätter, etwa *Corse-Matin*, zu kaufen. Die Lokalzeitungen informieren auch über kulturelle Veranstaltungen, Kinoprogramme, Theater und Sport. Auslandsnachrichten sucht man dort allerdings vergeblich.

In der Feriensaison im Sommer werden in den größeren Städten und Urlaubsgebieten der Insel ausländische Zeitungen – meist mit einem Tag Verspätung – angeboten.

Internet

Größere Städte haben zumeist Internet-Cafés («Cybercafés»), wo Sie gegen

Die Tageszeitung *Corse-Matin* mit der wöchentlichen Beilage

AUF EINEN BLICK

Postämter

Ajaccio
13, cours Napoléon.
04 95 51 84 75.

Aléria
Cateraggio.
04 95 56 55 00.

Bastia
Avenue Maréchal Sebastiani.
04 95 32 80 70.

Bonifacio
Place Carrega,
Rue St-Dominique.
04 95 73 73 73.

Calvi
1, boulevard Wilson.
04 95 65 90 90.

Cargèse
Traverse Stéphanopoli
de Comène.
04 95 26 41 97.

Corte
Avenue Baron Mariani.
04 95 46 80 00.

Porto-Vecchio
Route Nationale 198.
08 99 23 69 58.

Zonza
Au Bourg.
04 95 78 67 67.

eine kleine Gebühr im Netz surfen können (Listen auf: www.cybercafe.fr). Viele Hotels bieten WLAN (zumindest in der Lobby).

Die Internet-Adresse der zentralen Tourismusorganisation Agence du Tourisme de la Corse ist **www.visit-corsica.com**. Sehr nützlich ist zudem die Website **www.corsica-guide.com**, die über Events, Geografie, Kultur und Museen informiert. Informationen zu Unterkünften bietet **www.destination-corse.com**, speziell zu Ferienwohnungen und Camping **www.corsica.net**

Die Website des Parc Naturel Régional de la Corse ist **www.parc-corse.org**. Weinliebhaber dürfte **www.vinsdecorse.com** interessieren.

Infos zu aktuellen Veranstaltungen findet man auf **www.corsica-info.com**. Eine gute Suchmaschine für alles, was Korsika betrifft, ist **www.u-corsu.com**.

Reiseinformationen

Korsika besitzt sehr gute Verkehrsanbindungen zum europäischen Festland. Ajaccio, Bastia, Figari-Sud-Corse (bei Bonifacio) und Calvi werden regelmäßig von Südfrankreich, der Provence und Paris aus angeflogen. In der Hochsaison landen hier zudem zahlreiche Charterflüge. Viele Reisende kommen jedoch mit der Fähre entweder von Südfrankreich oder Italien auf der Insel an. Zum Herumreisen bietet sich ein Mietwagen an. Die einzige Bahnlinie verbindet Bastia mit Ajaccio und Calvi. Nicht alle Ferienorte im Landesinneren sind mit Linienbussen erreichbar. Darüber hinaus sind Busreisen häufig mit langen Wartezeiten verbunden. Wer mit dem Auto unterwegs ist, muss sich auf kurvenreiche Straßen und langsames Fahren einstellen. Bei stärkerem Verkehr ist – vor allem bei schlechtem Wetter – höchste Vorsicht geboten!

Bus für Ausflugsfahrten

Mit dem Flugzeug

Im Sommer wird Korsika von zahlreichen Charterlinien angeflogen, die auf den Flughäfen von Ajaccio, Bastia, Calvi und Figari landen. Ein Preisvergleich zwischen den Angeboten der Gesellschaften – auch von Pauschalreisen – ist durchaus lohnend.

Air France und **Air Corsica** (früher: Corse-Mediterranée) fliegen Korsika ganzjährig vom französischen Festland von Paris, Lyon, Marseille, Nantes oder Nizza aus an. Auch regionale Fluggesellschaften wie **Nouvelles Frontières/Corsair International** bieten Flüge an.

In den Sommermonaten erreicht man die Insel von Deutschland aus von allen großen Flughäfen – mit Linienflügen, etwa der **Lufthansa** oder mit Billiglinien, etwa mit Germanwings.

Logo der französischen Fluggesellschaft Air France

Flugpreise

Generell sind die Flugpreise in der sommerlichen Hochsaison verhältnismäßig hoch. Wer sich jedoch die Zeit nimmt, gründlich die Angebote zu studieren und zu vergleichen, auch auf Last-Minute-Schnäppchen vertraut oder in seiner Zeitgestaltung flexibel und nicht auf bestimmte An- und Abflugdaten fixiert ist, kann recht preiswerte Flüge ergattern.

In der Nebensaison sind die Preise für Flugreisen erheblich niedriger.

Pauschalreisen

Mehrere Reiseveranstalter bieten Pauschalreisen nach Korsika an. Diese haben in der Regel ein akzeptables Preis-Leistungs-Verhältnis bezüglich Flugpreis und Unterkunftskosten. Je nach der gebuchten Reise sind neben Unterkunft und Verpflegung auch Mietwagen und bestimmte Aktivitäten im Preis eingeschlossen.

Zu den renommiertesten Anbietern zählt **Club Med**. Der Veranstalter betreibt auf Korsika einen qualitativ hochwertigen Ferienclub *(siehe S. 155)* bei Cargèse. In dem Pauschalpreis sind Kinderbetreuung und alle Aktivitäten enthalten.

Riesige Autofähren verbinden die Insel mit dem Festland

Mit der Fähre

Die Fähre ist das Transportmittel Nummer eins für Reisende, die über Frankreich oder Italien mit dem Auto anreisen. Angesichts des sommerlichen Andrangs ist man gut beraten, den Platz bereits geraume Zeit vorher zu buchen. Dies gilt insbesondere, wenn man mit dem Wohnmobil oder Wohnwagen unterwegs ist.

Im Sommer kann man mit Schnellfähren erheblich Zeit sparen. Diese verlangen jedoch höhere Preise als die normalen Fähren.

Den Hafen von Bastia steuern viele Fährlinien von Marseille, Nizza, Toulon, Genua und Savona, La Spezia, Livorno und Piombino an. In Ajaccio legen Fähren aus Südfrankreich und Genua sowie aus Porto Torres auf Sardinien an. Nach Bonifacio gelangt man per Fähre nur von Sardinien aus.

REISEINFORMATIONEN

Im Zug von Ajaccio nach Bastia

Französische Fährlinien sind u. a. **Societé Nationale Maritime Corse Mediterranée** (SNCM) und **Compagnie Méridionale de Navigation** (CMN). Von Italien und Frankreich aus legen die Schiffe von **Corsica Ferries** in Civitavecchia (nur im Sommer), von Livorno und Savona (ganzjährig) sowie von Toulon und Nizza Richtung Korsika ab. **Moby Lines** verbindet im Juli und August Bastia mit Piombino, Livorno und Genua zum etwa gleichen Preis.

Im Sommer fahren zudem Fähren von Frankreich und Italien nach Calvi, L'Île Rousse und Porto-Vecchio.

Fährtarife

Die Tarife für Fahrten sind unterschiedlich, sie hängen von Personenanzahl und Fahrzeugtyp (Pkw, Wohnwagen) ab – ebenso vom Zeitpunkt und der Art der Buchung. Besonders günstig sind Spezialtarife oder »Best offers«, die allerdings platzmäßig eingeschränkt sind.

Bahnreisen

Auf der wegen der grandiosen Aussicht empfehlenswerten Strecke der Schmalspurbahn Bastia–Corte–Ajaccio verkehren täglich in jeder Richtung fünf Züge.

Zu den meistfrequentierten Bahnhöfen zählt der des Örtchens Vizzavona, in dem viele Wanderer ihren langen Weg auf dem berühmten GR20 beginnen *(siehe S. 22–27)*.

Wer von Calvi nach Ajaccio (oder umgekehrt) reist, muss im kleinen Bahnhof von Ponte Leccia umsteigen.

Genaue Fahrpläne sind in den größeren Bahnhöfen angeschlagen (weitere Infos auf www.train-corse.com).

Busreisen

Das Busunternehmen **Société des Autocars Cortenais** bietet in der Umgebung von Corte seine Dienste an. Im zentralen Norden operiert **Autocars Santini**. Auch Ajaccio, Sartène und Bonifacio werden von Bussen, z. B. von **Eurocorse**, angefahren. Die **Société des Autobus Bastiais** bedient Bastia.

Da die Fahrpläne saisonal unterschiedlich sind, empfiehlt es sich, vor einer Busreise im Fremdenverkehrsbüro die Zeiten zu erfragen.

Mit dem Auto unterwegs

Für Autofahrten benötigen Sie auf Korsika lediglich den nationalen Führerschein. Die Promillegrenze liegt bei 0,5 – Verstöße kommen teuer zu stehen. Innerorts beträgt die Höchstgeschwindigkeit 50 km/h, außerorts 90 km/h, auf Autobahnen 130 km/h. Bei Regen- und Schneefällen sowie in Tunneln ist auch tagsüber Abblendlicht einzuschalten. Gelbe Streifen am Fahrbahnrand bedeuten Parkverbot (weitere Infos *siehe S. 198*).

Bei Pannen können Sie den **ADAC-Notruf** wählen (0825 800 822, mit Mobiltelefon: 0033 825 800 822).

Rechnen Sie beim Planen von Ausflügen mit einer Durchschnittsgeschwindigkeit von 40–50 km/h – auf Korsikas Straßen behindern nicht nur Tiere den Verkehr, sondern auch Wohnmobile und Wohnwagen, die sich durch die engen Haarnadelkurven quälen. Schneller geht es nur auf den Routes Nationales (Bastia–Calvi, Bastia–Corte–Ajaccio, Bastia–Porto-Vecchio und Ajaccio–Bonifacio).

Autovermietung

Die Büros der großen Verleihfirmen befinden sich in den Flug- und Fährhäfen. **Avis**, **Europcar**, **Hertz** und **Budget Rent a Car** sowie einheimische Unternehmen wie etwa **Ada** haben je nach Saison sehr unterschiedliche Tarife. Gegen geringe Extragebühr kann man das Auto an einem anderen als dem Verleihort abgeben.

Mit dem Motorrad unterwegs

Korsika ist ein Paradies für Motorradfahrer. Die Straßen sind anspruchsvoll, im Sommer ist es mit hoher Sicherheit trocken. Wer mit dem Motorrad reist, kann zudem den häufigen Staus an der Küste ein Schnippchen schlagen. Wie beim Autofahren gilt jedoch: Vor allem auf Bergstrecken ist Vorsicht geboten.

Motorräder können in Ajaccio, Calvi, Bastia, Porto, Propriano und Porto-Vecchio gemietet werden. Einige Verleiher bieten zudem Serviceleistungen für diejenigen an, die mit der eigenen Maschine anreisen.

Reisen mit dem Wohnmobil – eine beliebte Alternative zum Hotel

Seereisen

Im Sommer tummeln sich alle nur erdenklichen Arten von Booten in korsischen Gewässern. Während die einen an der korsischen Küste gemütlich die Ferienorte und einsamen Traumbuchten ansteuern, wagen andere, gegebenenfalls unter dem Kommando eines erfahrenen Skippers, in seetauglichen Booten die Überfahrt von Italien oder Frankreich *(siehe S. 190)*. Selbst die kürzeste Überfahrt von Sardinien durch die Straße von Bonifacio *(siehe S. 113)* ist aufgrund der in diesen Gewässern häufig starken Winde oder Stürme nicht ungefährlich.

Mit dem Segelboot kann man zweifellos die korsische Küste am besten erkunden. Für unvergessliche Tagesausflüge eignen sich selbst Dingis oder kleine Jollen, die man mit dem Auto transportieren kann.

Bootsverleih

An der ganzen Küste bieten zahlreiche Bootsverleiher ihre Dienste an. Sie vermieten Boote aller Klassen und führen etwa auch Wartungsarbeiten aus. Die Mietpreise werden nach Stunden oder Tagen berechnet. Wer Größeres vorhat, kann auch wochenweise ein Boot mieten. In diesem Fall bieten die Unternehmen Segeltörns mit Skipper oder sogar einer ganzen Crew an.

Die Preise berechnen sich nach dem gewählten Bootstyp, der Dauer des Törns und je nachdem, ob die Dienste eines Skippers oder einer Crew in Anspruch genommen werden. Sie liegen außerdem in der Hochsaison mitunter wesentlich höher als in der Nebensaison.

Bei einer Inselumsegelung legt man auch im Hafen von Cargèse an

Inseltörns

Ein Klassiker ist eine Korsika-Umsegelung entlang der spektakulären korsischen Küste – hierbei gelangt man in Traumbuchten, die vom Land aus nicht einmal zu Fuß zu erreichen sind. Schöne Segeltörns bietet z. B. der **Sailing-Classics**-Schoner Kairós.

In der Tabelle sind die korsischen Häfen und ihre Ausstattung aufgelistet. Obwohl sie im Sommer zusätzliche Liegeplätze einrichten, sind sie sehr oft überfüllt. Rufen Sie vorab an, oder ankern Sie bereits am frühen Nachmittag.

Hafen	Information	Lageplätze gesamt	Lageplätze zeitweise	Tankstelle	Wartung und Reparatur
Ajaccio, Ornano	04 95 22 31 98	830	50	●	●
Ajaccio, Tino Rossi	04 95 51 22 72	300	150	●	●
Bastia, Port de Toga	04 95 34 90 70	357	50	●	●
Bastia, Vieux Port	04 95 31 31 10	350	40	●	
Bonifacio	04 95 73 10 07	330	120	●	
Calvi	04 95 65 10 60	550	100	●	●
Campoloro	04 95 38 07 61	464	50	●	●
Cargèse	04 95 26 47 24	235	25	●	
Lumio	04 95 60 70 88	250	0	●	●
Macinaggio	04 95 35 42 57	585	200	●	●
Pianottoli Caldarello	04 95 71 83 57	160	80		
Porto-Vecchio	04 95 70 17 93	350	150	●	●
Propriano	04 95 76 10 40	430	30	●	●
St-Florent	04 95 37 00 79	750	150	●	●
Solenzara	04 95 57 46 42	450	100	●	●

AUF EINEN BLICK

Flughäfen

Ajaccio
Campo dell'Oro.
04 95 23 56 56.
www.ajaccio.aeroport.fr

Bastia
Poretta.
04 95 54 54 54.
www.ccihc.fr

Calvi
Ste-Catherine.
04 95 65 88 88.
www.ccihc.fr

Figari-Sud-Corse
04 95 71 10 10.
www.2a.cci.fr

Fluglinien

Air Corsica
Marseille, Nizza, Lyon.
3654 oder
0825 35 35 35.
www.aircorsica.com

Air France
Frankreich.
3654.
Deutschland.
01805 830 830.
Österreich.
01 502 222 400.
Schweiz.
0848 747 100.
www.airfrance.com

Lufthansa
01805 805 805.
(in Deutschland).
0810 10 25 80 80.
(in Österreich).
0900 900 922.
(in der Schweiz).
www.lufthansa.com

Nouvelles Frontières/Corsair International
Paris, Marseille, Bordeaux, Strasbourg, Lyon, Lille, Nizza, Toulouse, Brüssel.
Bastia.
0825 00 07 47.
www.nouvelles-frontieres.fr

Swiss
0848 700 700.
(in der Schweiz).
www.swiss.com

Pauschalreisen

Club Med
Deutschland.
0800 734 73 34.
Österreich und Schweiz.
00800 73 47 33 47.
www.clubmed.com

Fährhäfen

Ajaccio
04 95 51 21 80.

Bastia
04 95 55 25 00.

Bonifacio
04 95 73 06 75.

Calvi
04 95 65 43 21.

L'Île Rousse
04 95 60 44 11.

Porto-Vecchio
04 95 70 06 03.

Propriano
04 95 76 04 36.

Fähren

Compagnie Méridionale de Navigation
Ajaccio.
08 10 20 12 20.
www.lameridionale.fr

Corsica Ferries
Livorno, Savona, Toulon, Nizza.
Bastia.
04 95 32 95 95.
www.corsicaferries.com

Moby Lines
Genua, Livorno, Piombino.
Bastia.
04 95 34 84 94.
Bonifacio.
04 95 73 00 29.
www.mobylines.it

Société Nationale Maritime Corse Mediterranée (SNCM)
Marseille, Toulon, Livorno, Nizza.
Ajaccio.
3260 (von Frankreich).
0033 8 25 88 80 88 (international).
L'Île Rousse.
04 95 60 09 56.
Livorno. 0586 21 05 07. www.sncm.fr

Bahnhöfe

Ajaccio
04 95 23 11 03.

Bastia
04 95 33 71 03.

Calvi
04 95 65 00 01.

Corte
04 95 46 00 97.

L'Île Rousse
04 95 60 00 50.

Ponte Leccia
04 95 47 61 29.

Vizzavona
04 95 47 21 02.

Busunternehmen

Autocars Santini
04 95 37 02 98.

Eurocorse
04 95 21 06 30.

Société des Autobus Bastiais
www.bastiabus.com

Société des Autocars Cortenais
04 95 46 02 12.
www.autocars-cortenais.com

Autovermietung

Ada
Ajaccio. 04 95 23 56 57. Bastia. 04 95 54 55 44. www.ada.fr

Avis
Ajaccio. 04 95 23 56 90. Bastia. 04 95 54 55 46. Calvi. 04 95 65 06 74. Figari. 04 95 71 00 01. www.avis.com

Budget Rent a Car
Ajaccio. 04 95 23 57 21. Bastia. 04 95 30 05 04. Calvi. 04 95 65 88 34. www.budget.fr

Europcar
Ajaccio. 04 95 23 57 01. Bastia. 04 95 30 09 50. Bonifacio.
04 95 73 10 99. Calvi. 04 95 65 10 19. Corte. 04 95 46 06 02. www.europcar.co.uk

Hertz
Ajaccio. 04 95 23 57 04. Bastia. 04 95 30 05 00. www.hertz.com

Motorradverleih

Corse Motos Service
U Centru, Porto-Vecchio.
04 95 70 12 88.

Rout'Evasion
2, av Franchini, Ajaccio.
04 95 22 72 87.

Bootsverleih

Aubert Gaston
Route Cala Rossa, Porto-Vecchio.
04 95 70 23 97.

Balagne Sports
Rue Napoléon, L'Île Rousse. 04 95 60 10 16.

Cap Evasion
Macinaggio.
06 81 70 38 48.

Centre Nautique
Porticcio. 04 95 25 01 06. www.le-cnp.fr

Corsica Voile
Macinaggio.
04 95 35 48 20.
www.corsica-voile.com

Dominique Plaisance
St-Florent.
04 95 37 07 08.

Leader Boat
Quai Paoli, Porto-Vecchio.
04 95 72 03 61.
www.leaderboat.fr

Locamarine
Propriano. 04 95 76 09 30. www.locamarine.com

Marine Location
Porto-Vecchio.
04 95 76 18 54.

Multi-Service
Santa Giulia, Porto-Vecchio. 04 95 70 29 13.

Toga Loca Nautique
Port de Toga, Bastia.
04 95 34 14 14.

Tra Mare e Monti
Port de Plaisance, Calvi.
04 95 65 21 26.

Union Nautique Insulaire
Port de l'Amirauté, Ajaccio. 04 95 20 66 31.

Inseltörns

Sailing Classics
Vertriebsbüro Stuttgart.
0711 674 96 00.
www.sailing-classics.com

Textregister

Seitenzahlen in **Fettdruck** beziehen sich auf Haupteinträge.

1.-Mai-Messe (Ucciani) 32

A

A Cupulatta (Carbuccia) 96
A Dieu Vat (Porto-Vecchio) 187
A Pignata (Levie) 157
A Tinedda (Sartène) 157
A Tumbera (Renno) 35
A Vacca Morta 121
Abatesco-Tal 143
Abtei, Santa Giulia di Tavaria 128
Acapulco, L' (Calvi) 187
Action Régionaliste Corse (ARC) 49
Ada 207
ADAC 205
Agence du Golfe 157
Agence Sud Corse Immobilier 157
Agence du Tourisme de la Corse 157, 197
Aghja (Ajaccio) 187
Agosta 93
Aiglon, L' (Ajaccio) 187
Aiguilles de Bavella 11, 99, 107, 122f, 124
Air Corsica 207
Air France 207
Aïtone, Forêt d' 85, **103**
Ajaccio 11, 83, **86–91** 207
   Bahnhof 207
   Clubs 186
   Fähren 207
   Feste und Festivals 32–35
   Häfen 206
   Hotels 161
   Kathedrale 86
   Krankenhaus 199
   Napoléons Geburtsort 16
   Post 203
   Restaurants 175f
   Strände 20, 92
   Zentrumskarte 87
   Zitadelle 86
Ajaccio und Westküste 10f, **82–105**
   Hotels 161–163
   Regionalkarte 84f
   Restaurants 175f
Alalia 37, 38, 144
Alando, Sambucuccio d' 44
Albertacce 151
Aléria 11, 131, **144**
   Karte der Ruinen 144
   Post 203
   Römische Hauptstadt 16, 37, 38f, 40
   Strand 21
Algajola **74**
   Hotels 158
   Restaurants 172
Algen 11, 104f
Alisu-Becken 72
Aloe 18
Alta Rocca 124
Altiani 145
Altore (St-Florent) 193
American Express 200
An 200, L' (Corte) 187
Animation de Noël (Ajaccio) 35
Anse de Ficajola 98
Anse de Minaccia 92
Anthropomorphe Statuen (Menhire) 107, **129**
Aperitif 170
Apfelfest 35
Apocalypse, L' (Bastia) 187
Apotheken 199
Aqua Cyrne Gliss (Porticcio) 187
Aquaparks **185**, 187
Arabische Invasionen 40, 69
Araggio (Araghju) 39, 107, **121**
Archäologie 37, **38f**
Architektur **28f**
Aregno 55, **75**
   Feste und Festivals 35
Argentella
   Hotels 158
Arinella (Lumio) 157
Arinella Bianca (Ghisonaccia) 157
Ärzte 199
Asbestabbau 69, 70
Asco 150
Asco-Stagnu-Hütte 23
Asinao-Hütte 26f
Atelier du Couteau (Ajaccio) 181
Atout France 197
Aubert Gaston (Porto-Vecchio) 207
Auberge Vecchia Mina 143
Augustus, Kaiser 144, 148
Ausweispapiere 196
Autocars Santini 207
Autoreisen 198, 205
   Autofahren auf Korsika 205
   Gefahren 198
   Notfälle 199
   Rally de France 35
Autovermietungen **205**, 207
Avis 207

B

Bacciochi, Elisa 86
Bahnhöfe 207
Baies des Voiles (Bonifacio) 157
Baina, Domenico 75, 147
Balagne 55, 74, 75, 80
   Tour: Strada di l'Artigiani **76f**
Balagne Sports (L'Île Rousse) 207
Ballu in Corti (Corte) 33
Balzac, Honoré de 30f
Banditen 48, 96
bandits d'honneur 31
Bank des heiligen Georg **44f**, 120
Banken **200**
Banknoten 201
Barbicaja (Ajaccio) 157
Barcaggio **67**, 68
Barockarchitektur 28, 147
Bars 167
Bastelica 96
Bastia 10, 14, **58–65**
   Bahnhof 207
   Clubs 186
   Fähren 207
   Feste und Festivals 32–35
   Flughafen 207
   Häfen 206
   Hotels 158
   Information 197
   Krankenhaus 199
   Küstenseen 21
   Postamt 203
   Restaurants 172f
   Vieux Port 53, 59, 64f
   Zentrumskarte 59
   Zitadelle **60f**
Bastia und Nordküste 10, **54–81**
   Hotels 158–160
   Regionalkarte 56f
   Restaurants 172–175
Bastia Golf Club 193
Bastier Immobilier 157
Bastionen
   Bastion de l'Étendard (Bonifacio) 110, 118f
   Calvi 79
   Corte 137
Bauernhof, Ferien auf dem 157
Bäume 18f
Bavella 33
Bavella, Col de 18, **122f**
Bavella, Forêt de 123
Behinderte Reisende 197
   Hotels 154
   Restaurants 167
Belgodère (Lozari) 157
Belvedere (Corte) 135
Belvédère de Palombaggia (Porto-Vecchio) 157
Benista (Porticcio) 157
Benzin 205
Berge 19
   Bergsteigen **189**, 193
   Grand Randonnée 20 (GR20) **22–27**
   Hütten 22–27, **156f**
   Monte Castello 148
   Monte Cinto 15, 19, 23, 99, 131, 150f
   Monte Incudine 26, 99, 122
   Monte Kyrie Eleison 125
   Monte d'Oro 19, 25, 96, 99, 142, 145
   Monte Padro 19
   Monte Renoso 96, 99, 145
   Monte Rotondo 19, 99, 139
   Monte Stello 66
   Monte Tolo 75
   Monte Ventiggiola 69
Bergeries
   Bergeries de Ballone 22
   Bergeries de Capannelle 25, 26, 193
   Bergeries de Colga 151
   Bergeries de Grottelle 139
   Parc Naturel Régional de la Corse 99

Berghütten 22–27, **156f**
Bettolacce 67
Bier 170
Biguglia 63
Blue Moon, Le (Porticcio) 187
Blues Festival »Nuits de Blues« (Ajaccio) 33
Bocca di l'Arinella 151
Bocognano 96
　Feste und Festivals 35
Bonaparte, Carlo 89, 135
Bonaparte, Familie 87, 89
Bonaparte, Joseph 135
Bonaparte, Letizia
　Grab 89
　Guagno Les Bains 98
　Maison Bonaparte (Ajaccio) 87
　Salon Napoléonien (Ajaccio) 88
Bonaparte, Lucien 90
Bonaparte, Napoléon *siehe* Napoléon I., Kaiser
Bonaparte (Ajaccio) 187
Bonifacio 11, 108, **110–119**
　Fähren 207
　Feste und Festivals 32–35
　Geologie 114
　Hafen 206
　Hotels 163
　Îles Lavezzi **116f**
　Information 197
　Klippen 53, 107, **114–117**
　Krankenhaus 199
　Küste 20, **114–117**
　Marina 110, 118f
　Post 203
　Restaurants 177
　Zentrumskarte 111
Bonifacio, toskanischer Graf 110
Bonifacio und Südküste 11, **106–129**
　Hotels 163–165
　Regionalkarte 108f
　Restaurants 177–179
Bonifatius VIII., Papst 41
Boote **206**
　Bootsausflüge **184**, 187
　Bootsverleih **206**, 207
　Fähren **204f**, 207
　Kanu- und Kajaktouren **189**, 193
　Rafting **189**, 193
　Regatten 32f
　Segeln **190**, 193
Bosco (Bonifacio) 112
Boswell, James **47**
Botticelli, Sandro
　Madonna mit der Girlande 90
Bouchon, Le (Bastia) 187
Boulangerie A Viletta (Ajaccio) 181
Boulevard du Roi Jérôme (Ajaccio) 88
Bozio 11, 131, **138f**
Brandgefahr 198f
Brêche de Castillo, Pass 24
Bresciani, Hélène und Jeanne 31
Brill, Paul
　Landschaft 91

Brocciu-Tag (Piana) 32
Bronzezeitalter 37
Brücken, genuesische **142**
　Altiani 145
　Gorges de Spelunca 102
　Pont de Muricciolu 151
　Ponte a Mela 143
　Ponte-Novo 47, 149
　Vallée de l'Asco 150
Buchmesse (L'Île Rousse) 33
Budget Rent a Car 207
Burgen
　Capraja 96
　Capula **125**
　Castello della Rocca 128
　Corte 136
　siehe auch Castelli; Festungen; Küstentürme
Bussaglia 102
Busse **205**, 207
Byzantinische Architektur 29
Byzantinische Herrschaft 40

C

Caesar, Julius 37
Café de la Place, Le (Bastia) 187
Café Wha! (Bastia) 187
Cafés 167
Calacuccia 133, **151**
　Hotels 165
Calacuccia, Skigebiet 193
Calanques de Piana 11, **100f**, 102
Calcatoggio 96
Calenzana 22, 55, **75**
　Fest 32
　Hotels 158
　Tour: Strada di l'Artigiani 76
　Wanderwege 27
Calvi 10, **78–81**
　Bahnhof 207
　Clubs 186
　Fähren 207
　Feste und Festivals 33–35
　Flughafen 207
　Hafen 206
　Hotels 158f
　Information 197
　Post 203
　Restaurants 173
　Strände 20f, 80f
　Zentrumskarte 81
　Zitadelle 52, **78f**
Calvi Balagne 157
Calvi Marine 193
Calvi Nautique Club 193
Camargue, La (Calvi) 187
Camping **155**, 157
Campofregoso, Tomasino da 60
Campoloro 206
Campomoro 93, **128**
　Restaurants 177
Canari **69**
Canne à Sucre, La (Porto-Vecchio) 187
Cannelle 67
Canonica, La 28, 41, 131, **148f**

Cap Corse 55, **67**
　Küste 21
　Sentier des Douaniers **68f**
　Wein **69**
Cap Evasion (Macinaggio) 207
Capitellu, Lac de 24, 139
Capitula Corsorum 44
Capo Chiostro 139
Capo di Feno 83, 92, 98
Capo Grosso 68
Capo d'Orto 102
Capo Pertusato 114, 115
Capo Rosso 98
Capo Stranciacone 23
Capo Tafonato 151
Capraja, Burg 96
Capula 16, **125**
Caracalla, Kaiser 37
Carbini 125
Carbuccia 96
Carcopino, Jérôme 144
Cardo 58, 59, **63**
Cargèse **98**
　Feste und Festivals 32
　Hafen 206
　Hotels 162
　Post 203
　Wanderwege 27
Carole Leandri (Propriano) 157
Carozzica, Forêt de 150
Carozzu-Hütte 22f
Carrayol 88
Carrefour (Ajaccio) 181
Cartalavonu 121
Casa Musicale (Pigna) 74, 76
Casamaccioli **151**
　Feste und Festivals 34, 151
Casanova (Architekt) 89
Casanova, Danielle 86
Casanova, General Arrighi di 135
Casinca 149
Caspio 102
Castagniccia 11, 131, **146f**
Casteddi siehe Castelli
Castel de Verghio 22, 24
Castelli 39, 52
　Araggio 39, 107, 121
　Cucuruzzu **125**
　Tappa 120
Castello 66
Castifao 150
Catenacciu-Prozession 126
Cauria-Plateau 38, 108
　Megalithen 11, 127
Cavall'in Festa (Pferdefest, Corte) 33
Cavallo *siehe* Île de Cavallo
Cecchini, Guy 62
Centre Commercial de Santa Devota (Bastia) 181
Centre Commercial de Toga (Bastia) 181
Centre Commercial La Rocade (Ajaccio) 181
Centre Nautique (Porticcio) 207
Centre Nautique des Fauvettes (Porto-Vecchio) 193

Centre Nautique des Glénans
(Bonifacio) 193
Centre Nautique de Porticcio 193
Centre Nautique Valinco (Propriano)
187
Centuri 21, **67**, 68
   Hotels 159
   Restaurants 173
Cerbicale, Îles 120
Cervione **148**
Cesari, Charles-Antoine 129
Cézanne Café, Le (Bastia) 187
Chambres d'hôtes **156**, 157
Champion (Ajaccio) 181
Charcuterie Pantalacci (Ajaccio) 181
Château Fort 83, 100
Chemin des Crêtes (Ajaccio) 92
Chemin des Muletiers 101
Chez Tao (Calvi) 187
Chiavari 93
Chiavari, Forêt de **93**
Cinarca, Grafen 41, 96
Cinarca, La 41, 96
Cinémathèque de Corse, La (Porto-Vecchio) 187
Cirque de Bonifatu 22
Cirque de la Solitude 22
Cirque de Trimbolocciu 150
Ciuttulu-di-i-Mori-Hütte 151
Clos du Mouflon, Le (Calvi) 157
Club Med 207
Clubs **186**, 187
Col de Bavella 18, **122f**
Col de la Croix 102
Col de Mercujo 96
Col de San Stefano 72
Col de Scalella 96
Col de Teghime 72
Col de Verghio 24, 150, **151**
Col de Verghio, Skigebiet 193
Col de Vizzavona **142**
Colombo Line (Calvi) 187
Commission Nager en Eau Vive 193
Compagnie Méridionale de Navigation 207
Compagnie Régionale des Guides et Accompagnateurs de Montagne de Corse 193
Conca 27
Confiserie Saint Sylvestre (Sovéria) 181
Corbara 76
   Feste und Festivals 33, 35
Corniche de la Castagniccia 148
Corona 89
Corse Aventure (Eccica-Suarella) 193
Corse Motos Service (Porto-Vecchio) 207
Corse Odyssée (Quenza) 193
Corsica Classic (Regatta) 34
Corsica Ferries 207
Corsica Madness 193
Corsica Moto Rent (Porto-Vecchio) 193
Corsica Raid Aventure (Rennen) 193

Corsica Voile (Macinaggio) 193, 207
Corso, Sampiero 45, 120
   Geburtsort 96
   Propriano 128
Corte 11, 50f, 131, **134–137**
   Bahnhof 207
   Feste und Festivals 33
   Hotels 165
   Information 197
   Krankenhaus 199
   Post 203
   Restaurants 179
   Zentrumskarte 135
   Zitadelle **136f**
Corte und Bergregion 11, **130–151**
   Hotels 165
   Regionalkarte 132f
   Restaurants 179
Coscione-Plateau 26
Cosway, Richard 37
Côte des Nacres 121
Côti-Chiavari 93
Cours Napoléon (Ajaccio) 88f
Creno, Lac de 98f
Croisières Grand Bleu (Cargèse) 187
Cucuruzzu 16, 39, **125**
Cuttoli Cortichiatto
   Restaurants 176
Cyrnarom (Bastia) 62, 181

D

Da Mare, Familie 67
Da Porta, Girolamo 147
Dame von Bonifacio 37, 124
Dante Alighieri 42
Daudet, Alphonse 92
David, Giovanni
   Schlacht von Meloria, Die 42f
David, Jacques-Louis
   Napoléon überquert den St.-Bernhard-Pass 48
Deça des Monts 40
Défilé de l'Inzecca 143
Défilé de Lancone 72
Défilé des Strette 143
Delà des Monts 40
Delacroix, Eugène 86
Della Porta, Giacomo 86
Della Rocca, Arrigo 128
Della Rocca, Rinuccio 125
Départements (Verwaltung) 202
Désert des Agriates 56, 70, **72**
Diebstahl 199
Diners Club 200
Diokletian, Kaiser 37, 144
Discos 186f
Djinn, Le (Porto-Vecchio) 187
Doazan, Abt Louis 99, 137
Dolce Vita (Calvi) 157
Dolmen 16, 38f, 127, 129
Dominique Plaisance (St-Florent) 207
Doria, Andrea 103
Doria, Oberto 43
Dragut Rais 45, 103
Dumas, Alexandre 31

E

E Fritelle (Calenzana) 181
Eccica-Suarella 96
Église de l'Annonciation (Corte) 134
EHIC 199
Einreise 196
Einwohnerzahl 12
Elektrizität 197
Elliott, Sir George 48
Emigrationswelle 49
Empire (Ajaccio) 187
Enoteca (Ajaccio) 181
Equiloisirs (FAE, Corte) 193
Erbajolo 145
Erbalunga **66**
   Feste und Festivals 33
   Hotels 159
   Restaurants 173f
Ermitage de la Trinité (Bonifacio) 112
Ersa 67
Escalier du Roi d'Aragon (Bonifacio) 112
Esel 99
Essen und Trinken
   Korsische Getränke **170f**
   Souvenirs 181, 183
   Spezialitäten 181, **168f**
   Wurst und Käse **97**
   siehe auch Bars; Restaurants
Estivales, Les (Ajaccio) 33
Estivoce (Pigna) 33
Étang de Biguglia 10, 21, 63, 148
Étangs (Küstenseen) 21
Etrusker 37, 38
Eugénie, Kaiserin 66
Euro 201
Eurocorse 207
Europcar 207
Evisa 103
   Feste und Festivals 35

F

Fähren **204f**, 207
Fauna 18f
Favalello 139
Fédération Française Études et Sports Sousmarins 193
Feiertage 35
Feliceto 75, 77
Felsformationen
   tafoni 100, **101**
Feriendörfer und *résidences* **155**, 156
Ferienwohnungen 155, **156**
Fermes-auberges 166
Fernsehen 203
Fesch, Kardinal Joseph 88f, **90**
   Palais Fesch – Musée des Beaux-Arts (Ajaccio) 90f
Feste und Festivals **32–35**
Festimare (L'Île Rousse) 32
Festival du Film des Cultures méditerranéennes «Arte Mare» (Bastia) 35

Festival Jacques Luciani (Corte) 33
Festiventu (Calvi) 35
Festungen
 Fort Matra (Aléria) 144
 Girolata 93, 103
 Monserrato Fort (Bastia) 45
 siehe auch Burgen; *Castelli*; Küstentürme
Fête de Notre Dame (Bonifacio) 34
Fête de St-Jean (Bastia) 33
Feudalismus **40**, 44
Feuerwehr 199
Ficoni, Pietro Giovanni (Grosso-Minuto) 148
Figari-Sud-Corse, Flughafen 207
Filitosa 11, **129**
 Menhire 38, 107
Film **185**, 187
Filmfestivals 32–35
Finocchiarola, Îles 69
Fische *siehe* Meerestiere
Fiumorbo 131, **143**
Flora **18f**
 Macchia **73**
Florus, heiliger 70
Flugreisen **204**, 207
Foce, La 142
Fond Régional d'Art Contemporain (Corte) 136
Fontaine des Quatre-Canons (Corte) 135
Fontaine de Ste-Julie (Nonza) 70
Fontanaccia 38, 127
Formosus, Papst 40f
Franck Dupré (Calenzana) 181
Franken 40
Französische Herrschaft 16f, 46–49
Französische Revolution 48
Französische Sprache 30
Frassati, Domenico 88
Fremdenlegion 78, 112, 137
Friedhofsarchitektur 29
Friedrich II., Kaiser 43
Front de Libération Nationale de la Corse (FLNC) 49
Front Régionaliste Corse (FRC) 49
Frühling auf Korsika 32
Frühstück 154, 167

G

Gaffori, Faustina 46, 134
Gaffori, Jean-Pierre 46f, **134**
 Couvent d'Orezza 147
 Statue 134
Gagini, Antonello 149
Galas, Xiaoyang
 Meer, Sonne und Dorf 8f
Galéria 102, **103**
 Hotels 162
Galerie Marchande de l'Hypermarché (Bastia) 181
Garage d'Angeli (Calvi) 193
Geld **200f**
Geldautomaten 200

Gennari, Benedetto
 Heilige Familie 90
Genua
 Architekturerbe 28f, 55
 Korsische Geschichte 16, 41–45, 48
 Sprachliches Erbe 30
 und Ajaccio 83
 siehe auch Brücken, genuesische
Geologie
 Küste bei Bonifacio 114–117
Geschichte **36–49**
Geschwindigkeitsbegrenzung 205
Gesundheit 191
Gherardesca, Conte Ugolino della **42**
Ghisonaccia 27
Ghisoni 143
Ginster 73
Giovannali, Sekte 125
Giraglia, Île de la 67
Girocard 200
Girolata 93, **103**
Gîtes de France Corse 157
Gîtes d'étape 27, 156
Gîtes ruraux 154, 157
Golf **192**, 193
Golf Club Sperone (Bonifacio) 193
Golfe d'Ajaccio 20, 83, 92f
Golfe de Figari 21
Golfe de Galéria 103
Golfe de Girolata 83
Golfe de Liscia 96
Golfe de Porto 83, 88, 102
Golfe de Roccapina 126
Golfe de Sagone 83, 92, 98
Golfe de Valinco 93, 128
Gorges de la Restonica 139
Gradelle 102
Grain de Sable (Bonifacio) 20, 115
Grande Randonnée 20 (GR20) **22–27**, 188
Grande Sanguinaire 92
Gregor VII., Papst 41, 42
Griechen 144
Griechisch-orthodoxe Prozessionen 32
Grossa, Giovanni della 40
Grosso-Minuto **148**
Grotte du Sdragonatu 110, 114
Guagno Les Bains 98
Guercino, Giovanni 74
Guignu 72
Guitare et Cetera (Bastia) 181

H

Hadrian, Kaiser 37, 144
Häfen 206
Handys *siehe* Mobiltelefone
Haut-Asco 23, 150
Heilige Familie (Gennari) 90
Heißluftballons 35
Herbergen **156f**
Herbst auf Korsika 34f
Hertz 207
Höhlen
 Grotte du Sdragonatu 110, 114
 Pietra Tafonata (Speloncato) 75

Honigfest 34
Hôpital «Cacciabello» 199
Hotel Sofitel (Porticcio) 187
Hotels **154–165**
 Ajaccio und Westküste 161–163
 Bastia und Nordküste 158–160
 Bonifacio und Südküste 163–165
 Corte und Bergregion 165

I

Île de Cavallo 107, 109, 116f
 Bootsausflüge 184
Île Danse (Ajaccio) 32
Île de la Giraglia 67
Île Piana 93
Îles Cerbicale 120
Îles Finocchiarola 69
Îles Lavezzi 21, 109, 110, **116f**
 Bootsausflüge 184
Îles Sanguinaires 83, 88, **92**
 Bootsausflüge 184
Immobilier Alias (Porto-Vecchio) 157
In Terra Corsa (Ponte Leccia) 193
Informationsbüros 157, 196f
Innozenz II., Papst 41
Internationaler Studentenausweis (ISIC) 197
Internet 203
Isola di La Pietra 74
Isolella, Halbinsel 93
Istria, Vincentello d' 134, 136
Italienische Besatzung, Zweiter Weltkrieg 49
Italienische Filmfestspiele (Bastia) 35
Italienische Sprache 30
ITT (Ajaccio) 187

J

Jacques Quilichini (Pigna) 181
Jardin Romieu (Bastia) 59
Jazz 33
Jean-Jacques Bartoli (Tasso) 157
Jesuiten 58
Jesus und die Samariterin (Parrocel) 90
Jetée du Dragon (Bastia) 59, 60
Johannes Chrysostomus, Heiliger 66
Journées de la Pomme (Bastelica) 35
Jugendherbergen 157
Jungsteinzeit 38
Justinian, Kaiser 40

K

Kajaktouren **189**, 193
Kallisté (Ajaccio) 187
Kallisté (St-Florent) 157
Kalypso (Poghju) 157
Kanutouren **189**, 193

Kapellen
  Chapelle de l'Annonciade (Omessa) 138
  Chapelle des Grecs (Ajaccio) 92
  Chapelle Impériale (Ajaccio) 89, 91
  Chapelle de San Cesario (Nebbio) 72
  Chapelle San Lorenzo (Cucuruzzu) 125
  Chapelle de San Michele (Sisco) 66
  Chapelle San Michele (Vescovato) 149
  Chapelle de Santa Maria (Cap Corse) 69
  Chapelle Ste-Christine (Cervione) 148
  Chapelle Ste-Marie (Favalello) 139
  Chapelle de Ste-Marie (Quenza) 124
  Chapelle de St-Martin (Sisco) 66
  Chapelle St-Michel de Castirla 138
  Chapelle St-Nicolas (Sermano) 138
  Chapelle St-Roch (Bastia) 58
  San Quilico (Castagniccia) 146
  San Tommaso di Pastoreccia (Castagniccia) 146
  Santa Maria di e Nevi (Castello) 66
Karfreitagsprozession (Bonifacio) 32
Karl der Große 40
Karten
  Ajaccio und Westküste 84f
  Ajaccio, Zentrum 87
  Archäologie 38f
  Bastia und Nordküste 56f
  Bastia, Zentrum 59
  Bonifacio und Südküste 108f
  Bonifacio, Zentrum 111
  Calanques de Piana 100f
  Calvi, Zentrum 81
  Corte und Bergregion 132f
  Corte, Zentrum 135
  Europa 12
  Grand Randonnée 20 (GR20) **22–27**
  Korsika 12f, 52f
  Korsische Küste 20f
  Megalithen von Cauria 127
  Ruinen von Aléria 144
  Sentier des Douaniers 68f
  Tour: Wildes Fiumorbo 143
  Tour: Hügel der Castagniccia 146f
  Tour: Kirchen des Bozio 138f
  Tour: Strada di l'Artigiani 76f
Karthagische Herrschaft 37
Karwoche 79
Käse 32, **97**
Kastanien 19, 35
Katafalke 29
Kathedralen
  Ajaccio 86
  Sant'Appiano (Sagone) 98
  St-Jean-Baptiste (Calvi) 78f, **80**
  Ste-Marie (Bastia) 60
  Ste-Marie-et-St-Erasme (Cervione) 148
  Ste-Marie-Majeure (Bonifacio) 111
Katholische Kirche 31
Kirchen
  Architektur 28
  Canonica, La 26, **148f**
  Église de l'Annonciation (Corte) **134**
  Nativité-Pfarrkirche (Casamaccioli) 151
  Notre Dame des Neiges (Bavella) 33
  Notre-Dame-de-la-Serra (Calvi) 81
  Oratoire de l'Immaculée Conception (Bastia) 58
  Oratoire St-Antoine (Calvi) 78f
  Oratoire Ste-Croix (Bastia) 60
  San Martino (Vescovato) 149
  San Martino di Lota 63
  San Michele (Speloncato) 75
  San Michele de Murato 41, **71**
  San Pantaleo (Castagniccia) 131, 146
  San Quilico (Castagniccia) 146
  San Tommaso di Pastoreccia (Castagniccia) 146
  St-André (Oletta) 72
  St-André (Omessa) 138
  St-Antoine (Aregno) 75
  St-Blaise (Calenzana) 75
  St-Charles (Bastia) 58
  Ste-Croix (Corte) 134f
  St-Dominique (Bonifacio) 112
  St-Erasme (Ajaccio) 86
  St-Erasme (Erbalunga) 66
  St-Étienne (Cardo) 63
  St-François (Canari) 69
  St-Georges (Algajola) 74
  St-Georges (Quenza) 124
  St-Jean-Baptiste (Bastia) 58, 64f
  St-Jean-Baptiste (Calvi) 78f, **80**
  St-Jean-Baptiste (Carbini) 125
  St-Jean-Baptiste (La Porta) 28, 131, 147
  Ste-Julie (Nonza) 70
  Ste-Marie (Bastia) 60
  Ste-Marie (Ersa) 67
  Ste-Marie (Pino) 69
  Ste-Marie (Sartène) 126
  Ste-Marie-et-St-Erasme (Cervione) 148
  Ste-Marie-Majeure (Bonifacio) 111
  Ste-Marie-Majeure (Calvi) 79, 80
  St-Martin (Patrimonio) 70
  Sts-Pierre-et-Paul (Piedicroce) 147
  Ste-Restitute (Calenzana) 75
  siehe auch Abteien; Kapellen; Kathedralen; Klöster
Kitesurfen 21
Kleidung, in Restaurants 167

Klettern **189**, 193
Klima 32–35, 196
Klippen 20
Klöster
  Couvent de l'Annonciation (Centuri) 67
  Couvent de Corbara (Pigna) 74
  Couvent d'Orezza (Piedicroce) 147
  Couvent de Santa Catalina (Sisco) 66
  Couvent St-François (Oletta) 72
  Couvent St-François (Pino) 69
  Couvent St-François (Sagone) 98
  Couvent St-François (Ste-Lucie de Tallano) 125
  Couvent St-François d'Alesani (Perelli d'Alesani) 148
  St-François de Caccia 150
Kolumbus, Christoph 79, 80
Kommunikation **202f**
Konsulate 197
Krankenhäuser 199
Kreditkarten 200
  Hotels 155
  Läden 180
  Restaurants 167
  Verlust 200
Kunsthandwerk
  Shopping **180**, 181
  Souvenirs 182
  Strada di l'Artigiani 76f
Küste 18, **20f**
  Straße von Bonifacio 113
Küstentürme 29, **93**
  Ancone 96
  Capigliolo 96
  Marine d'Albo (Canari) 69
  Punta Fautea 121
  Tour de Campomoro 128
  Tour de Capriona 128
  Tour de Castagna 93
  Tour de l'Isolella 93
  Tour de l'Osse 55, 66
  Tour de la Parata 92
  Tour de St-Antoine (Calvi) 78f
  Tour de Sénèque 69
  Tour de Turghiu (Piana) 98
Kyrn Flor (Corte) 157

L

La Viva, Strand 93
Läden und Märkte *siehe* Shopping
Laetitia (Ajaccio) 187
Lama 33
Landolfo, Bischof von Pisa 41, 42
Landschaft 15f, **18f**
Landschaft (Brill) 91
Landolfo 34
Lavasina 34
Lavezzi *siehe* Îles Lavezzi
Leader Boat (Porto-Vecchio) 207
Lear, Edward
  Wald von Bavella 123
Lecci
  Hotels 164
  Restaurants 177

TEXTREGISTER

Leuchtturm, Capo Pertusato 115
Levie **124f**
   Restaurants 177
Ligue Corse de Golf 193
Liköre 63, 170
L'Île Bleue – Boni-Ship (Bonifacio) 193
L'Île Rousse 10, **74**
   Bahnhof 207
   Fähren 207
   Feste und Festivals 32f
   Hotels 159f
   Restaurants 174
   Strände 20
Lion de Roccapina, Le 126
Literatur **30f**
Locamarine (Propriano) 207
Lombarden 40
L'Onda-Hütte 25
Loto 72
Louis XVI, König von Frankreich 135
Louis Philippe, König von Frankreich 63
Lufthansa 207
Lumio 55, 76, 206
Luri 33

M

Macchia 18, **73**
Macinaggio 57, **66f**, 69
   Feste und Festivals 33
   Hafen 206
   Hotels 160
   Restaurants 174
Maddalena, Archipel 113
Madonna mit der Girlande (Botticelli) 90
Maestro-/EC-Karte 200
Maglioli, Jérôme 87
Maison Bonaparte (Ajaccio) 87
Maison du Coral (Ajaccio) 181
Maison des Gîtes de France et du Tourisme Vert 157
Maison Mattei (Bastia) **63**, 181
Maison Palazzi (Corte) 134
Maisons d'Américains 66, 69
Manganu-Hütte 24f
Mann mit Handschuhen (Tizian) 91
Maona 44
Maquis, Widerstandsbewegung 49
Marc Gambotti 193
Mare a Mare, Wanderwege 27, 83, 103, 188
Mare e Monti, Wanderwege 27, 83, 103, 188
Mariana 37, 148f
Marina d'Aléria 157
Marinas
   Ajaccio 88
   Bonifacio 110, 118f
   Calvi 80
   Porto 102
Marine d'Albo 69
Marine Location (Porto-Vecchio) 207

Marius, Konsul 37, 148
Märkte 181
   Ajaccio 88, 92
   Bastia 62
   L'Île Rousse 74
Marmitte dei Giganti 124
Martini, Giovanni 125
Massif de l'Ospédale 99, **120f**
MasterCard 200
Mathieu Carlotti (Bastia) 181
Matignon-Abkommen (2001) 17
Matrosenfriedhof (Bonifacio) 114
Mattei, Louis-Napoléon 63
Maupassant, Guy de 15f, 31
Mausoleen 29
   Erbalunga 66
   Mausoleum des Conte Rivarola 72
   Nonza 70
   Pino 69
Mediterranean Trophy 33
Medizinische Versorgung 199
Meer, Sonne und Dorf (Galas) 8f
Megalithische Kultur *siehe* Prähistorische Monumente
Meister aus Castelsardo 125
Mele in Festa (Murzo) 34
Mélo, Lac de 139
Meloria, Schlacht von (1284) 41, **42f**
Menhire *siehe* Prähistorische Monumente
Meria 55
Mérimée, Prosper 126f
Messen 181
Messer, handgefertigte **126**
Midnight Express, Le (Propriano) 187
Militärarchitektur 29
Millénaire Immobilier (Bonifacio) 157
Miomo 63
Mirabeau, Comte de 47
Mobiltelefone 203
Moby Lines 207
Mohammed V., Sultan von Marokko 124
Mohrenkopf (Nationalsymbol) 47
Monserrato-Festung (Bastia) 45
Monte Castello 148
Monte Cinto 15, 19, 23, 99, 131, **150f**
Monte Incudine 26, 99, 122
Monte Kyrie Eleison 125
Monte d'Oro 19, 25, 96, 99, 142, 145
Monte Padro 19
Monte Renoso 96, 99, 145
Monte Rotondo 19, 99, 139
Monte Stello 66
Monte Tolo 75
Monte Ventiggiola 69
Montegrosso 33
Montemaggiore 75
Monticello 74
Montlaur-Kasernen (Bonifacio) 112
Moriani 27
Morosaglia 146

Morosini, Albertino 42
Motorräder **205**, 207
Moulin Mattei 67, 68
Mountainbiken **192**, 193
Mufflon 26
Multi Service Plaisance (Porto-Vecchio) 193, 207
Mündliche Überlieferungen 30f
Münzen 201
Murato 71, 72
Murzo 34
Museen und Sammlungen
   Cyrnarom (Bastia) 62
   Fond Régional d'Art Contemporain (Corte) 136
   Maison Bonaparte (Ajaccio) 87
   Musée d'Archéologie Jérôme Carcopino 144
   Musée d'Histoire Corse A Bandera (Ajaccio) 89
   Musée de la Corse (Corte) 137
   Musée de l'Alta Rocca (Levie) 124f
   Musée de Préhistoire Corse et d'Archéologie (Sartène) 126
   Musée Marc Petit – Lazaret Ollandini (Ajaccio) 89
   Öffnungszeiten 196f
   Palais Fesch – Musée des Beaux-Arts **90f**
   Salon Napoléonien (Ajaccio) 88
Musicales de Bastia, Les 35
Musik **31**, **185**
   Casa Musicale (Pigna) 74
   Feste und Festivals 33–35
   Musikinstrumente 31, 61
   Spieluhren 74, 76

N

Napoléon I., Kaiser 11, 48
   Büste 87
   Cours Napoléon (Ajaccio) 89
   Fêtes napoléoniennes 33, 34
   Geburtsort 16, 83, 86
   Landung in Macinaggio 66
   Maison Bonaparte (Ajaccio) 87
   Place d'Austerlitz (Ajaccio) 89
   Salon Napoléonien (Ajaccio) 88
   Statuen 62, 88f
Napoléon III., Kaiser 89
Napoléon überquert den St.-Bernhard-Pass (David) 48
Nativité-Pfarrkirche (Casamaccioli) 151
Naturschutzgebiete
   A Cupulatta (Carbuccia) 96
   Étang de Biguglia 21, 63, 148
   Îles Finocchiarola 69
   Îles Lavezzi 116f
   Parc Marin de Bonifacio 11, **113**
   Parc Naturel Régional de la Corse 11, 17, **99**, 197
   Réserve Naturelle de Scandola 10f, 15, **104f**
Nautival (Macinaggio) 33
Nave Va (Ajaccio) 187
Nebbio **72**

Neuhof, Baron Theodore von 46f, 148
Nid d'Aigle (Corte) 135, 136f
Niederschläge 16, 34
Nino, Lac de 24, 99, 151
Niolo 48
Noche de Cuba (Bastia) 187
Nonza **70**
    Hotels 160
Nördliches Korsika
    siehe Bastia und Nordküste
Notarzt 199
Notfälle 199
Notre Dame des Neiges (Bavella) 33
Notre-Dame-de-la-Serra (Calvi) 81
Nouvelles Frontières/Corsair International 207
Nuit du Conte, La (Vero) 33
Nuits de la Guitare (Patrimonio) 33

O

Occhiatana 77
Öffnungszeiten 196f
    Banken 200
    Läden 180
    Restaurants 167
Oletta **72**
Oliven 18
    Feste und Festivals 32f
    Olivenöl **77**
Oliviers, Les (Ota) 157
Olmeto 128
Olmi-Cappella 75
    Restaurants 174
Omessa 138
Oratoire de l'Immaculée Conception (Bastia) 58
Oratoire St-Antoine (Calvi) 78, 79
Oratoire Ste-Croix (Bastia) 60
Ortu di u Piobbu 22
Ospédale 120
Ostern 32, **79**
Ostgoten 40
Ostriconi (Palasca) 72, 157
Ota 102
    Restaurants 176

P

Paccard 89
Paesolu d'Aïtone 103
Paghjella (Lieder) 31
Paglia Orba 151
Pagliaju *siehe* Palaggiu
Palaggiu 38, 107, 108, 127
Palais
    Maison Palazzi (Corte) 134
    Palais des Gouverneurs Génois (Calvi) 78
    Palais des Gouverneurs/Musée de Bastia (Bastia) 61
    Palais Fesch (Ajaccio) 88f, 90f
    Palais Monti Rossi (Bastia) 62
    Palais National (Corte) 135
Paliri-Hütte 27
Palombaggia-Strand 21, 120

Paoli, Hyacinthe 47
Paoli, Pasquale 11, 46f
    Corte 134f, 136
    Couvent de Corbara (Pigna) 74
    Geburtsort 146
    Grosso-Minuto 148
    Guagno Les Bains 98
    Korsische Unabhängigkeit 16, 48
    L'Île Rousse 74
    Macinaggio 66
    Napoléon 87
    Porträt 37
    Schlacht von Ponte-Novo 46f, 149
    St-François de Caccia 150
Parc Marin de Bonifacio 11, **113**
Parc Naturel Régional de la Corse 11, **99**, 193, 197
Parfüm
    Cyrnarom (Bastia) 62
    Souvenirs 183
Parks
    Aquaparks 185
    Jardin Romieu (Bastia) 59
    siehe auch Naturschutzgebiete
Parrocel, Étienne
    Jesus und die Samariterin 90
Patrimonio 55, **70**
    Feste und Festivals 33
    Hotels 160
    Weine **69**
Pauschalreisen **204**, 207
Pax Romana 37
Perelli d'Alesani 148
Peri 96
Persönliche Sicherheit 198
Pest 44
Petits Trains **184**, 187
    Ajaccio 88, 92
Phönizier 37, 38
Piana **98**
    Fest 32
    Hotels 162
    Restaurants 176
Piana, Île 93
Pianella 102
Pianottoli Caldarello 206
Piedicorte di Gaggio 145
Piedicroce 146f
Pierre Pietri 193
Pietra, La *siehe* Isola di La Pietra
Pietra-Piana-Hütte 25
Pietra Tafonata (Speloncato) 75
Pietrabugno 63
Pietracorbara **66**
    Hotels 160
Pietrapola 143
Pigna **74**
    Festival 33
    Hotels 160
    Restaurants 174
    Strada di l'Artigiani 76
Pilze 19
Pinarello
    Hotels 164
    Restaurants 178

Pinède, La (St-Florent) 157
Pineta, Forêt de 96
Pino **69**
Pins, Les (Calvi) 157
Pioggiola 75
Pippin der Jüngere, König 40
Pisa
    Architekturerbe 28, 71
    Korsische Geschichte 41, 42f
    Sprachliches Erbe 30
Pisciatello
    Restaurants 176
Pius VII., Papst 90
Place d'Austerlitz (Ajaccio) 89
Place Christophe-Colomb (Calvi) 80
Place Foch (Ajaccio) 87
Place Gaffori (Corte) 134
Place Guasco (Bastia) 61
Place du Marché (Bastia) 58
Place Paoli (Corte) 134
Place de Poilu (Corte) 135
Place St-Nicolas (Bastia) 62
Plage d'Arone 98
Plage de Pinarellu 121
Plage de Verghia 84, 93
Plätze
    Place d'Austerlitz (Ajaccio) 89
    Place Christophe-Colomb 80
    Place Foch (Ajaccio) 87
    Place Gaffori (Corte) 134
    Place Guasco (Bastia) 61
    Place du Marché (Bastia) 58
    Place Paoli (Corte) 134
    Place du Poilu (Corte) 135
    Place St-Nicolas (Bastia) 62
Pointe de la Parata 20, 52, **92**
Pointe Revellata 81
Pointe de Roccapina 126
Pointe de Sperone 114, 116, 117
Pol Demongeot (Calvi) 181
Polizei 198f
Pont de Muricciolu 151
Ponte a Mela 143
Ponte Leccia
    Bahnhof 207
    Restaurants 179
Ponte-Novo **149**
Ponte-Novo, Schlacht von (1769) 46f, 48, 149
Popaja 151
Populasca, Augustinu da 150
Poretto 66
Port de Toga (Bastia) 62f
Porta, La 146, **147**
Porte de France (Bonifacio) 112
Porte de Gênes (Bonifacio) 110
Porte Louis XVI (Bastia) 61
Porticcio 11, 88, **93**
    Restaurants 176
    Strand 21
    Wanderwege 27
Porticciolo 66
Porto 94f, **102**
    Hotels 162
    Restaurants 176
    Strand 21

Porto Latino (St-Florent) 33
Porto-Pollo **128**
　Hotels 164
Porto-Vecchio 11, **120**
　Clubs 186
　Fähren 207
　Hafen 206
　Handwerksmesse 34
　Hotels 164
　Post 203
　Restaurants 178
　Strände 21
　Wanderwege 27
Postdienste **202**, 203
Pozzine 24
Pozzo 66
Prähistorische Monumente 16, **38f**, 52
　Anthropomorphe Menhire 107, **129**
　Filitosa 129
　Megalithen von Cauria 11, **127**
　siehe auch Casteddi; Dolmen
Prati 26
Privilège, Le (Ajaccio) 187
Propriano 11, **128**
　Clubs 186
　Fähren 207
　Hafen 206
　Hotels 164
　Restaurants 178
　Wanderwege 27
Prozessionen, religiöse 32–35
Prunelli-di-Fiumorbo 143
Ptolemäus 58, 67
Punta d'Agnellu 68
Punta di a Castagna 93
Punta di a Chiappa 120
Punta Ciuttone 103
Punta Fautea 121
Punta Larghia 131
Punta Minuta 150
Punta Mucchilina 104
Punta Palazzo 104
Punta Paliri 27
Punta dei Sette Laghi 24
Punta Stollu 103

Q

Quai de Martyrs de la Libération (Bastia) 62
Quai Landry (Calvi) 80f
Quenza **124**
　Hotels 165
Quilici, Jean-Paul 193

R

Radfahren **191**
　Mountainbiking **192**, 193
Radio 203
Rafting **189**, 193
Rally de France 35
Rapale 72
Rauchen, in Restaurants 167
Rencontres de Chants polyphoniques (Calvi) 34

Régates Impériales (Ajaccio) 32
Regatten 32f, 35, 67
Regent, Le (Bastia) 187
Reiseinformationen **204–207**
　Ajaccio und Westküste 85
　Autofahren 198, 205
　Bastia und Nordküste 57
　Bonifacio und Südküste 108
　Boote **184**, 187, 206
　Busse **205**, 207
　Corte und Bergregion 132
　Fähren **204f**, 207
　Flugreisen **204**, 207
　Motorräder **205**
　Züge **205**, 207
Reiten **189**, 193
Relève de la Garde, La (Ajaccio) 33
Relève des Gouverneurs, La (Bastia) 33
Religion 31
Religiöse Bruderschaften **61**
　Antoniusbruderschaft 79
　Bruderschaft des heiligen Karl 58
　Erasmusbruderschaft 79
　Rochusbruderschaft 58
　Ste-Croix-Bruderschaft 134, 149
Renaggiu (Renaghju) 38, 107, 127
Rencontre d'Art Contemporain (Calvi) 33
René Eymerie 193
Renno 35, 62
Réserve Naturelle de Scandola 10f, **104f**
　Bootsausflüge 184
　Geologie 15, 84
Résidences **155**, 157
Restaurants **166–179**
　Ajaccio und Westküste 175f
　Bastia und Nordküste 172–175
　Bonifacio und Südküste 177–179
　Corte und Bergregion 179
　Korsische Getränke **170f**
　Öffnungszeiten 167
　Spezialitäten **168f**
　siehe auch Essen und Trinken
Rinaldi, Angelo 31
Rivarola, Conte
　Mausoleum 72
Rocade, La 181
Rocca, Arrigo della 44
Rocca Croisières (Bonifacio) 187
Roccapina **126**
　Restaurants 178
Rocher, Le (Calvi) 187
Rogliano 55, 67
Römische Architektur 28
　San Michele de Murato **71**
Römische Eroberung 16, 37, 38f
　Ruinen von Aléria 144
Rondinara-Strand 21
Route de la Corniche Supérieure 63
Route des Sanguinaires **92**
Rout'evasion (Ajaccio) 193, 207
Rucher d'Aristée, Le (Santa Maria Poggio) 181

Rue Bonaparte (Ajaccio) 86f
Ruppione 93

S

Sagone **98**
　Hotels 162
　Restaurants 176
Saints-Pierre-et-Paul (Piedicroce) 147
Saleccia 21, 72
Salon de la Bande Dessinée (Bastia) 32
Salon Napoléonien (Ajaccio) 88
Sampiero *siehe* Corso, Sampiero
Sampolo, Lac de 143
San Bainsu 117
San Martino (Vescovato) 149
San Martino di Lota 63
San Michele (Spelonato) 75
San Michele de Murato 41, **71**
San Pantaleo (Castagniccia) 131, 146
San Pedru di Verde, Hütte 26
San Quilico (Castagniccia) 146
San Tommaso di Pastoreccia (Castagniccia) 146
Sanguinaires
　siehe Îles Sanguinaires
Sano di Pietro 148
Sansovino 78
Sant'Agnellu (Bettolacce) 67
Sant'Antonino **75**
Sant'Appiano (Sagone) 98
Santa Giulia, Strand 21, 120
Santa Giulia di Tavaria 128
Santa Maria Assunta (Canari) 69
Santa Maria Assunta (St-Florent) 28, 70
Santa Maria di e Nevi 66
Santa Mariona (Sovéria) 145
Santa Reparata (Morosaglia) 146
Santa Reparata di Balagna 74
Saraceno, Andreotto 42
Sarazenen 40, 42
Sardinien
　Bootsausflüge 184
　Fähren 204
　Küste 113
Sari 121
Sari d'Orcino 96
Sarl Immobilière de Balagne (Lumio) 157
Sartène 11, **126**
　Hotels 165
　Karfreitagsprozession 32
　Prähistorische Stätten 16, 107
　Restaurants 178
Sauli, Alexandre, Bischof von Aléria 134
Savelli, Familie 75
Scala di Santa Regina **150**
Scalsa-Murta-Menhir (Filitosa) 129
Scandola-Naturschutzgebiet *siehe* Réserve Naturelle de Scandola
Scat'a Musica (Pigna) 74

Schiffswracks
  Sémillante **116**
  Tauchen **191**
Schlacht von Meloria, Die (David) 42f
Schluchten
  Défilé de l'Inzecca 143
  Défilé de Lancone 72
  Défilé des Strette 143
  Gorges de l'Asco 99
  Gorges du Prunelli 83, **96**
  Gorges de la Restonica **139**
  Gorges de Spelunca 83, **102**
  Gorges du Tavignano **145**
  Scala di Santa Regina **150**
Scipio, Lucius Cornelius 37, 144
Seen
  Lac de Capitellu 24, 139
  Lac de Creno 98f
  Lac de Mélo 139
  Lac de Nino 24, 99, 151
  Lac de Sampolo 143
Segeln **190**, 193
  Bootsverleih 206
  Information 206
  Regatten 32–34, 35, 67
  Segeltörns 206
  Straße von Bonifacio 113
Sémillante, Schiffswrack **116**
Seneca 69
Sentier des Condamnés (Forêt d'Aïtone) 103
Sentier des Douaniers (Cap Corse) 10, **68f**
Sentier de Myrte (Forêt de Chiavari) 93
Sentier de la Sittelle (Forêt d'Aïtone) 103
Sentier de Spasimata 22
Sentier Grande Randonnée *siehe* Grande Randonnée 20
Serra-di-Fiumorbo 143
Serra di Pigno 72
Serriera
  Hotels 163
Settembrinu di Tavagna 34
Shopping **180–183**
  Einkaufszentren **180**, 181
  Kunsthandwerk 76f, 180
  Öffnungszeiten 180
  Parfüm 62
  Souvenirs **182f**
  Spezialitäten 181
  siehe auch Märkte
Sicherheit 198f
  Wandern 188f
Silgaggia 66
Simply Corsica 207
Sisco-Tal 66
Skifahren 192
Soccia 98
Société des Autobus Bastiais 205, 207
Société des Autocars Cortenais 205, 207
Société Nationale Maritime Corse Mediterranée (SNCM) 207

Soleil Rouge Yachting (Ajaccio) 193
Solenzara **121**, 206
Sollacaro
  Restaurants 179
Sommer auf Korsika 33
Son des Guitares, Le (Ajaccio) 187
Sonnenschein 33
Sonnenschutzmittel 199
Souvenirs **182f**
Sovéria 132, **145**
Spada 96
Speloncato **75**
Sport und Aktivurlaub 21, **188–193**
Sprachen 16, **30**, 197
Sprachführer Französisch 222–224
Sprachführer Korsisch 221
Stantari 38, 107, 127
St-André (Oletta) 72
St-André (Omessa) 138
St-Antoine (Aregno) 75
St-Blaise (Calenzana) 75
St-Charles (Bastia) 58
Ste-Croix (Corte) 134f
St-Dominique (Bonifacio) 112
St-Erasme (Ajaccio) 86
St-Erasme (Erbalunga) 66
St-Étienne (Cardo) 63
St-Florent 10, **70**
  Festival 33
  Hafen 206
  Hotels 160
  Restaurants 174f
  Strände 20
St-François (Canari) 69
St-François de Caccia **150**
St-Georges (Algajola) 74
St-Georges (Pino) 69
St-Georges (Quenza) 124
St-Jean-Baptiste (Bastia) 14, 58, 64f
St-Jean-Baptiste (Calvi) 78, 79, **80**
St-Jean-Baptiste (Carbini) 125
St-Jean-Baptiste (La Porta) 28, 131, 147
Ste-Julie (Nonza) 70
Ste-Lucie de Tallano 32, **125**
Ste-Marie (Bastia) 60
Ste-Marie (Ersa) 67
Ste-Marie (Pino) 69
Ste-Marie (Sartène) 126
Ste-Marie-et-St-Erasme (Cervione) 148
Ste-Marie-Majeure (Bonifacio) 111
Ste-Marie-Majeure (Calvi) 79, 80
St-Martin (Patrimonio) 70
Ste-Restitude (Calenzana) 75
  Fête de Ste-Restitude 32
Station Recherches Sousmarines et Océanographiques 193
Stephan, Papst 40
Stéphane Natalini (Erbajolo) 157
Strada di l'Artigiani 10, **76f**
Strände **20f**
  Agosta 93
  Algajola 74
  Calvi 80, 81
  Golfe de Porto-Vecchio 120
  Guignu 72

La Viva 93
Loto 72
Ostriconi 72
Piana 98
Plage de Pinarellu 121
Plage de Verghia 84, 93
Porto 102
Ruppione 93
Sagone 98
Saleccia 72
Tamarone 69
Straße von Bonifacio 113, 116
  Bootsausflüge 184
Studenten 197
Studio, Le (Bastia) 187
Südliches Korsika *siehe* Bonifacio und Südküste
Susini, Marie 31
Swiss 207
Syndicat National des Résidences de Tourisme 157

T
Tafoni (Felsformationen) 100, **101**, 122
Tanz **185**
  Feste und Festivals 32f
Tappa 39, **120**
Tauchen und Schnorcheln **191**, 193
  Calvi 80
  Centuri 67
  Porto-Pollo 21, 128
  Recontres Européennes de Plongée sous-marines 34
  Tauchsafaris 184
Tavagna 34
Tavera 96
Taverne du Roi, La (Porto-Vecchio) 187
Telefonieren **202f**
Tempelritter 112
Temperaturen 35
Temple du Jeu, Le (Ajaccio) 187
Terres des Communes 44
Terrorismus 49
Tête du Chien 100
Thalassa Croisières (Bonifacio) 187
Thalasso-Therapie **185**, 187
Theater **185**, 187
Thermalquellen
  Guagno Les Bains 98
Thermes, Marshal de 86
Thyrrénéen, Le (Solenzara) 157
Tiere **18f**
  Grande Randonnée 20 (GR20) 22–27
  Lavezzi 107, 116f
  Parc Marin de Bonifacio 11, **113**
  Parc Naturel Régional de la Corse 11, 99
  Réserve Naturelle de Scandola 10, 104f
  siehe auch Vögel
Tighiella-Tal 75
Tighjettu-Hütte 23, 150
Tino-Rossi-Hafen (Ajaccio) 86

Tiuccia **96**
Tizian 72
 Mann mit Handschuhen 91
Toga Loca Nautique (Bastia) 207
Tolla 96
Tollare 67, 68
Tonnara-Strand 21
Torraccia (Cargèse) 157
Torreaner 37, 38, 120, 129
Torri (Türme) 39
Totenkapellen 29
Tour de Campomoro 128
Tour de Capriona 128
Tour de Castagna 93
Tour de Corse à la Voile, Le 35
Tour de l'Isolella 93
Tour de l'Osse 55, 66
Tour de la Parata 92
Tour de St-Antoine (Calvi) 78f
Tour de Sénèque 69
Tour de Turghiu (Piana) 98
Touren mit dem Auto
 Bozio **138f**
 Castagniccia **146f**
 Fiumorbo **143**
 Megalithen von Cauria **127**
 Strada di l'Artigiani **76f**
Tra Mare e Monti (Calvi) 207
Traditionen **31**
Trinité-Prozessionen (Bonifacio) **112**
Trinité et San Giovanni (Aregno) 75
Truchon, Julien (Patrimonio) 180
Trou de la Bombe **122**
TTB (Bonifacio) 187
TTC Moto (Propriano) 193
Tuani 139

U
U Carabellu (Calvi) 157
U Casone (Ajaccio) 89
U Muntagnolu (Bastia) 181
U Paese (Bastia) 181
U Prunelli (Porticcio) 157
U San Paulu (Macinaggio) 187
U Trenu (Corte) 187
Ucciani 96
 Feste und Festivals 32
Ugo Casalonga (Pigna) 181
Unabhängigkeitsbewegung 16f, **46f**, 49
Union Nautique Insulaire (Ajaccio) 207
Universität von Korsika (Corte) 49, 136
 Korsische Sprache 30
 Nationalismus 17
 Pasquale Paoli 46f
Unterhaltung **184–187**
 Veranstaltungskalender **32–35**
Urban V., Papst 125
Usciolu-Hütte 26

V
Val d'Èse 96
Valdu-Niellu, Forêt de 24, **151**
Vallecime 193
Vallée d'Alesani **148**
Vallée de l'Asco 142, 145, **150**
Vallée du Fango 103
Vallée du Fium'Alto 149
Vallée du Fium'Orbo 143
Vallée du Golo 145, 150
Vallée de la Gravona **96**
Vallée de la Restonica 139
Vallée du Tavignano **145**
Vaux, Conte de 149
Vecchju-Brücke 102
Velvet, Le (Bastia) 187
Venaco
 Hotels 165
Vendetten 31, 48
Veranstaltungskalender **32–35**
Verghio 151
Vero 33
Verrerie Corse (Feliceto) 181
Versicherungen 199
Vescovato 149
Via-Notte, La (Porto-Vecchio) 187
Vico 98
Vieux Port (Bastia) 59
Vincentello d'Istria 44
Visa (Kreditkarte) 200
Vizzavona 25, 142
 Bahnhof 207
 Hotels 165
 Restaurants 179
Voceru (Lieder) 31
Vögel **18f**
 Étang de Biguglia 63
 Réserve Naturelle de Scandola 10, 104f
Volksmusik 33
Vulkangestein 104

W
Wacholder 19
Wald von Bavella (Lear) 123
Wälder 19
 Aïtone 85, **103**
 Bavella 123
 Carozzica 150
 Chiavari **93**
 Parc Naturel Régional de la Corse 99
 Pineta 96
 Valdu-Niellu 24, **151**
 Vizzavona 25, **142**
Wandern **188f**, 193
 Aiguilles de Bavella 122f
 Calanques de Piana **100f**
 Chemin des Crêtes (Ajaccio) 92
 Chemin des Muletiers 101
 Forêt de Valdu-Niellu 151
 Gorges de la Restonica 139
 Gorges du Tavignano 145
 Grand Randonnée 20 (GR20) **22–27**
 Mare a Mare 27, 83, 188
 Mare e Monti 27, 83, 188
 Massif de l'Ospédale 121
 Sentier de la Sittelle (Forêt d'Aïtone) 103
 Sentier de Myrte (Forêt de Chiavari) 93
 Sentier de Spasimata 22
 Sentier des Condamnés (Forêt d'Aïtone) 103
 Sentier des Douaniers (Cap Corse) 10, **68f**
 Sicherheit 188f
 Vizzavona 142
Wasserfälle
 Cascades d'Aïtone 103
 Cascade des Anglais **142**
 Cascade Piscia di Gallo **124**
 Cascades de Radule 151
 Cascade du Voile de la Mariée 96
Wassersport **189**, **190f**, 193
Weihnachten 35
Wein **171**
 Cap Corse und Patrimonio **69**, 70
 Fiera di u Vinu (Luri) 33
Weltkrieg, Erster 49
Weltkrieg, Zweiter 49
Westküste *siehe* Ajaccio und die Westküste
Wetter 32–35, 196
Windmühlen
 Moulin Mattei 67
Windsurfen 21, **191**
Winter auf Korsika 35
Wintersport **192**, 193
Wurst **97**

Z
Zaccaria, Benedetto 43
Zaglia-Brücke 102
Zeit 197
Zeitungen 203
Zitadellen 29
 Ajaccio 86
 Bastia **60f**
 Calvi 52, **78f**
 Corte **136f**
Zoll 196
Zonza **124**
 Post 203
 Restaurants 179
Züge **205**, 207
 Petits Trains 88, 92, **184**, 187

Danksagung und Bildnachweis

Dorling Kindersley bedankt sich bei allen, die bei der Herstellung dieses Buches mitgewirkt haben.

Hauptautoren

Fabrizio Ardito ist Journalist und Fotograf. Der 1957 in Rom geborene Autor hat zahlreiche Wanderführer verfasst und für die Vis-à-Vis-Reihe von Dorling Kindersley bei den Bänden *Sardinien*, *Sizilien* und *Jerusalem: Israel, Petra & Sinai* mitgewirkt. Bei Guide Visuali Mondadori erschienen (bislang nur auf Italienisch) Bände über *Die Dolomiten*, *Nordostitalien*, *Mittelitalien*, *Süditalien*, für die er als Autor tätig war. Der Reisejournalist hat in verschiedenen italienischen Verlagen sowie für einige Zeitschriften und Zeitungen Texte und Artikel über ökologische Themen, Geografie und allgemeine Reisethemen veröffentlicht, darunter: *Nuova Ecologia*, *Espresso*, Gambero Rosso-De Agostini, Touring Club, Giorgio Mondadori und *Unità*. Für den staatlichen italienischen Fernsehsender RAI hat Fabrizio Ardito mehrere Dokumentarfilme über Natur- und Sportthemen sowie über den Untergrund von Städten produziert.

Cristina Gambaro schreibt als Journalistin für führende italienische Zeitschriften. Zu ihren Veröffentlichungen zählen *Guide to Italian Hotels*, erschienen bei Gambero Rosso-De Agostini, die bei Clupguide veröffentlichten Bände *Sardinien* und *Pakistan*; *Schottland* und *Irland* (Airplane) sowie *Die Schlösser Schottlands* (White Star). Cristina Gambaro war Hauptautorin für folgende Bände der Vis-à-Vis-Reihe: *Sardinien*, *Sizilien* und *Jerusalem: Israel, Petra & Sinai* sowie (nur auf Italienisch von Guide Visuali Mondadori veröffentlicht) *Nordostitalien*, *Mittelitalien*, *Süditalien* und *Dolomiten*.

DK London

Publisher
Douglas Amrine.

Publishing Manager
Anna Streiffert.

Grafik
Marisa Renzullo.

DTP
Jason Little.

Kartografie
Casper Morris, Dave Pugh.

Mithilfe
Kathryn Tomasetti, Roger Williams.

Layout und Redaktion
Cayetana Muriel Aguado, Thierry Combret, Géraldine Gonard, Marina Dragoni. Für Dorling Kindersley: Marta Bescos Sanchez, Julie Bond, Emer Fitzgerald, Lisa Fox-Mullen, Anna Freiberger, Camilla Gersh, Laura Jones, Maite Lantaron, Delphine Lawrance, Jude Ledger, Cathrine Lehmann, Hayley Maher, Sonal Modha, Helen Partington, Ellen Root, Catherine Skipper, Karen Villabona, Dora Whitaker.

UK-Redaktion
Sylvia und David Tombesi-Walton von Sands Publishing Solutions, Lauren Robertson.

Zusätzliche Bildrecherche
Rachel Barber.

Zusätzliche DTP
Vinod Harish, Vincent Kurien, Azeem Siddiqui.

Zusätzliche Kartografien
Uma Bhattacharya, Mohammad Hassan, Jasneet Kaur.

Factchecker
Irina Zarb.

Beratung
David Abram.

Korrektorat
Jane Simmonds.

Textregister
Hilary Bird, Helen Peters.

Zusätzliche Fotografien
Max Alexander, Ian O'Leary.

Besondere Unterstützung

Dorling Kindersley bedankt sich bei folgenden Personen und Institutionen für ihre wertvolle Hilfe:

Xavier Olivieri und Jean-Philippe di Grazia, Agence du Tourisme de la Corse, Ajaccio; Marie-Eugénie Poli-Mordiconi, Musée de la Corse, Corte; Pascal Rinaldi, Parc Naturel Régional de la Corse, Ajaccio; Viviane Gentile, Domaine Gentile, St-Florent; Jean-Noël Luigi, Clos Nicrosi, Rogliano; Marina della Rosa, Fachberatung Segeln; Chefkoch Carlo Romito und seine Assistenten Giorgio Brignone und Marco Fanti vom Restaurant Palazzo Granaio in Settimo Milanese, Spezialisten für die Küche in der Region des oberen Tyrrhenischen Meers; Delphine Jaillot, Sopexa Italia, Mailand; Charlotte Grant, Christie's, London; Dr. Biondi, Scientific Committee, Palazzo Ducale, Genua; Dr. Campodonico, Kurator, Museo Navale di Pegli, Genua; Dr. Alessandro Avanzino, Palazzo San Giorgio, Genua; Associazione Amici di Palazzo Ducale, Genua; Museo di Sant'Agostino, Genua; Gabriele Reina und Roberto Bosi, Franco Maria Ricci Publishers, Mailand; alle Fremdenverkehrsbüros auf Korsika; Palais Fesch – Musée des Beaux-Arts, Ajaccio; das Französische Fremdenverkehrsbüro, Mailand.

Genehmigung für Fotografien

Dorling Kindersley bedankt sich bei allen Verantwortlichen für die freundlich gewährte Fotografiererlaubnis von Kathedralen, Kirchen, Museen, Sammlungen, Restaurants, Hotels und Läden sowie bei allen, die durch Material, freundliche Unterstützung und wertvolle Hilfe zum Gelingen dieses Buchs beitrugen. Besonderer Dank gebührt zudem dem Archivio Electa, Mailand; dem Musée de la Corse, Corte; dem Musée d'Anthropologie de la Corse, Corte; Sopexa Italia, Mailand.

Dorling Kindersley hat sich bemüht, alle Inhaber von Bildrechten ausfindig zu machen. Falls dies nicht gelungen sein sollte, bitten wir Rechte-Inhaber, sich mit dem Verlag in Verbindung zu setzen. Versäumte Nennungen von Rechte-Inhabern werden in der nächsten Auflage nachgeholt.

Bildnachweis

o = oben, m = Mitte, u = unten, l = links, r = rechts, d = Detail.

4Corners Images: sime / Fantuz Olimpio 10mro; SIME / Giovanni Simeone 11mlu, 81ml; SIME / Johanna Huber 10ul; SIME / Spila Riccardo 11ol.

Agence du Tourisme de la Corse, Ajaccio: 17umr, 31 (alle Fotos), 33mu, 34 (alle Fotos), 35mro, 37mo, 38ol, 40mu, 40mru, 41mr, 41ur, 45um, 49um, 87ol, 90ol, 99om, 123ur, 148om, 162ur, 163ur, 182ur, 184mlo, 189mr, 192ml, 197ml.

Alamy Images: Jon Arnold Images / Doug Pearson 168ml; Imagebroker / Bernd Zoller 27mlo, Justin Kase 169ol; à la Poste 202m; Dave Watts 10om.

Christian Andreani, Ajaccio: 99ur.

Archivio Mondadori, Mailand: 18mlu, 18mru, 18uml, 19mlu, 19or, 19ul, 19um, 19mru, 20ol, 40mlo, 40ul, 42–43ms, 42ol, 42ur, 43ol, 43mr, 47mro, 48om, 49ol, 69mo, 73om, 96mlo, 102m, 122ol, 122ml, 139mr, 142ml, 153 (Kasten), 166mru, 167or, 167ur, 191ur, 192 (Kasten), 199m, 204mlu.

Archivio Scala, Florenz: 36.

Ardea London Ltd: Stefan Meyers 26mlo.

Enrico Banfi, Mailand: 105ol.

Contrasto, Mailand: 49mu, 81mlo, 81mlu, 97om, 113ml, 113umr, 169mlu, 169mu, 170mlo, 170mo, 184om, 191om, 192or.

Corbis: Gary Braasch 169m.

Louis Doazan, Korsika: 99ml.

Xiaoyang Galas: *Meer, Sonne und Dorf* 8–9.

Hemispheres Images: Georges Antoni 11ur.

Getty Images: Michelle Busselle 118–119.

Gîtes de France: 154o.

Gronchi Fotoarte, Pisa: 43or.

Image Bank, Mailand: 2–3, 3m, 33mro, 106, 113om, 116orm, 130, 136ol, 136or, 186orm, 190u, 191ml.

Gianmaria Marras, Mailand: 185olm, 185ur, 204mro, 205ol.

Musée de la Corse, Corte: 9mo, 30 (alle Fotos), 35uml, 42mlu, 44o, 44m, 45om, 45mru, 45ul, 46–47m, 46or (d), 46mlu, 46um, 47ol, 49umr, 51 (Kasten), 137mo, 137mro, 137mru.

Office du Tourisme de l'Agglomération de Bastia: 196ur.

Parc Naturel Régional de la Corse, Ajaccio: 22mlo, 22mlu, 23ol, 24mlu, 24umr, 25om, 25mo, 26mlu, 27om, 27mro, 99om.

RMN, Paris: 90or, 90ml, 90ul, 90ur, 91ol, 91mro.

Anna Serrano, Barcelona: 18umr.

Sopexa, Italien: 171mru.

STA Travel Group: 197m.

Studio Aquilini, Mailand: 94–95, 100ol, 100mlu, 100uml, 101mro, 114or, 114umr, 188mro, 189u.

Syndicat d'Initiative de Piana: 100or.

Umschlag
Vorderseite: **Getty Images:** Camille Moirenc (Hauptbild).
Rückseite: **Alamy Images:** Ian Dagnall mlo; **AWL Images:** Peter Adams ul, Doug Pearson mlu; **Dorling Kindersley:** Rough Guides / David Abram ol.
Buchrücken: **Getty Images:** Camille Moirenc o; **Alamy Images:** David Robertson u.

Alle weiteren Bilder © Dorling Kindersley. Weitere Informationen unter:
www.dkimages.com

Sprachführer Korsisch

Obwohl auf der gesamten Insel Französisch gesprochen wird, kann sich die Kenntnis einiger korsischer Wörter und Begriffe durchaus als nützlich erweisen. Das Korsische ist mit dem Italienischen, genauer gesagt mit dem mittelalterlichen Toskanischen, verwandt und weist Einflüsse aus anderen Sprachen des Mittelmeerraums auf.

Wichtige Ausdrücke

Danke	**A'ringraziavvi**
Bitte	**Fate u piacè**
Ja	**Ié**
Nein	**Nò**
In Ordnung	**Và bé**
Wo?	**Induve?**
Wann?	**Quandu?**
Wer, was?	**Chì?**
Auf Wiedersehen	**A'vedeci**
Gute Nacht	**Buona notte**
Guten Abend	**Buona sera**
Guten Tag	**Buonghjornu**
Wie geht es Ihnen?	**Comu sì?**
Verzeihung	**Me dispiace**
Ich verstehe nicht.	**(Nò) Capiscu.**

Geografische Begriffe

Bach	**fiumicellu**
Berg	**muntagna**
Bergpass	**boca/foce/col**
Brücke	**ponte**
Bucht	**anse/cala**
Dorf	**paese**
Eichenwald	**licettu**
Festung	**casatorre**
Fluss	**fiume**
Gumpen	**stagnu**
Haus	**casa**
Plateau	**pianu**
Schlucht	**calanca**
See	**lau/lavu**
Siedlung (befestigt)	**castellu/casteddu**
Strand	**marina**
Turm	**torre**
Wasserfall	**piscia**
Weingarten, -berg	**vignale/vignetu**

Richtungen

links	**sinistra**
rechts	**dritta**
geradeaus	**sempredrittu**
Wo ist …?	**Induv'é …?**

Shopping

Haben Sie …?	**Avetene …?**
Ich möchte …	**Vogliu …**
Was kostet das?	**Quantu costa/ Quanto hè?**
geöffnet	**aperta/apertu**
geschlossen	**chiusu**
genug, das reicht	**basta**
preiswert	**bonu mercatu**
teuer	**caru**
groß	**grande/maio**
klein	**piccola/chjucu**
mehr	**pui**
weniger	**menu**
nichts	**nulla/nunda/nudda**

Zeit

Wie spät ist es?	**Chi ora hè?**
heute	**oghje**
gestern	**ieri**
morgen	**dumane**
Tag	**ghjurnu**
Woche	**simana**
Monat	**meze**
Montag	**luni**
Dienstag	**marti**
Mittwoch	**mercuri**
Donnerstag	**ghjovi**
Freitag	**venneri**
Samstag	**sabatu**
Sonntag	**dumenica**
Januar	**Ghjennaghju**
Februar	**Febbraghju**
März	**Marzu**
April	**Aprile**
Mai	**Maghjiu**
Juni	**Ghjiugnu**
Juli	**Ghjugliu**
August	**Aostu**
September	**Sittembre**
Oktober	**Ottobre**
November	**Novembre**
Dezember	**Dicembre**

Jahreszeiten

Frühling	**veranu**
Sommer	**estate**
Herbst	**auturnu**
Winter	**imbernu/ingnernu**

Sprachführer Französisch

Notfälle

Hilfe!	**Au secours!**	[o səˈkuːr]
Stopp!	**Arrêtez!**	[arɛˈte]
Rufen Sie einen Arzt!	**Appelez un médecin!**	[aˈple œ medˈsɛ̃]
Rufen Sie einen Krankenwagen!	**Appelez une ambulance!**	[aˈple yn ãbyˈãːs]
Rufen Sie die Polizei!	**Appelez la police!**	[aˈple la pɔˈlis]
Rufen Sie die Feuerwehr!	**Appelez les pompiers!**	[aˈple le pɔ̃pjeˈ]
Wo ist das nächste Telefon?	**Où est le téléphone le plus proche?**	[u e lə teleˈfɔn lə ply prɔʃ]
Wo ist das nächste Krankenhaus?	**Où est l'hôpital le plus proche?**	[u e lɔpiˈtal lə ply prɔʃ]

Grundwortschatz

Ja	**Oui**	[wi]
Nein	**Non**	[nɔ̃]
Bitte	**S'il vous plaît**	[sil vu plɛ]
Danke	**Merci**	[mɛrˈsi]
Entschuldigung	**Excusez-moi**	[ɛkskyˈze mwa]
Guten Tag	**Bonjour**	[bɔ̃ˈʒuːr]
Auf Wiedersehen	**Au revoir**	[o rəˈvwaːr]
Guten Abend	**Bonsoir**	[bɔ̃ˈswaːr]
Vormittag	**le matin**	[lə maˈtɛ̃]
Nachmittag	**l'après-midi**	[laprɛmiˈdi]
Abend	**le soir**	[lə swaːr]
gestern	**hier**	[jɛːr]
heute	**aujourd'hui**	[oʒurˈdɥi]
morgen	**demain**	[dəˈmɛ̃]
hier	**ici**	[iˈsi]
dort	**là**	[la]
Was?	**Quoi?**	[kwa]
Wann?	**Quand?**	[kɑ̃]
Warum?	**Pourquoi?**	[purˈkwa]
Wo?	**Où?**	[u]

Nützliche Redewendungen

Wie geht es Ihnen?	**Comment allez-vous?**	[kɔmɑ̃-t ale vu]
Danke, sehr gut.	**Très bien, merci.**	[trɛ bjɛ̃ mɛrˈsi]
Ich freue mich, Sie kennenzulernen.	**Enchanté de faire votre connaissance.**	[ɑ̃ʃɑ̃ˈte də fɛr votrə kɔnɛˈsɑ̃ːs]
Bis bald.	**À bientôt.**	[a bjɛ̃ˈto]
Das ist gut.	**C'est bien.**	[sɛ bjɛ̃]
Wo ist/sind …?	**Où est/sont …?**	[u ɛ/sɔ̃ː …]
Wie weit ist es nach …?	**Combien de mètres/ kilomètres y-a-t-il d'ici à …?**	[kɔ̃bjɛ̃ də ˈmɛːtrə/ kiloˈmɛːtrə jaˈtil diˈsi a …]
Welches ist die Richtung/der Weg nach …?	**Quelle est la direction pour …?**	[kɛl ɛ la dirɛkˈsjɔ̃ː puːr]
Sprechen Sie Deutsch?	**Parlez-vous allemand?**	[parˈle vu alˈmɑ̃]
Ich verstehe nicht.	**Je ne comprends pas.**	[ʒə nə kɔ̃ˈprɑ̃ pa]
Könnten Sie etwas langsamer sprechen, bitte?	**Pouvez-vous parler moins vite, s'il vous plaît?**	[ˈpuve vu parˈle mwɛ̃ vit sil vu plɛ]
Tut mir leid.	**Excusez-moi.**	[ɛkskyˈze mwa]

Nützliche Wörter

groß	**grand**	[grɑ̃]
klein	**petit**	[pəˈti]
heiß	**chaud**	[ʃo]
kalt	**froid**	[frwa]
gut (Adjektiv)	**bon, bonne**	[bɔ̃, bɔn]
gut (Adverb)	**bien**	[bjɛ̃]
schlecht	**mauvais**	[moˈvɛ]
genug	**assez**	[aˈse]
geöffnet	**ouvert**	[uˈvɛːr]
geschlossen	**fermé**	[fɛrˈme]
links	**gauche**	[goːʃ]
rechts	**droite**	[drwat]
geradeaus	**tout droit**	[tu drwat]
nah	**près**	[prɛ]
weit	**loin**	[lwɛ̃]
auf/über	**en haut**	[ɑ̃n o]
hinunter/unter	**en bas**	[ɑ̃ ba]
früh	**de bonne heure**	[də bɔnœr]
spät	**en retard**	[ɑ̃ rəˈtaːr]
Eingang	**l'entrée**	[lɑ̃ˈtre]
Ausgang	**la sortie**	[la sɔrˈti]
Toilette	**les toilettes, les WC**	[le twaˈlɛt le dublˈve se]
mehr	**plus**	[ply]
weniger	**mois**	[mwɛ̃]
frei (nicht besetzt)	**libre**	[ˈlibrə]
frei (gratis)	**gratuit**	[graˈtɥi]

Telefonieren

Ich möchte ein Ferngespräch führen.	**Je voudrais faire un interurbain.**	[ʒə wuˈdrɛ fɛːr œ̃n ɛ̃tɛryrˈbɛ̃]
Ich versuche es später noch einmal.	**Je rappelerai plus tard.**	[jə rapleˈrɛ ply taːt]
Kann ich eine Nachricht hinterlassen?	**Est-ce que je peux laisser un message?**	[ɛskə jə pœ lɛˈse œ̃ mesaːʒ]
Bitte warten Sie.	**Ne quittez pas, s'il vous plaît.**	[nə kiˈte pa sil vu plɛ]
Können Sie bitte etwas lauter sprechen?	**Pouvez-vous parler un peu plus fort?**	[puve vu parˈle œ̃ pœ ply fɔːr]
Ortsgespräch	**communication locale**	[kɔmynikaˈsjɔ̃ lˈkal]

Shopping

Wie viel kostet das?	**C'est combien, s'il vous plaît?**	[sɛ kɔ̃ˈbjɛ̃ sil vu plɛ]
Haben Sie …?	**Est-ce que vous avez …?**	[ɛskə vuz aˈveː]

Ich suche nach ...	Je cherche ...	[ʒə ʃɛrʃ]
Ich schaue mich nur um, danke.	Je regarde seulement, merci.	[ʒə rəˈgaːr sœlˈmã mɛrˈsi]
Akzeptieren Sie Kreditkarten?	Est-ce que vous acceptez les cartes de crédit?	[ɛskə vu aksɛpˈte lə kart də kreˈdi]
Wann öffnen Sie?	A quelle heure ouvre le magasin?	[a kɛl œːr uvrə lə magaˈzɛ̃]
Wann schließen Sie?	A quelle heure ferme le magasin?	[a kɛl œːr fɛrm lə magaˈzɛ̃]
Dies hier.	Celui-ci.	[səˈlɥi si]
Das da.	Celui-la.	[səˈlɥi la]
teuer	cher	[ʃɛːr]
billig	pas cher, bon marché	[pa ʃɛːr bɔ̃ marˈʃe]
Größe (Kleidung)	la taille	[la tɑːj]
Größe (Schuhe)	la pointure	[la pwɛ̃ˈtyːr]
weiß	blanc	[blɑ̃]
schwarz	noir	[nwaːr]
rot	rouge	[ruːʒ]
gelb	jaune	[ʒoːn]
grün	vert	[vɛːr]
blau	bleu	[bløː]

Läden

Antiquitätenladen	le magasin d'antiquités, brocante (fam.)	[lə magaˈzɛ̃ dɑ̃tikiˈte brɔˈkɑ̃t]
Apotheke	la pharmacie	[la farmaˈsi]
Bäckerei	la boulangerie	[la bulɑ̃ʒəˈri]
Bank	la banque	[la bɑ̃ːk]
Buchhandlung	la librairie	[la librɛˈri]
Fischgeschäft	la poissonerie	[la pwasɔˈri]
Friseur	le coiffeur	[lə kwaˈfœːr]
Gemüseladen	le marchand de légumes	[lə marʃɑ̃ də leˈgym]
Konditorei	la pâtisserie	[la patisˈri]
Lebensmittelgeschäft	l'alimentation, l'épicerie	[lalimɑ̃taˈsjɔ̃ lepisˈri]
Markt	le marché	[lə marˈʃe]
Metzgerei (Fleisch)	la boucherie	[la buʃəˈri]
Metzgerei (Wurst)	la charcuterie	[la ʃarkyˈtri]
Postamt	la poste, le bureau de poste	[la pɔst lə byˈro də pɔst]
Reisebüro	l'agence de voyages	[laˈʒɑ̃ːs də vwaˈjaːʒ]
Schuhgeschäft	le magasin de chaussures	[lə magaˈzɛ̃ də ʃoˈsyːr]
Supermarkt	le supermarché	[lə sypɛrmarˈʃe]
Tabakladen	le tabac	[lə taˈba]
Zeitungskiosk	le magasin de journaux	[lə magaˈzɛ̃ də ʒurˈno]

Sightseeing

Bahnhof	la gare SNCF	[la gaːr ɛs ɛn se ɛf]
Bibliothek	la bibliothèque	[la bibliɔˈtɛk]
Busbahnhof	la gare routière	[la gaːr ruˈtjɛːr]
Fremdenverkehrsamt, Tourismusbüro	l'office du tourisme, les renseignments touristiques, le sydicat d'initiative	[lɔˈfis dy tuˈrismə, le rɑ̃sɛɲˈmɑ̃s turisˈtik, lə sɛ̃diˈka diniˈsjaˈtif]
Garten	le jardin	[lə ʒarˈdɛ̃]
Herrenhaus	l'hôtel particulier	[loˈtɛl partikyˈlje]
Kathedrale	la cathédrale	[la kateˈdral]
Kirche	l'église	[leˈgliːz]
Kloster, Abtei	l'abbaye	[labeˈi]
Kunstgalerie	le galerie d'art	[lə galeˈri daːr]
Museum	le musée	[lə myˈse]
Rathaus	l'hôtel de ville	[loˈtɛl də vil]
Wegen Ferien geschlossen	fermeture jour férié	[fɛrməˈtyːr ʒuːr feˈrje]

Im Hotel

Haben Sie ein freies Zimmer?	Est-ce que vous avez une chambre libre?	[ɛskə vuz aˈve yn ˈʃɑ̃ːbrə ˈlibrə]
Doppelzimmer	la chambre à deux personnes	[la ˈʃɑ̃ːbrə a dø pɛrˈsɔn]
mit Doppelbett	avec un grand lit	[aˈvɛk œ̃ grɑ̃ li]
mit zwei Betten	à deux lits	[a dø li]
Einzelzimmer	la chambre à une personne	[la ˈʃɑ̃ːbrə a yn pɛrˈsɔn]
Zimmer mit Bad	la chambre avec salle de bain	[la ˈʃɑ̃ːbrə aˈvɛk sal də bɛ̃]
Dusche	la douche	[la duʃ]
Schlüssel	la clef	[la kle]
Ich habe reserviert.	J'ai fait une réservation.	[ʒɛ fɛ yn rezɛrvaˈsjɔ̃]

Im Restaurant

Haben Sie einen Tisch für ...?	Avez-vous un table libre pour ...?	[ave vu yn ˈtablə ˈlibrə puːr]
Ich möchte einen Tisch reservieren.	Je voudrais réserver une table.	[ʒə vuˈdrɛ rezɛrˈve yn ˈtablə]
Die Rechnung, bitte.	L'addition, s'il vous plaît.	[ladiˈsjɔ̃ sil vu plɛ]
Ich bin Vegetarier/in.	Je suis végétarien/ végétarienne.	[ʒə sɥi veʒetaˈrjɛ̃ veʒetaˈrjɛn]
Kellnerin	Madame, Mademoiselle	[maˈdam madmwaˈzɛl]
Kellner	Monsieur	[məˈsjø]
Speisekarte	la carte, le menu	[la kart lə məˈny]
Tagesmenü	le menu à prix fixe	[lə məˈny a pri fiks]
Weinkarte	la carte des vins	[la kart de vɛ̃]
Gedeck	le couvert	[lə kuˈvɛr]
Glas	le verre	[lə vɛːr]
Flasche	la bouteille	[la buˈtɛj]
Messer	le couteau	[lə kuˈto]
Gabel	la fourchette	[la furˈʃɛt]
Löffel	la cuillère	[la kɥiˈjɛːr]
Frühstück	le petit déjeuner	[lə pəˈti deʒœˈne]

Deutsch	Französisch	Aussprache
Mittagessen	le déjeuner	[lə deʒœ'ne]
Abendessen	le dîner	[lə 'di'ne]
Hauptgericht	le plat principal	[lə pla prɛ̃si'pal]
Vorspeise	l'entrée,	[lã'tre,
	le hors	lə ɔr'
	d'œuvre	dœ:vrə]
Tagesgericht	le plat du jour	[lə pla dy ʒu:r]
Kaffee	le café	[le ka'fe]
blutig	saignant	[sɛ'ɲɑ̃]
medium	à point	[a pwɛ̃]
durchgebraten	bien cuit	[bjɛ̃ kɥi]

Auf der Speisekarte

Französisch	Aussprache	Deutsch
l'agneau	[a'ɲo]	Lamm
l'ail	[aj]	Knoblauch
la banane	[ba'nan]	Banane
le beurre	[bœ:r]	Butter
la bière	[bjɛ:r]	Bier
la bière à la pression	[bjɛ:r a la prɛ'sjɔ̃]	Bier vom Fass
le bifteck, le steak	[bif'tɛk, stɛk]	Steak
le bœuf	[bœf]	Rindfleisch
bouilli	[bu'ji]	gekocht
le café	[ka'fe]	Kaffee
le canard	[ka'na:r]	Ente
le chocolat	[ʃɔkɔ'la]	Schokolade
le citron	[si'trɔ̃]	Zitrone
le citron pressé	[si'trɔ̃ prɛ'se]	frisch gepresster Zitronensaft
les crevettes	[krə'vɛt]	Garnelen
les crustacés	[krysta'se]	Krustentiere
cuit au four	[kɥi o fu:r]	gebacken
le dessert	[de'sɛr]	Nachspeise
l'eau minérale	[o mine'ral]	Mineralwasser
les escargots	[ɛskar'go]	Schnecken
les frites	[frit]	Pommes frites
le fromage	[frɔ'ma:ʒ]	Käse
les fruits frais	[frɥi frɛ]	frisches Obst
les fruits de mer	[frɥi də mɛ:r]	Meeresfrüchte
le gâteau	[gɑ'to]	Kuchen
la glace	[glas]	Eiscreme
grillé	[gri'je]	gegrillt
le homard	[ɔ'ma:r]	Hummer
l'huile	[ɥil]	Öl
le jambon	[ʒɑ̃'bɔ̃]	Schinken
le lait	[lɛ]	Milch
les légumes	[le'gym]	Gemüse
la moutarde	[mu'tard]	Senf
l'œuf	[œf]	Ei
les oignons	[ɔ'ɲɔ̃]	Zwiebeln
les olives	[ɔ'li:v]	Oliven
l'orange	[ɔ'rɑ̃:ʒ]	Orange
le pain	[pɛ̃]	Brot
le petit pain	[pə'ti pɛ̃]	Brötchen
poché	[pɔ'je]	pochiert
le poisson	[pwa'sɔ̃]	Fisch
le poivre	[pwa:'vrə]	Pfeffer
la pomme	[pɔm]	Apfel
les pommes de terre	[pɔm də tɛr]	Kartoffeln
le porc	[pɔ:r]	Schweinefleisch
le potage	[pɔ'pa:ʒ]	Suppe
le poulet	[pu'lɛ]	Hühnchen
le riz	[ri]	Reis
rôti	[ro'ti]	gebraten
la sauce	[so:s]	Sauce
la saucisse	[so'sis]	Würstchen
sec	[sɛk]	trocken
le sel	[sɛl]	Salz
le sucre	['sykrə]	Zucker
le thé	[te]	Tee
le toast	[tost]	Toast
la viande	[vjã:d]	Fleisch
le vin blanc	[vɛ̃ blɑ̃]	Weißwein
le vin rouge	[vɛ̃ ru:ʒ]	Rotwein
le vinaigre	[vi'nɛgrə]	Essig

Zahlen

	Französisch	Aussprache
0	zéro	[ze'ro]
1	un, une	[œ̃, yn]
2	deux	[dø]
3	trois	[trwa]
4	quatre	['katrə]
5	cinq	[sɛ̃k]
6	six	[sis]
7	sept	[sɛt]
8	huit	[ɥit]
9	neuf	[nœf]
10	dix	[dis]
11	onze	[ɔ̃:z]
12	douze	[du:u]
13	treize	[trɛ:z]
14	quatorze	[ka'tɔrz]
15	quinze	[kɛ̃:z]
16	seize	[sɛ:z]
17	dix-sept	[di'sɛt]
18	dix-huit	[di'zɥit]
19	dix-neuf	[diz'nœf]
20	vingt	[vɛ̃]
30	trente	[trɑ̃:t]
40	quarante	[ka'rɑ̃:t]
50	cinquante	[sɛ̃'kɑ̃:t]
60	soixante	[swa'sɑ̃:t]
70	soixante-dix	[swasɑ̃t'dis]
80	quatre-vingts	[katrə'vɛ̃]
90	quatre-vingt-dix	[katrəvɛ̃'diʃ]
100	cent	[sɑ̃]
200	deux cent	[dø'sɑ̃]
1000	mille	[mil]

Zeit

Deutsch	Französisch	Aussprache
eine Minute	une minute	[yn mi'nyt]
eine Stunde	une heure	[yn œr]
halbe Stunde	une demi-heure	[yn dəmi'œ:r]
ein Tag	un jour	[œ̃ ʒu:r]
eine Woche	une semaine	[yn sə'mɛn]
ein Monat	un mois	[œ̃ mwa]
Montag	lundi	[lœ̃'di]
Dienstag	mardi	[mar'di]
Mittwoch	mercredi	[mɛrkrə'di]
Donnerstag	jeudi	[ʒø'di]
Freitag	vendredi	[vɑ̃drə'di]
Samstag	samedi	[sam'di]
Sonntag	dimanche	[di'mɑ̃:ʃ]

DK Dorling Kindersley Vis-à-Vis

Vis-à-Vis-Reiseführer

Ägypten Alaska Amsterdam Apulien Argentinien Australien Bali & Lombok Baltikum Barcelona & Katalonien Beijing & Shanghai Belgien & Luxemburg Berlin Bologna & Emilia-Romagna Brasilien Bretagne Brüssel Budapest Bulgarien Chile Chicago China Costa Rica Dänemark Danzig & Ostpommern Delhi, Agra & Jaipur Deutschland Dresden Dublin Florenz & Toskana Florida Frankreich Genua & Ligurien Griechenland Griechische Inseln Großbritannien Hamburg Hawaii Indien Irland Istanbul Italien Japan Jerusalem Kalifornien Kambodscha & Laos Kanada Kanarische Inseln Karibik Kenia Korsika Krakau Kroatien Kuba Las Vegas Lissabon Loire-Tal London Madrid Mailand Malaysia & Singapur Mallorca, Menorca & Ibiza Marokko Mexiko Moskau München & Südbayern Neapel Neuengland Neuseeland New Orleans New York Niederlande Nordspanien Norwegen Österreich Paris Peru Polen Portugal Prag Provence & Côte d'Azur Rom San Francisco St. Petersburg Sardinien Schottland Schweden Schweiz Sevilla & Andalusien Sizilien Spanien Stockholm Südafrika Südtirol & Trentino Südwestfrankreich Thailand Thailand – Strände & Inseln Tokyo Tschechien & Slowakei Türkei USA USA Nordwesten & Vancouver USA Südwesten & Las Vegas Venedig & Veneto Vietnam & Angkor Washington, DC Wien

DK
DORLING KINDERSLEY
www.dorlingkindersley.de

Vis-à-Vis

Straßenkarte Korsika